Renate Ruhne

Raum Macht Geschlecht

„Raum Macht Geschlecht"

Im Zentrum der Reihe ‚Raum Macht Geschlecht' stehen die sozialen Kategorien ‚Geschlecht' und ‚Raum', die unseren Alltag machtvoll durchdringen und dabei eng miteinander verwoben sind. ‚Vergeschlechtlichte' und ‚verräumlichte' gesellschaftliche Wirklichkeiten werden in den einzelnen Bänden deshalb nicht isoliert voneinander in den Blick genommen, sondern in ihren Macht- und Ungleichheitsverhältnisse stabilisierenden und/oder auch destabilisierenden Wirkungen als ein sich wechselseitig bedingendes Wirkungsgefüge konzipiert und analysiert. Mit der intersektionalen Verknüpfung zweier zentraler, in der theoretischen und empirischen Aufarbeitung gleichwohl sehr unterschiedlich ausdifferenzierter Kategorien des Sozialen zeigt die Reihe neue Perspektiven in der diversifizierten Analyse sozialer Ungleichheitsverhältnisse auf.

Am Beispiel *geschlechtsspezifischer (Un)Sicherheiten im öffentlichen Raum* führt die vorliegende Veröffentlichung als erster Band in die Reihe ein.

Renate Ruhne

Raum Macht Geschlecht

Zur Soziologie eines Wirkungsgefüges
am Beispiel von (Un)Sicherheiten
im öffentlichen Raum

2. Auflage

VS VERLAG

Bibliografische Information der Deutschen Nationalbibliothek
Die Deutsche Nationalbibliothek verzeichnet diese Publikation in der
Deutschen Nationalbibliografie; detaillierte bibliografische Daten sind im Internet über
http://dnb.d-nb.de abrufbar.

2. Auflage 2011

Alle Rechte vorbehalten
© VS Verlag für Sozialwissenschaften | Springer Fachmedien Wiesbaden GmbH 2011

Lektorat: Cori Mackrodt

VS Verlag für Sozialwissenschaften ist eine Marke von Springer Fachmedien.
Springer Fachmedien ist Teil der Fachverlagsgruppe Springer Science+Business Media.
www.vs-verlag.de

Umschlaggestaltung: KünkelLopka Medienentwicklung, Heidelberg
Umschlagbild: Andreas Herzau
Gedruckt auf säurefreiem und chlorfrei gebleichtem Papier
Printed in Germany

ISBN 978-3-531-18037-3

Prolog

Im Pariser Restaurant Fouquet's auf den Champs-Elysées hängt seit der Eröffnung vor 100 Jahren ein Schild über dem Tresen, das „Damen ohne Begleitung" den Zutritt zur Bar verbietet. Ein solches Schild möchte man heute gern als ein bedeutungsloses Relikt aus vergangenen Zeiten verstehen. Wie aber der SPIEGEL im März 2000 berichtet, wurde auf die Einhaltung des Verbots auch in jüngerer Zeit noch streng geachtet: Mit dem Hinweis auf eine fehlende männliche Begleitung wurden zwei Frauen von einem Kellner des Hauses verwiesen. Erst eine Strafanzeige der beiden Frauen sowie die Intervention einer feministischen Organisation führten zu einer Entschuldigung des Eigentümers. Seit dem Frühjahr 2000 trägt das Schild nun den Zusatz:

„Historische Erinnerung, heutzutage ohne Gültigkeit".

Inhalt

Vorwort zur zweiten Auflage

Die wesentlichen Arbeiten für die im Jahr 2003 erschienene erste Auflage des Bandes ,*Raum Macht Geschlecht. Zur Soziologie eines Wirkungsgefüges am Beispiel von (Un)Sicherheiten im öffentlichen Raum*' fanden zwischen den Jahren 1998 und 2002 statt. Zahlreiche Studien und Veröffentlichungen hatten zu dieser Zeit nicht nur verstärkt auf ein sehr unterschiedlich ausgeprägtes Sicherheitsempfinden von Männern und Frauen in Bezug auf den öffentlichen Raum der Stadt aufmerksam gemacht, sondern auch eine mit vermehrten Unsicherheiten bei Frauen oft verknüpfte Einschränkung der Bewegungsfreiheit vor allem in den Abend- und Nachtstunden dokumentiert und skandalisiert. Im Kontext breiter (frauen)politischer Proteste waren in nahezu allen größeren deutschen Städten Maßnahmen(kataloge) eingefordert und auch umgesetzt worden, um Frauen eine gleichberechtigte Teilhabe am öffentlichen Leben zu ermöglichen: durch die Einrichtung von *Frauennachttaxis*, eine stadtplanerische Veränderung so genannter ,*Angsträume*' wie z.B. Parks und Unterführungen, durch *Frauenparkplätze* in Tiefgaragen usw. sollte die *Sicherheit von Frauen erhöht* und ihre *Mobilität gefördert* werden.

Sowohl das Problem selbst als auch die zu seiner Lösung eingesetzten Maßnahmen wurden und werden in der vorliegenden Publikation kritisch hinterfragt. Ausgangspunkt der Kritik war eine auffällige, in der öffentlichen Wahrnehmung gleichwohl kaum präsente Diskrepanz zwischen (Un)Sicherheitsgefühlen und Gefahren im öffentlichen und privaten Raum: Obwohl Frauen durch (sexualisierte) körperliche Übergriffe weit eher im privaten Raum gefährdet sind, wie Untersuchungen zahlreich belegen, scheinen Unsicherheiten paradoxerweise vor allem im öffentlichen Raum aufzutreten. Bezieht man beide Geschlechter in die Betrachtung ein, kommt ein weiteres Paradox hinzu: Denn Opfer von Gewalt werden im öffentlichen Raum weit eher Männer als Frauen, wie Studien ebenfalls aufzeigen, weshalb der öffentliche Raum vor dem Hintergrund konkreter Gefahrenlagen eigentlich weit eher von Männern als von Frauen gemieden werden müsste.

Die Frage: ,Was macht Frauen unsicher im öffentlichen Raum (und Männer sicher)?' wurde so zu einer zentralen Forschungsfrage, die zunächst jedoch eine vertiefte Auseinandersetzung mit den hier als wesentlich sich abzeichnenden sozialen Kategorien ‚*Raum*‘ und ‚*Geschlecht*‘ notwendig machte. Unter Anwendung eines beide Kategorien verknüpfenden Analysemodells werden verstärkte Unsicherheiten im öffentlichen Raum, wie sie für Frauen zahlreich dokumentiert wurden, nicht nur als *soziale Konstruktionen*, und das heißt hier vor allem als (historische) *Produkte räumlich-geschlechtlicher (Neu-)Ordnungsprozesse* verdeutlicht, sondern Gefühle der Unsicherheit kommen daneben auch als bis in die heutige Zeit wirksame *Produzenten (tradierter) sozialer Ordnungsmuster* in den Blick. Wie gezeigt werden kann, hat eine im 18. und 19. Jahrhundert sich etablierende ‚Aufladung‘ des öffentlichen Raumes als ein vor allem für Frauen besonders unsicherer und vermeintlich gefährlicher Raum *keineswegs nur direkte mobilitätsbeschränkende Wirkungen*. Auf körperlich erlebbare Art und Weise unterstütz(t)en und bestätig(t)en Gefühle von Sicherheit und Unsicherheit auch die *im 19. Jahrhundert sich etablierende bürgerliche Geschlechterordnung* mit ihrer – *Machtverhältnisse zwischen den Geschlechtern stabilisierenden* – *Zuweisung der Genusgruppe der Frauen zum ‚privaten Haus‘* auf der einen Seite und der *Genusgruppe der Männer zum außerhäuslichen öffentlichen Raum* auf der anderen.

    Maßnahmen zur Herstellung von Sicherheit, wie sie oben skizziert wurden, kann und muss vor dem Hintergrund solcher Erkenntnisse attestiert werden, dass diese die Problematik und damit auch die hiermit verknüpften, räumlich sich konstituierenden Machtungleichgewichte zwischen den Geschlechtern weit eher *verschärfen*, denn *entschärfen*. Schon der *Begriff des ‚Angstraumes‘* ist z.B. deutlich zu hinterfragen, da er als eine etablierte Bezeichnung für von Frauen als besonders unsicher *wahrgenommene* räumliche Gegebenheiten, immer wieder an der gesellschaftlichen Konstruktion und Konstitution eines für Frauen in besonderer Weise gefährlichen öffentlichen Raumes mitwirkt. Auch *geschlechtsspezifische ‚Schutzmaßnahmen‘* wie Frauennachttaxis und/oder Frauenparkplätze bestätigen in der öffentlichen Wahrnehmung immer wieder eine besondere Schutz*bedürftigkeit* von Frauen, womit das *Meidungsverhalten* und das heißt auch die *(Selbst-)Ausgrenzung von Frauen in Bezug auf den öffentlichen Raum* weiter verstärkt wird.

    Seit dem Jahr 2003, dem Erscheinungsjahr der ersten Auflage des Buches, sind die öffentlichen Debatten zum Thema geschlechtsspezifischer (Un)Sicherheiten im öffentlichen Raum weitgehend abgeklungen, gelöst und ‚erledigt‘ hat sich die Thematik allerdings noch keineswegs. Bis heute belegen Untersuchungen eine „latente Verunsicherung und Angst von Frauen, die sich (allein) im öffentlichen Raum" (Bühler u.a. 2010: 98) – hier der Stadt Zürich z.B. – aufhalten, wobei sich die „stärksten Ängste" (Afanou/Löw 2004: 75) weiterhin vor allem „in der Nacht [...] messen" (ebd.) lassen, wie eine Darmstädter Studie exemplarisch feststellt. Intensiv wird deshalb auch weiter nach „möglichen Faktoren der

Unsicherheit von Frauen im öffentlichen Stadtraum" (Mucha 2008) geforscht, die ihre vermeintliche Begründung bis heute vor allem in der „*Angst vor sexueller Gewalt* in öffentlichen Räumen" (Susek 2006; Herv.d.V.) findet. In einem mehr oder weniger ungebrochenen „dominanten populären Diskurs der Angst von Frauen im öffentlichen Raum" (Bühler u.a. 2010: 99) wird der Stadtraum auch weiterhin „nicht selten zum ‚Angst-Raum'" (Susek 2006). Da sich das ‚Wissen' über geschlechtsspezifische Gefahrenlagen im öffentlichen Raum bis heute allenfalls in Fachkreisen verändert zu haben scheint, ist weiterhin zu konstatieren, dass das Konstrukt der „Angst vor Gewalttaten dazu [führt], dass Frauen permanent ihre Bedürfnisse hinsichtlich des Aufenthalts im öffentlichen Raum abwägen gegen die mit dem Aufenthalt verbundene Gefahr" (Kaspar/Landolt 2010: 1), und vor allem auch, dass Frauen „aus Angst bedroht oder belästigt zu werden" (Bühler u.a. 2010: 176) immer wieder „bestimmte Räume zu bestimmten Tageszeiten *meiden*" (ebd.; Herv.d.V.).

Die „Rede vom Angstraum" (Becker 2008: 62) zeigt so weiterhin ihre Wirkungen und dies nicht nur in Bezug auf die Gefühle und das Verhalten von Frauen in öffentlichen Räumen, sondern auch in Bezug auf die der Problematik entgegen gesetzten Maßnahmen: In Bremen, Heidelberg, Stuttgart, Münster und Hannover[1] beispielsweise sollen speziell eingerichtete und geförderte Nachttaxis Frauen weiterhin „sicher [...] nach Hause"[2] bringen. Frauenparkplätze, die vor allem „in der Dunkelheit für ein sicheres Gefühl sorgen sollen" (Universität Bielefeld 2008: 19), sind heute nicht nur verbreitet, sondern scheinen in vielen Städten[3] und auch an Flughäfen[4] beispielsweise nahezu zum Standard zu gehören.

Die Analyse des Phänomens und auch die Kritik an bestehenden Maßnahmen, wie sie in der vorliegenden Untersuchung näher ausgeführt werden, sind somit aktuell geblieben. Nach Geschlecht sich ausdifferenzierende (Un)Sicherheiten im öffentlichen Raum scheinen ihre Bedeutung im Alltagshandeln – trotz aller Veränderungen der Geschlechterverhältnisse – kaum verloren zu haben. Ernst zu nehmen sind sie dabei vor allem auch als ein *Geschlechter- und Raumverhältnisse (re)produzierendes Produkt* gesellschaftlicher Zuschreibungsprozesse und als ein vor allem in diesem Sinne *macht*voller Wirkungsfaktor des Sozialen.

---

1   Siehe: http://www.taxi-bremen.de/notflash/service/dienstleistungen/frauen.html; http://www. heidelberg.de/servlet/PB/menu/1075947/index.html; http://www.stuttgart.de/item/show/15690; http://www.hannover.de/de/tourismus/mobilitaet/frauennachttaxi.html; letzte Zugriffe: 20.6.2011.
2   http://www.muenster.de/stadt/frauenbuero/nachttaxi.html; letzter Zugriff: 20.6.2011.
3   vgl. z.B.: http://www.altstadtbielefeld.de/seiten/parken.php; letzter Zugriff: 20.6.2011.
4   vgl. z.B.: http://www.munich-airport.de/de/consumer/anab/auto/parken/parkservices/frauen/ index.jsp; http://www.flughafen-bremen-parken.de; letzte Zugriffe: 20.6.2011.

Die vorliegende Veröffentlichung, die sprachlich leicht überarbeitet und um einige Literatur-Angaben ergänzt wurde, erscheint in ihrer zweiten Auflage als *erster Band* der *Reihe 'Raum Macht Geschlecht'* und wird hier durch weitere Bände zum Wirkungsgefüge von Raum und Geschlecht ergänzt werden.

Renate Ruhne
Hamburg, im Juni 2011

1. Einleitung

Der Band *'Raum Macht Geschlecht. Zur Soziologie eines Wirkungsgefüges am Beispiel von (Un)Sicherheiten im öffentlichen Raum'* stellt sich einer doppelten Herausforderung. Er widmet sich *zum einen* – anwendungsorientiert – einer gesellschaftlichen Problemstellung, deren Analyse und Lösung trotz langjähriger Bearbeitung bisher nicht zufriedenstellend gelungen ist, nämlich dem Phänomen geschlechtsspezifischer (Un)Sicherheiten im öffentlichen Raum mit seinen Auswirkungen auf die Mobilität von Frauen. Interessant ist dieses Thema nicht zuletzt deshalb, da es einen wesentlichen Teilbereich der heute allgemein an Bedeutung gewinnenden Fragen zur Sicherheit bzw. Unsicherheit städtischer Räume[5] aufgreift, der sich dadurch auszeichnet, dass hier bereits seit mehreren Jahrzehnten Maßnahmen gefordert und auch umgesetzt wurden und werden. In der vertieften Auseinandersetzung mit dem Problemfeld geschlechtsspezifischer (Un)Sicherheiten und den hierzu entstandenen theoretischen, empirischen und handlungspraktischen Aufarbeitungen wurde allerdings schnell deutlich, dass sich die Arbeit – will sie die Analyse des Phänomens tatsächlich vorantreiben – *zum anderen* einer weiteren Herausforderung würde stellen müssen, nämlich der Entwicklung eines forschungsmethodologischen Instrumentariums zur Analyse räumlich-geschlechtlicher Fragestellungen, das in der sozialwissenschaftlichen Forschung bisher fehlt.

Beiden Zielsetzungen wird in enger Verknüpfung miteinander nachgegangen, was in zweifacher Hinsicht von Vorteil ist: Im Hinblick auf die Problemstellung der (Un)Sicherheit ist eine Verknüpfung zwingend notwendig, um die Analyse weiter zu schärfen; im Hinblick auf die Entwicklung einer forschungsmethodologischen Konzeptualisierung zur Analyse räumlich-geschlechtlicher Fragestellungen ist sie sinnvoll, da die Anbindung an eine konkrete Problemstellung die modellhafte Analysekonzeption veranschaulichen kann.

Als eine spezifische *Un*sicherheit von Frauen ist die zu Grunde liegende Problematik geschlechtsspezifischer (Un)Sicherheiten im öffentlichen Raum in den letzten Jahrzehnten nicht nur kommunalpolitisch-praktisch, sondern auch theoretisch-empirisch vielfach bearbeitet worden. Der in einschlägigen Untersuchungen

---

5   vgl. z.B. Gestring/Glasauer/Hannemann/Petrowsky/Pohlan (Hg.) 2003: Die sichere Stadt. Jahrbuch Stadtregion 2002. Opladen.

immer wieder geführte Nachweis einer vermehrten Unsicherheit bei Frauen mit deutlichen mobilitätsbeschränkenden Wirkungen führte dazu, dass Maßnahmen wie die Einrichtung von ‚Frauen-Nacht-Taxis‘, die Lokalisierung und stadtplanerische Umgestaltung sogenannter ‚Angsträume‘, eine verstärkte soziale Kontrolle von U- und S-Bahnbereichen oder auch die Einrichtung von ‚Frauenparkplätzen‘ in Parkhäusern – um nur einige zu nennen – eine große öffentliche Aufmerksamkeit erhielten.

Trotz einer heute allgemein anerkannten gesellschaftlichen Relevanz der Thematik, die sich unter anderem darin zeigt, dass das Thema ‚Sicherheit im öffentlichen Raum‘ zumindest zeitweise „zu einem der wichtigsten Arbeitsbereiche sowohl der Frauenforschung in der Raumplanung als auch der feministischen Planungspraxis“ (Becker/Neusel 1997: 217) gehörte, und trotz einer Vielzahl von Studien und Publikationen sowie zahlreich eingeforderter und auch umgesetzter Maßnahmen *konnte das Problem aber bisher keineswegs gelöst werden.* In der kritischen Auseinandersetzung mit Analyse- und Lösungsansätzen wird im Gegenteil immer wieder darauf hingewiesen, dass das angestrebte Ziel einer Erweiterung der Sicherheit und damit auch der Mobilität von Frauen mit den bisherigen Herangehensweisen nicht erreicht werden konnte und wohl auch zukünftig nicht erreichbar sein wird. Dennoch wurden aber bisher kaum Alternativen im analytischen und vor allem auch im handlungspraktischen Zugang zum Problemfeld entwickelt.

Eine solche – trotz deutlicher Kritik an bisherigen Ansätzen – feststellbare ‚Stagnation‘ in der Analyse ebenso wie in der Handlungspraxis ließ eine erweiterte sozialwissenschaftliche Aufarbeitung des Phänomens geschlechtsspezifischer (Un)Sicherheiten im öffentlichen Raum nicht nur notwendig sondern auch als eine soziologisch ausgesprochen interessante Problemstellung erscheinen. Auffallend und durchaus überraschend ist in einer vertieften Auseinandersetzung mit der Thematik dabei zunächst einmal, dass das Phänomen – trotz vielfältiger Bearbeitung – oft kaum erklärt werden kann. Denn die empirisch für Frauen immer wieder nachgewiesenen Unsicherheiten lassen sich, entgegen einer allgemein verbreiteten Überzeugung, keineswegs mit einer im öffentlichen Raum etwa gegebenen, erhöhten Gefährdung erklären. Vielmehr zeigt sich bei genauerer Betrachtung sogar ein paradoxer Zusammenhang: Während eine Gefährdung für Frauen weit eher im privaten Raum gegeben ist, beziehen sich Unsicherheiten aber vor allem auf den öffentlichen Raum.

An der hier deutlich werdenden Diskrepanz zwischen (Un)Sicherheiten und Gefahren, der vor allem in frühen Arbeiten kaum eine forschungsleitende Relevanz zugesprochen wurde, setzt die vorliegende Untersuchung an. Sie macht die bisher nicht beantwortete Frage: ‚Was macht Frauen unsicher im öffentlichen Raum (und Männer sicher)?‘ zu einer zentralen Forschungsfrage. Gerade durch die skizzierten Widersprüche wird eine erweiterte Aufarbeitung dabei zu einem soziologisch interessanten Unterfangen, regen diese doch dazu an, bestehende Gewissheiten zu hinterfragen und inhaltlich wie auch methodisch neue Wege zu gehen.

Da auch ‚neue Wege' immer an einem (bereits bekannten) Ausgangspunkt beginnen, führt eine kritische Reflexion verschiedener Ansätze in einem ersten Teil zunächst in das Problemfeld und seine bisherige Bearbeitung ein (Kapitel 2). In der Auseinandersetzung mit bestehenden Analyse- und Lösungskonzepten[6] wird die Notwendigkeit eines erweiterten Vorgehens aufgezeigt, das sich vor allem auf drei zentrale und für die theoretische und forschungsmethodologische Konzeptualisierung weiter zu schärfende ‚Eckpfeiler' der Analyse – nämlich Raum, Geschlecht und Macht – bezieht und zu berücksichtigen hat, dass es sich bei ‚Sicherheit' und ‚Unsicherheit' stets um soziale Konstruktionen handelt, deren Herstellungsbedingungen – (auch) unabhängig von Gefahrenlagen – in den Blick zu nehmen sind.

Die in der Analyse geschlechtsspezifischer (Un)Sicherheiten im öffentlichen Raum dabei vorausgesetzte, enge Verknüpfung von ‚Raum' und ‚Geschlecht' ist heute grundlegend in einer Vielzahl von Veröffentlichungen dokumentiert (vgl. z.B. Spain 1992; Ardener 1997; Dörhöfer/Terlinden 1998). Eine empirisch-methodologische Fundierung bzw. ein geeignetes sozialwissenschaftliches Forschungsinstrument für ein verknüpfendes Vorgehen fehlt jedoch gleichzeitig noch weitgehend. Raum und Geschlecht werden als sozialwissenschaftliche Kategorien in Theorie und Empirie bisher meist unabhängig voneinander – *entweder* in der *Raum*forschung *oder* in der *Geschlechter*forschung – aufgearbeitet, woraus unterschiedliche Zugangsweisen zum jeweiligen Gegenstand sowie unterschiedliche Konzeptualisierungen der beiden Kategorien resultieren. Während sich raumtheoretische Ansätze ihrem Gegenstand, dem ‚Raum' beispielsweise meist in einem übergeordneten, offenen und eher abstrakten Verständnis nähern, beziehen sich geschlechtertheoretische Ansätze im Allgemeinen auf ein sehr konkretes geschlechtliches Verhältnis, nämlich auf die in unserem Kulturkreis dominante Zweigeschlechtlichkeit. Die Bezugnahme geht dabei meist sogar so weit, dass die Begriffe ‚Geschlecht' und ‚Zweigeschlechtlichkeit' synonym verwendet werden.

Ein weiterer, nicht nur für die hier gegebene Problemstellung wesentlicher Unterschied in der Konzeptualisierung bezieht sich auf den jeweiligen Umgang mit Aspekten der ‚Materialität' bzw. ‚Körperlichkeit': Während eine auch in raumtheoretischen Arbeiten heute vermehrt aufgegriffene, konstruktivistische Orientierung der Materialität bzw. Körperlichkeit des Raumes weiterhin einen zentralen

---

6   Die kritische Auseinandersetzung mit der bisherigen empirisch-praktischen Bearbeitung des Phänomens stellt eine wichtige Voraussetzung der Weiterentwicklung der Analyse dar und schließt die kritische Auseinandersetzung mit eigenen Arbeiten (Ruhne 1991; Klein/Korte/Ruhne 1996) ein.

Stellenwert zuspricht – und dabei aber die oftmals noch vorherrschende „Vorstellung des Starren" (Löw 2001: 11) zu überwinden hat –, betont die Annahme einer
sozialen Konstruiertheit in geschlechtertheoretischen Ansätzen bereits seit langem
und sehr deutlich das „Moment der Dynamik" (Dörhöfer/Terlinden 1998: 24) und
der sozialen Wandlungsfähigkeit, vernachlässigt dabei aber oftmals „strukturelle
und traditionelle Verfestigungen" (ebd.), was insbesondere eine Vernachlässigung
des (Geschlechts-)Körpers bzw. eine „Entkörperung" (Duden 1993: 24) der Kategorie Geschlecht zur Folge hat. Eine solche Tendenz zur Ausblendung materiell-
körperlicher Aspekte in geschlechtertheoretischen Ansätzen gründet nicht zuletzt in
der während der 1970er Jahre eingeführten, analytischen Unterscheidung von ‚sex'
(als dem biologisch-körperlichen) und ‚gender' (als dem sozialen Geschlecht) und
ist sichtbar zum Beispiel in der heute etablierten Benutzung des Gender-Begriffs
als eine allgemeine Bezeichnung für die Kategorie Geschlecht.

   Um eine fruchtbare Verknüpfung geschlechter- und raumtheoretischer Perspektiven zu ermöglichen, sind solche Unterschiede in der konzeptuellen Herangehensweise zu klären und aufzuarbeiten, wobei differierende Konzeptualisierungen
von Raum und Geschlecht wechselseitig vielfältige Anregungen geben können –
machen sie doch beispielsweise auf ‚blinde Flecken' aufmerksam und fordern gezielt zu deren Überwindung auf.

   Die hier deutlich werdende, *methodologische Problemstellung* aufgreifend,
entwickelt die Arbeit in einem zweiten, vornehmlich theoretisch-forschungsme-
thodologisch ausgerichteten Teil, eine grundlegende Konzeptualisierung zur Analyse räumlich-geschlechtlicher Fragestellungen. Hierfür erfolgt zunächst eine konzeptuelle Auseinandersetzung mit den Kategorien Raum und Geschlecht sowie mit
deren für die Problematik der (Un)Sicherheit im öffentlichen Raum besonders relevanten dichotomen Ausprägungen von ‚öffentlichen' und ‚privaten' Räumen sowie
der zweigeschlechtlichen Ordnung von ‚Männlichkeit' und ‚Weiblichkeit' (Kapitel
3, 4 und 5). Darauf aufbauend wird im Hinblick auf eine erweiterte Untersuchung
von (Un)Sicherheiten im öffentlichen Raum eine konstruktivistisch orientierte,
mehrdimensionale und relational-prozesshafte Forschungskonzeption zur Unterstützung räumlich-geschlechtlicher Fragestellungen vorgestellt. Geschlechter- und
Raumverhältnisse werden dabei als ein sich wechselseitig bedingendes Wirkungsgefüge gefasst, dessen Dynamik und Prozesshaftigkeit sich insbesondere aus sich
wandelnden Machtverhältnissen ergibt (Kapitel 6).

   Unter Anwendung des forschungsmethodologischen Modells können dann im
dritten Teil der Arbeit erweiterte Möglichkeiten der Analyse geschlechtsspezifischer
(Un)Sicherheiten im öffentlichen Raum aufgezeigt werden (Kapitel 7). Die in der
Forschungskonzeption angelegte historische Perspektive aufgreifend, wird dabei

insbesondere auf gesellschaftliche Wandlungsprozesse im 18. und 19. Jahrhundert eingegangen, die in engem Zusammenhang mit einem raschen Städtewachstum zur damaligen Zeit und einem damit einhergehenden, unübersichtlicher werdenden städtischen Außenraum stehen. Heutige Unsicherheiten bei Frauen im öffentlichen Raum können in diesem Zusammenhang auf eine Kontrolle der Sexualbeziehungen insbesondere von Frauen und Mädchen und auf hiermit einhergehende Ausgehbeschränkungen zurückgeführt werden, die sich über normregulierte soziale Aushandlungsprozesse bis in die heutige Zeit vermittelten. Als ein (historisches) *Produkt* machtvoller gesellschaftlicher Prozesse werden (Un)Sicherheiten dabei gleichzeitig – unter Rekurs auf das vorgestellte Wirkungsgefüge von Raum und Geschlecht – auch als ein machtvoller *Produzent* gesellschaftlicher Verhältnisse verdeutlicht, der in entscheidender Weise an der wechselseitigen Konstruktion und Konstitution von Raum und Geschlecht in ihren (sich im 18. und 19. Jahrhundert ebenfalls erst herausbildenden) dichotomen Ausprägungen von öffentlichen und privaten Räumen sowie der Zwei-Geschlechterordnung mitwirkte und auch heute noch mitwirkt.

In der durch das Analysemodell angeregten, erweiterten Aufarbeitung lassen sich geschlechtsspezifische (Un)Sicherheiten im öffentlichen Raum so nicht nur in den (historischen und aktuellen) sozialen Prozessen ihrer ‚Herstellung' rekonstruieren, sondern es lassen sich gleichzeitig auch wechselseitige Konstruktions- und Konstitutionsprozesse zwischen Raum- und Geschlechterordnungen aufzeigen, in welchen sich die Dichotomien von öffentlichen und privaten Räumen sowie von Männlichkeit und Weiblichkeit immer wieder (re)produzieren. Hierauf wird in Kapitel 8 nochmals zusammenfassend und nicht zuletzt auch mit Blick auf die Handlungspraxis eingegangen. Denn mit der Erweiterung der Analyse regt die Arbeit auch zu einem Wechsel im kommunalpolitisch-stadtplanerischen Umgang mit dem Phänomen der (Un)Sicherheit im öffentlichen Raum an, der es ermöglicht, die bisherigen, Frauen einseitig als ‚Opfer' gesellschaftlicher Verhältnisse aufgreifenden Ansätze zu überwinden und einen (selbst-)bewussten, *macht*vollen Umgang mit dem städtischen Außenraum zu eröffnen.

Die vorliegende Publikation bietet so zwei grundlegende ‚Bausteine' für die hinsichtlich des Verwobenseins von „Geschlechterverhältnissen und Raumstrukturen" (Dörhöfer/Terlinden 1998) noch vielfältig notwendigen Analysen. Zum einen stellt sie eine *forschungsmethodologische Konzeptualisierung für die Analyse räumlich-geschlechtlicher Fragestellungen* vor und bietet damit einen Ansatz zur Verknüpfung von Raum- und Geschlechterforschung. Zum anderen, und auf eine solche Konzeptualisierung aufbauend, bietet sie eine *problemorientierte Aufarbeitung des Phänomens geschlechtsspezifischer (Un)Sicherheiten im öffentlichen*

Raum, das als ein ‚Knotenpunkt' im Wirkungsgefüge von Raum und Geschlecht verdeutlicht wird, an dem sich wechselseitige Konstruktions- und Konstitutionsprozesse der dichotomen Ordnungen von Raum und Geschlecht exemplarisch verdeutlichen lassen.

2. Geschlechtsspezifische (Un)Sicherheiten im öffentlichen Raum: Das Beispiel und seine Hintergründe

2.1 Ein gesellschaftliches Problem und die bisherigen Ansätze seiner Analyse und Lösung

„Durch den Tunnel, da gehe ich nicht mehr durch ..." – „Wenn ich abends weggehe, lasse ich mich schon eher abholen ..." – „Der Parkweg dort hinten ist auch wirklich unheimlich ..." – Aussagen dieser Art bekommt zu hören, wer Frauen danach fragt, wie, wo und wann sie sich im außerhäuslichen, ‚öffentlichen Raum'[7] bewegen. Hintergrund solcher Äußerungen sind Unsicherheitsgefühle, die sich insbesondere abends und nachts beschränkend auf die Mobilität von Frauen und Mädchen auswirken.

Bereits im Jahr 1984 veröffentlichte der STERN eine bundesweite, repräsentative Umfrage, nach der sich 71% der Frauen und 22% der Männer in der Bundesrepublik bedroht fühlen, wenn sie abends oder nachts zu Fuß im öffentlichen Außenraum unterwegs sind[8] und laut einer Emnid-Umfrage für den SPIEGEL hatte auch 1998 „jede zweite Frau und jeder sechste Mann [...] Angst davor, nachts allein auf die Straße zu gehen" (SPIEGEL special 8/98: 95). In zahlreichen Untersuchungen wurde das hier deutlich werdende Problem einer großen bzw. im Vergleich zu Männern größeren Unsicherheit von Frauen im öffentlichen Raum in den letzten Jahrzehnten immer wieder aufgegriffen und bestätigt: „Frauen haben eine viel größere Angst als Männer, sich in der Öffentlichkeit allein – und besonders in der Nacht – zu bewegen" (Stadt Heidelberg, Amt für Frauenfragen [Hg.] 1994: 126).[9] Folge sind präventive Beschränkungen der Bewegungsmöglichkeiten, wie ebenfalls immer wieder festgestellt wurde:

---

7   Der Begriff des ‚öffentlichen Raumes' umfasst in Untersuchungen zur Thematik im Allgemeinen öffentlich-städtische Freiflächen wie Straßen, Wege, Plätze, Parkanlagen und Grünzüge, aber auch umbaute Orte wie U- bzw. S-Bahn-Haltestellen oder Unterführungen, das heißt also öffentliche, städtische Flächen, die allen Menschen zugänglich sind bzw. zugänglich sein sollten. Auf den Begriff und die sozialwissenschaftliche Konzeptualisierung des ‚öffentlichen Raumes' geht Kapitel 4 näher ein.

8   Nach: Flade/Guder 1992: 30.

9   Vgl. auch Opaschowski 1989; Frauenbüro der Stadt Mainz 1990; Bartholomä (o.J.); Ruhne 1991; Siemonsen/Zauke 1991; Pasquay/Pampel 1991; Klemp/Nolte 1993; Klein/Korte/Ruhne 1996;

„Die Angst vor einer Opferwerdung und deren Folgen äußert sich in Form von ‚Vermeidungs-strategien‘ und beeinflußt das Verhalten von Frauen bzw. schränkt ihre Handlungsfreiheit mas-siv ein" (Kramer/Mischau 1994: 336).

Initiiert und vorangetrieben vor allem aus den Reihen von Frauenbewegung und Frauenforschung wurden deshalb seit den 1980er Jahren in der Bundesrepublik zahlreiche gesellschaftliche Maßnahmen zur Erhöhung der Sicherheit und Verminderung der Ängste von Frauen gefordert und auch umgesetzt. Hierzu gehör(t)en die seit Mitte der 1980er Jahre verstärkt propagierten und in vielen Städten auch eingeführten Frauen-Nachtfahrangebote, die mit dem Schlagwort ‚Frauen-Nacht-Taxis‘[10] eine relativ große Popularität erlangten, ebenso wie die seit Ende der 1980er Jahre zahlreich entwickelten stadtplanerischen Maßnahmen, bei denen Sicherheit vor allem über die Charakterisierung und Veränderung so genannter ‚Angsträume‘ erreicht beziehungsweise gefördert werden soll.

Bei den Nachtfahrangeboten handelt(e) es sich um ein – in der Regel kommunal bezuschusstes – Angebot für Mädchen und Frauen, in den Abend- und Nachtstunden ein Taxi, Sammeltaxi oder ‚Nacht-Auto‘[11] zu einem verbilligten Tarif benutzen zu können. Eine Beförderung ‚von Tür zu Tür‘ soll dabei gewährleisten, „daß Frauen ohne Angst vor Belästigungen, Gewaltandrohungen oder -taten auch bei Dunkelheit am öffentlichen Leben teilnehmen können" (Klemp/Nolte 1993: 9). Nachtfahrangebote verfolgen damit eine Strategie, bei der Frauen eine sichere Mobilität dadurch ermöglicht werden soll, dass ihnen eine Art ‚mobiler Schutzraum‘ in Form eines Nacht-Taxis bzw. Nacht-Autos zur Verfügung gestellt wird, mit dem sich Wege unabhängig von ihrer jeweiligen baulich-räumlichen Ausgestaltung zurücklegen lassen.

Im Unterschied hierzu bzw. in Erweiterung der mit den Nachtfahr-Angeboten verknüpften Analyse- und Handlungsebene konzentrieren sich stadtplanerische Arbeiten auf eine genauere Untersuchung und Veränderung der zu Grunde liegenden räumlichen Strukturen. Ansätze gehen hier davon aus, dass die jeweilige Gestaltung der ‚gebauten Umwelt‘ als ein wichtiger Einflussfaktor für das Sicherheitsgefühl im öffentlichen Raum angesehen werden muss. In Anlehnung an Untersuchungen aus den Niederlanden, wo seit Mitte der 1980er Jahre „räumli-

---

Schreyögg 1998.

10   Erstmalig beschlossen wurde ein Frauen-Nacht-Taxi 1985 im Gemeinderat von Tübingen. Der erste Modellversuch wurde in Bielefeld durchgeführt. Eine Darstellung der Anfänge der Nacht-Taxi-Bewegung liefern Bettina Markmeyer und Elke Steg (1987). Einen guten Überblick über die Weiterentwicklung der Nachtfahrangebote geben Sabine Klemp und Liane Nolte (1993). Neben einer Städte-Übersicht über bestehende und angestrebte Initiativen werden hier Grundsätze für ein Frauennachtfahrangebot ausgeführt, Grundmodelle der ‚Von-Tür-zu-Tür‘-Beförderung sowie die in Kiel entwickelten Modelle und Umfrage-Ergebnisse vorgestellt.

11   Hierunter werden Mietwagen-Unternehmen gefasst.

che Maßnahmen ermittelt und Kriterien zur Verbesserung der Sicherheit im öffentlichen Raum entwickelt" (Siemonsen/ Zauke 1991: 14) wurden, konzentrierten sich auch in der Bundesrepublik zahlreiche Studien und Veröffentlichungen bei der Analyse des Problems und bei der Entwicklung möglicher Maßnahmen auf die Ermittlung, Charakterisierung und stadtplanerische Veränderung von Stadträumen, in denen Frauen sich besonders unsicher fühlen und die sie deshalb meiden.

Der öffentliche Raum selbst wurde so ins Zentrum der Analyse gestellt und in zahlreichen Städten wurden ‚Tatort-Analysen' und Befragungen zum Sicherheitsempfinden im öffentlichen Raum durchgeführt. Untersuchungen konzentrieren sich hier vor allem auf mögliche räumliche Zusammenhänge der Problematik und die Ergebnisse bestätigen immer wieder, dass sich Unsicherheiten und Ängste insbesondere

> „an bestimmten Bereichen, den sogenannten Angstzonen fest[machen, d.V.]. Dabei handelt es sich vor allem um unterirdische Verkehrsbauwerke, Parkgaragen, Unterführungen und U-Bahnhöfe, aber auch einsame, zu wenig beleuchtete Wege, Parks, Bahnhofsgegenden, unbelebte Innenstädte bei Nacht, um nur einige zu nennen" (Schreyögg 1998: 29).

So konnten für die verschiedensten deutschen Städte und Gemeinden konkrete Orte mit ihren baulich-räumlichen Charakteristika ermittelt werden, die in besonderem Maße mit Unsicherheiten verbunden sind und für die sich der Begriff ‚Angsträume' etablierte.[12] Vor allem Tiefgaragen und Parkhäuser[13] sowie U- und S-Bahnbereiche[14] gerieten zunehmend in die öffentliche Diskussion und wurden in Einzelstudien untersucht. Als allgemeine Merkmale solcher ‚Angsträume' oder ‚Angstzonen' wurden unter anderem Unübersichtlichkeit, schlechte Beleuchtung, fehlende Ausweichmöglichkeiten (um z.B. Entgegenkommenden aus dem Weg gehen zu können), Unbelebtheit[15] (als Synonym für fehlende soziale Kontrolle) oder auch mangelnde Gepflegtheit ermittelt.[16]

Durch die Identifizierung und Charakterisierung von ‚Angsträumen', durch die direkte Umsetzung von Maßnahmen vor Ort sowie durch die Erarbeitung übergeordneter Maßnahmenkataloge und die Entwicklung von Checklisten zur Prüfung künftiger Planungsvorhaben im öffentlichen Raum soll(t)en unsichere und als gefährlich geltende „Orte und Gebiete sicherer gestaltet" (Siemonsen/Zauke 1991:

---

12   Vgl. z.B. Gensch/Zimmer 1981; Greiwe/Wirtz 1986; Schreyögg 1989; Siemonsen/Zauke 1991; Krause 1994.

13   Vgl. z.B. Geiger/Steierwald 1992; Frauenbüro der Stadt Mainz 1990.

14   Vgl. z.B. Frauenbüro der Stadt Mainz 1991; Buschkühl-Lindermann/Frank/Schön/Stete 1994; Fuhrmann 1997.

15   Das Problem der ‚Unbelebtheit' wurde dabei vor allem als Folge monofunktionaler Raumstrukturen diskutiert.

16   Vgl. Siemonsen/Zauke 1991: 59; Flade/Greiff/Dauwe/Guder 1995: 7f.; Zieher 1999: 50f.

16)[17] werden. Vor dem Hintergrund der Annahme, dass Ängste und Unsicherheiten durch stadtplanerische und bauliche Interventionen wie zum Beispiel die „Stellung der Baukörper" (Zieher 1999: 49) erheblich verstärkt werden können, ist das Ziel solcher Maßnahmen, durch eine planerische Umgestaltung städtischer Räume und durch die Erarbeitung verallgemeinerbarer „Planungskriterien zur Berücksichtigung der sozialen Sicherheit" (Krause 1994: 84) ‚Angsträume' zu vermeiden und so die Bewegungsfreiheit von Frauen im öffentlichen Raum zu erhöhen.

Bedeutsam waren und sind solche Ansätze der räumlich-zeitlichen Verortung der Unsicherheiten vor allem auch deshalb, da sie der kommunalpolitischen Handlungsebene gut zugänglich sind. Aufbauend auf einschlägigen Untersuchungen konnten Einzelmaßnahmen, Planungsleitfäden mit Maßnahmenkatalogen oder übergeordneten Kriterienlisten für planerische Interventionen zur „Vermeidung von Angsträumen" (Kriterienkatalog der Gleichstellungsstelle der Stadt Minden/ Frauenbüro 1995: 5) bzw. zur Erhöhung der Sicherheit im öffentlichen Raum entwickelt und auch umgesetzt werden.[18] Konkrete, bei der räumlichen Planung zu berücksichtigende Forderungen, die aus solchen Ansätzen folgten, sind etwa, dass Hauptwege nicht durch Parkanlagen oder Unterführungen geführt werden sollten, und wo sich dieses nicht vermeiden lässt, sollten Wege und öffentliche Orte durch zusätzliche Beleuchtung oder die Veränderung und Reduzierung der Bepflanzung „hell, übersichtlich und freundlich gestaltet werden" (Bartholomä [o.J.]: 55). Auch durch Maßnahmen wie Frauenparkplätze in Parkhäusern oder die Umgestaltung von U- und S-Bahn-Haltestellen oder eine Nutzungsmischung zur Erhöhung der sozialen Kontrolle sollte und soll eine sichere Mobilität für Frauen im öffentlichen Raum gewährleistet werden. Allgemeines Ergebnis solcher Untersuchungs- und Handlungsansätze ist zum Beispiel, „daß Maßnahmen, die eine schnelle Orientierung sowie einen Überblick über die Situation ermöglichen, einen hohen Stellenwert für das persönliche Sicherheitsempfinden haben" (Bartholomä [o.J.]: 57).

Maßnahmen dieser Art schienen lange – obwohl immer auch umstritten – durchaus überzeugend und sie fanden und finden vor allem auf kommunalpolitischer Ebene eine relativ breite Anerkennung. Als Analyse- und Handlungskonzept wurde besonders der ‚Angstraum-Ansatz' auf zahlreiche deutsche Städte ausgedehnt und nach der Vereinigung der beiden deutschen Staaten auch in den neuen

---

17   Die Arbeit von Siemonsen/Zauke 1991 stellt eine der ersten Zusammenstellungen stadtplanerischer Sicherheitskonzepte in der Bundesrepublik dar.

18   Vgl. z.B. den Planungsleitfaden für mehr Sicherheit im öffentlichen Raum des Landes Nordrhein-Westfalen (Institut für Landes- und Stadtentwicklungsforschung des Landes NRW [Hg.] 1995: 20).

Bundesländern aufgegriffen, wie die Projektgruppe „Angsträume von Frauen in Halle"[19] mit einem Ausstellungsprojekt deutlich macht:

> „Unser Anliegen war es, in Anlehnung an die Frankfurter Ausstellung ‚Frauen-Angst-Räume‘ ähnliches auch für eine Stadt in den neuen Bundesländern zu versuchen" (Gebler/Kräge/Wahl 1995: 99).

Empirisch sind bestehende Unsicherheiten von Frauen im öffentlichen Raum heute hinreichend belegt, sie sind raum-zeitlich verortbar und damit für das kommunal-politische Handlungsfeld in besonderer Weise zugänglich geworden. Sowohl der ‚Schutzraum-Ansatz‘ der Nacht-Taxis als auch der ‚Angstraum-Ansatz‘ stadtplanerischer Konzepte waren und sind Grundlage verschiedenster Maßnahmen, mit denen Unsicherheiten begegnet werden soll. Frauen-Nacht-Taxis fahren in Bremen[20] und Hannover.[21] ‚Frauenparkplätze‘ sind in „den meisten Parkhäusern [...] längst Standard" (WDR, 2.4.1998)[22], um „Frauen Sicherheit [zu; d.V.] bieten und Schutz vor gewalttätigen Übergriffen und sexuellen Belästigungen" (ebd.). In einem „frauenspezifische[n] ÖPNV-Gutachten"[23] für die Stadt Essen kommen Planerinnen zu dem Ergebnis, dass „sich als größtes Hemmnis für Mobilität Angst und Unsicherheit im Dunkeln gezeigt" hat (vgl. Barck im ‚Freitag‘ vom 9.2.2001) und sie schlagen als mögliche Maßnahmen unter anderem „den Umbau einzelner Haltestellen und ein abrufbereites Frauennachtmobil" (ebd.) vor. Im Rahmenplan der Universität Bielefeld vom 1. September 2000 wurde unter Punkt VI, ‚Maßnahmen zur Verhinderung von Gewalt gegen Frauen‘, festgelegt: „Unter anderem weist die Universität Frauenparkplätze aus".[24] 1999 wurde auch auf dem Campus der Universität Hamburg die Beleuchtung verbessert und das Gebüsch zurückgeschnitten mit dem Ziel, dass „mit der Angst vor Vergewaltigungen und Überfällen nun Schluß sein soll" (Maroldt in der taz-Hamburg vom 15.3.1999).

Die hier skizzierten Beispiele, die sich vielfach erweitern ließen, zeigen, dass das Thema der Unsicherheit von Frauen im öffentlichen Raum heute eine große gesellschaftliche Anerkennung erfährt. Für öffentliche Verkehrsbetriebe ist das Thema gar zu einem marktwirtschaftlich bedeutenden Faktor geworden: Die „Öffentlichkeit erwartet dringend Maßnahmen gegen die Kriminalität in den Bahnsystemen" (Pasquay/Pampel 1991: 2), ansonsten würden vor allem Frauen auf Fahr-

---

19   Gemeint ist Halle an der Saale.
20   http://www.taxi-bremen.de/noflash/service/dienstleistungen/frauen.html (7.5.2011).
21   http://www.hannover.de/de/tourismus/mobilitaet/frauennachttaxi.html (7.5.2011).
22   http://www.wdr.de/tv/service/verkehr/archiv/97/0121_1.html (19.2.2001).
23   ÖPNV = Öffentlicher Personennahverkehr.
24   http://www.uni-bielefeld.de/Universitaet/Ueberblick/Organisation/Verwaltung/Dez_II/
      Mitteilungsblatt/29-nr-21d.html (12.5.2011).

ten mit der Bahn verzichten.[25] Besonders dringlich wird eine solche Feststellung für die Verkehrsbetriebe, da mit „zunehmender Pkw-Verfügbarkeit der Frauen und der älteren Generation [...] das Problem ‚subjektive Sicherheit' für das Marktpotential des ÖPNV eine zusätzliche negative Dimension" (dies. 1991: 14) erlangt.

Ein solcher, notwendigerweise verkürzt dargestellter Überblick mag zunächst einmal genügen, um das Problemfeld zu umreißen und seine – durch Frauenbewegung und feministische Forschung oft mühsam erstrittene – ‚Karriere' zu einem etablierten kommunalpolitischen Handlungsfeld zu verdeutlichen. Ob Frauen-Nachtfahrangebote oder die bisherigen Vorschläge zur stadtplanerischen Umgestaltung öffentlicher Räume das Problem der (Un)Sicherheit aber lösen bzw. überhaupt lösen können, ist heute eher fraglich. Ein Zweifel drängt sich hier schon deshalb auf, da hinsichtlich der tatsächlichen Wirkung der bisherigen Maßnahmen große Forschungslücken auszumachen sind: Obwohl in vielen Städten und Gemeinden Maßnahmen umgesetzt wurden, gibt es *kaum systematische Evaluationsstudien.* So können häufig keine Aussagen darüber gemacht werden, wie wirkungsvoll die verschiedenen Präventionsmaßnahmen tatsächlich sind. Hinzu kommt, dass sich dort, wo solche Untersuchungen durchgeführt wurden, andeutet, dass das Problem mit den bisherigen Ansätzen weder in ausreichendem Maße analysiert noch gelöst wurde. So haben Gabriele Geiger und Marcus Steierwald zum Beispiel für die immer wieder als ‚Angsträume' herausgestellten Tiefgaragen und Parkhäuser aufgezeigt, dass es sich hier in der Regel um generell als „Fremdkörper empfundene Orte" (Geiger/Steierwald 1992: K29) handelt, die allgemein ungern genutzt werden. Tiefgaragen und Parkhäuser werden den AutorInnen zufolge keineswegs nur von Frauen und auch nicht nur aufgrund von Unsicherheiten gemieden. Im Hinblick auf mögliche Maßnahmen kommt Gabriele Geiger deshalb zu dem Schluss, dass

„bessere/schönere Parkgaragen zwar gern akzeptiert [würden; d.V.], einen verändernden Einfluß auf das Parkverhalten hätten sie bei der Mehrzahl der Befragten indes nicht" (Geiger 1993: 138).

Auch die Wirkung von umfassenderen Planungsleitfäden und Kriterienkatalogen für stadtplanerische Maßnahmen – wie sie für die Planungspraxis ausgearbeitet wurden – wird von Planerinnen und Gleichstellungsbeauftragten sehr unterschiedlich eingeschätzt.

Die wesentlichste Wirkung scheint eine verstärkte Sensibilisierung von Gremien und Bezirksvertretungen für das zu Grunde liegende Problem zu sein (vgl. Grüger 1999). Auch über Gremien und Bezirksvertretungen hinausgehend kann

---

25   Nach Pasquay/Pampel (1991: 13) haben in München 14% der befragten U-Bahn-Benutzerinnen schon auf Fahrten mit der Bahn verzichtet, weil sie Bedenken hatten, belästigt oder angegriffen zu werden (Männer: 5%).

festgestellt werden, dass die verschiedenen Maßnahmen und ihre öffentliche Thematisierung viel zu einem erweiterten öffentlichen Problembewusstsein beigetragen haben. Die Feststellung, dass die „Sicherheit von Frauen in der Öffentlichkeit [...] kein individuelles Problem der einzelnen Frau, sondern eine gesamtgesellschaftliche Problematik" (Sachse/ Bergmann [o.J.]: 2) ist, wird heute kaum mehr bestritten – und dies ist durchaus hervorzuheben. Denn eine Akzeptanz als *gesellschaftliche* und das heißt auch als *gesellschaftlich zu lösende* Problematik war keineswegs immer gegeben, sondern musste in den 1980er und 1990er Jahren in teilweise heftigen Auseinandersetzungen erst regelrecht erstritten werden. Maßnahmen wie Frauen-Nacht-Taxis, Frauenparkplätze, usw. können so gesehen als ‚Materialisierungen' eines fortschreitenden Prozesses der Sichtbarwerdung und Anerkennung von Frauen bzw. Fraueninteressen in der Öffentlichkeit gedeutet werden und sie waren und sind damit grundlegend ein Indikator wie auch ‚formgebender' Faktor einer zunehmenden Machtverschiebung zwischen Männern und Frauen als Genusgruppen. Ein erstes Resümee hinsichtlich der skizzierten Maßnahmen kann so durchaus positiv ausfallen, denn erst vor dem Hintergrund eines gestiegenen ‚gesamtgesellschaftlichen Problembewusstseins' ließen und lassen sich Forderungen zur „Beseitigung oder Entschärfung" (Sachse/Bergmann [o.J.]: 2) der Problematik und auch zu ihrer erweiterten Analyse überhaupt aufstellen und umsetzen.

Nicht nur aufgrund mangelnder Evaluationen muss heute aber bezweifelt werden, dass das Problem – trotz langjähriger Bearbeitung – gelöst werden konnte bzw. mit den bisherigen Ansätzen überhaupt zu lösen ist. Auf eine lediglich eingeschränkte, wenn nicht sogar kontraproduktive Wirksamkeit der dargestellten Ansätze haben kritische Stimmen aus den Reihen der Frauenbewegung sowie der Frauen- und Geschlechterforschung bereits seit Beginn der öffentlichen Thematisierung immer wieder hingewiesen.[26] Bevor hierauf in Abschnitt 2.4 näher eingegangen wird, ist es aber zunächst noch notwendig, auf zwei Aspekte des (Un)Sicherheits-Problems hinzuweisen, denen bisher – auch in kritischen Ansätzen – wenig forschungsleitende Relevanz zugesprochen wurde. Diese beziehen sich auf: 1. die auffällige, bei der Umsetzung von Maßnahmen jedoch selten hinterfragte *Diskrepanz zwischen (Un)Sicherheitsgefühlen und Gefahren im öffentlichen und privaten Raum* (vgl. Abschnitt 2.2) und 2. die sicherheitstheoretische Annahme, dass es sich bei *(Un)Sicherheiten immer um gesellschaftliche Konstruktionen* handelt (vgl. Abschnitt 2.3), deren *gesellschaftliche* Entstehungsbedingungen – (auch) unabhängig von einer Gefahrenlage – stärker in den Blick genommen werden sollten.

---

26 Vgl. z.B. Kuhlmann/Steg 1987; Becker 1991, 1997, 1998; Dörhöfer/Terlinden 1998: 9ff.; Roller 1998. Die hier geäußerte Kritik, die ebenfalls einen wichtigen Ausgangspunkt dieser Arbeit darstellt, wird in Abschnitt 2.4.3 aufgegriffen.

2.2 (Un)Sicherheitsgefühle und Gefahren im öffentlichen und privaten Raum – Eine auffällige, aber bisher kaum hinterfragte Diskrepanz

Als Hintergrund festgestellter Unsicherheiten wird in Studien und Veröffentlichungen immer wieder auf eine spezifische Bedrohung von Frauen durch männliche Gewalt hingewiesen: „Wenn Frauen in der Öffentlichkeit Angst haben, steht die Angst vor körperlicher Gewalt im Vordergrund" (Huber 1993: 65), wie Anne-Louise Huber beispielsweise zum Thema ‚Angst und Wohlbefinden im öffentlichen Raum' schreibt, und insbesondere die

> „Angst davor, möglicherweise Opfer eines sexuellen Gewaltdeliktes zu werden, hindert sie [Frauen; d.V.] vielfach daran, abends noch ohne Begleitung aus dem Haus zu gehen" (Stadt Heidelberg, Amt für Frauenfragen [Hg.] 1994: 126).

Ein solcher, unmittelbarer Zusammenhang zwischen einer besonderen Gefährdung von Frauen und bestehenden Unsicherheiten und Ängsten im öffentlichen Raum, wie er hier nahe gelegt wird, scheint auf den ersten Blick durchaus plausibel, denn ...

2.2.1 ‚Gewalt gegen Frauen'[27] ist ein verbreitetes gesellschaftliches Problem ...

Auf die Bedeutung des Problems der ‚Gewalt gegen Frauen' haben VertreterInnen der Frauenbewegung und der Frauen- und Geschlechterforschung immer wieder hingewiesen.[28] Frauen sind durch Gewalt in hohem Maße gefährdet. In einer im Jahr 1992 durchgeführten ‚Opferbefragung' des Kriminologischen Forschungsinstitutes Niedersachsen (KFN)[29] konnte nachgewiesen werden, dass in Deutschland

> „ca. jede siebte Frau im Alter zwischen 20 und 59 Jahren mindestens einmal in ihrem Leben Opfer einer Vergewaltigung/sexuellen Nötigung im strafrechtlichen Sinne geworden ist. [...] Vergewaltigung/sexuelle Nötigung ist demnach das Delikt, von dem Frauen im höchsten Maße auch

---

27 Zur Beschreibung und kritischen Aufarbeitung des Problemkomplexes beziehe ich mich hier vor allem auf den Aspekt körperlicher Gewalt als Extremform der Problematik der ‚Gewalt gegen Frauen', da diese auch in Studien und Veröffentlichungen immer wieder als Hintergrund von Ängsten und Unsicherheiten genannt wird.

28 Hintergrund ist die lange Zeit übliche Marginalisierung der Problematik der ‚Gewalt gegen Frauen' (vgl. z.B. Gräning 1993).

29 Bei der Erhebung handelte es sich um eine für die Bundesrepublik (alte und neue Länder) repräsentative Opferbefragung, deren Ergebnisse den bisher (auch in kriminologischen Dunkelfeld-Studien) meist nur unzureichend erfassten Problemkomplex der ‚sexuellen Gewalt gegen Frauen' näher beleuchten. Als „sexuelle Gewalt" wurden hier „Vergewaltigungen im strafrechtlichen Sinne sowie sexuelle Nötigungen, d.h. gravierende sexuelle Übergriffe bezeichnet, jeweils unter Einschluß von Versuchshandlungen" (Wetzels/Pfeiffer 1995: 1).

objektiv bedroht sind; verglichen mit anderen Delikten ist das Viktimisierungsrisiko hier am höchsten" (Wetzels/Pfeiffer 1995: 11).[30]

Dabei ist ‚Vergewaltigung/sexuelle Nötigung' gleichzeitig

> „im Vergleich aller strafrechtlich relevanten Opfererfahrungen von Frauen das Delikt, welches mit Abstand im höchsten Maße angstauslösend wirkt, schwerwiegender als beispielsweise Raubüberfälle, Körperverletzungen mit Waffen oder Wohnungseinbrüche" (Wetzels/Pfeiffer 1995: 19).

Auch allgemein betrachtet ist die Gefährdung von Frauen durch „furchtrelevante[...] Delikte" (Wetzels/Greve u.a. 1995: 76) als eindeutig höher einzustufen als die von Männern: In „jedem Fall ist bei gleicher Altersklasse und gleicher Region die Viktimisierungsrate der Frauen höher als die der Männer" (dies. 1995: 75f.). Eine insgesamt höhere Deliktbelastung ergibt sich für Frauen dabei vor allem aufgrund der hohen Gefährdung durch Vergewaltigung und sexuelle Nötigung. Zwar sind Männer in stärkerem Maße von ‚Körperverletzungen' bedroht, eine Betrachtung über alle Viktimisierungsbereiche zeigt aber, dass für Frauen im Vergleich zu Männern der „Bereich der körperlichen Übergriffe (vor allem Körperverletzungen) [...] durch die Mehrbelastung durch Vergewaltigungen und sexuelle Belästigungen ausgeglichen" (dies. 1995: 74f.) wird.

‚Gewalt gegenüber Frauen' ist demnach ein gravierendes gesellschaftliches Problem, nicht nur aufgrund der Schwere einzelner Taten, sondern auch aufgrund der Häufigkeit ihres Auftretens. Diese Feststellung ist vor allem deshalb bedeutsam, da sie lange sowohl in der Öffentlichkeit als auch in der Kriminologie kaum gesehen wurde. Die Ergebnisse der KFN-Studie, bei der das bisher nur schwer zu untersuchende ‚Dunkelfeld' berücksichtigt werden konnte, belegen eindeutig die große Relevanz von Gewalterfahrungen im Leben von Frauen. Sie widerlegen damit auch die selbst in der Viktimologie lange verbreitete Annahme eines so genannten ‚Furcht-Viktimisierungs-Paradoxes' für Frauen,[31] welches besagt, dass Frauen zwar eine relativ große ‚Kriminalitätsfurcht'[32] hätten, diese aber einem eigentlich eher als gering einzuschätzenden Viktimisierungsrisiko gegenüberstände.

---

30 Der Begriff des ‚Risikos' wird hier mit ‚Gefahr' gleichgesetzt und nicht mit der im Rahmen sicherheitstheoretischer Diskurse herausgearbeiteten Grundbedeutung einer dem Begriff ursprünglich immanenten Ambivalenz von ‚Gefahr' und ‚Chance' (vgl. Ruhne 2003).

31 Ein solches ‚Furcht-Viktimisierungs-Paradox' gehörte lange zu „den meistzitierten Befunden der Viktimologie" (Wetzels/Greve u.a. 1995: 73).

32 Ebenso wie die Begriffe Sicherheit und Unsicherheit ein komplexes Begriffsfeld umschreiben (vgl. Abschnitt 2.3), welches in Erhebungen und Veröffentlichungen zur Problematik der (Un)Sicherheit von Frauen im öffentlichen Raum selten eindeutig definiert und operationalisiert wird, fehlt auch in der Viktimologie hinsichtlich des Begriffs der ‚Kriminalitätsfurcht' oftmals eine genauere Definition (vgl. Wetzels u.a. 1995: 204ff.). Insbesondere aufgrund des Zusammenhangs

Vor dem Hintergrund der nachweisbar hohen Deliktbelastung scheinen vermehrte Unsicherheiten von Frauen im öffentlichen Raum so – zumindest auf den ersten Blick – durchaus verständlich zu sein und diese werden – wie beschrieben – auch immer wieder vor diesem Hintergrund erklärt. ‚Gewalt gegen Frauen' ist ...

2.2.2 ... aber ein Problem des privaten Raumes

Wie bei genauerer Betrachtung deutlich wird, ist die Erklärungskraft der Problematik der ‚Gewalt gegen Frauen' speziell für das Phänomen der Unsicherheiten *im öffentlichen Raum* mehr als zweifelhaft. Denn eine differenzierte Betrachtung der *grundsätzlich durchaus hohen Deliktbelastung von Frauen* zeigt deutlich, dass „der größte Teil sexueller Gewalt mit ca. 2/3 aller Fälle im sozialen Nahbereich von Familie und Haushalt statt[findet]" (Wetzels/ Pfeiffer 1995: 17). ‚Gewalt gegen Frauen' ist so überwiegend ein Problem des *privaten Raumes* und die Mehrzahl der Täter ist den Opfern bekannt. Eine solche Feststellung trifft auch auf den als besonders schwerwiegend einzustufenden Straftatbestand der Vergewaltigung zu:

> „Wird die Anzahl der innerfamiliären Vergewaltigungen zu den außerfamiliären in Beziehung gesetzt, so ergibt sich [...], daß ca. *66% aller Vergewaltigungsdelikte*, über welche die befragten Frauen berichteten, *im familiären Nahbereich* stattfanden" (Wetzels/Pfeiffer 1995: 10; Herv. i. O.).

Aber auch in Bezug auf andere Formen körperlicher Gewalt „unterscheiden sich die geschlechtsspezifischen Opfererfahrungen in ausgeprägter Weise entlang einer Dimension von Privatheit und Öffentlichkeit" (Eisner 1997: 193), wie Michael Eisner zum Beispiel feststellt:[33]

> „Nahezu 80 Prozent aller weiblichen Opfer von Tötungsdelikten und 35 Prozent aller weiblichen Opfer von Körperverletzungen werden von Tätern angegriffen, die mit ihnen in einer familiären oder verwandtschaftlichen Beziehung standen, während Viktimisierungen durch unbekannte Täter eher selten sind" (Eisner 1997: 193f.).

Differenziert man die Analyse der Problematik der ‚Gewalt gegen Frauen' demnach entlang der Dichotomie des öffentlichen und des privaten Raumes, zeigt sich eine auffällige Diskrepanz zwischen (Un)Sicherheitsgefühlen und Gefahrenlagen: Die im öffentlichen Raum bei Frauen immer wieder nachgewiesenen Unsicherheitsgefühle erklären sich *nicht* aus einer hier gegebenen erhöhten Deliktbelastung.[34]

---

von Unsicherheiten und Gewalt-Kriminalität kann an dieser Stelle von einer synonymen Bedeutung der Begriffe ‚Kriminalitätsfurcht' und ‚Unsicherheit/Angst' ausgegangen werden.

33   Die Datenbasis bezieht sich hier zwar auf die Schweiz, Eisner analysiert dabei aber die „Schweizer Städte als einen exemplarischen Fall" (Eisner 1997: 13; Herv.i.O.) für moderne Städte der westlichen Welt.

34   Dies bedeutet nicht, dass Frauen im öffentlichen Raum überhaupt nicht bedroht sind, sondern lediglich, dass eine Gefährdung weit eher im privaten Raum gegeben ist.

Selbst für die in den verschiedenen Städten immer wieder erhobenen ‚Angsträume'
muss festgestellt werden, dass es sich hierbei in der Regel keineswegs um heraus-
ragende Tatorte handelt: Die „tatsächliche Deliktbelastung der ‚Angszonen' ist in
der Regel gering und steht in keinem Verhältnis zur hohen Kriminalitätsfurcht in
diesen Bereichen" (Schreyögg 1998: 29), wie Friedel Schreyögg nach einer Untersuchung der Stadt München beispielsweise feststellt. Zu einem ähnlichen Ergebnis
kommt auch Heike Kraft in Bezug auf die „Angstzone Parkhaus": „Statistisch sind
Parkhäuser und Tiefgaragen [...] nicht spezifische Tatorte, in denen Gewalt gegen
Frauen besonders häufig verübt wird" (Frauenbüro der Stadt Mainz 1990: 8) und
auch in Bezug auf U-Bahnen, die allgemein als besonders ‚verunsichernd' gelten,
konnte zumindest für die Stadt München festgestellt werden: „Die Münchner U-
Bahnen *sind*, entsprechend den Ergebnissen der Umfrage wie auch von der Zahl
der angezeigten Sexualdelikte her, kein Ort der Gewalt gegen Frauen" (Schreyögg 1989: 200; Herv.i.O.). Nicht nur für den öffentlichen Raum allgemein kann
somit festgehalten werden, dass er nicht der eigentliche ‚Gefahrenraum' für Frau-
en ist, sondern auch die als besonders unsicher geltenden Orte zeichnen sich nicht
durch eine besonders hohe Deliktbelastung aus. Unsicherheitsgefühle bei Frauen
im öffentlichen Raum stehen dementsprechend nicht in einem direkten Begrün-
dungszusammenhang mit der Problematik der ‚Gewalt gegen Frauen', sondern es
zeichnet sich hier sogar ein paradoxes Verhältnis ab: Wäre die tatsächliche Gefahrenlage Hintergrund der Unsicherheiten, so müssten sich diese bei Frauen weit
eher auf den privaten Raum beziehen und entsprechend müsste dieser gemieden
werden. Bezieht man beide Geschlechter in eine solche Betrachtung ein, so zeigt
sich zusätzlich, dass – wäre eine tatsächliche Gefährdung Hintergrund der Unsicherheiten – der öffentliche Raum, wenn, dann vermehrt von Männern gemieden
werden müsste, da von „Viktimisierungen im öffentlichen Raum [...] vorwiegend
Männer betroffen sind" (Eisner 1997: 206).

Auch wenn der Feststellung, dass Frauen vor allem im privaten Bereich gefährdet sind, im Kontext von Analyse- und Lösungsansätzen zur Problematik eine
zentrale Bedeutung zugesprochen werden muss, so ist dies aber gleichzeitig keineswegs ein Argument für die Einschätzung, dass (Un)Sicherheiten im öffentlichen Raum demnach ein Thema wären, welches man vernachlässigen könnte
(vgl. auch Becker 2000a: 60). Denn die mobilitätsbeschränkende Wirkung erleb-
ter Unsicherheitsgefühle ist gleichwohl gegeben. Gerade das paradoxe Verhältnis
von (Un)Sicherheiten und Gefahren im öffentlichen und privaten Raum macht die
Thematik dabei für die soziologische Forschung aber zu einem ausgesprochen interessanten Projekt: Denn die Frage, wie es überhaupt zu einem solchen Paradox

kommen kann und welche Bedeutung diesem im Geschlechterverhältnis zukommt, blieb bisher unbeantwortet.

Verschiedene Studien und Veröffentlichungen versuchen das Dilemma der nicht erklärbaren Diskrepanz zwischen (Un)Sicherheitsgefühlen und Gefahren dadurch zu überwinden, dass sie auf einen *erweiterten Gewaltbegriff* rekurrieren, der „u.a. auch Nötigung, Belästigung und verbale Attacken gegen Frauen" (Sachse/Bergmann [o.J.]: 2) einschließt. Ein solcherart erweiterter Gewaltbegriff geht davon aus,

> „daß Gewalt gegen Frauen ihren Ausdruck nicht erst in der physischen Verletzung findet. Bereits taxierende Blicke, nachgerufene Bemerkungen usw. verunsichern Frauen, sollen erniedrigen und demütigen. Sie werden von Männern eingesetzt, um ihre Macht zu demonstrieren. Es wird Angst erzeugt ..." (Klemp/Nolte 1993: 10).

Angesprochen ist hier das Grundproblem der Definition und der Reichweite des Begriffs ‚Gewalt', wobei in einschlägigen Veröffentlichungen kaum umstritten ist, dass die Definition von ‚sexueller Gewalt' bzw. von ‚Gewalt gegen Frauen' breiter gefasst werden kann und muss, als es der juristische Straftatbestand der ‚Vergewaltigung' oder der ‚sexuellen Nötigung' ermöglicht. Im Hinblick auf die Erklärungskraft eines erweiterten Gewaltbegriffs für das Phänomen der (Un)Sicherheiten im öffentlichen Raum bleibt dabei aber zum einen zu fragen, ob Nötigung, Belästigung und verbale Attacken in öffentlichen Räumen tatsächlich häufiger vorkommen als in privaten. Nur wenn dies der Fall wäre, ließe sich ein auf den öffentlichen Raum bezogenes, erhöhtes Unsicherheitsgefühl hiermit auch tatsächlich begründen. Eine Antwort muss hier – in Ermangelung entsprechender Untersuchungen – leider offen bleiben: Es gibt aber meines Wissens keine Hinweise dafür, dass Nötigung, verbale Übergriffe und Belästigungen im öffentlichen Raum häufiger vorkommen als im privaten.

Zum anderen ist auch bei einem solcherart erweiterten bzw. „neu codiert[en]" (Honig 1986/1992: 42) Gewaltbegriff grundsätzlich davon auszugehen, dass er von einer Verletzung der körperlich-leiblichen Unversehrtheit nicht prinzipiell ablösbar ist. Auch ‚Anmache', taxierende Blicke und anzügliche Bemerkungen erhalten ihren bedrohlichen Charakter erst durch die dahinter stehende Androhung zumindest potenzieller körperlicher Gewalt[35] und sie werden deshalb im feministischen Diskurs in der Regel auch innerhalb des Referenzrahmens körperlicher Gewalt gedeutet: „Die alltäglichen Belästigungen sind [...] Beleg dafür, daß

---

35   Ohne die dahinter stehende potenzielle Gefahr körperlicher Gewalt wäre anzunehmen, dass Anmache, taxierende Blicke usw. zwar einen ausgesprochen ärgerlichen, aber nicht einen bedrohlichen Charakter hätten. Als ärgerliche Ereignisse würden sie aber wahrscheinlich kaum Unsicherheiten, sondern eher z.B. Wut als Gefühlsreaktion zur Folge haben.

die Gefahr eines massiven sexuellen Übergriffes durchaus real ist" (Brockhaus/ Kohlshorn 1993: 30). Auch ein im oben beschriebenen Sinne erweiterter Gewaltbegriff ist so grundsätzlich als „Inbegriff sinnlicher Erfahrung" (Trotha 1997: 26), und das heißt auch als Inbegriff körperlicher Gewalt, anzunehmen.[36] Bedrohlich sind ‚Anmache', taxierende Blicke usw. durch die antizipierte Möglichkeit körperlicher Gewalt. Dies bedeutet aber, dass die Wirkmächtigkeit von ‚Anmache', abschätzenden Blicken oder anzüglichen Bemerkungen als auslösende Momente von Unsicherheiten im öffentlichen Raum in der Antizipation einer erhöhten körperlichen Gewalt begründet ist. Eine solche Antizipation muss aber als eine Fehleinschätzung gedeutet werden, denn – wie beschrieben – ist ‚Gewalt gegen Frauen' vor allem ein Problem im privaten Raum und kann verstärkte Unsicherheiten im öffentlichen Raum nicht erklären.

Dennoch ist aber die Annahme, dass gerade Frauen und diese gerade im öffentlichen Raum besonders gefährdet seien, sehr verbreitet. Obwohl der öffentliche Raum weit eher einen ‚Gefahrenraum' für Männer darstellt, wird allgemein paradoxerweise eine erhöhte Gefährdung von Frauen angenommen, wie z.B eine Hamburger Studie zeigt, in der 84% der befragten Frauen und 82% der Männer der Überzeugung waren, dass „Frauen [...] gefährdeter [sind] in der Öffentlichkeit als Männer" (Klein/Korte/Ruhne 1996: 70). Gerade die vielfach untersuchten ‚Angsträume' werden dabei – trotz geringer Deliktbelastung – immer wieder mit einer besonderen Gefährdung assoziiert, wie beispielsweise die bereits genannte Untersuchung der Stadt München zeigt: Obwohl die Münchner U-Bahnen „kein Ort der Gewalt gegen Frauen" sind, „*gelten* U-Bahnen [...] als solche Orte" (Schreyögg 1989: 200; Herv.i.O.).

2.2.3 Die Vernachlässigung des paradoxen Zusammenhangs geschlechtsspezifischer (Un)Sicherheiten und Gefahrenlagen in bisherigen Forschungs- und Handlungskontexten

(Un)Sicherheitsgefühle und Gefahren stehen in einem komplexen und gleichzeitig paradoxen Zusammenhang, der durch die Dichotomien des öffentlichen und privaten Raumes sowie die Zweigeschlechtlichkeit charakterisiert wird: obwohl Frauen eher im privaten Raum bedroht sind, beziehen sich Unsicherheiten und Ängste (vor dem Hintergrund der *Annahme* einer erhöhten Gefährdung) in besonderem

---

36 Trotha sieht, ebenso wie z.B. auch Nedelmann (1997), ein physisches Verletzen und körperliches Leid als „unverzichtbare[n] Referenzpunkt aller Gewaltanalyse" an (Trotha 1997: 26). Auch Honig vertritt die Ansicht, dass ‚Gewalt' „ohne Körperlichkeit nicht zu fassen" ist. Er verweist dabei gleichzeitig aber auch auf die starke soziale Verwiesenheit von ‚Gewalt', da „die Körperlichkeit selber in komplexe soziale Deutungsmuster eingewoben [ist], von denen nicht abstrahiert werden kann" (beide Zitate: Honig 1986/1992: 101).

Maße auf den öffentlichen Raum. Gleichzeitig scheinen Männer – folgt man zumindest einschlägigen Untersuchungen und Veröffentlichungen, in denen die Thematik als eine explizite Problematik von Frauen aufgegriffen wird – in öffentlichen Räumen keine nennenswerten Unsicherheitsgefühle zu entwickeln, und das, obwohl dort vor allem Männer gefährdet sind.

Selbst wenn in Studien und Veröffentlichungen aber sogar mehr oder weniger explizit auf die Sachlage hingewiesen wird, dass Frauen „zahlenmäßig betrachtet [...] im Vergleich zu Männern ein weit geringeres Risiko [haben], im öffentlichen Raum Opfer eines Gewaltdeliktes zu werden" (Stadt Heidelberg, Amt für Frauenfragen [Hg.] 1994: 126), oder auch, dass „Tatorte keine ‚Angst'-Orte und ‚Angst'-Orte keine Tatorte sind" (Flade/ Greiff/Dauwe/Guder 1995: 8), so wird eine solche Erkenntnis als nahezu irrelevant für die Problematik angesehen. Einer solchen Feststellung wird so auch kaum eine forschungs- und handlungsleitende Bedeutung beigemessen. In Ermangelung eines Erklärungsansatzes für Ängste und Unsicherheiten im öffentlichen Raum werden diese oft rein deskriptiv erfasst. Der empirische Nachweis der Unsicherheit und „Kriminalitätsangst von Frauen [‚die] im öffentlichen Raum erheblich" (Stadt Heidelberg, Amt für Frauenfragen [Hg.] 1994: 102) seien, wird so zum Impulsgeber handlungspraktischer und maßnahmenorientierter Ansätze, ohne dass die Diskrepanz zwischen Unsicherheitsgefühlen und Gefahren als zu hinterfragendes Paradoxon aufgegriffen wird.

Ganz im Gegenteil gehen auch kritische Analyse- und Lösungskonzepte sogar immer wieder mehr oder weniger direkt vom öffentlichen Raum als ‚Gefahrenraum' für Frauen und vom privaten Raum als ‚sicherem Ort' aus. In diesem Sinne schreiben etwa Sabine Klemp und Liane Nolte, dass sie Wartezeiten bei Frauen-Nachtfahrangeboten für unproblematisch halten, da „in der Regel davon auszugehen ist, daß die Frauen sich von einem sicheren Ort [wie] der eigenen Wohnung [...] abholen lassen" (dies. 1993: 20). Während die Wohnung hier als sicher vorausgesetzt wird, muss der öffentliche Raum – folgt man einer solchen Argumentation – durch das Nachtfahrangebot erst sicher gemacht werden. Die im Zitat lediglich implizit herauslesbare Verbindung des öffentlichen Raumes mit der Annahme einer besonderen Gefährdung von Frauen wird im Titel der Veröffentlichung: „Frauennachtfahrten. Eine Antwort auf Gewalt gegen Frauen im öffentlichen Raum" explizit benannt. Klemp/Nolte folgen hier einer im öffentlichen Bewusstsein verbreiteten Einschätzung der Gefahrenlagen, in denen der öffentliche Raum als grundlegender ‚Gefahrenraum' für Frauen erscheint.

Eine solche Vorgehensweise hat durchaus exemplarischen Charakter und ist keineswegs ein Einzelfall. Auch die von Siemonsen/Zauke vorgeschlagenen Maßnahmen zur Erhöhung der Sicherheit im öffentlichen Raum werden zum Beispiel als

„städtebauliche und stadtplanerische Maßnahmen zur Verminderung von Gewalt" (dies. 1991: Untertitel) vorgestellt. In ähnlicher Weise argumentiert auch Juliane Krause mit einer Gefährdung von Frauen, wenn sie davon ausgeht, dass „Planung [...] dazu beitragen [kann], kriminalitätsbegünstigende Tatgelegenheitsstrukturen im öffentlichen Raum zu vermeiden" (Krause 1994: 88). Gisela Bartholomä stellt sogar fest, dass „alle Bereiche eines Planungsgebietes unter dem Gesichtspunkt potentieller Gefahrenbereiche zu behandeln sind" (Bartholomä [o.J.]: 20). Begründet wird diese Einschätzung hier lediglich damit, dass es „*[ein]leuchtet* [...], daß Frauen besonders immer da gefährdet sind, wo sie sich in öffentlichen Räumen alleine und vor allem bei Dunkelheit aufhalten" (dies. [o.J.]: 39; Herv.d.V.).

In einer kriminalgeografischen Erhebung über Sicherheit und Sicherheitsempfinden der Mainzer Bevölkerung wird zwar zunächst sogar noch festgestellt, dass es „keinen monokausalen Zusammenhang zwischen Stadtplanung, Architektur und Kriminalität" gäbe, bereits im nächsten Satz wird dann aber doch wieder auf die Gefahr rekurrierend festgestellt: „Die Gefahr kann nicht abgeschafft werden, aber es können ihr Hindernisse in den Weg gestellt werden" (Körntgen/Kraft 1993: 18).

Hintergrund von Unsicherheiten im öffentlichen Raum ist jedoch – wie gezeigt wurde – weniger eine real erhöhte Gefahr, sondern vielmehr eine *antizipierte* erhöhte Gefahr, die aber in der öffentlichen Wahrnehmung und auch in Erhebungen, Lösungsansätzen und Veröffentlichungen zur Problematik der (Un)Sicherheit immer wieder als eine scheinbar tatsächlich bestehende, erhöhte Gefahr für Frauen angenommen wird – und dies teilweise sogar trotz eines Verweises auf das Paradox. Ein solches ‚Verhaftetsein' im Argumentations-Kontext der ‚Gewalt gegen Frauen' hat verschiedene Gründe, die unter anderem in einem engen Verwobensein der feministischen Forschungsansätze mit der Frauenbewegung als einer politischen Bewegung liegen dürften. In den immer wieder notwendigen, nicht zuletzt von Machtinteressen durchzogenen kommunalpolitischen Auseinandersetzungen, in denen sich zum Beispiel „des öfteren gezeigt [hatte], daß die Frauennachtfahrten erst nach den erfolgten Gewaltverbrechen an Frauen eingeführt wurden" (Klemp/ Nolte 1993: 73), konnte der Rekurs auf die Problematik der ‚Gewalt gegen Frauen' die oftmals schwierige bzw. langwierige Durchsetzbarkeit frauenpolitischer Interessen teilweise erleichtern und beschleunigen. Das argumentative Verhaftetsein im Kontext der ‚Gewalt gegen Frauen' dürfte zu einem nicht unerheblichen Anteil aber auch darin begründet sein, dass die empirisch immer wieder nachgewiesenen, vermehrten Unsicherheitsgefühle von Frauen im öffentlichen Raum ansonsten kaum erklärt werden können.

Um die Frage beantworten zu können, warum Gefühle von Unsicherheit und Angst bei Frauen in solchem Ausmaß in Bezug auf den öffentlichen Raum auftreten, ist es also unumgänglich, das paradoxe Verhältnis geschlechtsspezifischer (Un) Sicherheiten und Gefahren im öffentlichen und privaten Raum gezielter in den Blick zu nehmen. Dabei ist vor allem die Annahme einer im Vergleich zu Männern erhöhten Bedrohung von Frauen im öffentlichen Raum als gesellschaftlich verbreitete *Fehlwahrnehmung* zu analysieren. Eine Untersuchung geschlechtsspezifischer (Un)Sicherheiten in ihren gesellschaftlichen Entstehungsbedingungen, Funktionen und Bedeutungen setzt gleichzeitig eine über den Fokus der Gewalt hinausgehende sozialwissenschaftliche Perspektive voraus, die sich zum einen in ihrer Argumentation nicht selbst immer wieder im Problemfeld der Gewalt gegen Frauen zu verstricken droht und zum anderen eine differenziertere Herangehensweise an die Problematik ermöglicht.

2.2.4 (Un)Sicherheiten im öffentlichen Raum: Von einer ‚Gewaltproblematik' zu einer ‚Machtproblematik'

Warum fühlen Frauen sich (zumindest tendenziell) in besonderem Maße unsicher in öffentlichen Räumen? Um einer Antwort auf diese bisher noch offene Frage näher zu kommen, ist es – wie auch einschlägige Publikationen betonen – dringend erforderlich, die bisherige Forschungsperspektive zu erweitern und die „*gesellschaftlichen* Ursachen der Unsicherheit von Frauen im öffentlichen Raum zu thematisieren" (Roller 1998: 27; Herv.d.V.). Eine solche Forderung wird allerdings selten weiter ausgeführt, da das Problem der (Un)Sicherheit im öffentlichen Raum vor allem in praxisnahen Kontexten (Kommunalverwaltungen und Planungspraxis) behandelt wurde und wird. Diese sind in der Regel wesentlich dadurch gekennzeichnet, dass den „einmal erkannten Diskriminierungstatbeständen sofort durch ein umsetzbares Handlungsschema begegnet werden soll" (Dörhöfer/Terlinden 1998: 10), wie Kerstin Dörhöfer und Ulla Terlinden für die Raumplanung festhalten. Als „Handlungsdisziplin" (ebd.) ist hier im Allgemeinen wenig Spielraum für tiefer gehende Analysen gegeben. Vor allem den „theoretischen Positionen in der ersten Debatte, die eng verwoben mit der Frauenbewegung waren, fehlte zum Teil die wissenschaftliche Grundlage" (dies. 1998a: 32).

So bedeutsam die Forderung nach einer Erweiterung der Perspektive insbesondere vor dem Hintergrund des paradoxen Verhältnisses von (Un)Sicherheiten und (körperlicher) Gewalt deshalb grundsätzlich ist, so wenig eingelöst ist sie in den meisten Fällen geblieben. Konkretisiert werden Forderungen einer erweiterten Analyse oftmals – wie beispielsweise bei Roller – lediglich in der Feststellung, dass auch eine „strukturelle Gewalt im Geschlechterverhältnis, die sich durch Familien, Arbeitsverhältnisse und Institutionen zieht" (Roller 1998: 28), stärker einzubeziehen sei. Damit deuten sich zwar mögliche Facetten einer erweiterten Perspektive an, eine solche Aussage bleibt aber sehr allgemein und eine Erklärung von (Un)Sicherheiten lässt sich hieraus noch keineswegs ableiten.

Gleichzeitig hat der in einer solchen Argumentation eingeführte Begriff der ‚strukturellen Gewalt' einige Nachteile, die die grundsätzlich als positiv zu konstatierende Erweiterung der Forschungsperspektive deutlich schmälern. Zwar wird ‚Gewalt' in der in der Frauenbewegung lange sehr populären Begrifflichkeit der ‚strukturellen Gewalt' als ein umfassender Ausdruck patriarchaler[37] Strukturen beschrieben und damit über die Ebene der direkten körperlichen Gewalt hinausgehend erweitert; die Perspektive bleibt dabei aber weiterhin am Gewaltbegriff orientiert, was für eine Analyse der hier gegebenen Thematik spezifische Probleme mit sich bringt. Der von Frauenbewegung und Frauen- und Geschlechterforschung aufgegriffene, von Johan Galtung Anfang der 1970er Jahre in die Friedensforschung eingeführte (vgl. Galtung 1971, 1978) Begriff der ‚strukturellen Gewalt' ist heute vor allem deshalb umstritten, da ihm die Gefahr immanent ist, dass er den Gewaltbegriff „konturenlos" (von Trotha 1997: 14) mache.[38] Auch bei der hier gegebenen Thematik ist durch den übergreifenden Rekurs auf den Terminus ‚Gewalt' zumindest in der Rezeption (selbst wenn der Ansatz differenzierter gemeint ist) die Gefahr gegeben, dass Unterschiede der Problemlagen im öffentlichen und privaten Raum weiter nivelliert werden. Die Rede von ‚Gewalt' in Bezug auf den öffentlichen Raum kann – auch wenn sie als *strukturelle* Gewalt' benannt wird – durch die darin angelegte begriffliche Unschärfe dazu beitragen, die verbreitete Fehlwahrnehmung einer erhöhten *körperlichen* ‚Gewalt gegen Frauen' auch im öffentlichen Raum weiter zu verstärken anstatt die *‚gesellschaftlichen* Ursachen der Unsicherheit zu thematisieren'. Und so könnte auch die Tatsache, dass die empirisch-wissenschaftliche Analyse der Problematik selbst bisher immer wieder im Paradoxon von (Un)Sicherheiten und Gewalt (gegen Frauen) verhaftet blieb, ohne dieses Paradox grundlegend zu hinterfragen, eine Ursache möglicherweise in einer solchen, (zu) umfassenden und dadurch ungenauen Verwendung des Begriffs der ‚Gewalt' haben.

---

37 Der Begriff des Patriarchats hat unterschiedliche Bedeutungen: im engeren Sinne bedeutet er ‚Väterherrschaft', er wird aber heute eher im Sinne von ‚Männerherrschaft' benutzt und beschreibt als solcher eine Form der Geschlechterhierarchie, in der Frauen in vielfältiger Weise diskriminiert und ausgrenzt werden. Aufgrund der sich auch hier bereits andeutenden Ungenauigkeiten ist der Begriff des Patriarchats bzw. der patriarchalen Strukturen für komplexe Analysen des Geschlechterverhältnisses eher als ungeeignet bzw. zumindest als nicht unproblematisch anzusehen (vgl. dazu auch Elias 1986: 427 und 448; Knapp 1992: 291).

38 Hier stellt sich, wie schon bei einer Erweiterung des Begriffs der ‚Gewalt gegen Frauen' auf taxierende Blicke, verbale Angriffe usw., die Frage, ob der Gewaltbegriff von einer Verletzung der körperlich-leiblichen Unversehrtheit ablösbar ist bzw. abgelöst werden sollte.

In der feministischen Forschung wurden zwar immer wieder Forderungen nach einer stärkeren Berücksichtigung des Begriffs der ‚strukturellen Gewalt' laut (vgl. z.B. Holland-Cunz 1997), im Hinblick auf die hier sich stellende Forschungsfrage scheint der Begriff die Analyse aber eher zu erschweren als zu erleichtern. Problematisch ist der Begriff der ‚strukturellen Gewalt' nicht zuletzt aufgrund einer in der Begrifflichkeit angelegten Engführung der Forschungsperspektive, denn er zielt in feministischen Analysen im Allgemeinen auf „die Beseitigung einer strukturellen Benachteiligung von Frauen in der Gesellschaft" (Rodenstein 1998: 142). Damit liegt ihm aber stets auch ein einseitig „auf Defizite gerichtete[r] Blick" (dies. 1998: 148) zu Grunde, der in bisherigen Untersuchungen zur Problematik der (Un)Sicherheit beispielsweise dazu geführt hat, dass Viktimisierungsgefahren und Unsicherheiten von Männern kaum berücksichtigt wurden – und so (allein schon über das Untersuchungsdesign) eine ‚Opferrolle' von Frauen immer wieder bestätigt wurde. Eine solche, einseitig auf ‚Frauen als Opfer' ausgerichtete Forschungsperspektive, wie sie in feministischen Kontexten vermittels des Begriffs der ‚strukturellen Gewalt' oft eingenommen wird, ist ähnlich auch in Bezug auf die Begriffe der ‚Gewalt gegen Frauen' bzw. der ‚sexuellen Gewalt' kritisch zu hinterfragen. Auch in einer solchen Terminologie wird

> „ein einheitliches Syndrom der Grenzverletzungen/Herabwürdigung/Viktimisierung von Frauen durch sexuelle Handlungen der Männer angenommen; physische Gewalt gilt als männliche Ressource. Daß zu einem kleinen Teil auch Täterinnen auftreten, auch männliche Kinder Opfer werden, ändert das Paradigma nicht mehr" (Lautmann 1997: 204),

wie Rüdiger Lautmann etwa feststellt und damit auf die in den Begriffen angelegte, grundlegende paradigmatische Wirkung aufmerksam macht.

Der Begriff der ‚Gewalt' in seinen verschiedenen Formen schränkt so die Forschungsperspektive deutlich ein und ist deshalb nicht nur vor dem Hintergrund der Diskrepanz zwischen (Un)Sicherheitsgefühlen und Gewalt im öffentlichen Raum als problematisch anzusehen. Vor dem Hintergrund der beschriebenen Nachteile, die eine Analyse der hier gegebenen Thematik als ‚Gewaltproblematik' mit sich bringt, plädiere ich deshalb grundlegend für einen Perspektivwechsel bzw. eine Erweiterung der Perspektive von einer ‚*Gewalt*problematik' hin zu einer ‚*Macht*problematik'. Denn der Begriff der ‚Macht' als

> „eine allgemeine Bezeichnung für sehr verschiedene Möglichkeiten und Formen der Durchsetzung und der Beeinflussung, die generell auf einem Überlegenheits- bzw. Abhängigkeitsverhältnis zwischen Personen, Gruppen, Organisationen, Staaten oder Gesellschaften beruhen" (Gukenbiehl 1998: 208),

erlaubt eine umfassendere und differenziertere Berücksichtigung von ‚Formen der
Durchsetzung und der Beeinflussung‘. Ein solcher Perspektivwechsel bedeutet dabei keineswegs eine Ausblendung von ‚Gewalt‘, sondern diese wird als eine spezifische „Machtaktion [aufgefasst; d.V.], die zur absichtlichen körperlichen Verletzung anderer führt" (Popitz 1992: 48).

Für eine Definition der Problematik als Machtproblematik spricht auch die
– wenn auch paradoxe – Einbettung der Problematik der (Un)Sicherheit in den
Kontext der ‚Gewalt gegen Frauen‘ selbst. Denn „Gewalt [ist immer] als ein Mittel zur Erlangung von Macht" (Nedelmann 1997: 61) zu verstehen, und speziell
im Geschlechterverhältnis kennzeichnet der „Gewaltausbruch als Insignie, Recht
und Privileg des Mannes [...] ein Verhältnis von Macht und Unterwerfung" (Hagemann-White 1993a: 62). Gerade ‚sexuelle Gewalt‘ „ist primär ein Machtphä-
nomen" (Brockhaus/Kohlshorn 1993: 28) und die „Ausübung sexueller Gewalt
[...] [basiert] stets auf Macht, genauer auf Machtunterschieden" (dies. 1993: 28).
Am „Ausgangspunkt einer gesellschaftsbezogenen Definition von Gewalt im Geschlechterverhältnis" steht deshalb notwendigerweise der „Zusammenhang von
Geschlecht und Macht beziehungsweise Ohnmacht" (Brückner 1993: 47).

Ich gehe dabei grundlegend nicht von einem statischen, sondern von einem insbesondere an das figurationssoziologische Forschungsprogramm von Norbert Elias
angelehnten, dynamischen und prozesshaften Machtbegriff aus (vgl. dazu ausführlicher Abschnitt 6.2). Macht ist in diesem Sinne zu verstehen als eine „Struktureigentümlichkeit [...] aller menschlichen Beziehungen" (Elias 1991: 77). Ein solcher
Machtbegriff verweist sowohl auf die Struktur- als auch auf die Handlungsebene
des Gesellschaftlichen und ermöglicht damit zum einen – ähnlich dem Begriff der
‚strukturellen Gewalt‘ – eine Analyse der gesellschaftlichen Bedingungen, in die
das Handeln der einzelnen Menschen eingebettet ist, zum anderen aber auch eine
Analyse des Handelns selbst, durch welches Strukturen erst gebildet werden. So
können die sich zwischen den Kategorien Raum und Geschlecht in ihren jeweils
dichotomen Ausprägungen bereits andeutenden, komplexen Phänomene differenziert in den Blick genommen werden.

Die fundamentale Bedeutung des Begriffs der Macht für das Geschlechterverhältnis hat die feministische Forschung vielfach herausgearbeitet (vgl. z.B. Knapp
1995) und diese wird gerade auch im Hinblick auf „eine neue Perspektive in der
feministischen Stadt- und Regionalplanung" (Rodenstein 1998: 142) betont. Rodenstein kommt hier zum Beispiel zu dem Schluss, dass es dringend notwendig sei,
die „Machtverhältnisse zwischen den Geschlechtern [...] deutlicher" (dies. 1998:
150) zu berücksichtigen. Wie eine Berücksichtung der Machtverhältnisse in der
Analyse der hier gegebenen Problematik dabei genauer gefasst und gewährleis-

tet werden kann, wird an späterer Stelle näher ausgeführt (vgl. Abschnitt 6.2), um hier zunächst die Problemstellung noch etwas weiter zu schärfen.

2.3 „ ... daß Sicherheitsgefühle nur in Ausnahmefällen auf einer tatsächlichen Beseitigung von Unsicherheit beruhen"[39] – Sicherheit und Unsicherheit als soziale Konstruktionen

Ziel der im Allgemeinen lösungsorientiert geführten wissenschaftlichen und kommunalpolitisch-praktischen Auseinandersetzungen um die Problematik der (Un)Sicherheit im öffentlichen Raum war und ist es, durch die Entwicklung und Umsetzung geeigneter Maßnahmen „den Bedürfnissen von Frauen nach Sicherheit im öffentlichen Raum [...] gerecht" (Ridder-Melchers 1991: 7)[40] zu werden. Was dabei mit ‚Sicherheit' genau gemeint ist, wird allerdings selten hinterfragt und auch kaum genauer definiert und operationalisiert, sondern in der Regel – vor dem Hintergrund eines ‚Gefahren-Szenarios' – als vermeintlich eindeutig vorausgesetzt. Die in Abschnitt 2.2. herausgearbeitete Diskrepanz zwischen (Un)Sicherheitsgefühlen und Gefahren im öffentlichen und privaten Raum zeigt aber, dass Sicherheit hier keineswegs einfach mit der ‚Abwesenheit von Gefahren' gleichzusetzen ist, wie dies meist impliziert wird. Für eine differenzierte Analyse erscheint es deshalb sinnvoll und lohnenswert, die Begriffe ‚Unsicherheit' bzw. ‚Sicherheit' einer etwas genaueren Betrachtung zu unterziehen.

Eine wissenschaftliche Auseinandersetzung mit dem Begriffspaar ‚Sicherheit' und ‚Unsicherheit' findet insbesondere im Rahmen der *Friedens- und Konflikt-* bzw. *Sicherheitsforschung* sowie in *Risiko-soziologischen Analysen* der Moderne statt.[41] Die in diesen Kontexten ausgearbeiteten sicherheitstheoretischen Überlegungen und Befunde können wichtige Impulse für die Analyse der hier relevanten Problematik geben, auch wenn geschlechtsspezifische Perspektiven dabei eher selten aufgegriffen werden.[42]

Sicherheit und Unsicherheit werden in einschlägigen Veröffentlichungen grundlegend als ein Begriffspaar herausgearbeitet, welches einerseits von zentraler Bedeutung für heutige Gesellschaftsanalysen ist, dem aber andererseits – trotz vermeintlicher Eindeutigkeit – keineswegs eine klare Definition zu Grunde liegt (vgl. z.B. Lippert/Prüfert/Wachtler 1997). Schon der allgemeine Sprachge-

---

39   Bonß 1997: 24.
40   Vorwort zu Siemonsen/Zauke 1991.
41   Vgl. z.B. Beck 1986; Evers/Nowotny 1987; Luhmann 1990; Bonß 1991, 1995; Lippert/Prüfert/ Wachtler (Hg.) 1997.
42   Eine Aufarbeitung geschlechtsspezifischer (Un)Sicherheiten im öffentlichen Raum leistet so nicht zuletzt auch einen Beitrag zur Ausleuchtung bisheriger ‚blinder Flecken' der Sicherheitsforschung.

brauch von ‚Unsicherheit' und ‚Sicherheit' zeigt eine Vielfalt unterschiedlicher Bedeutungen, die aus verschiedenen geschichtlichen Phasen stammen[43] und immer im Zusammenhang mit den jeweils gegebenen gesellschaftlichen und kulturellen Bedingungen stehen, die die jeweilige Ausprägung bestimmen. Analysen der europäischen Geschichte zeigen ebenso wie kulturanthropologisch ausgerichtete Arbeiten, dass vormoderne Gesellschaften beispielsweise über völlig andere Sicherheitskonzepte verfügen als neuzeitliche (vgl. z.b. Douglas/Wildavsky 1982; Conze 1994). Unterschiede beziehen sich dabei sowohl auf das, was als Unsicherheit oder Sicherheit wahrgenommen wird, als auch auf unterschiedliche Strategien der ‚Herstellung' von Sicherheit. Vor diesem Hintergrund weisen Arbeiten zum Sicherheitsbegriff und zum gesellschaftlichen Umgang mit Sicherheits- und Unsicherheitserfahrungen seit längerem darauf hin, dass es sich bei „Sicherheit wie auch bei Unsicherheit [...] stets um *gesellschaftliche Konstruktionen*" (Bonß 1997: 21; Herv.i.O.) handelt,[44] die in ihren *sozialen* Implikationen, das heißt in ihren gesellschaftlichen Entstehungsbedingungen ebenso wie in ihren Wirkweisen, zu analysieren sind.

Für ein erweitertes Verständnis ist es sinnvoll, sich mit den durchaus vielfältigen Bedeutungen des Sicherheitsbegriffs näher auseinander zu setzen. In einem grundlegenden Werk hat sich Franz-Xaver Kaufmann bereits Anfang der 1970er Jahre begriffstheoretisch mit dem Problem der ‚Sicherheit als soziologischem und sozialpolitischem Problem' (ders. 1973) beschäftigt.[45] Für heutige Gesellschaften hat Kaufmann hier insgesamt vier fundamentale Bedeutungskomplexe von Sicherheit aufgezeigt. Im Hinblick auf die Thematik geschlechtsspezifischer (Un)Sicherheiten im öffentlichen Raum und die hier entwickelten Analyse- und Lösungsstrategien sind dabei zunächst einmal zwei Bedeutungskomplexe relevant, auf die in der Bearbeitung der Problematik immer wieder rekurriert wird: nämlich erstens ein Bedeutungskomplex von Sicherheit, der auf die Idee des *‚Schutzes vor Gefahr'* zielt, und zweitens einer, der „durch die ursprüngliche Bedeutung des lateinischen ‚securus' - ‚ohne Sorge' bezeichnet" (Kaufmann 1973: 148) und von Kaufmann auch als *‚Sorgelosigkeit'* gefasst wird. Deutlich wird hier, dass Sicherheit sowohl eine *subjektive Bedeutung des Sich-geborgen-Fühlens* bzw. *Sorglos-Seins* hat als

---

43   ‚Sicherheit' im heutigen Sinne ist dabei ein erst mit dem Fürstenstaat der europäischen Neuzeit entstandenes Abstraktum (Conze 1984: 831), das seit dem 17. Jahrhundert in immer neuen Bedeutungsfeldern konkretisiert und in der Moderne geradezu zu einem „normativen Begriff" wurde (Kaufmann 1973: 49ff.).
44   Zur Entwicklung solcher Konstruktionen insbesondere in der Moderne vgl. Bonß 1995.
45   Obwohl sein Bezugsrahmen vor allem die ‚soziale Sicherheit' ist und Kaufmann als Ziel formuliert, wissenschaftliche Grundlagen für eine rationalere Gestaltung der praktischen Sozialpolitik zu schaffen, liefert das Werk auch darüber hinausgehend eine Fülle von Anregungen zum Begriffpaar ‚Sicherheit/Unsicherheit'.

auch einen *objektiv bestimmten und definierten Zustand des Geschützt-Werdens bzw. Geschützt-Seins* ausdrückt.

Auch in Sudien und Veröffentlichungen zur hier gegebenen Thematik wird teilweise eine Unterscheidung zwischen ‚subjektiven' und ‚objektiven' (Un)Sicherheiten bzw. zwischen dem Rekurs auf eine ‚objektive Gefahr' und/oder auf ein ‚subjektives Sicherheitsgefühl', welches unabhängig von einer Gefahr gegeben sein kann, vorgenommen und sie erscheint vor dem Hintergrund der feststellbaren Diskrepanz zwischen (Un)Sicherheiten und Gefahren sinnvoll und notwendig: Über die Differenzierung des Begriffspaares ‚Sicherheit' und ‚Unsicherheit' in ‚subjektive' und ‚objektive' (Un)Sicherheiten kann und soll in Untersuchungen zur (Un)Sicherheit im öffentlichen Raum die Diskrepanz zwischen Unsicherheitsgefühlen bei Frauen und tatsächlichen Gefahren im öffentlichen Raum zum Ausdruck gebracht und berücksichtigt werden. Da eine ‚objektive', das heißt durch eine tatsächliche Bedrohung ausgelöste Unsicherheit für Frauen im öffentlichen Raum eher von geringer Bedeutung ist, gleichwohl aber verstärkte Unsicherheitsgefühle empirisch nachweisbar sind, wird in einigen Veröffentlichungen die *Bedeutung ‚subjektiver Unsicherheitsempfindungen'* für die Wahrnehmung und das Handeln im öffentlichen Raum sogar besonders hervorgehoben:

> „Wichtig ist [...] die Unterscheidung zwischen der objektiven Sicherheit – Maßstab ist hier im allgemeinen die Polizeistatistik – und der subjektiven Sicherheit – dem Sicherheitsgefühl. Für Bestandsaufnahmen, Mängelanalysen und die Forderung von Maßnahmen im ÖPNV ist es wichtig, die subjektive Sicherheit in den Vordergrund zu stellen. Die persönlichen Erfahrungen und Ängste sind ausschlaggebend für Selbsteinschränkungen und Mobilitätsverzicht von Frauen" (Fuhrmann 1997: 9).[46]

Solche ‚subjektiven (Un)Sicherheiten', die an den ‚persönliche Erfahrungen' und einer ‚subjektiven Wahrnehmung' der jeweiligen Frau gemessen werden, werden dabei gleichzeitig meist als in einem engen Zusammenhang mit räumlichen Strukturen stehend angenommen. Sie erscheinen „durch die Lage und Gestaltung des Ortes oder Raumes bestimmt" und „auch durch tages- und jahreszeitliche Bedingungen" (Dörhöfer/Terlinden 1998: 18).

Eine Unterscheidung zwischen subjektiven und objektiven (Un)Sicherheiten, die grundlegend als eine Erweiterung der Forschungsperspektive beschrieben werden kann, hatte in der weitergehenden Aufarbeitung der Thematik allerdings teilweise auch zur Folge, dass ‚subjektive (Un)Sicherheiten' nun als „ausschlaggebend" (Fuhrmann 1997: 9) für die Problematik angenommen wurden und ‚objektive (Un)Sicherheiten' als zu vernachlässigende Größe erschienen. Auch in der Annahme einer geringen bis marginalen Relevanz objektiver (Un)Sicherhei-

---

46   Vgl. dazu auch z.B. Stadt Heidelberg, Amt für Frauenfragen (Hg.) 1994: VIII.

ten (d.h. konkreter Gefahren) für die hier gegebene Problematik liegt so ein Grund dafür, dass die eigentlich auffällige Diskrepanz zwischen geschlechtsspezifischen (Un)Sicherheitsgefühlen und Gefahren im öffentlichen Raum nicht weiter hinterfragt wurde: Im Kontext einer Argumentation, die auf eine ausschlaggebende Bedeutung subjektiver (Un)Sicherheiten rekurriert, erscheinen objektive (Un)Sicherheiten als unwichtig. Die einseitige Betonung subjektiver (Un)Sicherheiten, die sich vor allem auf eine Verortung und baulich-räumliche Explikation von Sicherheitsgefühlen reduzierte, führte zur Ausblendung der (bisher nicht beantworteten) Frage, wie es trotz objektiver Sicherheit überhaupt zu subjektiven Unsicherheiten bei Frauen kommt. Die einseitige Reduktion von Fragestellungen auf den Aspekt subjektiver (Un)Sicherheiten ist deshalb für eine Analyse kaum ausreichend, sondern sogar eher hinderlich.

Die Frage nach den Gründen subjektiver Unsicherheiten bei gleichzeitiger objektiver Sicherheit bleibt auch vor dem Hintergrund der so erweiterten sicherheitstheoretischen Überlegungen eine zentrale und in Bezug auf die hier gegebene Problemstellung noch keineswegs beantwortete. Um einer Antwort näher zu kommen, ist es notwendig, sich noch einmal genauer mit der Frage auseinander zu setzen, welcher Art die Erfahrungen sind, die zu subjektiven (Un)Sicherheiten führen. Dabei sollte auch geprüft werden, auf welchen Bedeutungskomplex von Sicherheit solche Erfahrungen genau zielen und in welcher Weise die Fehlwahrnehmung des öffentlichen Raumes als ein spezifischer Gefahrenraum für Frauen mit solchen Erfahrungen möglicherweise verwoben ist.

Schon Kaufmann arbeitete deutlich heraus, dass sowohl die Wahrnehmung als auch die Herstellung von Sicherheit und Unsicherheit immer im Rahmen komplexer sozialer Prozesse geschehen, in denen subjektive und objektive – und das heißt immer als objektiv *wahrgenommene* – Faktoren miteinander in Beziehung gebracht werden. Er stellt dabei allerdings gleichzeitig fest, dass dieser Prozess im Hinblick auf die Richtigkeit der subjektiven Wahrnehmungen immer höchst fraglich und leicht irritierbar ist. Um solche Irritationen, wie sie auch in der Fehlwahrnehmung eines für Frauen besonders gefährlichen öffentlichen Raumes und der damit begründeten Unsicherheit gegeben sind, besser verstehen zu können, sind die beiden anderen von Kaufmann herausgestellten Bedeutungskomplexe hilfreich. Gefasst werden können diese zum einen als ‚*Gewissheit*‘, welche auch mit einem Bewusstseinzustand des ‚Ohne-Zweifel-Seins‘ (lateinisch ‚certus‘) beschrieben werden kann, und zum anderen mit ‚*Verlässlichkeit*‘ im Sinne von etwas ‚Haltgebendem, Festem, Zuverlässigem‘. In der Bedeutung der ‚Gewissheit‘ wird ein subjektives Sicherheitserleben verknüpft mit einer Komponente des Bewusstseins, nämlich dem ‚sicheren Wissen‘ um einen Sachverhalt. In der Bedeutung von ‚Verlässlichkeit' wird deutlich, dass ein Sicherheitsgefühl auch in engem Zusammenhang mit „Objekte[n] der Orientierung, die gefahrlos sind" (Kaufmann 1973: 148) und „auf die man sich verlassen kann" (ebd.), steht. Damit geraten eigene Fähigkeiten und Handlungskompetenzen ebenso wie aber auch zum Beispiel andere Menschen, die im Zweifelsfall verlässlich beistehen, oder auch die Verlässlichkeit von Informationen in den Blick.

Nach Kaufmann ist davon auszugehen, dass „der in der gesellschaftlichen Wertsetzung des Wortes ‚Sicherheit' gemeinte Sinn sich auf die ‚Einheit' oder ‚Ganzheitlichkeit' von Sicherheit bezieht" (ders. 1973: 149), dass also eine Abwesenheit von Gefahren keineswegs allein für ein subjektives Sicherheitsempfinden maßgeblich ist, sondern dies immer nur im Zusammenhang mit allen Bedeutungskomplexen erklärt werden kann. Eine Übereinstimmung des ‚subjektiven Sicherheitsgefühls' mit einer ‚objektiven Gefahrlosigkeit' ergibt sich folglich immer nur dann,

> „wenn die Wahrnehmung der Gefahrlosigkeit richtig ist, d.h. auf das wahrgenommene Bild der Außenwelt Verlaß ist und die Wahrnehmungsverarbeitung dem Kriterium der ‚richtigen Erkenntnis', der Gewißheit, genügt" (ebd.).

Über eine Erweiterung ‚subjektiver' und ‚objektiver' (Un)Sicherheiten um die beiden anderen von Kaufmann herausgearbeiteten Bedeutungskomplexe kommen so Wahrnehmung und Wahrnehmungsverarbeitung als zentrale Faktoren in den Blick, die aber – wie in obigem Zitat deutlich wird – immer hinsichtlich des ‚Kriteriums der richtigen Erkenntnis' zu hinterfragen sind.[47]

Ebenso wie sich ein ‚subjektives Sicherheitsgefühl' stets vor dem Hintergrund der *Wahrnehmung* einer Abwesenheit von Gefahren einstellt, muss für die hier gegebene Problematik der (Un)Sicherheit in öffentlichen Räumen davon ausgegangen werden, dass auch ein ‚subjektives *Un*sicherheitsgefühl' sich nicht nur vor dem Hintergrund einer tatsächlichen Gefahr einstellt bzw. einstellen kann, sondern immer vor dem Hintergrund der *Wahrnehmung* einer Gefahr betrachtet werden muss. Bei der *Wahrnehmung* von Gefahren kann es aber hinsichtlich des ‚Kriteriums der richtigen Erkenntnis' zu mehr oder weniger starken Diskrepanzen kommen. Dies zeigt sich in Bezug auf das Phänomen geschlechtsspezifischer (Un)Sicherheiten im öffentlichen Raum sehr deutlich, wo sogar festzustellen ist, dass subjektive (Un)Sicherheitsgefühle und Gefahrenlagen in einem paradoxen Zusammenhang stehen. Solche Paradoxien sind dabei aber keineswegs Ausnahmen, sondern sie sind sogar eher häufig bei der Wahrnehmung von Sicherheit oder Unsicherheit festzu-

---

47   Deshalb reicht es für die Analyse der Problematik der (Un)Sicherheit im öffentlichen Raum auch nicht aus, statt der ‚objektiven' Kriterien einer Bedrohung einfach eine ‚subjektive Wahrnehmung' isoliert und unhinterfragt ins Zentrum von Untersuchungs- und Handlungskonzepten zu stellen, wie dies bisher oft geschieht.

stellen, wie in der Sicherheitsforschung immer wieder belegt wird.[48] In der soziologischen Auseinandersetzung mit Sicherheit und Unsicherheit wird deshalb seit längerem darauf hingewiesen, dass Sicherheitsgefühle nur in Ausnahmefällen tatsächlich auf einer Abwesenheit von Unsicherheit (im Sinne von Gefahr) beruhen (vgl. Bonß 1995: 24), sondern dass subjektive (Un)Sicherheiten in sozialen Prozessen entstehen bzw. konstruiert werden, die sich nicht unbedingt und vielleicht sogar eher selten an objektiven (Un)Sicherheiten orientieren.

Hintergrund einer solchen, relativen Unabhängigkeit von (Un)Sicherheiten und Gefahren ist die fundamentale Gesellschaftlichkeit des (Un)Sicherheitsgefühls, die auch bereits in der Feststellung der Subjektivität selbst deutlich wird: Denn Individuen sind zwar in ihrer Subjektivität „selbstbewußte und selbstbestimmungsfähige einzelne[, die] in ihrem Denken, Empfinden und Handeln weder durch ihre biologische Ausstattung noch durch ihre gesellschaftlichen Lebensbedingungen vollständig determiniert" (Scherr 1998: 135) sind, sie sind dabei als Individuen aber auch gleichzeitig in ihrer Wahrnehmung und ihrem Handeln immer untrennbar verwoben in einen gesellschaftlichen Zusammenhang – und dies nach Scherr sogar in einer Weise, dass „von einem Primat des Sozialen auszugehen" (ders. 2000: 53) ist.[49]

Die von Kaufmann unterschiedenen Bedeutungskomplexe der ‚Gewissheit' und der ‚Verlässlichkeit' legen es im Falle der hier behandelten geschlechtsspezifischen (Un)Sicherheiten im öffentlichen Raum nahe, sowohl im Hinblick auf die Analyse bisheriger Unsicherheiten bei Frauen als auch im Hinblick auf Prozesse der Herstellung von Sicherheit besonders das gesellschaftlich fest verankerte und als verlässlich angenommene Wissen über eine verstärkte Gefährdung von Frauen im öffentlichen Raum zu berücksichtigen und kritisch zu hinterfragen. Ein solches Vorgehen muss dabei auch einen kritischen Umgang mit bisherigen Lösungskonzepten beinhalten. Denn sowohl in der Forderung nach einem geschützten Transfer für Frauen *durch* den öffentlichen Raum im ‚Schutzraum-Konzept' der Nacht-Taxis als auch in stadtplanerischen ‚Angstraum-Konzeptionen' wird bisher – allein schon durch die verwendete Begrifflichkeit des ‚Angstraumes' zum Beispiel, die auf Ängste, Unsicherheiten und Gefahren verweist – ein gesellschaftliches ‚Wis-

---

48 Ein anschauliches und in der Literatur immer wieder aufgegriffenes Beispiel für ein ‚subjektives Sicherheitsgefühl' trotz hohen Gefahrenpotenzials ist z.B. der Straßenverkehr: Da die relativ hohe Gefahren- bzw. Unfallrate hier nicht permanent vergegenwärtigt wird, entsteht ‚subjektiv' im Straßenverkehr nur relativ selten ein Unsicherheitsgefühl.

49 In Anlehnung an George H. Mead zeigt Scherr grundlegend auf, dass Individuen sich nur über die Teilnahme an sozialen Zusammenhängen und die Interaktion mit anderen überhaupt zu eigenständigen Subjekten herausbilden können.

sen' über eine verstärkte Gefährdung von Frauen im öffentlichen Raum immer wieder als ein vermeintlich ‚zuverlässiges Wissen' bestätigt.

In der Analyse und Beschreibung von Prozessen der Herausbildung von ‚Sicherheit' rekurriert die soziologische Sicherheitsanalyse meist auf den von Niklas Luhmann ausgeführten Begriff der ‚Erwartungssicherheit'. Aus systemtheoretischer Sicht beschreibt Luhmann mit diesem Begriff eine spezifische Strukturbildung, nämlich die Ausdifferenzierung von *Erwartungs*strukturen, mittels derer ein strukturloser und deshalb als unsicher empfundener Zustand „durch ein Kombinationsspiel von relativ sicheren und relativ unsicheren positiven und negativen Erwartungen ersetzt" (Luhmann 1984: 417) wird. Erwartungssicherheiten sind nach Luhmann immer dann von Relevanz, wenn (nicht handhabbare) Kontingenz in (handhabbare) Komplexität gewandelt wird: Sicherheit und soziale Eindeutigkeit entstehen nach Luhmann dadurch, dass aus einem Spektrum denkbarer Möglichkeiten bestimmte Möglichkeiten als handlungsrelevant ausgewählt, andere hingegen als irrelevant ausgeblendet werden.

Wie bestimmte Erwartungssicherheiten dabei genau gebildet werden, lässt Luhmann allerdings offen und er sagt zum Beispiel auch nichts über das historische Gewordensein solcher Mechanismen zur Reduktion von Komplexität bzw. von Erwartungssicherheiten aus. Unter der Perspektive von *Erwartungs*sicherheiten beziehen sich Sicherheitsprobleme aber „nicht länger auf deskriptiv unverrückbare und eindeutige, sondern auf normativ unterstellte, soziale Gewißheiten" (Bonß 1995: 91), womit auch hier die Ebene des ‚verlässlichen Wissens' angesprochen ist, welches sich in sozialen Prozessen konstituiert.

‚Sicherheit' und ‚Unsicherheit' werden so auch mit Luhmann als soziale Konstruktionen erkennbar, „die zur Ermöglichung sozialen Handelns notwendig und unverzichtbar sind" (ebd.). Mit der Einführung des Begriffes der ‚Erwartungssicherheit' wird gleichzeitig deutlich, dass es absolute Sicherheiten dabei aber nicht gibt und auch nicht geben kann, sondern dass „der Sicherheitsbegriff eine soziale Fiktion bezeichnet" (Luhmann 1990: 134). Ein solcher fiktionaler Charakter hängt vor allem damit zusammen – auch dies wird deutlich im Begriff der *Erwartungs*sicherheit –, dass Sicherheit immer etwas mit Zukunft zu tun hat: „Sicherheit bedeutet allgemein das *Gegebensein von Werten in der Zukunft*" (Kaufmann 1973: 340; Herv.i.O.). Für die Zukunft aber kann es in der Gegenwart niemals eine Sicherheit geben:

> „Zukunft kann, schon allein aus der ihr innewohnenden Unbestimmtheit heraus, keine Sicherheit bieten, die der Gegenwart fehlt. Sie kann nur die Utopie einer sicheren Welt vorspielen, doch wie bei allen Utopien mangelt es an Angaben darüber, welches die dahin führenden Wege sind ..." (Evers/Nowotny 1987: 31).

Der Begriff der *Erwartungs*sicherheit verdeutlicht so nochmals – und dies ist nicht nur für die Analyse, sondern auch für Lösungsperspektiven der Problematik der (Un)Sicherheit im öffentlichen Raum relevant –, dass das Entstehen von Unsicherheiten keineswegs nur vor dem Hintergrund von Gefahren betrachtet werden darf und das Erreichen von Sicherheit oft wenig mit einer objektiven Gefahrenbeseitigung zu tun hat, sondern in beiden Fällen die sozialen Prozesse des Herstellens ‚einer Fiktion' in den Blick zu nehmen sind.

Sicherheit und Unsicherheit stellen sich so als gesellschaftliche Konstruktionen dar, bei denen eine objektive und eindeutige Bestimmung kaum erreichbar ist. Eine solche mangelnde Objektivierbarkeit des ‚Begriffskonstruktes Sicherheit' zeigt sich dabei auch in bisherigen Analysen zum Problem der (Un)Sicherheit im öffentlichen Raum, wenn beispielsweise davon die Rede ist, dass man „niemals alle Orte und Gebiete einer Stadt sicher machen" (Siemonsen/Zauke 1991: 17) kann und sollte. In Studien und Veröffentlichungen zur (Un)Sicherheit im öffentlichen Raum wird deshalb auch immer wieder betont, dass (Un)Sicherheiten verstärkt in ihrer subjektiven, und das heißt auch fundamental sozialen Definiertheit zu untersuchen sind. Eine solche soziale Definiertheit der (Un)Sicherheitsgefühle wurde und wird in den materiell-räumlich orientierten Ansätzen allerdings gleichzeitig kaum berücksichtigt, was damit zusammenhängt, dass die Diskrepanz zwischen (Un)Sicherheitsgefühlen und Gefahren bisher kaum beachtet wurde und wesentliche Fragestellungen dadurch aus dem Blick gerieten.

Um die Diskrepanz berücksichtigen zu können, muss bei der hier gegebenen Problematik davon ausgegangen werden,

> „... daß jede Definition von gesellschaftlicher Sicherheit in einem hochkomplexen Balancierungsprozeß zustande kommt, in dem ‚subjektive' Erwartungen und Verhaltensmuster mit ‚objektivierbaren' Sicherheitsstandards in einer nicht genau trennbaren Konstellation vermischt sind. Was jeweils wissenschaftlich als sicher oder als normale Unsicherheit zu gelten hat, ist selbst das Ergebnis eines gesellschaftlichen Aushandlungsprozesses und von kulturellem, gemeinsamen Orientierungswissen abgeleitet" (Evers/Nowotny 1987: 304).

Einem solchen „hochkomplexen Balancierungsprozess" gilt es auch in Bezug auf die Problematik geschlechtsspezifischer (Un)Sicherheiten im öffentlichen Raum eine größere Aufmerksamkeit als bisher zu schenken. Im Kontext der hier relevanten sozialen Prozesse, in denen sowohl ‚Standards' als auch ‚Herstellungsweisen' von Sicherheit und auch Unsicherheit bestimmt werden, sind dabei insbesondere Fragen der Machtverhältnisse von zentraler Bedeutung. Auch wenn Kaufmann Macht-Konstellationen, unter denen sich Sicherheit und/oder Unsicherheit in gesellschaftlichen Strukturen und Prozessen herausbilden, noch weitgehend außer Acht gelassen hat, weisen spätere AutorInnen deutlich darauf hin, *dass bei sol-*

chen Prozessen Machtbeziehungen eine bedeutende Rolle spielen (vgl. z.B. Evers 1993). Ein Perspektivwechsel von einer ‚Gewalt-' zu einer ‚Macht-Problematik' erscheint so auch aus sicherheitstheoretischer Sicht sinnvoll und notwendig. Die *soziale Gewissheit* einer besonderen Gefährdung von Frauen im öffentlichen Raum kann und muss dabei als ‚Erwartungs*un*sicherheit' über die bisher rein deskriptive Ebene hinaus in ihrem sozialen Kontext untersucht werden. Die Annahme von (Un)Sicherheiten im öffentlichen Raum als gesellschaftliche Konstruktionen lenkt den Blick hier auf die Frage, wie die Verankerung dieses Konstruktes stattgefunden hat bzw. stattfindet.

2.4 (Un)Sicherheiten im öffentlichen Raum – nur eine Frage von Verkehrspolitik, Architektur und Stadtplanung? Kritische Stimmen – offene Fragen

Die in zahlreichen Publikationen geleistete Aufarbeitung des Problems geschlechtsspezifischer (Un)Sicherheiten im öffentlichen Raum hat im Laufe der letzten Jahrzehnte zu einer deutlich gestiegenen öffentlichen Sensibilisierung und Lösungsbereitschaft sowie zu einer Etablierung zahlreicher Maßnahmen geführt. Zielsetzung war und ist dabei, die Sicherheit von Frauen im öffentlichen Raum und damit ihre Mobilität und ‚Aneignungschancen' zu erhöhen. Dies ist ein langer Zeitraum und es lohnt sich deshalb zu fragen, ob das Ziel erreicht werden konnte bzw. ob es zumindest näher gerückt ist. Bei der Suche nach einer Antwort stellt man, wie bereits ausgeführt, zunächst einmal fest, dass Evaluationsstudien zur Überprüfung der Wirksamkeit der bisherigen Ansätze selten sind, so dass eine empirisch gesicherte Antwort kaum zu erwarten ist. In den wenigen Fällen, in denen eine Überprüfung vorgenommen wurde, deutet sich an, dass die Wirkungen von Maßnahmen und Maßnahmenkatalogen die Ebene der Sensibilisierung für die Problematik scheinbar kaum überschreiten und eine tatsächliche Lösung auf diese Weise nicht erreicht werden konnte. So ist zum Beispiel die verbreitete Annahme, dass je „belebter, übersichtlicher und heller Plätze, Wege, Haltestellen und Straßen gestaltet sind, desto mehr Frauen werden sich aus dem Haus und in den öffentlichen Raum trauen" (Zieher 1999: 50), zum einen bisher kaum überprüft worden und zum anderen aber schon vor dem Hintergrund der wenigen bisher durchgeführten Wirkungsanalysen durchaus infrage zu stellen. Vor allem in feministisch-stadtplanerischen Fachkreisen werden die bisherigen Lösungsansätze zudem auch vor dem Hintergrund theoretischer Überlegungen seit langem heftig kritisiert. Grundlegend wird hier bezweifelt, dass das Problem auf die bisher etablierte Weise überhaupt gelöst werden kann.

Neben den bisherigen Analysen und Lösungskonzepten selbst bildet vor allem auch eine solche, lauter werdende Kritik einen wichtigen Anknüpfungspunkt dieser Arbeit, da hier in deutlicher Weise auf die Notwendigkeit einer erweiterten Analyse aufmerksam gemacht wird. Um die Problemstellung weiter zu konkretisieren, werde ich im Folgenden deshalb auf die ‚kritischen Stimmen‘ zu den bisherigen Lösungsansätzen eingehen (vgl. Abschnitt 2.4.1). Es wird dabei deutlich werden, dass die auffällige Diskrepanz zwischen (Un)Sicherheiten und Gefahren vor allem in den Lösungsansätzen bisher kaum einbezogen wird. Das hier zu Grunde liegende, auf eine ‚Gewalt-Problematik‘ ausgerichtete Deutungsmuster führt dazu, dass die zentrale Frage, warum Frauen sich überhaupt in besonderem Maße im öffentlichen Raum unsicher fühlen, weiterhin aus dem Blick gerät (vgl. Abschnitt 2.4.2). Im Anschluss wird in den Abschnitten bis 2.4.6 ein dreifacher Perspektivwechsel in der Analyse begründet und skizziert werden, der als eine notwendige Voraussetzung angesehen werden muss, um die Problematik der (Un)Sicherheit als ein Phänomen, das sich im Spektrum der Kategorien ‚Raum‘ und ‚Geschlecht‘ ausdifferenziert, untersuchen zu können.

2.4.1 Lösungsansätze in der kritischen Reflexion der feministischen Stadtforschung

Bereits seit Ende der 1980er/Anfang der 1990er Jahre weisen kritische Stimmen aus den Reihen der feministischen Fachöffentlichkeit immer wieder deutlich auf eine tendenziell eher eingeschränkte bzw. sogar kontraproduktive Wirkung bisheriger Maßnahmen hin. Die Kritik richtete sich dabei in den 1980er Jahren zunächst vor allem gegen die damals auch in der Öffentlichkeit noch sehr umstrittenen Frauen-Nachtfahrangebote.[50] Kritisiert wurde hier vor allem das zu Grunde liegende ‚Schutzraum‘-Konzept, das zwar darauf ziele, Frauen eine eigenständige Mobilität zu gewährleisten, ein solches Ziel aber keineswegs erreichen würde. Denn Frauen können sich mithilfe des Nachtfahrangebotes zwar unabhängig von einzelnen Personen wie ihren Ehemännern bewegen, dies hat aber keineswegs eine grundlegende Unabhängigkeit zur Folge, da sie weiterhin abhängig bleiben – nur eben jetzt vom Nachtfahrangebot.

Später konzentrierte sich die Kritik vor allem auf die vielfach umgesetzten stadtplanerischen Ansätze, bei denen der ‚gebaute Raum‘ im Zentrum der Analyse steht.[51] Ebenso wie die auf kommunalpolitischer Ebene vielfach eingeforderten und eingeführten Frauen-Nachtfahrangebote in feministischen Kreisen selbst bereits früh auch als „nicht unproblematisch“ (Kuhlmann/Steg 1987: 83) galten

---

50 Vgl. z.B. Kuhlmann/Steg 1987.
51 Vgl. z.B. Becker 1991, 1997, 1998; Dörhöfer/Terlinden 1998: 9ff.; Roller 1998.

und umstritten waren, wurden und werden auch die so genannten ‚Angstraum-Konzepte' zwar auf handlungspraktischer Ebene propagiert und etabliert, gleichzeitig aber in feministischen Fachkreisen in ihren Wirkungen auch sehr kritisch hinterfragt bis abgelehnt. Konkret richtet sich die Kritik dabei zum Beispiel gegen den bisher zu Grunde liegenden, rein auf eine Veränderung baulich-planerischer Strukturen zielenden Ansatz der Angstraum-Konzepte, aber auch gegen die auf eine Abhängigkeit zielende Idee des Schutzes, die in der Forderung nach bewachten Frauenparkplätzen besonders deutlich wird.[52] In besonderem Maße wird dabei auch immer wieder der zur Lösung der Problematik eingeforderte Ansatz an einer Erhöhung der sozialen Kontrolle kritisiert.

So sind Feststellungen wie diejenige, dass es „nicht die Frauenparkplätze an Autobahnen [sind], die [...] ein emanzipatorisches Konzept ausmachen" (Dörhöfer/ Terlinden 1998: 9), in der feministisch-stadtplanerischen Fachöffentlichkeit heute kaum noch umstritten. Es besteht ganz im Gegenteil ein weitgehender Konsens darüber, dass es sich bei solchen Maßnahmen bestenfalls um eine „technizistische" (Roller 1998: 28) oder „technokratische" (Eickhoff 1998: 21) Symptombekämpfung handelt, mit der eine tatsächliche Lösung des Problems nicht erreichbar ist.

Schaut man sich den Diskussionsstand zur Problematik der (Un)Sicherheit im öffentlichen Raum demnach heute an, so stellt man eine recht widersprüchliche Situation fest, die beschrieben werden kann als eine relativ friedliche Koexistenz einer *weitgehenden Etablierung von Maßnahmen auf kommunaler Ebene* einerseits und einer *deutlichen Strittigkeit bis Ablehnung in feministisch-stadtplanerischen Fachkreisen* andererseits. Auffällig ist an dieser Situation vor allem, dass die geäußerte Kritik offenbar kaum einen Einfluss auf die weiter fortschreitende Etablierung der kritisierten Maßnahmen hat. Eine solche Stagnation trotz deutlicher Kritik[53] dürfte nicht zuletzt damit zusammenhängen, dass bisher auch in kritischen Aufarbeitungen der Problematik kaum Alternativen des Zugangs zum Problemfeld bzw. seiner Lösung ausgearbeitet wurden: Die Feststellung einer notwendigen Erweiterung bzw. Veränderung des Forschungs- und Handlungsrahmens führte lange Zeit kaum zu einer Veränderung im Design von Analysen und praktischen Ansätzen.

---

52   Becker führt hierzu z.B. aus, dass bewachte Frauenparkplätze sie an das „patriarchale Scheinprinzip [erinnern], nach dem jeweils ein Mann seine (!) Frau vor allen anderen Männern schützt – tatsächlich aber vor allem deren Abhängigkeit perpetuiert" (Becker 1991: 239).

53   Nicht nur im kommunalpolitischen, sondern auch im wissenschaftlichen Kontext wurden die von Siemonsen/Zauke z.B. Anfang der 1990er Jahre vorgeschlagenen und heute vielfach kritisierten, stadtplanerischen Maßnahmen lange durchaus weiterhin als wegweisend angesehen (vgl. z.B. Meyer 1999, die im Zusammenhang ‚quantitativer und qualitativer Aspekte der Mobilität von Frauen' auch auf ‚planerische Maßnahmen für mehr Sicherheit' eingeht).

2.4.2 Was macht Frauen ‚unsicher' im öffentlichen Raum? Eine zentrale Forschungsfrage

Sowohl die mangelnde Lösungsfähigkeit der beschriebenen Maßnahmen als auch das Fehlen alternativer Analyse- und Lösungskonzepte scheinen in einem engen Zusammenhang mit dem oben ausgeführten Sachverhalt zu stehen, dass die Frage, *warum Unsicherheiten bei Frauen gerade im öffentlichen Raum in verstärktem Maße auftreten* bzw. hier verstärkt thematisiert werden, bisher nicht beantwortet werden konnte.

In Ermangelung einer Erklärung wurden und werden vermehrte Unsicherheiten von Frauen im öffentlichen Raum so immer wieder – und teilweise wider besseres Wissen – vor dem Hintergrund der insgesamt als gravierend einzuschätzenden Problematik der ‚Gewalt gegen Frauen' diskutiert und erklärt. Dies trifft nicht nur auf bisherige handlungspraktische Analyse- und Lösungskonzepte zu, sondern auch auf die sich hierauf beziehenden, kritischen Reflexionen. Auch die kritische Auseinandersetzung mit bisherigen Konzepten bleibt argumentativ oft in der Problematik der ‚Gewalt gegen Frauen' verhaftet. So wendet Ruth Becker zum Beispiel gegen das Konzept des ‚Angstraumes' kritisch ein, dass die „räumliche Identifikation der Gefahrenzonen [...] sehr schnell dazu [geführt habe], daß das auslösende Moment, die männliche Gewalt gegen Frauen, aus dem Blick geriet" (Becker 1997: 15), da aus „den gefährlichen Räumen alsbald Angsträume von Frauen" (ebd.) wurden. Becker macht so zwar deutlich darauf aufmerksam, dass die bisherige Konzentration auf den Aspekt der baulich-räumlichen Strukturen, die in vielen Lösungskonzepten als (einzige) Faktoren einer Ver(un)sicherung herausgearbeitet werden, erweitert werden muss. Durch die Kontextualisierung der Argumentation in das Problemfeld der ‚Gewalt gegen Frauen' und die Benennung von „gefährlichen Räumen" kann in einer solchen Argumentation aber schnell der Anschein entstehen, dass hier der öffentliche Raum als ein ‚Gefahrenraum' angesehen wird. Ähnlich stellt auch Antje Eickhoff eine vermeintliche Gefahr im öffentlichen Raum heraus, wenn sie schreibt, dass

> „die Benennung von Gefahrenzonen, deren räumliche Gestaltung Männergewalt begünstigt, wie Unterführungen, Tiefgaragen, Parks, einsame und unkontrollierte Gegenden, unwirtliche U- und S-Bahn-Stationen usw. [dazu führt, d.V.], daß die Gefahr von den baulichen Strukturen, nicht mehr von den Männern auszugehen scheint" (Eickhoff 1998: 21).

Und auch die grundsätzlich sicherlich berechtigte Kritik am Konzept der sozialen Kontrolle wird von Becker zum Beispiel mit dem Argument geübt, dass ein solches Konzept das Problem der Gewalt gegen Frauen nicht tatsächlich löse, da die „bloße Wahrscheinlichkeit von Gewalt gegen Frauen [...] keineswegs den helfenden Beistand" (Becker 1991: 239) garantiere und „eine gefährliche Illusion" (ebd.) nähre. Selbst wenn an anderer Stelle deutlich herausgestellt wird, dass der öffentliche Raum nicht der eigentliche Gefahrenraum für Frauen ist, bestätigen solche Aussagen immer wieder die verbreitete Fehl-Annahme einer besonderen Gefährdung.

Die Beispiele für eine Kontextualisierung von (Un)Sicherheiten in das Problemfeld der Gewalt gegen Frauen ließen sich noch vielfältig erweitern. Deutlich wird so implizit oder explizit auch in kritischen Aufarbeitungen der Thematik immer wieder auf den öffentlichen Raum als Gefahrenraum für Frauen rekurriert. Durch eine *Betonung* der (grundsätzlich keineswegs falschen) Feststellung, dass die „alltäglichen sexuellen Belästigungen im Stadtraum [...] nicht nur Diskurs, sondern Realität" (Roller 1998: 29) sind, wird die Fehlwahrnehmung, dass der öffentliche Raum der *eigentliche* Gefahrenraum für Frauen sei, weiter unterstrichen.

Die hier deutlich werdende Gefahr der Verquickung von kritischer Analyse mit verbreiteten gesellschaftlichen (Fehl-)Wahrnehmungsmustern ist zwar als ein kaum vollkommen überwindbares Problem jeder wissenschaftlichen Analyse anzusehen, sollte aber minimiert werden. Im hier gegebenen Fall bedeutet dies unter anderem, die Hintergründe der empirisch nachweisbaren, vermehrten Unsicherheitsgefühle bei Frauen weitergehender als bisher zu hinterfragen, da diese sich keineswegs vor dem Hintergrund einer objektiven Gefahrenlage erklären, sondern sogar im Widerspruch zu dieser stehen.

Der eigentlich auffälligen *Diskrepanz zwischen geschlechtsspezifischen (Un)Sicherheiten und Gefahren* im öffentlichen und privaten Raum (vgl. Abschnitt 2.2) wird vor allem in handlungspraktischer Perspektive bis heute eine viel zu geringe Relevanz zugesprochen. Gerade die Diskrepanz zwischen Unsicherheitsgefühlen im öffentlichen Raum und der dort bestehenden Gefahrenlage weist „eindeutig auf eine stark gesellschaftliche Prägung des Sicherheitsgefühles hin" (Schreyögg 1989: 200) und sollte deshalb in differenzierter Weise analysiert und einbezogen werden. Auf den gesellschaftlichen Zusammenhang der Problematik deuten auch bereits die in einschlägigen Publikationen eingeführten Begriffe einer „subjektive[n] Unsicherheit" (Flade/Greiff/Dauwe/Guder 1995: 7) bzw. einer ‚strukturellen Gewalt' hin. Beide Begriffe werden in ihrer fundamentalen Gesellschaftlichkeit bisher aber kaum weiter ausgeführt. Ganz im Gegenteil: der Verweis auf die Subjektivität von (Un)Sicherheitsgefühlen hatte oft sogar die Wirkung, dass der eingeschränkte Fokus auf die baulich-räumlichen Strukturen weiter verstärkt wird, da diese Strukturen als einziger Faktor einer subjektiven Wahrnehmung überhaupt untersucht wurden.

Die Tatsache, dass Ängste und Unsicherheiten nicht mehr „allgemein und diffus [sind], sondern [...] sich in der Stadt ‚verorten'" (Kramer/ Mischau 1994: 336) lassen, hat kaum zu einer Erklärung und Lösung der Problematik geführt. Da bestehende Widersprüche nicht offensiv als Fragestellung aufgegriffen und bearbeitet wurden, kommen die unabhängig vom Problem der ‚Gewalt gegen Frauen' im öffentlichen Raum bestehenden (Un)Sicherheiten nicht in ihrer gesellschaftlichen Konstruiertheit in den Blick. Trotz oder gerade aufgrund der heute eindeutig erweiterten, öffentlichen Wahrnehmung und Anerkennung des Problems besteht so die Gefahr, dass in der öffentlichen Rezeption weiterhin der öffentliche Raum als der eigentliche Gefahrenraum für Frauen angesehen wird und die aber vor allem im privaten Raum stattfindende Gewalt gegen Frauen weiterhin tabuisiert wird.

Der Ansatz an der Subjektivität und damit auch an der Gesellschaftlichkeit von (Un)Sicherheitsgefühlen kann und sollte dabei grundsätzlich durchaus aufgegriffen werden, für eine vertiefte Analyse ist er allerdings gleichzeitig zu erweitern. Sicherheitstheoretische Arbeiten können hier wichtige Impulse geben. Wie hier umfassend belegt wird, handelt es sich bei Sicherheit wie auch bei Unsicherheit immer um *gesellschaftliche Konstruktionen*, die in ihren *sozialen* Entstehungs- und Wirkungsbedingungen analysiert werden müssen (vgl. Abschnitt 2.3).

Festgehalten werden kann und muss an dieser Stelle noch einmal deutlich, dass der Hintergrund von Unsicherheiten im öffentlichen Raum nicht eine real erhöhte Gefahr ist, sondern eine *antizipierte* erhöhte Gefahr, die aber in der öffentlichen Wahrnehmung und auch in problem- und lösungs-orientierten Publikationen zur Thematik immer wieder als tatsächliche Gefahr angenommen wird. Nicht zuletzt, da „Paradoxien das Denken weiterführen [...] als die allgemein verbreitete Meinung (Doxa)" (Honegger/Arni 2001: 9), wird der Paradoxie zwischen geschlechtsspezifischen (Un)Sicherheiten und Gefahrenlagen (vgl. Abschnitt 2.2) im Kontext dieser Arbeit eine zentrale Relevanz zugesprochen.

Die Frage, warum sich Frauen überhaupt im öffentlichen Raum in vermehrtem Maße unsicher fühlen bzw. wie es zu der Antizipation einer erhöhten Gefahr kommt, ist demnach eine grundlegende Forschungsfrage, der weiter nachzugehen sein wird. Wie deutlich geworden ist, ist es hierfür aber notwendig, den bisherigen Analyse-Rahmen forschungsmethodologisch zu hinterfragen bzw. zu erweitern. Es wird deshalb im Folgenden auf der Grundlage eines für notwendig erachteten, dreifachen Perspektivwechsels (s. die Abschnitte bis 2.4.6) eine forschungsmethodologische Konzeptualisierung hergeleitet (s. Kapitel 3, 4 und 5) und ausgearbeitet (s. Kapitel 6) werden, mit der der oben genannten und in Bezug auf die Problematik der (Un)Sicherheit als zentral anzusehenden Forschungsfrage nachgegangen werden kann.

2.4.3 Vom notwendigen dreifachen Perspektivwechsel

Um einer Antwort auf die Frage, warum Gefühle von Unsicherheit und Angst bei Frauen gerade in Bezug auf den öffentlichen Raum vermehrt auftreten, näher zu kommen, wird – als ein vorläufiges Resümee und als Grundlage für das weitere Vorgehen – in der Analyse ein dreifacher Perspektivwechsel vorgeschlagen, der sich auf die grundlegend zu berücksichtigenden Aspekte des ‚Raumes', des ‚Geschlechts' und der ‚Macht' bezieht.

Vor dem Hintergrund der bisherigen Ausführungen werden diese für notwendig erachteten Perspektivwechsel im Folgenden zunächst begründet, bevor sie dann in den Kapiteln 3 bis 6 im Kontext eines erweiterten Analyse-Modells näher ausgeführt werden.

2.4.4 Von der Materialität des Raumes zum ‚gesellschaftlichen Raum'

Neben einer grundlegenden Sensibilisierung für die Problematik der (Un)Sicherheit im öffentlichen Raum ist es als eine Leistung vor allem der stadtplanerischen Arbeiten anzusehen, dass sie – angeregt sicherlich durch die Raum-Nähe planerischen Handelns – immer wieder darauf aufmerksam gemacht haben, dass die *Räumlichkeit* bei der Analyse und Lösung des Problems der (Un)Sicherheit einen wichtigen und zu berücksichtigenden Faktor darstellt. Eine solche Betonung der Kategorie des Raumes stellte eine deutliche Erweiterung sowohl der Forschungs- als auch der Handlungsperspektive dar. Sie bedarf aber heute auch selbst wiederum einer Erweiterung, wie in der Rückschau deutlich wird. Denn die entwickelten Analyse- und Lösungskonzepte, die an der (material-)räumlichen Verortung von (Un)Sicherheiten ansetzten, beschränkten ihren Fokus fast *ausschließlich* auf baulich-stadtplanerische Veränderungen des öffentlichen Raumes. Die als Erweiterung angelegte Betonung des Raumes führte so in der praktischen Umsetzung wieder zu einer Engführung der Perspektive. Durch die Konzentration auf Maßnahmen wie die Veränderung der Beleuchtung, das Beschneiden von Hecken, den Umbau von Haltestellen usw. rückte die Materialität des Raumes ins Zentrum des Interesses. Dies geschah allerdings weitgehend isoliert, das heißt ohne die untersuchten materiellen Faktoren in ihren gesellschaftlichen Zusammenhang einzubinden. Und dies sogar, obwohl in Publikationen zum Teil explizit darauf hingewiesen wird, dass eine Lösung der Problematik nicht (nur) über eine Veränderung stadtplanerischer Strukturen erreicht werden kann.

Grundsätzlich ist die Betonung der Kategorie des Raumes für die Analyse und Lösung der Problematik der (Un)Sicherheit im öffentlichen Raum durchaus als ein richtiger und wichtiger Impuls anzusehen, dem es weiter nachzugehen gilt: ‚Raum' ist eine zentrale Kategorie der Gesellschaftsanalyse und insbesondere der hier gegebenen Thematik; dies ist in den praxisnahen Arbeiten sehr deutlich geworden. Es muss dabei aber heute erneut darum gehen, „die Grundkategorie des Raumes ins Zentrum" (Dörhöfer/Terlinden 1998: 20) zu rücken, wie Kerstin Dörhöfer und Ulla Terlinden es stellvertretend für neuere Ansätze der (feministischen) Stadt- bzw. Raumforschung einfordern.

Dies bedeutet nicht nur, den Raum überhaupt zu berücksichtigen, sondern es setzt voraus, auch das zu Grunde liegende Raumverständnis in den Blick zu nehmen und so den bisherigen Fokus, bei dem der ‚Raum' lediglich als ein ‚materielles Artefakt' konzeptualisiert ist, zu hinterfragen und letztlich zu überwinden. Die fundamentale Gesellschaftlichkeit der hier zu analysierenden (Un)Sicherheitsgefühle aufgreifend muss eine Erweiterung hin zu einem Raumverständnis geleistet werden, welches den „gesellschaftlichen Funktions- und Entwicklungszusammenhang" (Läpple 1992/1991: 42) des Raumes einzubeziehen vermag, wie neuere raumtheoretische Arbeiten verstärkt anmahnen.

Nur durch einen solchen Perspektivwechsel auch im Raumverständnis kann das Phänomen geschlechtsspezifischer (Un)Sicherheiten im öffentlichen Raum über die in vielen Analysen übliche, nahezu ausschließliche Betonung des Raumes in seinen materiellen Gegebenheiten hinausgehend betrachtet und verstanden werden und nur so können auch die komplexen sozialen Prozesse in den Blick kommen, in denen Raum- und Geschlechterverhältnisse miteinander verwoben sind.

Als übergeordnetes Ziel, auf welches alle drei Perspektivwechsel abzielen sollten, ist ein forschungsmethodologischer Analyserahmen anzustreben, der es im Hinblick auf die gegebene Fragestellung ermöglicht, die dichotome bzw. bipolare Ordnung von öffentlichem und privatem Raum in ihrem Verwobensein mit dem ebenfalls dichotom angelegten Geschlechterverhältnis zu untersuchen. Die (raumtheoretische) Überwindung des bisherigen Ansatzes an der reinen Materialität des Problems ist hier als ein wichtiger Schritt anzusehen. Als solcher wird er grundlegend in der kritischen Reflexion bisheriger Arbeiten auch durchaus eingefordert. Deutlich wird hier gesehen, dass „Ansätze, die [...] gesellschaftliche Veränderungen durch bloße Umgestaltung von Räumen herbeiführen wollen, [...] in die Irre laufen" (Becker 1991: 240) müssen, wie Ruth Becker bereits 1991 schrieb. Auf die Neukonzeptualisierung des Analyserahmens wird deshalb in den folgenden Kapiteln näher einzugehen sein.

2.4.5 Von der Kategorie ‚Frau' zur Kategorie ‚Geschlecht'

Vom forschungsmethodologischen Vorgehen und auch von der historischen Genese her sind vor allem die frühen Arbeiten zur hier sich stellenden Thematik der Forschungsrichtung der ‚Frauenforschung' zuzuordnen. Angeregt aus den Reihen der Frauenbewegung stand bzw. steht bei dieser Forschungsrichtung die Kategorie ‚Frau' bzw. die „gesellschaftliche Unterdrückung der weiblichen Genus-Gruppe" (Becker-Schmidt 2000: 33) im Mittelpunkt der Analyse. Der immer wieder nachgewiesenen Unsichtbarkeit und Nichtberücksichtigung der Genus-Gruppe Frauen sollte mit Entstehen dieser Forschungsrichtung in den 1970er Jahren eine konsequente Fokussierung von Frauen und Fraueninteressen gegenübergestellt werden. Sowohl personell als auch strukturell blieben die zum Thema der (Un)Sicherheit im öffentlichen Raum entstandenen Forschungen dabei meist eng verwoben mit der Frauenbewegung als einer politischen Bewegung. Die sozialwissenschaftlich distanzierte Analyse des Problems war so im Allgemeinen eng verbunden mit dem engagierten politischen Ziel, nachgewiesene Diskriminierungen von Frauen sichtbar und damit erst überwindbar zu machen. Die zur Problematik der (Un)Sicherheit im öffentlichen Raum entstandenen Arbeiten hatten in diesem Sinne das Ziel, Frauen als Nutzerinnen des öffentlichen Raumes mit ihren spezifischen Interessen und ihren Hintergründen sichtbar zu machen, eine öffentliche Sensibilisierung für die (geschlechtsspezifische) Problematik der (Un)Sicherheit zu erreichen und letztlich einen Beitrag hin zu ihrer Überwindung zu leisten.

Die Zielsetzungen, die Problematik sichtbar zu machen und die Öffentlichkeit zu sensibilisieren, können heute als erreicht angesehen werden. Dennoch ist das Problem aber nicht gelöst und – wie gezeigt – nicht einmal erklärt. Eine mangelnde Erklärungs- und Lösungskraft bisheriger Ansätze scheint dabei nicht nur mit der (zu) engen raumtheoretischen Perspektive zusammenzuhängen, sondern auch eng mit der im bisherigen Forschungsansatz angelegten *ausschließlichen* Berücksichtigung von Frauen verbunden zu sein. Die Betrachtung geschlechtsspezifischer Fragestellungen mit dem alleinigen Fokus auf die Genus-Gruppe ‚Frauen' erweist sich bei genauerer Betrachtung für eine differenzierte Analyse als sehr eingeschränkt, da wichtige Referenzgrößen nicht in den Blick geraten (können). In Abschnitt 2.2 deuteten sich solche negativen Konsequenzen einer Beschränkung des Blicks auf Frauen bereits an: Erst durch den Einbezug von Männern als Vergleichsgruppe wurde hier die Paradoxie zwischen (Un)Sicherheiten und Gefahren im öffentlichen und privaten Raum in ihrer vollen, das heißt auf die Kategorie Geschlecht bezogenen, dichotomen Ausprägung sichtbar. Obwohl für Frauen der private Raum weit eher einen Gefahrenraum darstellt, fühlen diese sich im öffentlichen Raum scheinbar sehr viel unsicherer und obwohl der öffentliche Raum weit eher für Männer einen Gefahrenraum darstellt, scheinen Unsicherheiten für Männer aber keineswegs ein spezifisches Problem des öffentlichen Raums darzustellen. Im Geschlechterdualismus, das heißt unter Einbezug *beider* Geschlechter, werden die hier sich zeigenden Widersprüche zum einen sehr viel deutlicher, zum anderen aber auch in ihrer gegensätzlichen Ausprägung überhaupt erst erkennbar. Allein schon die Berücksichtigung beider Geschlechter im Untersuchungsdesign führt so zu einer Veränderung der Forschungsperspektive, die differenziertere Erkenntnismöglichkeiten beinhaltet.

In ähnlicher Weise führt auch eine Betrachtung der vielfach nachgewiesenen (Un)Sicherheiten selbst – wenn beide Geschlechter einbezogen werden – zu einer deutlichen Relativierung der im Geschlechterdualismus bisher als vermeintlich eindeutig zuordenbar erscheinenden (Un)Sicherheiten. In einer auf den Hamburger Raum bezogenen Studie konnte diesbezüglich festgestellt werden, dass Unsicherheitsgefühle im öffentlichen Raum bei Männern sogar teilweise stärker ausgeprägt sein können als bei Frauen: Ein Stadtteil- und Geschlechtervergleich machte hier deutlich, dass sich Männer im sozial schlechter gestellten Hamburger Stadtteil Hamm-Mitte deutlich unsicherer fühlen als Frauen im sozial besser gestellten Stadtteil Groß Flottbek (vgl. Klein/Korte/Ruhne 1996). Auch Männer kennen und benennen somit Unsicherheiten und Ängste im öffentlichen Raum (wenn sie danach gefragt werden) und stadtteilspezifische Unterschiede stellten sich in der Studie teilweise als bedeutsamer für das (Un)Sicherheitsgefühl heraus als geschlechtsspezifische. Allein schon durch den Einbezug von Männern als Vergleichsgruppe wurde es hier möglich, (Un)Sicherheiten differenzierter zu erfassen. Als ein weiteres interessantes Ergebnis konnte so zum Beispiel auch festgehalten werden, dass ein Meiden unsicherer Orte nicht nur eine vielfach gewählte Strategie von Frauen im Umgang mit dem Problem darstellt, sondern durchaus auch eine von Männern häufig angewandte Strategie im Umgang mit Unsicherheitsgefühlen ist. Gleichzeitig ist ein Vermeidungs-Verhalten im öffentlichen Raum keineswegs für alle Frauen – und wenn, dann nur selten – die einzige Form des Umgangs mit bedrohlich erscheinenden Orten,[54] was darauf hinweist, dass auch die Genus-Gruppe der Frauen differenzierter als bisher in den Blick zu nehmen ist.

Geschlechtsspezifische Unterschiede im Hinblick auf (Un)Sicherheitsgefühle im öffentlichen Raum sind demnach vorhanden, sie scheinen aber keineswegs so gravierend zu sein wie oft dargestellt und deutliche Differenzierungen zeigen sich zum Beispiel auch innerhalb der weiblichen Genus-Gruppe. Die Konzeption zahlreicher Untersuchungen hat jedoch bereits durch die im Forschungsansatz angelegte exklusive Berücksichtigung von Frauen eine geschlechtsspezifische Zuspitzung der Problematik zur Folge: *Unsicherheiten werden in der Regel lediglich in Bezug auf Frauen erhoben und erscheinen schon deshalb auch als ein spezifisches Pro-*

---

54   In der Hamburger Studie konnte gezeigt werden, dass Frauen zwar insgesamt häufiger als Männer Strategien wählen, die sie in ihren Bewegungsmöglichkeiten einschränken oder die mit notwendigen Planungen und Abhängigkeiten von anderen Personen verbunden sind, sie lassen sich durch Unsicherheiten oder Ängste aber keineswegs grundsätzlich von Aktivitäten abhalten.

blem von Frauen. Allein über die Auswahl der Stichprobe werden Unsicherheiten und Ängste bei Frauen immer wieder einseitig hervorgehoben, da sie nur bei diesen überhaupt gemessen werden – womit nicht zuletzt auch die gesellschaftlich verbreitete Fehlwahrnehmung unterstrichen und objektiviert wird.

Eine Relativierung solcher Ergebnisse im Geschlechterverhältnis ist hier nicht nur sinnvoll sondern notwendig. Da die „männliche Genus-Gruppe [...] konsequenterweise vorrangiger Referenzpunkt von Aussagen über geschlechtliche Ungleichheitslagen" (Becker-Schmidt 2000: 36) ist, können und sollten bisherige Ergebnisse in ihrer geschlechtsspezifischen Signifikanz durch den Einbezug männlicher Vergleichsgruppen nochmals überprüft werden. Dies gilt insbesondere auch für den immer wieder geführten Nachweis so genannter ‚Angsträume': Wenn sich Befragungen hier ausschließlich an Frauen richten, so kann mit den Ergebnissen zwar gezeigt werden, dass es Räume gibt, die als unsicher und unangenehm empfunden werden. Ob es sich dabei aber tatsächlich um *spezifische* ‚Angsträume' *von Frauen* handelt, kann kaum beantwortet werden, wenn Männer gar nicht befragt werden. Obwohl eine Geschlechtsspezifik von ‚Angsträumen' in dieser Form bisher selten nachgewiesen wurde, wird in Untersuchungen und Veröffentlichungen immer wieder angenommen, dass es sich um spezifische ‚Angsträume' von Frauen handelt. Sehr wahrscheinlich ist aber, dass auch Männer an den jeweiligen, als ‚Angsträume' charakterisierten Orten vermehrte Unsicherheiten empfinden. Die immer wieder betonte Geschlechtsspezifik der Problematik ist so keineswegs als eine absolute anzunehmen, sondern muss in ihrer Relativität und das heißt auch in ihren sozialen Bezügen stärker in den Blick rücken. Ebenso wie der ‚Raum' sind so auch das ‚Geschlecht' und insbesondere geschlechtsspezifische Eindeutigkeiten zur Disposition zu stellen.

Die einseitige Konzentration auf Frauen, wie sie in Ansätzen der Frauenforschung und gerade auch im Hinblick auf die Lösung des Problems der (Un)Sicherheit im öffentlichen Raum oft üblich war und ist, geht mit einer (politisch gewollten) Betonung und Hervorhebung derselben einher und birgt damit aber immer auch die Gefahr, dass die eigentlich zu hinterfragende „Differenz zwischen Frauen und Männern [...] immer aufs Neue inszeniert" (Becker-Schmidt 2000: 29) wird.

Die bereits im Forschungsansatz angelegte Zuspitzung des Problems als ein spezifisches Problem von Frauen wird in Forschungen und Veröffentlichungen oft zusätzlich verstärkt durch eine latente ‚Dramatisierungstendenz', das heißt eine verbale Zuspitzung der Thematik und der erhobenen Daten. Wenn davon die Rede ist, dass sich bei „Nacht [...] die Situation so weit [verschärft], daß sich ein großer Teil der Frauen überhaupt nicht mehr allein auf die Straße wagt" (Roller 1998: 23), von einer „ständige[n] Präsenz des Unsicherheitsgefühls" (Klemp/Nolte 1993: 11)[55] gesprochen wird oder man zu dem Schluss kommt: „AngstRäume existieren überall in der Stadt" (Gebler/Kräge/Wahl 1995: 100), so wird die Problematik der (Un)Sicherheit damit über eine Mischung aus Verallgemeinerungen und vagen Feststellungen wie „ein großer Teil der Frauen" vor allem *verbal* deutlich „verschärft" (Roller 1998: 23). Auch der exemplarisch herausgegriffene, statistische Befund aus der Veröffentlichung von Klemp und Nolte zum Beispiel, der besagt, dass 88% der in einer Kieler Untersuchung befragten Frauen angeben, dass sie sich ‚manchmal' bis ‚immer' unsicher fühlen, wenn sie nachts allein unterwegs sind, rechtfertigt die Rede von einer „ständigen Präsenz des Unsicherheitsgefühles" (Klemp/Nolte 1993: 11) jedenfalls kaum. Zu vermuten ist hier vielmehr, dass einer solchen Überzeichnung von Unsicherheiten und Ängsten bei Frauen der (politisch motivierte und engagierte) Versuch zu Grunde liegt, die Dringlichkeit der Thematik als „ernst zu nehmendes Problem" (Pasquay/Pampel 1991:1) eingängig darzustellen. Ein solcher Versuch ist aber in seiner Herangehensweise und letztlich auch in seiner Wirkung höchst fraglich und einer differenzierten Auseinandersetzung mit dem Problem jedenfalls kaum förderlich.

Um einer erweiterten Analyse näher zu kommen, ist es deshalb im Hinblick auf die Entwicklung eines forschungsmethodologischen Analyserahmens wichtig, in Bezug auf die Kategorie ‚Geschlecht' nicht nur die eine Seite der Dichotomie – die Frauen – in den Blick zu nehmen, sondern den Fokus zu erweitern und das Geschlechterverhältnis als eine in historischen Prozessen herausgebildete, *zwei*-geschlechtliche Ordnung zu berücksichtigen. Dies bedeutet nicht nur, Männer als Vergleichsgruppe überhaupt in Untersuchungen einzubeziehen, sondern es bedeutet auch, das Geschlechterverhältnis in seiner ‚Relationalität' und das heißt in seinem immanenten Aufeinanderbezogensein und seinen Wechselbezügen mit den hierin sich zeigenden Interdependenzen und Machtstrukturen genauer als bisher zu untersuchen. Solche Wechselbezüge zwischen der weiblichen und der männlichen Genus-Gruppe haben vielfältige „Knotenpunkte", die nach Becker-Schmidt zum Beispiel „über Aneignungs- und Anerkennungschancen von Frauen bzw. Männern entscheiden" (Becker-Schmidt 2000: 39). Als ein solcher ‚Knotenpunkt' der Relationalität zwischen den Geschlechtern können und sollen (Un)Sicherheiten im öffentlichen Raum hier untersucht werden. Der Begriff der ‚Relationalität' weist dabei gleichzeitig auch auf eine immer gegebene Dynamik, Flexibilität und Offenheit des Geschlechtergefüges hin, das in seinem Prozesscharakter nicht zuletzt auch eine Betrachtung in historischer Perspektive erfordert. Auf eine solche

---

55 87,7% der befragten Kieler Frauen hatten hier angegeben, dass sie sich ‚manchmal' bis ‚immer' unsicher fühlen, wenn sie nachts allein unterwegs sind. Männer wurden als Vergleichsgruppe nicht befragt.

erweiterte Konzeptualisierung der Kategorie ‚Geschlecht' wird an späterer Stelle noch vertiefend eingegangen werden (vgl. Kapitel 5).

2.4.6 Von der ‚Gewalt-' zur ‚Machtproblematik'

Der für notwendig erachtete Perspektivwechsel von der ‚Gewalt-' zur ‚Machtproblematik' wurde bereits in Abschnitt 2.2 hergeleitet und begründet. Die dort gemachten Ausführungen sollen hier noch einmal kurz zusammengefasst werden, da auch ein solcher Perspektivwechsel als ein wesentlicher Schritt im Hinblick auf die weitere Analyse angesehen wird.

Wie bereits ausgeführt ist der bisherige Forschungs- und Handlungsansatz, der das Phänomen der (Un)Sicherheit immer wieder als eine ‚Gewaltproblematik' auffasst und untersucht, in seiner Tragweite deutlich begrenzt. Dies liegt vor allem daran, dass der Begriff der Gewalt die Problematik der (Un)Sicherheit in ihrer Komplexität nur schwer theoretisch fassen kann, da er entweder (im Rekurs auf körperliche Gewalt) zu eingeschränkt oder aber in der erweiterten Definition als ‚strukturelle Gewalt' wiederum zu ungenau ist, um das Problem differenziert fassen zu können. Ein auf körperliche Gewalt ausgerichteter Gewaltbegriff stößt bei den unabhängig von körperlicher Gewalt auftretenden bzw. sogar im Widerspruch hierzu stehenden geschlechtsspezifischen (Un)Sicherheiten deutlich an die Grenzen seiner Erklärungsfähigkeit. Die im Begriff der ‚strukturellen Gewalt' angelegte Erweiterung des Gewaltbegriffs, wie sie in einigen Arbeiten eingefordert wird (dabei allerdings kaum genauer ausgeführt wurde), verweist zwar darauf, dass die bisherige Perspektive zu eng gefasst ist, gleichzeitig ist der Begriff durch seine Unschärfe für eine Analyse aber ebenfalls eher ungeeignet. Die übergreifend benutzte Begrifflichkeit der ‚Gewalt' kann leicht zum Beispiel zu einer ‚Nivellierung' der im öffentlichen und privaten Raum sehr unterschiedlich sich darstellenden ‚Gewaltsituation' beitragen und so das Bild des für Frauen besonders gefährlichen öffentlichen Raumes weiter festigen.

Um die Problematik der (Un)Sicherheit im öffentlichen Raum in ihrer Komplexität theoretisch fassen zu können, ist deshalb ein Perspektivwechsel von einer ‚Gewalt-', zu einer ‚Machtproblematik' notwendig. Sowohl die (Un)Sicherheitsgefühle selbst, die sicherheitstheoretischen Überlegungen zufolge immer auch im Kontext gesellschaftlicher Machtverhältnisse betrachtet werden müssen, als auch die paradoxe Verwobenheit der Problematik der (Un)Sicherheit mit dem Problem der ‚Gewalt gegen Frauen' lassen es sinnvoll und notwendig erscheinen, den Aspekt der ‚Macht' ins Zentrum der Analyse zu stellen. Im weiteren Vorgehen wird die hier gegebene Problematik deshalb als eine Machtproblematik gefasst werden, deren spezifische Ausprägung im Rahmen der Kategorien ‚Raum' (als öffentlicher und privater Raum) und ,Geschlecht' (als Männlichkeit und Weiblichkeit) zu deuten ist. Die vielfältigen zum hier gegebenen Thema entstandenen Untersuchungen und Veröffentlichungen haben einen wichtigen Beitrag zur Analyse und Lösung der Problematik geleistet, indem sie z.B. immer wieder auf die Ausblendung der Kategorie ,Geschlecht' in stadt- und regional-soziologischen bzw. stadtplanerischen Arbeiten hingewiesen haben und auch die grundlegende Bedeutung der Kategorie ,Raum' für die Gesellschafts- und insbesondere auch die Geschlechteranalyse deutlich gemacht haben. Hierauf aufbauend müssen die beiden Kategorien aber weiter gehend unter Einbezug des Aspektes der Macht und auch in ihrem Verwobensein miteinander untersucht werden.

3. ‚Raum' als sozialwissenschaftliche Kategorie: Von der Notwendigkeit der (Neu)Bestimmung des Raumes in der Gesellschaftsanalyse

Nicht nur in Anlehnung an bisherige Veröffentlichungen muss der Kategorie ‚Raum' im Hinblick auf die Analyse des Phänomens geschlechtsspezifischer (Un)Sicherheiten im öffentlichen Raum eine zentrale Bedeutung zugesprochen werden. Dabei ist allerdings – wie in Abschnitt 2.4.4 skizziert wurde – ein Perspektivwechsel hin zu einem ‚gesellschaftlichen Raumverständnis' einzufordern, durch den die Trennung von (material-)räumlichen und gesellschaftlichen Aspekten der Problematik überwunden werden kann. Die Umsetzung eines solchen Perspektivwechsels macht eine grundlegende Auseinandersetzung mit Fragen des ‚Raumes' in der sozialwissenschaftlichen Analyse notwendig, da sich die eingeforderte Konzeptualisierung von der im Alltags- und im Wissenschaftsverständnis bisher verbreiteten Auffassung von Raum deutlich unterscheidet.

Eine intensivere Auseinandersetzung mit der Kategorie des Raumes findet im sozialwissenschaftlichen Kontext – von wenigen Ausnahmen abgesehen – erst in jüngerer Zeit (wieder) statt.[56] Denn wenngleich es sowohl im Alltagsverständnis als auch in der Soziologie als Wissenschaftsdisziplin relativ unstrittig ist, dass die „Alltagswelt räumlich [...] strukturiert" (Berger/Luckmann 1969/98: 29) ist, und der Begriff Raum sogar zu den ‚Grundbegriffen der Soziologie' (vgl. z.B. Hamm 1998: 277f.) gehört, erfuhr die Kategorie Raum in der Gesellschaftsanalyse lange Zeit nur wenig Berücksichtigung. Zurückzuführen ist dies vor allem darauf, dass die *Bedeutung* räumlicher Strukturen für die Sozialwissenschaften im Allgemeinen als „ziemlich nebensächlich" (Berger/Luckmann 1969/98: 29)[57] galt.

> „Daß Gesellschaften ein räumliches Substrat haben und daß soziales Handeln sich immer auch im Raum und raumbezogen ‚ereignet', scheint für die Perspektive der soziologischen Theorie ein Tatbestand zu sein, den man vernachlässigen kann" (Konau 1977: 4),

---

56 Dies gilt für die deutschsprachige Sozialwissenschaft in besonderer Weise.
57 Dagegen wird ‚Zeit' allgemein und auch von Berger/Luckmann als ein bedeutsamer Aspekt der Alltagswelt angenommen.

konstatierte deshalb Elisabeth Konau schon 1977 in ihrer Arbeit zum Thema „Raum und soziales Handeln" und sie fasst damit eine Einschätzung zusammen, die auch in späteren Arbeiten immer wieder bestätigt wird.[58]

Bei der Suche nach den Gründen einer solchen „Raumblindheit" (Läpple 1992: 163) der Sozialwissenschaften kommt interessanterweise wieder die Frage des Raum*verständnisses* in den Blick. Ebenso wie dies für Studien und Publikationen zum Problem der (Un)Sicherheit im öffentlichen Raum herausgestellt wurde, war auch die sozialwissenschaftliche Forschung lange von einem Raumverständnis bestimmt, welches den ‚Raum' vor allem „als materielles Substrat, Territorium oder Ort" (Löw 2001: 9) auffasste. Auch allgemein in den Sozialwissenschaften führte ein solches Verständnis zu einer spezifischen Vernachlässigung des Raumes – hier allerdings nicht zu einer Vernachlässigung der mit dem Raum verknüpften sozialen Gegebenheiten, sondern zu einer Vernachlässigung des Raumes selbst. Als vor allem physikalisch-geografisch definierte Größe, die unabhängig von der sozialen Welt zu existieren scheint, wurde ‚Raum' „in vielen soziologischen Projekten als nicht weiter bemerkenswert, bestenfalls als in Untersuchungen auszuschließende ‚Umweltbedingung' erachtet" (ebd.).

Verstärkt wurde die Nicht-Berücksichtigung des Raumes in Deutschland zusätzlich durch eine lange dominierende, politisch begründete Abgrenzung sozialwissenschaftlicher Arbeiten von der territorial-räumlich argumentierenden Expansionspolitik des Nationalsozialismus, die in Folge zu einer weitgehenden „Tabuisierung" (Löw 2001: 11) des Raumes führte. In diesem Sinne galt es in Deutschland noch „in den 70er Jahren [...] häufig als reaktionär, sich mit Raum zu beschäftigen" (ebd.).

Seit zwei bis drei Jahrzehnten werden heute aber in den Sozialwissenschaften „verstärkte Anstrengungen unternommen" (Nissen 1998: 136), eine solche Vernachlässigung des Raumes zu überwinden. Ausgelöst wurde eine breitere Thematisierung in der anglo-amerikanischen Literatur vor allem durch sozialgeografische Arbeiten (vgl. z.B. Harvey 1972, 1973; Sack 1980; Massey 1984, 1993, 1999; Thrift 1996) und in den deutschsprachigen Sozialwissenschaften insbesondere durch die Arbeiten des Stadt-Ökonomen Dieter Läpple (1991, 1992, 1993). Im Zentrum aktueller Arbeiten steht dabei vor allem die Frage einer gesellschaftstheoretischen (Neu)Konzeptualisierung des Raumes.[59]

Vor dem Hintergrund einer deutlich gestiegenen Zahl raumtheoretischer Arbeiten lässt sich heute zwar feststellen, dass die bisherige „Sicherheit über den Raum" (Löw 2001: 10), die als wesentlicher Faktor für seine geringe Berücksich-

---

58   Vgl. z.B. Läpple 1992: 163; Dangschat 1994: 336; Nissen 1998: 136; Löw 2001: 9.
59   Eine solche Neukonzeptualisierung wird insbesondere auch von feministisch-raumtheoretischer
      Seite eingefordert (vgl. z.B. Dörhöfer/Terlinden 1998).

tigung angesehen werden muss, „in eine Krise geraten" (ebd.) ist, dass aber auf eine umfassend entwickelte Neu-Konzeptualisierung des Raumes gleichzeitig noch längst „nicht umstandslos [...] zurückgegriffen werden" (dies. 2001: 12) kann. Lange ist es so auch „unklar geblieben, wie denn der Zusammenhang zwischen räumlicher und sozialer Organisation einer Gesellschaft zu verstehen" (Hamm 1998: 277) – und das heißt auch zu untersuchen – ist. Auch wenn in jüngerer Zeit einige sehr anregende Arbeiten veröffentlicht wurden,[60] die sich mit der Erschließung des Raumes für die sozialwissenschaftliche Analyse beschäftigen, so bleibt hier doch noch viel zu tun. Die hier sich stellende Aufgabe der Überwindung einer vor allem am materiellen Substrat des Raumes orientierten Analyse von (Un)Sicherheiten im öffentlichen Raum ist deshalb als eine theoretische und forschungsmethodologische Herausforderung anzusehen.

Grundsätzlich wird in neueren raumtheoretischen Arbeiten vermehrt darauf verwiesen, dass es sich auch bei ‚Raum' immer um eine „menschliche Konstruktionsleistung" (Löw 1996: 455) handelt. Unterschieden werden dabei im Wesentlichen zwei „nebeneinander oder in Konkurrenz zueinander" (Löw 1996: 457) stehende Strömungen, die klassifizierbar sind als ein *absolutistisches* und ein *relativistisches* (dies. 2001: 24ff.) bzw. *relationales* Raumverständnis.[61]

Auf eine solche Existenz zweier unterschiedlicher Raum-Auffassungen hatte Albert Einstein schon 1960 im Vorwort der historischen Untersuchung zum Raumbegriff von Max Jammer (Jammer 1960) hingewiesen. Einstein unterscheidet hier eine Vorstellung von „Raum als ‚Behälter' aller körperlichen Objekte" (Einstein 1960: XIII)[62] und eine Vorstellung von ‚Raum' als „Lagerungs-Qualität der Körperwelt" (ebd.). Im ersten Fall wird Raum nach Einstein vorgestellt wie ein ‚Behälter' oder ‚Container', der mit verschiedenen Elementen angefüllt werden kann, aber auch als ein absoluter, ‚leerer Behälter' vorstellbar ist. Vor dem Hintergrund der Einstein'schen Ausführungen wird das absolutistische Raumverständnis heute auch oft als ‚Behälter-' bzw. ‚Container-Raumverständnis' beschrieben. Ein körperliches Objekt kann hier „nicht anders als im Raum gedacht werden; der Raum erscheint [...] als eine gewissermaßen der Körperwelt übergeordnete Realität"

---

60 Vgl. z.B. Sturm 2000; Löw 2001; Schroer 2005; Löw/Steets/Stötzer 2007.
61 Der Begriff ‚absolutistisch' wird hier in Anlehnung an Löw nicht im Sinne einer politischen Herrschaftstheorie verwendet. Durch die von Löw verwendeten Begriffe ‚absolutistisch' und ‚relativistisch' werden zwei Positionen unterschieden, in denen ‚Raum' entweder als absolut oder als immer relativ gegeben betrachtet wird. Der Begriff ‚relationales Raumverständnis' geht ebenfalls von einer grundlegenden Relativität aus, betont dabei aber stärker das Aufeinanderbezogensein der raumkonstituierenden Momente sowie einen angenommenen Prozesscharakter des Raumes.
62 Einstein gebrauchte hier das englische Wort ‚container'.

(ebd.).[63] Im zweiten von Einstein beschriebenen Fall werden ‚Raum' und ‚Körper' immer als untrennbar miteinander verwoben angesehen. ‚Raum' wird hier nicht als unabhängig und absolut gegeben angenommen, sondern ist immer an körperliche Objekte gebunden und nur relativ zur Körperwelt denkbar. ‚Raum' ist somit auch abhängig von Menschen und vom menschlichen Handeln.

Schon Einstein betonte, dass keines der beiden Raumkonzepte eine ‚objektive Natur' des Raumes beschreiben würde, sondern dass es sich bei beiden um „freie Schöpfungen der menschlichen Phantasie" (ebd.) handele, die lediglich als „Mittel [...] zum leichteren Verstehen unserer sinnlichen Erlebnisse" (ebd.) ersonnen wurden. Die jeweilige Konzeptualisierung des Raumes ist so als ein wichtiges (Hilfs-)Mittel der Analyse anzusehen, welches aber – wie sich in der Auseinandersetzung mit Analyse- und Lösungsansätzen zur Problematik der (Un)Sicherheit im öffentlichen Raum bereits andeutete – ‚unsere sinnlichen Erlebnisse' und ihr Verständnis im Alltag wie auch in der wissenschaftlichen Aufarbeitung durchaus beeinflussen kann (vgl. Abschnitt 2.4.4). Es ist demnach notwendig, die Konzeptualisierung des Raumes als Hilfsmittel für die hier geforderte Analyse in einer vertieften Auseinandersetzung weiter zu schärfen.

Zur Erläuterung der wichtigsten Gründe für den geforderten Perspektivwechsel im Hinblick auf die Kategorie des Raumes werden deshalb *beide* Raumvorstellungen im Folgenden kurz vorgestellt. Beginnen werde ich dabei mit dem absolutistischen Raumverständnis, welches nicht nur in Studien und Veröffentlichungen zum Problem der (Un)Sicherheit verbreitet ist. Nach einer kritischen Diskussion der hierin jeweils angelegten theoretischen Implikationen wird dann in einem nächsten Schritt geklärt werden, wie die Kategorie ‚Raum' für eine differenzierte sozialwissenschaftliche Analyse des hier zu Grunde liegenden Sachverhaltes zu konzeptualisieren ist.

3.1 Die verbreitete absolutistische Konzeptualisierung des Raumes

Im absolutistischen Sinne ist ‚Raum' nichts anderes als ein neutraler, dreidimensionaler, durch Länge, Breite und Höhe bestimmter sowie mathematisch-physikalisch zu beschreibender ‚Behälter', dem kaum eine soziale Bedeutung zukommt, da er als vor jeder Erfahrung gegeben angenommen wird. Als allgemeine Defi-

---

63 Da die Auffassung des Raumes als ‚Behälter' oder ‚Container' in unserem Kulturkreis „heute eine dominante Vorstellung im alltäglichen Verständnis von Raum" (Löw 2001: 27) darstellt, wird sie teilweise auch mit dem Begriff der ‚traditionalen' bzw. ‚traditionellen' Raumvorstellung (Löw 1996; 1999) gefasst. In der Reduktion auf „erdräumliche Standortkonfigurationen" findet sich bei Läpple für ein absolutistisches Raumverständnis auch die Bezeichnung „banale Raumauffassung" (Läpple 1992: 191).

nition für eine absolutistische Konzeptualisierung des Raumes kann dabei nach Löw festgehalten werden:

> „Als absolutistisch wird ein Raumbegriff entweder bezeichnet, wenn dem Raum eine eigene Realität jenseits des Handelns, der Körper oder der Menschen zugeschrieben wird oder wenn der dreidimensional euklidische Raum als unumgängliche Voraussetzung jeder Raumkonstitution angenommen wird. Insbesondere im Fall einer systematischen Unterscheidung zwischen Raum und Materie, welche sich in der Soziologie als Trennung von Raum und sozialen Prozessen wiederfindet, wird der absolutistische Raumbegriff in der Forschung auch Behälterraumbegriff genannt. Damit soll bildlich ausgedrückt werden, daß der Raum wie ein Behälter das soziale Geschehen zu umschließen scheint" (Löw 2001: 63).

Diese heute allgemein verbreitete Raumvorstellung geht in wesentlichen Punkten zurück auf Entwicklungen der klassischen Physik, ist aber auch zum Beispiel deutlich von der Geografie und den hier dominanten, erdräumlichen Konzeptualisierungen geprägt worden. Absolutistische Raumkonzeptualisierungen stellen dabei keineswegs homogene Positionen dar, wie Löw gleichzeitig feststellt. Sie unterscheidet insgesamt drei ‚Varianten': ein *ortsbezogenes*, ein *territoriales* und ein *Kant'sches Raumverständnis*. Beim ‚ortsbezogenen' Raumbegriff wird ‚Raum' nach Löw „mit dem konkreten Raum [...] gleichgesetzt oder aber [...] als ontologisch gegeben, aber nur in seinem Ortsbezug als soziologisch relevant konzeptualisiert" (Löw 2001: 35). Als ‚territorialen' Raumbegriff beschreibt Löw „die Verdinglichung von Räumen zu Territorien" (ebd.), die dann – im Sinne des ‚Behälter'-Raumverständnisses – durch „Größe und Beschaffenheit" (dies. 2001: 52) charakterisiert werden können. Mit einer ‚dritten Variante' wird zudem „die soziologische Anwendung des Kantschen Raumbegriffs" (dies. 2001: 36) gefasst. Diese dritte Variante, der Kant'sche Raumbegriff unterscheidet sich dabei von den anderen beiden und ist nicht im gleichen Maße als absolutistisch anzusehen, denn Kant weist dem Raum *keine* eigene Realität zu.[64]

Löw konzipiert die drei Varianten dabei als ein Klassifikationssystem, dem sie verschiedene soziologische Theoretiker und auch disziplinäre Teilbereiche zuordnet. Einer solchen Klassifizierung folgend, ließen sich bisherige Studien und Veröffentlichungen zur hier gegebenen Thematik einem territorialen Raumverständnis zuordnen, welches nach Löw auch allgemein „in der Stadt- und Regionalsoziologie [...] – von wenigen Ausnahmen abgesehen – üblich ist" (dies. 2001: 35). Der Raum wird, einem solchen Verständnis entsprechend, als ‚Territorium', losgelöst von sozialen Prozessen, in seinen materiellen Charakteristika deskriptiv erhoben.

---

64 Kant entwirft den Raum aber ebenfalls nach den Prinzipien der Euklidik, weshalb das Raumverständnis nach Löw als absolutistisch zu fassen ist.

Studien und Veröffentlichungen zur hier gegebenen Thematik lassen sich aber meines Erachtens keineswegs eindeutig und trennscharf einem nur ‚territorialen' Raumverständnis zuordnen, denn der Lokalisierung bzw. ‚Verortung' von (Un)Sicherheiten liegt z.B. gleichzeitig immer auch ein ortsbezogenes Denken zu Grunde. ‚Territorialität' und ‚Ortsbezogenheit' sind im hier gegebenen Kontext somit beide als relevant anzunehmen. Es wird deshalb auch keine disparate Zuordnung der bisherigen Analyse- und Lösungsansätze zu einer der genannten Spezifizierungen vorgenommen.

Wichtiger als eine solche klassifizierende Spezifizierung vorzunehmen, erscheint es, auf einige, vor allem historische Hintergründe der absolutistischen Konzeptualisierung des Raumes näher einzugehen, da insbesondere die historische Kontextualisierung dazu geeignet ist, eine absolutistische Grundannahme als eine lediglich optionale Variante zu verdeutlichen. Für eine ausführliche Auseinandersetzung mit verschiedenen, historisch nachweisbaren Raumkonzeptualisierungen und ihren jeweiligen Transformationen kann auf verschiedene Arbeiten verwiesen werden.[65] Hier soll vor allem das soziale ‚Gewordensein' des heute dominierenden, absolutistischen Raumverständnisses hervorgehoben werden, um daran eine grundlegende Wandelbarkeit und Dynamik des ‚Raumes' und seiner gesellschaftlichen Konzeptualisierung aufzuzeigen.

Absolutistische Raumvorstellungen begannen sich in unserem Kulturkreis erst mit dem Aufkommen der modernen Naturwissenschaften durchzusetzen.[66] Sie wurden dabei wesentlich gestützt durch Isaac Newton (1643 – 1727), der den ‚Raum' im Rahmen seiner Ausarbeitungen zur klassischen Mechanik als eine von den Körpern getrennte, selbstständige Realität entwarf. Obwohl eine absolutistische ‚Behälter'-Raumauffassung bereits in der Antike bekannt gewesen ist,[67] waren die Vorstellungen der Menschen des europäischen Mittelalters in Bezug auf den ‚Raum' im Allgemeinen eher anthropozentrisch-relativ bestimmt. Schon der sprachgeschichtliche Ursprung des Wortes ‚Raum' verweist auf dessen menschlich-soziale Produktion: In seiner ursprünglichen Bedeutung wurde *Raum* erst durch Rodung bzw. *Räumung* von Waldflächen – und das heißt *durch den Menschen* – geschaffen:

---

65   Einen umfassenden historischen Überblick über den ‚Raum' und die „Geschichte seiner Probleme in Philosophie und Wissenschaften" liefert z.B. Alexander Gosztonyi (ders. 1976; vgl. auch Sturm 2000; Löw 2001).

66   Vgl. Albert Einstein 1960: XV; Einstein verweist hier auf die Ausführungen von Max Jammer (ders. 1960).

67   So ist z.B. die aristotelische Vorstellung die eines endlichen, durch Fixsterne begrenzten Raumes, der dicht gefüllt ist und dessen Zentrum die unbewegliche, kugelförmige Erde bildet (vgl. z.B. Löw 1999: 160).

„Raum [ist] in diesem ursprünglichen Sinn [...] nicht an sich schon vorhanden, sondern wird erst durch eine menschliche Tätigkeit gewonnen, indem man ihn durch Rodung der Wildnis (die also nicht Raum ist) abgewinnt" (Bollnow 1963: 33).

Deutlich erkennbar ist so das durch den Begriff ursprünglich ausgedrückte Bewusstsein, dass ,Räume' erst in sozialen Prozessen produziert und auch verändert werden. ,Raum' war „das Produkt gemeinsamer Arbeit, [...] das Resultat der materiellen Aneignung der Natur" (Läpple 1991: 37) durch den Menschen und ,Raum' war dabei gleichzeitig auch der „Entfaltungsraum menschlichen Lebens, der nach den subjektiv-relativen Bestimmungen der Enge und Weite gemessen wird" (Bollnow 1963: 37). Erkennen lässt sich dies zum Beispiel an früher üblichen, und noch bis ins zwanzigste Jahrhundert bekannten Maßeinheiten, die sich fast ausnahmslos auf den im Raum arbeitenden Menschen bezogen (vgl. Borst 1979).[68]

Solche anthropozentrischen, subjektiv-relativen Raumvorstellungen wurden mit dem Aufkommen der modernen Naturwissenschaften und mit der Einführung des von Newton formulierten, damals „logisch ,gewagteren' Raumbegriffs" (Einstein 1960: XIV) abgelöst durch physikalisch-objektive Auffassungen. Der Raum wurde dabei

„nicht nur als selbständiges Ding neben körperlichen Objekten eingeführt, sondern es wird ihm im ganzen kausalen Gefüge der Theorie eine absolute Rolle zugeschrieben. Absolut ist diese Rolle insofern, als er (als Inertialsystem) zwar auf alle körperlichen Objekte wirkt, ohne daß diese auf ihn eine Rückwirkung ausüben" (Einstein 1960: XIV).

Ob Newton eine solche Absolutsetzung des Raumes zur Entwicklung seines Modells der Mechanik überhaupt benötigte, ist durchaus umstritten: Der häufig vertretenen Annahme, dass diese eine wesentliche Voraussetzung zur Erklärung des Trägheitsverhaltens der Körper gewesen sei und die „Entscheidung für das ,Behälter-Raum'-Konzept [...] somit im wesentlichen wissenschaftsimmanente Gründe" (Läpple 1991: 38) gehabt habe, steht die Annahme gegenüber, dass „für Newtons Mechanik das Modell des relativen Raums ausreichend gewesen wäre" (Löw 2001: 26) und er sich aber dennoch „aus metaphysischen Gründen [...] den absoluten Raum als feste Verankerung und Bestätigung des absoluten Gottes geschaffen" (ebd.) habe.[69] Unabhängig von der Frage, ob nun naturwissenschaftliche oder metaphysisch-religiöse Gründe entscheidend waren für einen Wandel des Raumverständnisses, wird hier grundlegend die soziale Verwobenheit und Bedingtheit eines solchen Wandels deutlich. Im Zuge einer allgemeinen Durchsetzung physi-

---

68　Vgl. z.B.: Elle, Yard: Länge des menschlichen Unterarms; Klafter: Spannweite menschlicher Arme; die Tagesreise als Entfernungsangabe; Malter: die Menge, die auf einmal gemahlen werden kann; der Morgen: Fläche, die an einem Morgen gepflügt werden kann.
69　Vgl. dazu auch schon Gosztonyi 1976: 342ff.

kalisch-objektiver Deutungsmuster im 18. Jahrhundert führte die veränderte Auffassung dazu, dass „alle Spuren von Subjektivität" (List 1993b: 138) und Relativität aus dem Raumverständnis verschwanden.

Auch wenn das seither dominante, absolutistische Raumverständnis im 20.
Jahrhundert durch neuere Arbeiten in Frage gestellt und modifiziert wurde, behielt
es im Alltagsbewusstsein sowie in den meisten (sozial-) wissenschaftlichen Arbeiten weiterhin eine fundamentale Bedeutung – mit weitreichenden Folgen für die
wissenschaftliche Analyse insbesondere auch des hier zu Grunde liegenden Phänomens der (Un)Sicherheiten im öffentlichen Raum.

3.2 Grenzen absolutistischer Raumkonzeptualisierungen und die Notwendigkeit ihrer Überwindung bei der Untersuchung von (Un)Sicherheiten im öffentlichen Raum

Das oben skizzierte und in unserem Kulturkreis heute allgemein dominante, absolutistische Raumverständnis zeigt sich auch in bisherigen Analyse- und Lösungsansätzen zur Problematik der (Un)Sicherheit im öffentlichen Raum. Ebenso wie
hier im Hinblick auf den Sicherheitsbegriff selten nach dem sozialen Konstruk-
tionszusammenhang von ‚Sicherheit' und/oder ‚Unsicherheit' gefragt wird (vgl.
Abschnitt 2.3), sondern Analysen und Lösungsansätze davon ausgehen, dass ‚Sicherheit' eindeutig, absolut und jenseits des jeweiligen gesellschaftlichen Kontex-
tes herstellbar ist, greifen (Lösungs-)Konzepte zur hier gegebenen Fragestellung
bis in die heutige Zeit immer wieder ein absolutistisches Raumverständnis auf,
welches nicht weiter hinterfragt wird. Wenn davon ausgegangen wird, dass sich
die „Mobilitätschancen von Frauen im öffentlichen Raum" (Bartholomä [o.J.]: im
Untertitel) bzw. „die (Wieder)Aneignung" (Krause 1994: 88) eines ganz oder teilweise als ‚unsicher' zu betrachtenden öffentlichen Raumes durch Maßnahmen wie
eine ‚sichere' Beförderung *durch* den Raum bzw. eine ‚sichere' Gestaltung *des*
Raumes verbessern lassen, so wird Raum dabei als eine vorgegebene, mehr oder
weniger starre und von der Wahrnehmung sowie vom Handeln der Menschen getrennt gedachte Struktur angenommen. Soziale Aspekte wie zum Beispiel mit der
Problematik möglicherweise verbundene Wahrnehmungs- und Handlungsstrukturen werden zwar teilweise als ‚subjektive' bzw. ‚Nutzerinnen-spezifische' Para-
meter durchaus angesprochen und auch prinzipiell als relevant angesehen, bisher
aber kaum in der Analyse berücksichtigt.

Implizit wird bei einem solchen Vorgehen – dem zu Grunde liegenden, absolutistischen Raumverständnis entsprechend – unterstellt, dass ‚Raum' (als materiell-physischer Behälter) und ‚Soziales' (wie z.B. das ‚subjektive Sicherheits-

empfinden', die Tageszeit-Kondition der jeweiligen Frau oder auch die immer wieder unterstellte Gewalt-Problematik) getrennt voneinander analysierbar seien. Allenfalls wird dabei noch angenommen, dass die jeweils erhobenen Ergebnisse gegebenenfalls im Nachhinein „aufeinander bezogen und so [...] die ‚Aneignung' der Räume untersucht" (Löw 2001: 53) und verändert werden könne. Schon der immer wieder verwendete und hier auch von Löw kritisierte Begriff der ‚Aneignung' des Raumes verweist dabei auf die oben skizzierte Vorstellung eines absolutistischen, jenseits des menschlichen Handelns existierenden Raumes, der verdinglicht erscheint und ‚angeeignet' werden kann.

Die dominante Denkfigur eines absoluten ‚Raumes' ist aber – ebenso wie die Denkfigur einer absoluten ‚Sicherheit' – als ein wesentlicher Grund für die Vernachlässigung gesellschaftlicher Aspekte in den bisherigen Analysen und Handlungskonzepten anzusehen. Denn durch die absolutistische Konzeptualisierung des Raumes und die damit verbundene, am materiellen Artefakt orientierte Bestimmung von entweder ‚sicheren' oder ‚unsicheren' Räumen, wurde die Forschungsperspektive bisher systematisch verengt. (Un)Sicherheiten wurden losgelöst von ihren sozialen Hintergründen untersucht und so kam zum Beispiel die eigentlich auffällige Diskrepanz zwischen (Un)Sicherheiten und Gefahren im öffentlichen und privaten Raum (vgl. Abschnitt 2.2) lange kaum in den Blick. Zur Folge hatte eine solche Konzeptualisierung aber auch, dass beispielsweise empirische Befunde, die zeigten, dass die von ihrer Materialität her gleichen Räume keineswegs für alle Frauen in gleicher Weise ‚Angsträume' darstellen, in der Analyse der Problematik bisher kaum berücksichtigt wurden.

Auch kritische Auseinandersetzungen mit bisherigen Analyse- und Lösungsansätzen zur Problematik der (Un)Sicherheit im öffentlichen Raum überwinden selten eine absolutistische Konzeptualisierung des Raumes, was die Perspektive auch hier beschränkt. So ist es zwar grundsätzlich richtig und wichtig zum Konzept des ‚Angstraumes' beispielsweise kritisch anzumerken, dass es „ja nicht die Wände der Unterführungen sind, die angreifen" (Dörhöfer/ Terlinden 1998: 24), sondern dass sich Ängste und Unsicherheiten aus sozialen Strukturen ergeben. In einer solchen Aussage werden aber verstärkte (Un)Sicherheiten zum einen schon durch die Verwendung des Wortes ‚angreifen' irreführenderweise vor dem Hintergrund einer vermeintlich erhöhten Gewalt gegen Frauen im öffentlichen Raum gedeutet (vgl. dazu Abschnitt 2.2) und es wird zum anderen dabei nicht weiter hinterfragt, ob und wie sich (geschlechtsspezifische) soziale Strukturen als räumliche niederschlagen oder auch, wie räumliche Strukturen und ihre Wahrnehmung umgekehrt wiederum soziales Handeln prägen.

Mit Rekurs auf die lange Zeit vorherrschende ‚Raumblindheit' der Sozialwissenschaften muss somit nochmals betont werden, dass die absolutistische Konzeptualisierung des Raumes sowohl in der Soziologie als auch in stadtplanerischen Untersuchungen des hier verhandelten Phänomens zu einer deutlichen – professionsbedingt allerdings unterschiedlichen – Einschränkung der Perspektive geführt hat: Während ein solches Raumverständnis in den *raumorientierten*, stadtplanerischen Ansätzen eine weitgehende Vernachlässigung zentraler gesellschaftlicher Aspekte (des Raumes) zur Folge hatte, führte es in *gesellschaftsorientierten* Arbeiten zu einer grundsätzlichen Ausblendung (material-)räumlicher Gegebenheiten.[70] Sowohl in den Sozialwissenschaften allgemein als auch im Hinblick auf die hier gegebene Fragestellung gilt es deshalb, die bereits im Raumverständnis angelegte Verengung der jeweiligen Forschungsperspektive zu erweitern.

Um (Un)Sicherheiten im öffentlichen Raum in ihrer gesellschaftlichen Dimension erfassen zu können, muss deshalb ein erweiterter Raum-Begriff zur Anwendung kommen, wie er in der sozialwissenschaftlichen Theoriebildung heute zunehmend eingefordert wird. Auf eine solche erweiterte Konzeptualisierung wird deshalb im folgenden Abschnitt eingegangen.

3.3   Relationale Raumkonzeptualisierungen und ihre theoretischen Implikationen

Wie oben festgestellt wurde, ist ‚Raum' immer eine theoretische Abstraktionsleistung, die in unterschiedlicher Weise umgesetzt werden kann. Das in unserem Kulturkreis bisher dominante, absolutistische Raumverständnis, in welchem ‚Raum' als ein objektiv, also unabhängig von sozialen Gegebenheiten existenter, starrer ‚Behälter' konzeptualisiert wird, ist so lediglich als eine Verständnisweise anzusehen, die in historischen Prozessen herausgebildet wurde und somit auch veränderbar ist. Da die bisherige, absolutistische Konzeptualisierung des Raumes für die sozialwissenschaftliche Analyse mit deutlichen Nachteilen und Beschränkungen verbunden ist (vgl. insb. Abschnitt 3.2.), erscheint ein Wandel im Raumverständnis hier unabdingbar.

---

70   Eine solche, am jeweiligen disziplinären Kontext orientierte ‚wissenschaftliche Arbeitsteilung' durchzog auch die Arbeiten der Frauen- und Geschlechterforschung: Einer „breite[n] sozialwissenschaftliche[n] Frauenforschung ohne Bezug zum physischen Raum" (Rodenstein 1994: 237) stand und steht teilweise noch bis heute eine davon separierte Frauen- und Geschlechterforschung in der Stadt- und Regionalsoziologie sowie in der Architektur und den Planungswissenschaften gegenüber, „die ihre Wahrnehmung auf die physischen, die gebauten [...] Räume richtet" (ebd.).

Konkret angeregt wurde eine Neukonzeptualisierung des Raumes zu Beginn des 20. Jahrhunderts insbesondere durch die Arbeiten von Albert Einstein und die von ihm entwickelte Relativitätstheorie.[71] Die hier geförderte Einsicht, dass „Raum [...] kontextuell" (Löw 2001: 23) ist und deshalb immer als *relativ zum Bezugssystem der BeobachterInnen* zu sehen ist, führte langfristig zu einer grundlegenden Novellierung des physikalisch-absolutistischen ‚Behälter'-Raumbegriffs auch in den Sozialwissenschaften und insbesondere in raumsoziologischen Fachkreisen.

Neben der naturwissenschaftlichen Herleitung gehen gewandelte soziologische Raumkonzeptualisierungen auch auf philosophische Arbeiten zurück[72] und nicht zuletzt haben „die Beschreibungen der Phänomenologen [...] uns gelehrt, daß wir nicht in einem homogenen und leeren Raum leben" (Foucault 1991: 67), der unabhängig von der Wahrnehmung analysiert werden kann. Gerade die in phänomenologischen Beschreibungen der Alltagswelt betonte, auch mit dem Raum eng verknüpfte *Wahrnehmungs*leistung verweist dabei deutlich auf die Notwendigkeit einer *sozialen* bzw. *soziologischen Bestimmung* von Raum. Denn ‚Wahrnehmung' bedeutet nicht nur, dass Informationen als

> „Reize empfangen und verarbeitet [werden], sondern diese Informationen werden in bereits bestehende Vorstellungsstrukturen eingefügt und unter Berücksichtigung bereits vorhandener Einstellungen, Motive und von Vorurteilen selektiert" (Reinhold 2000: 716).

Die Berücksichtigung und Betonung der Wahrnehmungsleistung führt so direkt zu der Erkenntnis, dass „diese Wahrnehmung immer und unausweichlich durch soziale Bezüge vorgeformt und vermittelt stattfindet" (Hamm 1982: 26). ‚Raum' kann dementsprechend nicht einfach als eine „apriorische Naturgegebenheit" (Läpple 1991: 36) und als ein unabhängig von sozialen Prozessen zu bestimmender absoluter, rein physikalisch-materieller ‚Behälter' angenommen werden, sondern auch die Materialität des Raumes erklärt sich immer nur in Relation zu ihrem sozialen Kontext.[73]

Ein wichtiger Vertreter eines relationalen Raumverständnisses ist der französische Soziologe Pierre Bourdieu, der „wie kein anderer den Raumbegriff in den Sozialwissenschaften populär gemacht hat" (Löw 2001: 179). Bourdieu nimmt ‚Raum' dabei grundlegend – das heißt auch in Bezug auf den physischen Raum – als „sozial konstruiert und markiert" (Bourdieu 1991a: 28) an und er schlägt für die Analyse des Raumes die Untergliederung in einen ‚sozialen' und einen ‚phy-

---

71 Von besonderer Bedeutung war dabei u.a. die Mitarbeit seiner Frau Mileva Einstein-Maric, einer Mathematikerin, was von Einstein selbst kaum öffentlich gewürdigt wurde (vgl. Löw 2001: 31).
72 Zu nennen sind hier z.B. Cassirer (1977a,b) und Kant (1996).
73 Dies gilt auch umgekehrt, d.h. auch soziale Gegebenheiten müssen immer aus ihren materiellräumlichen Bedingungen heraus erklärt werden, wie an späterer Stelle noch deutlicher wird.

sischen' Raum vor. Dabei lässt sich der ‚physische Raum' nach Bourdieu (nicht zuletzt gerade aufgrund seiner sozialen Konstruiertheit) aber immer nur vor dem Hintergrund einer Abstraktionsleistung denken,[74] die davon absieht, dass der physische Raum

> „eine soziale Konstruktion und eine Projektion des sozialen Raumes [ist], eine soziale Struktur in objektiviertem Zustand [...], die Objektivierung und Naturalisierung vergangener und gegenwärtiger sozialer Verhältnisse" (Bourdieu 1991a: 28).

Ein solcher, als Abstraktion konzeptualisierter physischer Raum wird von Bourdieu für die Gesellschaftsanalyse ergänzt durch den ebenfalls als Abstraktion konzipierten ‚sozialen Raum', der „die soziale Welt in Form eines – mehrdimensionalen – Raums" (ders. 1991: 9) abbildet. Im Sinne einer ‚Sozialtopologie' fasst Bourdieu den ‚sozialen Raum' dabei als einen Raum von Positionen auf, die auf Machtverhältnissen beruhen. Beschreiben und untersuchen lassen sich bestehende Machtverhältnisse nach Bourdieu anhand der Verfügungsmöglichkeiten über die von ihm unterschiedenen Kapitalsorten des ökonomischen, des sozialen und des kulturellen Kapitals. Der ‚soziale Raum' beschreibt so nach Bourdieu vor allem ein *Kräftefeld*, in dem die Akteure oder Gruppen von Akteuren „anhand ihrer *relativen Stellung* innerhalb dieses Raums definiert" (ders. 1991: 10; Herv.i.O.) werden können.

Die von Bourdieu vorgenommene Untergliederung in einen sozialen und einen physischen Raum ist im Kontext dieser Arbeit insbesondere unter forschungsmethodologischen Gesichtspunkten interessant, da er hiermit bewusst ein Konzept zur Analyse der von ihm vorausgesetzten, engen Verzahnung von sozialem und physischem Raum präsentiert.[75] Da die enge, aber gleichzeitig oft nicht wahrgenommene Verknüpfung von sozialem und physischem Raum die Reflexion des Raumes deutlich erschweren kann, tritt Bourdieu *aus analytischen Gründen* für eine „klare Trennung von physischem und sozialem Raum" (ders. 1991a: 28) ein. Seine Konzeptualisierung des ‚sozialen Raumes' im Unterschied zum ‚physischen' entwickelt er bewusst, um den in der Analyse sich stellenden „Fallen" zu entgehen, in die der „unvorsichtige Beobachter" (ders. 1991a: 29) zu tappen droht, wenn er den physischen Raum bzw. bestimmte Orte des physischen Raumes „unhinterfragt als solche nimmt und damit unweigerlich in einen substantialistischen und realistischen Ansatz gerät, der das Wesentliche gerade unterschlägt" (ebd.). Der dominanten und als ‚realistisch' geltenden Betrachtung des physischen Raumes stellt Bourdieu damit gezielt die Forderung der konsequenten analytischen Unterschei-

---

74   Diese wird von Bourdieu als ‚physische Geographie' gefasst.
75   Der soziale Raum ist für Bourdieu „nicht der physische Raum, realisiert sich aber tendenziell auf mehr oder minder exakte und vollständige Weise innerhalb desselben" (Bourdieu 1991a: 28).

dung von sozialem und physischem Raum gegenüber, um auf das für ihn ‚Wesentliche', nämlich die Sozialität des Raums aufmerksam zu machen.[76]

Mit der Unterscheidung von ‚physischem' und ‚sozialem Raum' führt Bourdieu einen Analyse-Ansatz ein, der zu einer Schärfung sozialwissenschaftlich-empirischer Auseinandersetzungen mit dem Raum beitragen kann. Die hier bereits deutlich werdende Differenzierung von materiell-physischen und sozialen Dimensionen des Raumes wird auch in neueren forschungsmethodologischen Ausarbeitungen eines sozialwissenschaftlichen Raumverständnisses aufgegriffen. Die grundlegende analytische Unterscheidung von materiellen und sozialen Aspekten des Raumes, wie Bourdieu sie vorschlägt, wird deshalb auch für die Analyse von (Un)Sicherheiten im öffentlichen Raum als fruchtbar angesehen. Im Hinblick auf die Bourdieu'sche Konzeptualisierung ist allerdings festzustellen, dass die von ihm betonte *Bedeutung des sozialen Raumes* dazu führt, dass sich seine Ausführungen letztlich *nur* auf diesen konzentrieren und Bourdieu so tendenziell die Materialität des Raumes vernachlässigt. Unter umfassenden raumtheoretischen Gesichtspunkten ist deshalb an dem von Bourdieu vorgeschlagenen Modell kritisch anzumerken, dass er ein eindeutig relationales Raumverständnis lediglich in Bezug auf den ‚sozialen Raum' ausführt. Indem er auf den ‚physischen Raum' kaum näher eingeht und gleichzeitig beispielsweise feststellt, dass der soziale Raum sich „in die Objektivität der räumlichen Strukturen" (Bourdieu 1991a: 28) einschreibt, konzipiert er den ‚physischen Raum' – entgegen seinen eigenen, eigentlich relationalen Grundannahmen – als einen ‚objektiven' und starren, *auf den* die Relationalität des sozialen Raumes einwirkt.

Die Bourdieu'sche Konzeptualisierung des Raumes hat in ihrer Konzentration auf den (relational konzipierten) ‚sozialen Raum' sowie ihrer geringen Berücksichtigung und eher absolutistischen Konzeptualisierung des ‚physischen Raumes' nicht zuletzt dazu geführt, dass Bourdieus Ansatz im Rahmen raumtheoretischer Arbeiten eher wenig – und wenn, dann lediglich in Bezug auf seine als losgelöstes Abstraktum aufgegriffene Konzeptualisierung des ‚sozialen Raumes' – rezipiert wurde. In Löws umfangreichem raumsoziologischen Werk wird Bourdieus raumtheoretischer Ansatz so zum Beispiel „unter den relativistischen Konzepten nur kurz [...] erwähnt" (Löw 2001: 179), da bei ihm „der andere Raum (der ‚wirk-

---

[76] Es sei hier bereits darauf hingewiesen, dass die von Bourdieu aus analytischen Gründen vorgeschlagene Trennung von ‚physischem' und ‚sozialem Raum' Parallelen zu dem in der feministischen Forschung entwickelten ‚sex/gender-Konzept' zeigt, welches ebenfalls der Überwindung ‚substanzialistischer' bzw. ‚naturalistischer' Sichtweisen diente (vgl. Abschnitt 5.4.1). Ebenso wie bei Bourdieu der physische Raum wurde aber auch in der Geschlechterforschung der Aspekt des ‚sex' lange weiterhin naturalistisch konzeptualisiert.

liche') nicht relational konzipiert" (dies. 2001: 182) sei. Berechtigterweise werden solche Konzeptualisierungen, in denen physisch-materielle räumliche Strukturen

> „a priori nur negativ, als Restriktionen sozialer Prozesse definiert [werden], die für die gesellschaftliche Konstruktion der Wirklichkeit durch die handelnden Subjekte keine oder keine nennenswerte Relevanz zu besitzen scheinen" (Läpple 1992: 166),

für die Raum-Analyse als höchst problematisch angesehen. Ein solches Verständnis des Raumes hätte im Kontext der vorliegenden Untersuchung zum Beispiel zur Folge, dass die als relevant angesehenen *Wechsel*wirkungen zwischen material-räumlichen Strukturen und sozialen Beziehungen weiterhin nicht in vollem Umfang berücksichtigt würden.

Da Bourdieu aber, wie oben dargelegt, grundlegend von einer sozialen Konstruiertheit sowohl des ‚sozialen' als auch des ‚physischen Raumes' sowie von einer engen Verzahnung von ‚physischem' und ‚sozialem Raum' ausgeht, ist auch eine Wechselwirkung hier meines Erachtens durchaus denkbar. Dass Bourdieu selbst diese nicht ausführt, dürfte vor allem in dem Anliegen begründet sein, dass er die allgemein übliche Überbetonung und rein ‚realistische' Betrachtung des ‚physischen Raumes' durch eine (Über-)Betonung der Bedeutung des ‚sozialen Raumes' überwinden wollte.

Trotz der genannten Schwächen enthält Bourdieus Konzeptualisierung aber dennoch wichtige Anregungen für die Analyse räumlicher Phänomene. Forschungsmethodologisch ist dabei insbesondere die eingeforderte, analytische Trennung verschiedener Aspekte des Raumes als ein fruchtbarer Vorschlag anzusehen, wie er auch in anderen, auf eine Analyse des Raumes ausgerichteten Modellen zunehmend aufgegriffen wird (vgl. z.B. Läpple 1991, 1992; Sturm 2000). Auf die analytische Unterscheidung (und aber gleichzeitig auch notwendige Verknüpfung) von materiell-physischen und sozialen Komponenten des Raumes wird deshalb an späterer Stelle noch vertiefend eingegangen (vgl. Abschnitt 3.4.2).

Bourdieus Ausführungen sind im Kontext dieser Arbeit nicht zuletzt deshalb besonders interessant, weil sie deutlich auf die *Durchzogenheit des Raumes mit Macht* aufmerksam machen, was u.a. in anglo-amerikanischen Arbeiten (z.B. Massey 1999) und auch zum Beispiel bei Norbert Elias und Michel Foucault hervorgehoben wird. Zu berücksichtigen ist dabei zum einen die Bedeutung des Raumes „as the *product* of power-filled social relations" (Massey 1999a: 21; Herv.d.V.) und aber auch zum anderen seine Bedeutung als *Produzent* machtvoller sozialer Beziehungen (vgl. dazu weitergehend die Abschnitte 2.4.6 und 6.2). Auch im Hinblick auf die Berücksichtigung gesellschaftlicher Machtverhältnisse bei der Raumanalyse ist eine Distanzierung von einer absolutistischen Behälterraum-Auffassung dabei unabdingbar, da Menschen mit Foucault gesprochen

„nicht in einer Leere, innerhalb derer man Individuen und Dinge einfach situieren kann [...] le-ben[, sondern; d.V.] innerhalb einer Gemengelage von Beziehungen, die Plazierungen definie-ren" (Foucault 1991: 67).

Als „Lagerung oder Plazierung [...] zwischen Punkten oder Elementen" (ders. 1991: 66), und das heißt als Lagerungsbeziehung, ist ‚Raum' so stets als relativis-tisch bzw. relational zu denken.

Betont wird nicht nur in den Ausführungen Foucaults dabei insbesonde-re auch die „schicksalhafte Kreuzung der Zeit mit dem Raum" (ebd.). Eine enge Verknüpfung von ‚Raum' und ‚Zeit', die hier besonders hervorgehoben wird, da sie für eine Analyse von (Un)Sicherheiten im öffentlichen Raum bedeutsam ist (vgl. insbes. Abschnitt 7.1), betont in ähnlicher Weise auch der Prozess-Soziolo-ge Norbert Elias.[77] Indem er Raum als „positionale Relationen zwischen beweg-ten Ereignissen" (Elias 1994: 75) beschreibt, macht er nicht nur die auch von ihm angenommene, grundlegende Relationalität des Raumes deutlich, sondern weist auch – über den Begriff der ‚Bewegung' – auf die enge Verbindung von Raum und Zeit hin und verdeutlicht damit den von ihm zu Grunde gelegten Prozess-Charak-ter des Raumes. Elias betont dabei die *stets* gegebene Bedeutung des Zeit-Aspek-tes in besonderer Weise:

„Jede Veränderung im ‚Raum' ist eine Veränderung in der ‚Zeit', jede Veränderung in der ‚Zeit' ist eine Veränderung im ‚Raum'. Man lasse sich nicht durch die Annahme irreführen, man kön-ne ‚im Raum' stillsitzen, während ‚die Zeit' vergeht: man selbst ist es, der dabei älter wird. Das eigene Herz schlägt, man atmet, man verdaut; die eigenen Zellen wachsen und sterben ab. Die Veränderung mag langsam sein, aber man verändert sich kontinuierlich ‚in Raum und Zeit' – als ein Mensch, der älter und älter wird, als ein Teil einer sich verändernden Gesellschaft, als Be-wohner der sich rastlos bewegenden Erde" (Elias 1994: 74f.).

Unter der Annahme einer solchen, engen Verknüpfung baut auch der britische Soziologe Anthony Giddens beispielsweise die von ihm entworfene Theorie der Strukturierung auf den Kategorien Raum und Zeit auf (vgl. hierzu weitergehend Löw 2001: 36ff.) und er betont damit ebenfalls, dass räumliche Phänomene in ei-ner umfassenden sozialwissenschaftlichen Analyse stets auch in ihrer zeitlichen resp. historischen Perspektive zu berücksichtigen sind.[78] Auch eine enge Verknüp-fung von Raum und Zeit wird deshalb sowohl im forschungsmethodologischen Design als auch in der konkreten Analyse des Phänomens der (Un)Sicherheit wei-ter auszuführen sein.

---

77 Elias hat sich zwar nicht ausführlich mit dem Raum beschäftigt, er geht aber – aufgrund der von ihm vorausgesetzten engen Verwobenheit von Zeit und Raum – im Rahmen seines Buches ‚Über die Zeit' (ders. 1994) auch auf den Raum ein.

78 In seiner Theoriebildung greift Giddens allerdings – ähnlich wie auch Bourdieu – auf essentia-listische Konzepte zurück (vgl. Löw 2001: 37f.).

3.4 ,Raum' als gesellschaftlich-prozessuale Kategorie: Theoretische Implikationen und forschungsmethodologische Anregungen

Vor dem Hintergrund der Begrenztheit eines absolutistischen Raumverständnisses in der sozialwissenschaftlichen Analyse und in Anlehnung an neuere raumtheoretische Arbeiten wird hier im Hinblick auf eine Analyse geschlechtsspezifischer (Un)Sicherheiten im öffentlichen Raum von einem relationalen und prozesshaften Raumverständnis ausgegangen, auf dessen Konzeptualisierung näher einzugehen ist.

Der Begriff des Raumes erfährt in einem solchen Verständnis einen Bedeutungswandel, der zur Verdeutlichung nochmals betont werden soll: ,Raum' wird in einem relationalen und prozesshaften Verständnis nicht mehr als ein absoluter ,Behälter' aufgefasst, sondern er wird als eine soziale Konstruktion angesehen, die in gesellschaftlichen Prozessen herausgebildet wird und mit diesen aufs Engste verknüpft ist. Insbesondere das ,materielle Substrat' des Raumes, dem in einem absolutistischen Raumverständnis eine zentrale und gleichzeitig objektive Bedeutung zugesprochen wird, ist in einem relationalen Verständnis „nicht als Gegebenes, ,Natürliches' [...] zu sehen, sondern als sozial konstituiert und konstruiert" (Dörhöfer/Terlinden 1998: 27).

Der hier angesprochene Bedeutungswandel im Begriff des Raumes drückt sich so insbesondere in einem *Bedeutungswandel der ,Materialität' des Raumes* aus bzw. in einer in Bezug auf den Raum stattfindenden Bedeutungsverschiebung zwischen ,Materialität' und ,Sozialität'. Die Materialität räumlicher Strukturen kann in einem relationalen und prozesshaften Raumverständnis niemals losgelöst von ihrer fundamentalen Gesellschaftlichkeit begriffen und untersucht werden, wie dies in einem absolutistischen Verständnis möglich ist. Wenn deshalb im Folgenden von ,Raum' bzw. ,räumlichen Strukturen' die Rede ist, so sind diese in einem umfassenden Sinne als „Formen *gesellschaftlicher Strukturen*" (Löw 2001: 167; Herv.i.O.) aufzufassen, die in den Prozessen ihrer sozialen Konstruktion und Konstitution zu beschreiben und zu untersuchen sind.

Auch wenn ,Raum' unter der Annahme seiner gesellschaftlichen Konstruiertheit dabei grundlegend dynamisch, prozesshaft und wandelbar ist, ist er aber gleichzeitig keineswegs als ,beliebig' wandel- und formbar anzusehen. Dies hat insbesondere damit zu tun, dass für ,Raum' und räumliche Strukturen gleichzeitig festgestellt werden muss, dass diese als *Ergebnisse* von sozialen Konstruktionsprozessen in ihrer ,materialisierten Form' immer auch „jedem oder jeder Einzelnen als objektiv" (Löw 1996: 458) erscheinen. Als solche sind Räume aber nicht nur als objektiv wahrgenommene Materialisierungen gesellschaftlicher Prozesse anzusehen, sondern sie wirken auch in strukturierender, und damit auch die grundlegende Kontingenz einschränkender Weise, auf gesellschaftliche Prozesse zurück.

In der Analyse ist es deshalb wichtig, sowohl die soziale Konstruiertheit des Raumes als auch seine ‚Materialisierung‘ bzw. ‚Objektivierung‘ einzubeziehen und miteinander zu verknüpfen.

3.4.1 Raumanalysen als Analysen gesellschaftlicher Prozesse

Im Hinblick auf das Ziel einer empirischen Umsetzung der bisherigen Überlegungen ist es wichtig, sich die Frage zu stellen, wie ein prozesshaftes und relationales Verständnis des Raumes für die sozialwissenschaftliche Analyse operationalisiert werden kann. Die Betonung des gesellschaftlichen Prozess-Charakters des Raumes macht dabei auf die Berücksichtigung der mit gesellschaftlichen Prozessen immer verbundenen Dynamik und Wandelbarkeit aufmerksam. Gleichzeitig muss aber, wie bereits festgestellt wurde, auch die ‚Materialisierung‘ des Raumes, die als das objektiv wahrgenommene Ergebnis von sozialen Konstruktionsprozessen anzusehen ist, insbesondere in ihren Rückwirkungen auf gesellschaftliche Prozesse einbezogen werden.

Auf das hier deutlich werdende, enge Verwobensein von ‚Handlung‘ und ‚Struktur‘ verweist auch Martina Löw, wenn sie den Raum definiert als eine „relationale (An)Ordnung sozialer Güter und Menschen" (Löw 2001: 158). Löw betont die Relationalität des Raumes, „um hervorzuheben, daß Raum durch die Elemente (oder die zu einem Element zusammengefaßten Figurationen) und durch deren relationale Beziehung entsteht" (dies. 2001: 224). Unter Rückgriff auf den vor allem von Elias näher ausgeführten Begriff der Figuration macht sie hier mit dem Begriff der (An)Ordnung[79] deutlich, dass Räume zum einen immer ‚angeordnet‘, das heißt *„aktiv durch Menschen verknüpft werden"* (dies. 2001: 158; Herv.i.O.), und unterstreicht so die Handlungsdimension der Konstitution des Raumes. Zum anderen beschreibt sie Raum mit dem im Begriff der (An)Ordnung implizierten Begriff der ‚Ordnung‘ bzw. des ‚Geordneten‘ aber auch als etwas Angeordnetes und Positioniertes und verweist so auf einen strukturellen Charakter des Raumes. Um die in der Analyse notwendige Verknüpfung von ‚Handlung‘ und ‚Struktur‘ bzw. von sozialer Konstruiertheit und Materialisierung resp. materialisierter oder objektivierter Wahrnehmung zu ermöglichen, schlägt Löw die Unterscheidung zweier Prozesse vor, die sie als ‚Spacing‘ und ‚Syntheseleistung‘ (dies. 2001: 158) bezeichnet. Mit *Spacing* benennt sie dabei Platzierungsprozesse

> „von sozialen Gütern und Menschen bzw. das Positionieren primär symbolischer Markierungen, um Ensembles von Gütern und Menschen als solche kenntlich zu machen (zum Beispiel Ortseingangs- und -ausgangsschilder)" (ebd.).

---

79 Dass Prozesse der (An)Ordnung bzw. (Zu)Ordnung auch in Bezug auf das Geschlecht von zentraler Bedeutung sind, wird an späterer Stelle noch ausgeführt werden (vgl. Abschnitt 5.1).

Spacing- bzw. Platzierungsprozesse beschreiben so das Bauen oder Errichten von Objekten, das Positionieren symbolischer Markierungen und auch das Sich-Platzieren. Sie sind nach Löw immer als soziale Aushandlungsprozesse zu betrachten. Bei den hiervon zu unterscheidenden Prozessen der *Syntheseleistung*[80] werden, wie Löw in Anlehnung an Elias und Läpple ausführt, „über Wahrnehmungs-, Vorstellungs- oder Erinnerungsprozesse [...] Güter und Menschen zu ‚Räumen' zusammengefaßt" (Löw 2001: 159). Als wichtiger Aspekt der Raumkonstitution ermöglicht

> „die Syntheseleistung [...], daß Ensembles sozialer Güter oder Menschen wie ein Element wahrgenommen, erinnert oder abstrahiert werden und dementsprechend als ein ‚Baustein' in die Konstruktion von Raum einbezogen werden" (ebd.).

Räume sind demnach nie ‚natürlich' gegeben, „sondern müssen aktiv durch Syntheseleistung (re)produziert werden" (Löw 2001: 225), was beispielsweise bedeutet, dass die „Verknüpfungsleistung durch Raumvorstellungen, institutionalisierte Raumkonstruktionen und den klassen-, geschlechts- und kulturspezifischen Habitus vorstrukturiert" (ebd.) ist.

In der alltäglichen Konstitution von Raum ist davon auszugehen, dass „das Bauen, Errichten, Plazieren [...] ohne Syntheseleistung, das heißt ohne die gleichzeitige Verknüpfung der umgebenden sozialen Güter und Menschen zu Räumen, nicht möglich" (Löw 2001: 159)[81] ist und umgekehrt. Spacing und Syntheseleistung sind somit immer eng und wechselseitig miteinander verknüpft. Da das Verwobensein beider Prozesse im Alltagshandeln die Reflexion des Raumes erschweren kann, stellt die bewusste Unterscheidung ein wichtiges analytisches Hilfsmittel dar, um den Blick zu schärfen für zwei sich wechselseitig beeinflussende Aspekte räumlicher Konstitutionsprozesse.

Auch im Hinblick auf das zu untersuchende Phänomen der (Un)Sicherheiten ist deshalb zu fragen, ob bzw. welche Platzierungs- und/oder Syntheseprozesse hier in welcher Weise dazu beitragen, dass bestimmte Orte oder Räume – und zwar unabhängig von konkreten Gefahrenlagen – als ‚Angsträume' wahrgenommen werden und sich als solche immer wieder neu konstituieren. Dabei ist davon auszugehen, dass sowohl die synthetisierende Wahrnehmung des Raumes als auch seine handelnde Konstituierung immer aufs Engste verknüpft sind mit gesellschaft-

---

80   Die von Löw betonte Bedeutung der Raum-konstituierenden Syntheseprozesse macht nochmals auf das dem Begriff des Raumes immanente hohe Abstraktions- bzw. ‚Synthese'-Niveau aufmerksam (Elias 1994: 73).

81   Im wissenschaftlichen Arbeiten, in der Kunst, der Planung und der Architektur ist die Syntheseleistung nach Löw aber als Abstraktionsleistung auch ohne eine direkte Verknüpfung mit Spacing-Prozessen möglich (ebd.).

lichen Normen und Interaktionsweisen sowie mit damit verbundenen Bewertungen und Symboliken.

Mit der Betonung von Spacing- und Syntheseprozessen weist auch Löw so auf die Notwendigkeit einer differenzierten Betrachtung verschiedener Dimensionen des Sozialen hin. Denn ‚Raum' ist nicht nur gekennzeichnet durch Prozesshaftigkeit und Relationalität, sondern auch durch „Vielschichtigkeit" (Ecarius/ Löw 1997: 8) bzw. Mehrdimensionalität, worauf im folgenden Abschnitt näher eingegangen wird.

3.4.2 Mehrdimensionale forschungsmethodologische Modelle für die Analyse räumlicher Problemstellungen

Als ein „Versuch, Realität kontrolliert in Aussagen zu rekonstruieren" (Friedrichs 1990: 107) bedarf jede wissenschaftliche Untersuchung gesellschaftlicher Phänomene einer Analyse ihres „Objektbereichs auf seine grundlegenden Dimensionen" (ebd.), die dann in ihren Beziehungen zueinander zu untersuchen sind. In diesem Sinne ist es auch im Hinblick auf eine Analyse räumlicher Problemstellungen wichtig, „die konstituierenden Komponenten von Raum zu differenzieren und in ihrer Wirkung aufeinander zu analysieren" (Sturm 1999: 29).

Eine erste Annäherung an ein differenziertes und verschiedene Dimensionen des Raumes unterscheidendes Analyse-Modell wurde bereits in Abschnitt 3.3 unter Rekurs auf Bourdieu vorgestellt. Um die Analyse zu schärfen, hält Bourdieu eine Unterscheidung von ‚physischem' und ‚sozialem Raum' für notwendig. Mit einer solchen Unterscheidung bietet er ein Denkmodell, welches die analytische Trennung von materiell-physischen und sozialen Aspekten des Raumes betont, gleichzeitig aber deren enges Verwobensein zur Voraussetzung hat.

Mit einem ähnlichen Ziel hatte auch Bernd Hamm bereits 1982 ein ‚Raum-Verhaltens-System' hergeleitet, in welchem er drei Komponenten oder Dimensionen unterschied, mit denen sich seiner Meinung nach gesellschaftlich-räumliche Prozesse erfassen lassen. Während Bourdieu dem ‚physischen Raum' kaum eine Bedeutung beimisst (und diesen deshalb auch nicht weiter ausführt), schließt Hamm die „physikalische Umwelt" (Hamm 1982: 27), die für ihn auch die Physis des Menschen selbst umfasst, als eine von drei zu berücksichtigenden Komponenten bewusst in die Analyse ein. Daneben unterscheidet er zwei von ihm als zentral angesehene, soziale Komponenten, nämlich ‚soziale Interaktionen' und eine mit dem Raum immer verbundene ‚Symbolik'. Auch wenn sich Hamm mit seiner Konzeptualisierung „innerhalb der Stadt- und Regionalsoziologie nicht durchsetzen" (Löw 2001: 53) konnte, ist die von ihm vorgeschlagene, mehrdimensionale analytische Grundstruktur, bei der sowohl materiell-physische als auch soziale

Aspekte des Raumes berücksichtigt werden, in späteren Arbeiten durchaus aufgegriffen worden.

Hervorzuheben sind hier insbesondere die vielzitierten Aufsätze des Stadt- und Regional-Ökonomen Dieter Läpple (ders. 1991; 1992), der Anfang der 1990er Jahre in Erweiterung des Konzeptes von Hamm die Unterscheidung von vier Komponenten oder Dimensionen vorschlug. Läpple betont dabei stärker als Hamm die Handlungsebene und erweitert die bereits von Hamm beschriebenen Komponenten um die Dimension eines ‚institutionalisierten und normativen Regulationssystems', welches für ihn als Vermittlungsglied zwischen dem physischem Raum und seiner sozialen Wahrnehmung und Nutzung fungiert.

Ein ‚gesellschaftlicher Raum' wird für Läpple durch vier Dimensionen charakterisiert, die zu unterscheiden und aber insbesondere auch in ihrer Verwobenheit zu untersuchen sind. Zu berücksichtigen sind nach Läpple im einzelnen:

1. Das „*materiell-physische Substrat* gesellschaftlicher Verhältnisse" (Läpple 1992: 196; Herv.i.O.), womit die materielle Erscheinungsform des gesellschaftlichen Raumes bezeichnet wird. Hierzu zählen nach Läpple – ebenso wie dies schon bei Hamm bestimmt war – auch die Menschen in ihrer körperlich-räumlichen Leiblichkeit.

2. Die „*gesellschaftlichen Interaktions- und Handlungsstrukturen* bzw. die *gesellschaftliche Praxis* der mit der Produktion, Nutzung und Aneignung des Raumsubstrats befaßten Menschen" (ebd.; Herv.i.O.). Die ‚gesellschaftliche Praxis' ist dabei nach Läpple durch Klassen- und Machtverhältnisse strukturiert und zum Beispiel durch lokale Traditionen und Identitäten geprägt.

3. Ein „*institutionalisiertes und normatives Regulationssystem*" (ebd.; Herv.i.O.), welches als „Vermittlungsglied zwischen dem materiellen Substrat und der gesellschaftlichen Praxis seiner Produktion, Aneignung und Nutzung fungiert" (ebd.). Ein solches Regulationssystem besteht nach Läpple aus Eigentumsformen, Macht- und Kontrollbeziehungen, aus (rechtlichen) Regelungen und Richtlinien, aber auch aus sozialen und ästhetischen Normen.

4. Ein „räumliches *Zeichen-, Symbol- und Repräsentationssystem*" (ders. 1992: 197; Herv.i.O.). Raumstrukturierende „Artefakte" sind nach Läpple „durch ihre funktionale oder ästhetische Gestaltung auch *Symbol- und Zeichenträger*" (ebd.; Herv.i.O.), wodurch unter anderem eine kognitive Erkennbarkeit ihrer sozialen Funktion und eine affektive Identifikationsmöglichkeit vermittelt werden kann.

Trotz der von ihm selbst betonten „Vorläufigkeit" (Läpple 1992: 157) seiner Ausführungen, bietet Läpple mit der Differenzierung der genannten vier Komponenten eine analytische Konzeptualisierung des Raumes, die es ermöglicht, sowohl das „materiell-physische Substrat" als auch die mit diesen verbundenen „gesellschaftlichen ‚Kräfte' ein[zu]beziehen" (ders. 1991: 42).

Gleichzeitig wird bei Läpple aber auch deutlich, wie schwierig es ist, vor dem Hintergrund des in Abschnitt 3.4 beschriebenen Bedeutungswandels des ‚Raumes' eine (semantische) Eindeutigkeit in der Konzeptualisierung herzustellen. Trotz des von ihm vorausgesetzten umfassend relationalen Verhältnisses der vier Dimensionen spricht Läpple zum Beispiel einseitig von den „gesellschaftlichen ‚Kräfte[n]' [...], die das materiell-physische Substrat [...] ‚formen' und ‚gestalten'" (Läpple 1991: 42) oder auch von „der gesellschaftlich angeeigneten und kulturell überformten Natur" (ders. 1992: 196) des Raumes. Ähnlich wie schon im Hinblick auf Bourdieu kritisch anzumerken war, könnte auch Läpple hier so interpretiert werden, dass er das material-räumliche Substrat als ‚angeeignete' oder ‚überformte Natur' möglicherweise absolutistisch konzeptualisiert. Der ‚gesellschaftliche Raum' ist jedoch bei Läpple grundsätzlich ein im umfassenden Sinne „*gesellschaftlich produzierter Raum*" (Läpple 1992: 197; Herv.i.O.), in welchem die verschiedenen, von ihm skizzierten Komponenten – und eben auch das materielle Substrat – in engen und wechselseitigen Wirkprozessen miteinander verknüpft sind. Ein ‚gesellschaftlicher Raum' ist deshalb nach Läpple immer nur durch eine verknüpfte Analyse der oben unterschiedenen Komponenten zu verstehen (wobei er nicht zuletzt die Berücksichtigung des Zeitfaktors unterstreicht). So verstanden, zeigt Läpple eine durchaus wegweisende Perspektive im Hinblick auf die Notwendigkeit und die Möglichkeit der Erweiterung bisheriger, einseitig auf das materiell-physische Substrat ausgerichteter Analysen auf.

Die von Läpple vorgestellte Konzeptualisierung des Raumes stellt dabei allerdings tatsächlich noch eher eine Annäherung als eine vertiefte Ausarbeitung dar. Insbesondere geht er kaum auf eine Verknüpfung der von ihm unterschiedenen Dimensionen ein. Dies ist ihm aber durchaus bewusst, wenn er seine Ausführungen als „vorläufige[...] Arbeitshypothesen" (Läpple 1991/92: 194) vorstellt.

Nicht zuletzt in Anlehnung an Läpple hat die sozialwissenschaftliche Empirikerin Gabriele Sturm eine insbesondere unter forschungsmethodologischen Gesichtspunkten sehr anregende Weiterentwicklung ausgearbeitet, die auch eine Verknüpfung der verschiedenen Analyse-Ebenen berücksichtigt. Ähnlich wie Läpple geht sie von vier Komponenten aus und entwickelt auf dieser Basis ein ‚dynamisches Analyse-Modell für Raum' (Sturm 2000), das auf eine konkrete Forschungsanleitung zielt.

Abbildung 1:   Ein ,dynamisches Analyse-Modell für Raum'
                 (Grafik: Sturm 2000: 199)

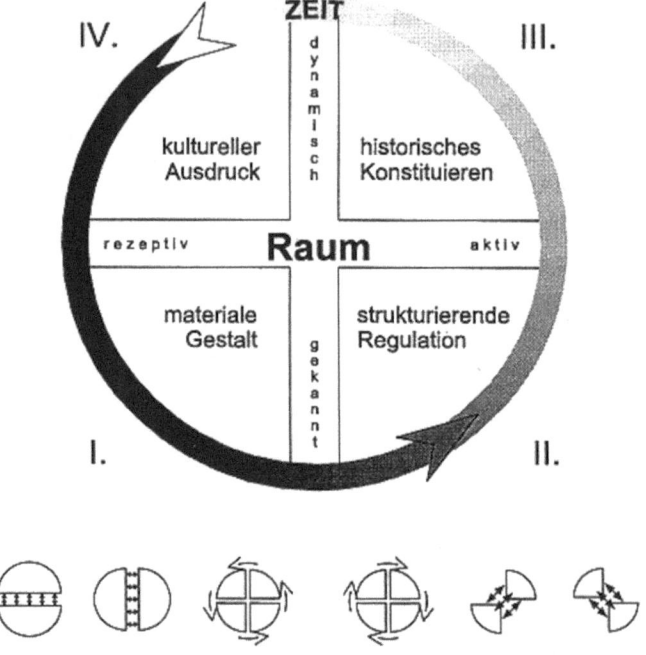

„Vorläufige Ergebnisformation eines methodologischen Quadrantenmodells für Raum mit Zeitspirale als Entwicklungsdimension sowie einer Orientierungsleiste für die operationalisierbaren Wechselwirkungen zwischen den Feldern" (ebd.).

Vor dem Hintergrund der Annahme, dass Raum einen historischen sowie aktuellen Konstruktions- und Konstitutionsprozess abbildet, betont Sturm in ihrem Modell besonders den (historischen) Prozesscharakter des Raumes vermittels einer ,Zeitspirale'.

Als Grundform ihres Raummodells wählt sie den Kreis, „da er – außer der Mitte – keinen ausgezeichneten Punkt aufweist und somit im Kreislauf raumzeitliche Unbegrenztheit repräsentieren kann" (Sturm 2000: 189). Am Kreisrand visualisiert sie eine Zeitspirale und macht so auf die erwähnte, in einem Prozess-Modell immer bestehende Notwendigkeit des Einbezuges einer zeitlichen Perspektive aufmerksam, die das historische Gewordensein aktueller gesellschaftlicher Verhältnisse berücksichtigt. Obwohl das Modell sich in seiner Grundstruktur stark an dem sich selbst strukturierenden Ordnungsraum von Läpple orientiert und ebenfalls vier Komponenten beinhaltet, entwickelt Sturm die Kurzbezeichnungen ihrer Quadranten aber in Anlehnung an die ‚vier Ursachen' des Aristoteles. Sie unterscheidet dabei 1. eine ‚materiale Gestalt' des Raumes, 2. eine ‚strukturierende Regulation' im Raum und des Raumes, 3. ein ‚historisches Konstituieren' des Raumes sowie 4. einen ‚kulturellen Ausdruck' im Raum und des Raumes (vgl. Sturm 2000: 200), die sie in einem ‚Quadrantenmodell' zur Raumanalyse zusammenfasst.

Die vier ‚Quadranten' des Kreises spiegeln auch bei Sturm verschiedene und in der Analyse als eigenständig zu betrachtende Facetten einer gleichzeitig komplex angelegten Raumvorstellung wider. Eine relative Unabhängigkeit der Quadranten wird von Sturm betont, um die jeweilige Forschungsfrage in ihren Hauptinteressen bzw. in ihren Zielen genauer verankern zu können. Die verschiedenen ‚Facetten' des Raumes sind aber immer „in ihrer Gesamtheit notwendig, um Raum entstehen lassen zu können" (dies. 2000: 199) und auch, um diesen untersuchen zu können. Mögliche Wechselwirkungen werden dabei in der Kreis-Anordnung der Facetten veranschaulicht. So wird im Forschungsmodell direkt deutlich, dass sich „die Analyse von Raum [...] nicht auf Fragestellungen einer der vier Facetten reduzieren" (dies. 2000: 202) lässt, wie dies in Analysen zur (Un)Sicherheit im öffentlichen Raum bisher geschieht.

Mit dem von ihr ausgearbeiteten Analyse-Modell zeigt Sturm sehr viel konkreter als Läpple auf, wie der Aspekt der materiellen bzw. ‚materialen' Gestalt[82] des Raumes in der Analyse mit den immer auch zu berücksichtigenden sozialen Aspekten zu verknüpfen ist. Mithilfe der vier Quadranten des Kreises lassen sich nicht nur die verschiedenen Facetten der Raumanalyse selbst, sondern auch deren Wechselwirkungen „verorten" (dies. 2000: 189) und gezielt untersuchen. Mögliche Wechselwirkungen visualisiert Sturm dabei in Form kleinerer Abbildungen auf einer ‚Orientierungsleiste'.[83] Mit der ‚Zeitspirale' verdeutlicht und betont sie die auch von anderen AutorInnen hervorgehobene Bedeutung des Zeit-Aspektes (vgl. beispielsweise Elias 1994: 74; Läpple 1992: 159; Löw 2001: 34) und die so z.B. auch notwendige Berücksichtigung historischer Perspektiven.

---

82 Sturm definiert im Begriff ‚material' eine Erweiterung des von ihr als ‚körperlich' oder ‚stofflich' bestimmten Begriffs ‚materiell', um „in der Soziologie typische[...] Gegenstände wie Institutionen und Organisationen, Normen- und Regelsysteme, Präferenzmuster und Vorstellungsbilder etc." (Sturm 2001: 31) einbeziehen zu können. Mit dem von ihr präferierten Begriff ‚material' versucht sie so ein erweitertes Verständnis möglicher ‚Objektivationen' bzw. ‚Materialisierungen' zu fassen.

83 Sturm lehnt sich in ihren Ausführungen der verschiedenen Wechselwirkungen hier an Kant, Simmel, Parsons und Läpple an.

Näher ausgeführt wird das Modell mit den zu Grunde liegenden Quadranten von Sturm anhand eines konkreten Forschungsgegenstandes, nämlich dem der ‚Landschaft' (vgl. Sturm 2000: 200ff.). Um die Übertragbarkeit auf den hier gegebenen Kontext zu erleichtern, werden im Folgenden nicht das Beispiel selbst, sondern relevante, daraus entnommene Grundannahmen des Modells aufgegriffen:

1. Im ersten Quadranten fasst Sturm als *materiale Gestalt* alle organischen und anorganischen Elemente (einer Region z.b.) zusammen. Hierzu gehören Zustand und Struktur der Erdoberfläche, aber auch Pflanzen, Tiere und – wie schon bei Hamm und Läpple – auch der Mensch selbst sowie „alle sich vergegenständlicht habenden Produkte menschlichen Lebens" (dies. 2000: 200).

2. Der zweite Quadrant der *strukturierenden Regulation im Raum und durch den Raum* bezieht sich auf gesellschaftliche Regulationssysteme, wozu beispielsweise (Eigentums)Rechte, aber auch „Verwaltungsstrukturen mit festgelegten Entscheidungsabläufen" (dies. 2000: 201) gehören. Erfasst ist hier auch eine mögliche ‚Normierung im Kopf', die sich zum Beispiel über die Benutzung von Landkarten, Reiseführern oder Urlaubskatalogen herstellt – und zwar unabhängig von einer ‚originären Erfahrung vor Ort' und das heißt unabhängig von der sinnlichen Erfahrung des materiellen Substrats. In diesem Quadranten fasst Sturm daneben aber auch „die gesellschaftlichen Machtverhältnisse zwischen den Geschlechtern und den Ethnien" (ebd.).

3. Mit Betonung des *historischen Konstituierens des Raumes* bezieht sich Sturm im dritten Quadranten auf das ‚Alltagsleben', welches auf die Materialität des Raumes rückwirkt: Hier ist „all das zu beachten, was Menschen als handelnde Aneignung ihres Lebensraumes betreiben und in der Vergangenheit betrieben" (ebd.).

4. Als „Ergebnis dieser – mittels drei[er] Raumfacetten differenziert analysierbaren – prozeßhaften Entwicklung" (ebd.) des Raumes geht Sturm im vierten Quadranten auf den *kulturellen Ausdruck im Raum und des Raumes* ein. Sie lehnt sich hier insbesondere an den von Detlev Ipsen verwendeten Begriff des ‚Raumbildes' (vgl. Ipsen 1997) an, mit dem dieser auf die symbolische Konnotation des Raumes hinweist. Denn jeder Raum „trägt neben den menschenproduzierten Raumgebilden auch alle Spuren, Zeichen und Symbole gegenwärtigen und vergangenen ökonomischen und politischen Lebens" (Sturm 2000: 201f.) der in ihm lebenden Menschen.

Für die von ihr unterschiedenen Dimensionen entwickelt Sturm dann unter anderem konkrete Forschungsfragen „als Anregung für die Feldarbeit" (dies. 2000:

204). Gerade eine solche Konkretion lässt das Modell für die empirische Analyse sehr anschaulich und fruchtbar erscheinen.

Auch im Hinblick auf das Modell von Sturm muss aber festgestellt werden, dass es – zum Teil sicherlich aufgrund seines Detailreichtums sowie seiner handlungspraktischen ,Anwendungsfreundlichkeit' – ebenfalls einige Unklarheiten bzw. Beschränkungen enthält. So ist zum Beispiel die ,Verortung' des ,historischen Konstituierens im Raum' im dritten Quadranten unter der auch von Sturm geteilten Annahme einer für alle Dimensionen geltenden Wirksamkeit historischer Prozesse und einer deshalb auch alle Quadranten umfassenden Zeitspirale eher missverständlich. Genauso kann es im konkreten Fall zwar durchaus sinnvoll sein, den Faktor ,Macht' vor allem im Hinblick auf die strukturierende Regulation zu betrachten, wozu Sturm anregt, grundsätzlich ist allerdings auch hier davon auszugehen, dass sich ,Macht' nicht nur im zweiten Quadranten ausprägt, sondern sich Machtverhältnisse über alle Dimensionen erstrecken (vgl. Abschnitt 6.2).

Schwer nachvollziehbar erscheint am vorgestellten Modell aber vor allem die zu Grunde gelegte, relativ starre Unterscheidung und Charakterisierung der verschiedenen Quadranten als ,dynamische', ,gekannte', ,rezeptive' und ,aktive' (Sturm 2000: 194f.; 199): Die ,materiale Gestalt' und die ,strukturierende Regulation' (die untere Hälfte des Kreises) werden von Sturm als ,bekannt' angenommen, während die obere Hälfte, das ,historische Konstituieren' sowie der ,kulturelle Ausdruck' als ,dynamisch' angesehen werden. Gleichzeitig gelten ,kultureller Ausdruck' und ,materiale Gestalt' (die linke Hälfte des Kreises) als ,rezeptiv', während das ,historische Konstituieren' und die ,strukturierende Regulation' (die rechte Hälfte) als ,aktive' Dimensionen beschrieben werden. Schon die auch von Sturm vertretene These eines verwobenen, dynamischen, prozesshaften und wandelbaren Wirkungsgefüges legt aber eher die Annahme nahe, dass dynamische, gekannte, rezeptive und aktive Anteile in allen Quadranten eine Rolle spielen.[84] Eine solche, von Sturm vorgeschlagene, aber für ein allgemeines Grundmodell zur Analyse des Raumes als ein dynamisches Gefüge zu starre Charakterisierung der verschiedenen Facetten der Raumanalyse wird deshalb im Rahmen der hier vorgeschlagenen Erforschung räumlich-geschlechtlicher Zusammenhänge nicht weiter aufgegriffen werden.[85]

Mit den oben begründeten und für notwendig erachteten Veränderungen lassen sich aber mithilfe des von Sturm vorgeschlagenen Analyse-Modells verschiedene

---

84 Zu einer ähnlichen Einschätzung kommt auch Martina Löw (vgl. Löw 2001: 222f.).
85 Gerade an dem zu Grunde liegenden Analysebeispiel der (Un)Sicherheit kann aufgezeigt werden, dass z.B. Normen und Regulationssysteme keineswegs immer ,gekannt' sein müssen, sondern sich in historischen Prozessen diesbezüglich durchaus Verschiebungen ergeben können (vgl. Abschnitt 7.1).

Konstitutionsprozesse in Bezug auf ‚Raum' gezielt untersuchen und dabei zum Beispiel auch die von Löw betonten Spacing- und Syntheseprozesse berücksichtigen. Löw selbst macht hierfür einen als „Möglichkeit" (Löw 2001: 222) ausgewiesenen Vorschlag, in welchem sie die beiden von ihr unterschiedenen Prozesse allerdings relativ starr jeweils einem der Quadranten zuordnet (das Spacing dem 3., die Synthese dem 2. Quadranten). Deutlich wird dabei, dass Löw mit den von ihr unterschiedenen Spacing- und Syntheseprozessen die Bedeutung der Handlungs- und der Regulations-Komponente bei der Konstruktion und Konstitution von Raum unterstreichen will. Sie betont in ihren Ausführungen aber zum Beispiel auch selbst die Bedeutung ‚symbolischer Markierungen' im Rahmen von Spacing-Prozessen und macht so auf die stets notwendige Beachtung des ‚Symbolsystems' (Läpple) bzw. des ‚kulturellen Ausdrucks' (Sturm) aufmerksam. Die starre Zuordnung der beiden von Löw im Hinblick auf die Konstitution von Raum analytisch unterschiedenen Prozesse zu je einer der hier zu Grunde gelegten Analyse-Dimensionen scheint deshalb wenig sinnvoll. Im Hinblick auf eine umfassende Raumanalyse gehe ich davon aus, dass sich Spacing- und Syntheseprozesse in allen Quadranten – wenn auch in jeweils unterschiedlicher Form – ausprägen können und beide Prozesse dementsprechend auch unter Einbezug aller Quadranten bzw. Dimensionen zu untersuchen sind.

3.5 Die Konzeptualisierung des Raumes im Kontext der hier gegebenen Fragestellung

Für eine differenzierte sozialwissenschaftliche Analyse des Phänomens geschlechtsspezifischer (Un)Sicherheiten im öffentlichen Raum wird ein relationales und prozesshaftes Raumverständnis zu Grunde gelegt, das auf die soziale Konstruiertheit des Raumes rekurriert und das die sozialen Konstrukte aber auch in ihrer Materialität als ‚objektive' Erscheinungsformen zu berücksichtigen in der Lage ist. Der materialisierte Raum wird dabei als (in historischen und aktuellen Prozessen) konstruiert und konstituiert verstanden. Gleichzeitig wird er aber auch selbst wiederum als konstituierend im Kontext gesellschaftlicher Prozesse angenommen. Dies erfordert die Annahme eines wechselseitigen Wirkungsgefüges, in welchem sich einerseits soziale Strukturen räumlich ‚materialisieren' und aber umgekehrt der materialisierte Raum auch auf soziale Gegebenheiten einwirkt.

Dass ‚Raum' in Studien und Veröffentlichungen zur (Un)Sicherheit bisher vor allem in seiner material-räumlichen Dimension fokussiert und untersucht wurde, erklärt sich nicht zuletzt aus der sozialen Konstruiertheit selbst. Denn als gesellschaftliche Konstruktion, die relational und prozesshaft und damit grundsätzlich dynamisch und wandelbar konzipiert ist, erscheint uns ‚Raum' immer auch als ein Aspekt der „Wirklichkeit der Alltagswelt" (Berger/ Luckmann 1966/98: 24) und wird – wie die ‚Wirklichkeit' insgesamt – „objektiviert" (ebd.) wahrgenommen. Auch die Analyse der Problematik der (Un)Sicherheit im öffentlichen Raum ist so stets ‚fixiert' in einer Welt, die bereits eine konstituierte und konstruierte ist und als solche auch die Analyse beeinflusst. Ein „dunkler, unbelebter, unübersichtlicher, anonymer Raum, [...] eine verwinkelte Bauweise, [eine] freie Lage an Grünbereichen u.ä." (Kramer/ Mischau 1994: 332) werden beispielsweise immer wieder als „‚objektive[...]' Raumkriterien eines Angst-Raumes" (ebd.) angenommen, womit die in Wissenschaft und Alltagshandeln bisher dominante absolutistische Auffassung des Raumes gleichzeitig immer wieder bestärkt wird.

Die objektivierte Wahrnehmung auch des Raumes als ‚Wirklichkeit der Alltagswelt' ist als eine unhintergehbare Bedingung jeder Analyse zu akzeptieren und einzubeziehen, denn „nie vermöchten wir ihn [den Raum; d.V.] zu verstehen, zögen wir uns in eine Wahrnehmung ohne Welt zurück" (Merleau-Ponty 1966: 294). Die stets gegebene und bewusst einzubeziehende objektivierte ‚Wirklichkeit der Alltagswelt' stellt für eine kritische konstruktivistische Analyse aber auch ein besonderes Problem dar, da sie – wie im Beispiel oben – nur allzu leicht als objektiv, absolut oder natürlich gegeben erscheint und nicht mehr hinterfragt wird. Bei der Analyse des Raumes muss es also in besonderer Weise darum gehen, eine forschungsmethodologische Konzeptualisierung zu entwickeln, die sowohl den Einbezug materialisierter und objektivierter Strukturen als auch deren soziale Konstruktion berücksichtigt und die so eine Erweiterung des jeweils bestehenden ‚objektivierten' Verständnisses anregt und fördert.

Für die Analyse der Problematik der (Un)Sicherheit bedeutet dies zunächst einmal, dass nicht nur das materielle und objektivierte ‚Ergebnis' von Konstruktions- und Konstitutionsprozessen in Bezug auf den öffentlichen Raum zu erfassen und zu untersuchen ist, sondern die Prozesse der Konstruktion und Konstitution zu fokussieren sind, in denen Räume als ‚unsichere' oder ‚sichere' hergestellt werden. In Erweiterung bisheriger Ansätze ist dabei zum einen nach der spezifischen Art und Weise zu fragen, in der der öffentliche Raum bzw. Teile desselben als für das weibliche Geschlecht besonders unsicher konstituiert werden und zum anderen aber auch der Frage nachzugehen, wie gesellschaftliche Strukturen möglicherweise durch räumliche Materialisierungen beeinflusst werden.

In Anlehnung an die Ausführungen dieses Kapitels wird für die Untersuchung solcher Prozesse eine mehrdimensionale Konzeptualisierung für sinnvoll erachtet, wie sie Hamm, Läpple und Sturm vorschlagen. Insbesondere Sturm bietet dabei mit dem von ihr entwickelten Analyse-Modell eine wichtige Weiterführung und forschungsmethodologische Konkretion bisheriger Konzeptualisierungen. Ebenso wie bereits Läpple ermahnt Sturm mit ihrem Modell auch im Hinblick auf die hier gegebene Problematik der (Un)Sicherheit zu einer differenzierten Betrachtung von vier Dimensionen oder Komponenten des Gesellschaftlichen, nämlich der materialen Gestalt des Raumes, der hier wirksamen gesellschaftlichen Regulationssysteme, der Interaktionen und des Handelns der Menschen sowie der symbolisch-kulturellen Repräsentation. Sturm zeigt dabei deutlich die enge Verwobenheit der verschiedenen Komponenten auf und weist auf die Bedeutung der hier wirksamen, gesellschaftlichen Prozesse in ihrem historischen Kontext hin. Vor dem Hintergrund der von Sturm entfalteten Analyse-Folie lassen sich auch die besonders von Löw betonten Spacing- und Synthese-Prozesse untersuchen. Als dynamisches Prozess-Modell, welches bewusst „nicht nur die erzeugten oder vorgefundenen Materialitäten dieser Welt [...], sondern auch den Wandel, die Entwicklung [und] die Bezüglichkeiten, die das Seiende mitgestalten" (Sturm 1999: 29), berücksichtigt, regt das Sturm'sche Modell dabei dezidiert zur Analyse gesellschaftlich-räumlicher Phänomene in ihrem jeweiligen Sein und ihrem ‚So-Gewordensein‘ an. ‚Raum‘ wird damit als „Ergebnis eines historischen Konstruktionsprozesses" (Löw 1996: 458) in seiner „immanenten Ordnung der kontinuierlichen Abfolge, in der jede spätere Gestalt aus der früheren [...] hervorgeht" (Elias 1991: 127), analysierbar. Das Sturm'sche Modell öffnet so den Blick für eine analytische Präzisierung sozialwissenschaftlicher Fragestellungen in einer Art und Weise, die dazu geeignet ist, die Perspektive zu erweitern und „dem menschlichen Verständnis die [...] blinden, ungesteuerten Vorgänge näher zu bringen" (Elias 1991: 170), in denen Gesellschaft sich auch räumlich prozesshaft entwickelt. Indem dabei auch nach den in der Forschung selbst liegenden Konstitutionsprozessen gefragt werden kann, ist das Modell nicht zuletzt auch für die Reflexion der wissenschaftlichen Analyse hilfreich.

Sturm selbst will ihr Modell dabei nicht als abschließend, sondern als „in der Entwicklung begriffen" (dies. 2000: 189) verstanden wissen und konzipiert es entsprechend als einen „Wegvorschlag und nicht als Wegweiser" (ebd.), der aber dennoch „als möglicher Ansatz für Operationalisierungen" (ebd.) dienen kann. In eben diesem Sinne soll auch die hier erörterte Erweiterung bzw. Transformation des bisherigen, absolutistischen Raumverständnisses hin zu einem relationalen und prozesshaften den Blick schärfen für „soziale, geschichtliche, materiale und ideelle Kontextualisierungen" (Breckner/Sturm 1997: 216) der Problematik der (Un)Sicherheit im öffentlichen Raum. Für ein Analyse-Modell, mit dem das Phänomen sowohl in seiner historischen Genese als auch in seinen aktuellen gesellschaftlichen Wirk-Prozessen differenzierter als bisher analysiert werden kann, ist es an dieser Stelle aber noch zu früh. Zunächst müssen die beiden für die Problematik geschlechtsspezifischer (Un)Sicherheiten im öffentlichen Raum als zentral anzunehmenden *gesellschaftlichen Ordnungsmuster ‚Öffentlichkeit–Privatheit'* als spezifische räumliche Ausprägungen sowie *‚Weiblichkeit–Männlichkeit'* als Konkretionen der Kategorie ‚Geschlecht' einer genaueren Betrachtung unterzogen werden.

4. Der öffentliche Raum als Untersuchungsgegenstand und seine Verwobenheit in der Dichotomie von ‚Öffentlichkeit' und ‚Privatheit'

Im Zentrum der hier gegebenen Fragestellung steht die „Sicherheit von Frauen in der Öffentlichkeit" (Sachse/Bergmann [o.J.]: 2) bzw. im „öffentlichen Raum" (Geiger/Steierwald 1992: K 31). Es gilt deshalb nun, vor dem Hintergrund der bisherigen Ausführungen, in denen ‚Raum' eher in allgemeiner und abstrakter Weise als eine dynamische, prozesshafte und relationale soziale Konstruktion aufgearbeitet wurde, genauer zu fassen, was unter der räumlichen Konkretion des *öffentlichen Raumes'* zu verstehen ist und wie dieser für die sozialwissenschaftliche Analyse zu konzeptualisieren ist. Eine theoretische und forschungsmethodologische Aufbereitung des ‚öffentlichen Raumes' ist dabei nicht nur als ein wichtiger Hintergrund der Analyse des Phänomens der (Un)Sicherheiten im öffentlichen Raum anzusehen, sondern sie stellt daneben auch ein interessantes Anwendungsbeispiel für das in Kapitel 3 hergeleitete gesellschaftliche Raumverständnis dar, an dem die ausgeführte Relationalität und Prozesshaftigkeit des Raumes nochmals verdeutlicht werden kann. Für die Konzeptualisierung des öffentlichen Raumes ist es dabei notwendig, sich aufbauend und ergänzend zu den bisherigen raumtheoretischen Überlegungen näher mit dem Begriff der Öffentlichkeit bzw. der Gegenüberstellung von *Öffentlichkeit* und *Privatheit* als *Raum definierende Größen* auseinander zu setzen.

4.1 Die räumlich-soziale Konstruktion von ‚Öffentlichkeit' und ‚Privatheit'

Obwohl eine Unterscheidung von ‚öffentlichen' und ‚privaten Räumen' im Alltagshandeln ebenso wie „in der Planungspraxis alltäglich verwendet" (Sturm 1997: 53) wird und der öffentliche Raum zum Beispiel als „Kernbereich" (Schubert 2000: 19) der Raumplanung angesehen werden kann, stellen die hier zu Grunde liegenden Begriffe ‚Öffentlichkeit' und ‚Privatheit' aber gleichzeitig meist „unreflektierte Kategorien" (Sturm 1997: 53) dar. Eine *unreflektierte Alltäglichkeit' in der*

Verwendung der Begriffe Öffentlichkeit und Privatheit hängt dabei eng damit zusammen, dass diese ein Begriffspaar darstellen, „das seit über hundert Jahren unsere Sprache, unser Denken und unsere wissenschaftlichen Konzepte [...] durch-
dringt" (Hausen 1992: 81) und

> „offensichtlich [...] unsere Wahrnehmung so konsequent geprägt [hat], daß wir die Dichotomisie-
> rung aller gesellschaftlichen Verhältnisse in eine private und eine öffentliche Sphäre für selbst-
> verständlich und sinnvoll halten und uns an einer säuberlichen Trennung und Gegenüberstellung
> von Privatheit und Öffentlichkeit orientieren" (ebd.),

ohne diese überhaupt noch zu hinterfragen. Im hier gegebenen Kontext ist dabei
von besonderer Bedeutung, dass eine solche, alltägliche und selbstverständliche
Unterscheidung in eine ,private' und eine ,öffentliche Sphäre' nicht nur als ein
ideelles gesellschaftliches Struktur- oder Ordnungsmuster ausgebildet ist, sondern sich auch in einer *mit der Dichotomie eng verknüpften Trennung öffentlicher
und privater Räume ,materialisiert'.* Als ,*öffentlicher Raum*' gilt dabei meist der
,städtische Außenraum' wie zum Beispiel „*Straßen, Plätze, Parks* sowie Orte sogenannter *sozialer Infrastruktur*" (Sturm 1997: 55; Herv.i.O.), während als ,*privater Raum*' „vor allem die *Wohnung* als Ort familiärer Lebensgestaltung" (ebd.;
Herv.i.O.) angesehen wird. Dieser allgemein verbreiteten (Zu)Ordnungspraxis[86]
folgend, wird als öffentlicher Raum auch in Untersuchungen zum Problemfeld der
(Un)Sicherheit im öffentlichen Raum in der Regel der ,städtische Außenraum' angesehen (vgl. Kapitel 2). In Anlehnung an raumwissenschaftliche bzw. -planerische
Herangehensweisen, die auch bei „Definitionsversuchen, was unter *öffentlichen*
Räumen zu verstehen ist, [...] in der Regel [von] der physikalischen Raumvorstellung" (Schubert 2000: 19; Herv.d.V.) ausgehen, wird der öffentliche Raum auch
in Studien und Veröffentlichungen zur hier gegebenen Thematik oft vorrangig unter einer absolutistischen Perspektive auf mögliche ,Angsträume' bzw. ,unsichere
Orte' untersucht (vgl. Abschnitt 2.4).

Unter der Annahme der sozialen Konstruiertheit des Raumes gilt es aber, ein
solches ,alltägliches' Selbstverständnis zu hinterfragen und die als (un)sicher wahrgenommene Materialität des öffentlichen Raumes zum Beispiel im Hinblick auf
die Prozesse ihrer sozialen Herstellung genauer zu untersuchen. Denn der „materiale Raum stellt nicht aus sich selbst heraus [...] Öffentlichkeit und Privatheit
her" (Holland-Cunz 1993: 36), sondern eine „gesellschaftliche Praxis muss ihn

---

86   In Anlehnung an den von Löw für die Raumanalyse vorgeschlagenen Begriff der (An)Ordnung,
      mit dem diese auf die Notwendigkeit der Unterscheidung von Handlung und Struktur hinweist
      (vgl. Abschnitt 3.4.1), kann und muss hier im Hinblick auf das dichotome Ordnungsmuster von
      öffentlichen und privaten Räumen (ebenso wie dies auch an späterer Stelle noch für das Ord-
      nungsmuster der Zweigeschlechtlichkeit ausgeführt werden wird) von einer (Zu)Ordnungspraxis
      gesprochen werden (vgl. auch Abschnitt 4.2).

erst durch Atmosphäre, Diskurs, Handeln, etc. mit Sinn und Bedeutungsgehalt füllen" (ebd.). Den Ansatz der sozialen Herstellungspraxis öffentlicher und privater Räume aufgreifend kann und muss hier aber gleichzeitig – auf die bisherigen raumtheoretischen Überlegungen rekurrierend – festgestellt werden, dass der ‚materiale Raum‘ *nicht nur* als ein durch Atmosphäre, Diskurs oder Handeln beispielsweise mit Sinn und Bedeutungsgehalt ‚gefüllter‘ anzunehmen ist,[87] sondern der Raum selbst erst im Diskurs, im Handeln usw. hergestellt wird und auch von einer Rückwirkung des materiellen Substrats auf gesellschaftliche Prozesse auszugehen ist. Weder ist die Materialität räumlicher Verhältnisse somit ‚selbstverständlich‘, das heißt aus sich selbst heraus und unberührt von sozialen Konstruktions- und Konstitutionsprozessen zu erklären, noch ist eine ‚entmaterialisierte‘ Sozialität als allein bestimmend für die Herausbildung öffentlicher und/oder privater Räume vorstellbar.

Die Betonung der sozialen Konstruiertheit verweist dabei auch vor dem Hintergrund der bereits für den Raum allgemein betonten Dynamik und Wandelbarkeit immer darauf, dass die für eine Analyse geschlechtsspezifischer (Un)Sicherheiten im öffentlichen Raum zu Grunde zu legende Dichotomie in ihrem *heutigen Gegeben*sein keineswegs als eine „überzeitliche Universalie" (Hausen 1992: 85) anzusehen ist. Wie vielfach herausgearbeitet wurde, bildete sich die uns heute ‚selbstverständlich‘ erscheinende Unterscheidung von Öffentlichkeit und Privatheit bzw. von öffentlichen und privaten Räumen erst während des 19. Jahrhunderts heraus. Zwar lässt sich eine Unterscheidung ‚öffentlicher‘ und ‚privater‘ Lebensbereiche durchaus auch schon im antiken griechischen Stadtstaat nachzeichnen,[88] die Ausgestaltung der Dichotomie unterschied sich hier jedoch deutlich von unseren heutigen Vorstellungen und Öffentlichkeit und Privatheit haben seither zudem zahlreiche Bedeutungsveränderungen erfahren (vgl. z.B. Hausen 1992; Lipp 1992). Nicht zuletzt im historischen Rückblick verliert die Dichotomie von *‚Öffentlichkeit‘* und *‚Privatheit‘* so ihre selbstverständlichen, „scheinbar so griffigen und klaren Konturen" (Hausen 1992: 81) und wird als eine *räumlich-soziale, grundlegend offene und wandelbare, gesellschaftliche Konstruktion* erkennbar.

Neben der sozialen Konstruiertheit und der damit grundlegend implizierten Wandelbarkeit ist in eine Konzeptualisierung der hier näher beleuchteten Dichotomie aber auch einzubeziehen, dass *Räume als ‚öffentliche‘ und ‚private‘* keineswegs in beliebiger Weise, sondern immer als *spezifische* ‚Objektivationen‘ bzw.

---

87 Eine solche Annahme würde weiterhin eine absolutistische ‚Behälter‘-Vorstellung des materiellen Raumes implizieren.

88 Differenziert wurde hier zwischen dem sog. ‚Oikos‘, einem als ‚privat‘ geltenden, häuslichen ‚Reich der ökonomischen Notwendigkeit‘, und der ‚Polis‘ mit ihrem ‚öffentlichen‘, diskursiven und politischen Charakter, dem ‚Reich der Freiheit‘ (vgl. Arendt 1981/92).

‚Materialisierungen' konstruiert und konstituiert werden und dass sie so auch als spezifische Ergebnisse von Konstruktionsprozessen auf gesellschaftliche Prozesse rückwirken. Um die im Kontext der Dichotomie von öffentlichen und privaten Räumen heute wirksamen, ebenfalls als wechselseitig anzunehmenden Konstruktions- und Konstitutionsprozesse untersuchen zu können, ist es zunächst einmal notwendig, zu klären, „was wir heute mit den Begriffen Öffentlichkeit und Privatheit und was wir mit deren Gegenüberstellung bezeichnen" (dies. 1992: 82). Da sich gesellschaftliche Gegebenheiten insbesondere aus ihrem *historischen Gewordensein* erklären und verstehen lassen, wird im Folgenden näher auf die im 19. Jahrhundert sich herausbildende Unterscheidung öffentlicher und privater Räume eingegangen.

4.1.1 Die historische Herausbildung ‚öffentlicher' und ‚privater Räume' im 19. Jahrhundert

Eingeführt und verbreitet wurde die in unserem Kulturkreis geläufige Ausprägung der Dichotomie von ‚Öffentlichkeit' und ‚Privatheit' im Zuge allgemeiner gesellschaftlicher Wandlungsprozesse während des 19. Jahrhunderts, die in einem engen Zusammenhang mit der zur damaligen Zeit sich mehr und mehr durchsetzenden Industrialisierung standen.[89] Die hiermit einhergehende Veränderung der Produktionsbedingungen, die insbesondere eine an Fabrikstandorten ausgerichtete Konzentration von Arbeitsplätzen erforderlich machte, führte zu einer zunehmenden räumlichen Trennung von ‚Stätten der Lohnarbeit' bzw. des ‚Erwerbslebens' und einem (klein-)familiären Haushalt als ‚heimischer' Rückzugsbereich (vgl. Hausen 1992; Habermas 1962/1996: 54ff.). Dem Begriff der ‚Öffentlichkeit', der im Deutschen während des 18. Jahrhunderts zunächst als ein „politischer Kampfbegriff" (Lipp 1992: 100) verwendet wurde, kommt im Laufe der skizzierten Entwicklungen während des 19. Jahrhunderts zunehmend die „politische Emphase abhanden" (Hausen 1992: 83) und er wird mehr und mehr zu einer ökonomischen Entsprechung. Vor dem Hintergrund der *(räumlichen) Dissoziation von ‚Produktion' und ‚Reproduktion'* beschreibt ‚Öffentlichkeit' nun zunehmend den *Erwerbs- und Produktionsbereich*, dem als Gegenpol eine ‚Privatheit', und das heißt ein von der ‚Öffentlichkeit' des Erwerbslebens streng abgetrennter *Reproduktionsbereich* gegenübergestellt wurde.

Verknüpft war die Einführung und Etablierung des dichotomen Ordnungsmusters von Öffentlichkeit und Privatheit dabei vor allem mit einer vorher so nicht gekannten Abschottung des (Wohn-)Hauses und der sich neu herausbildenden und als ‚privat' geltenden bürgerlichen Kleinfamilie von der außerhäuslichen ‚Öffentlichkeit': „Die Straße bzw. der urbane öffentliche Raum waren nicht mehr Bestand-

---

89   Vgl. hierzu z.B. Marschalck 1980; Rebentisch 1980.

teil des Hauses" (Schubert 2000: 38) und das Haus bzw. die Familie waren nicht mehr öffentlich zugänglich. Eine solche, mehr und mehr sich durchsetzende Abgeschiedenheit des Privaten vom Öffentlichen wurde dabei noch intensiviert durch eine in Bezug auf das ‚Private‘ sich herausbildende „Sphäre der Intimität" (Arendt 1981/92: 39), die ebenfalls mit dem Haus und dem familiären Leben in früheren Zeiten so nicht verbunden worden war. Noch „in der ersten Hälfte des 19. Jahrhunderts" (Lipp 1992: 102) wurde die Familie „keineswegs als etwas ‚Privates‘ verstanden" (ebd.). Die bis dahin übliche „Sozialform des ‚Ganzen Hauses‘, die hierzulande vor der Industrialisierung die typische Form der Familie war" (Borchert 2002: 8), stellte eine offene „Produktions- und Lebensgemeinschaft" (Schneider 1992: 12) ohne strikte räumliche oder soziale Abgrenzungen dar. Auch Nicht-Verwandte wie Knechte, Mägde, Lehrlinge lebten hier mit Hauseltern und Kindern unter einem Dach (vgl. auch Frevert 1986: 17).

Im Unterschied zu dieser früheren Wohn- und Lebensform, bei der ‚private‘ und ‚öffentliche‘ Angelegenheiten und Räume nicht im heutigen Sinne voneinander getrennt wurden, festigte sich mit der zunehmenden Industrialisierung während des 19. Jahrhunderts mehr und mehr die vorher nicht gekannte Vorstellung, dass „die Gesellschaft [...] in gegensätzliche Lebensbereiche aufgegliedert" (Hausen 1992: 83) sei. Privatheit und Öffentlichkeit wurden nun als grundverschiedene und insbesondere räumlich voneinander getrennte, gleichzeitig aber auch eng aufeinander bezogene Bereiche des Gesellschaftlichen eingeführt und ‚durchdringen‘ als solche noch heute „unsere Sprache, unser Denken und unsere wissenschaftlichen Konzepte" (dies. 1992: 81).

Verknüpft ist die räumliche Trennung dabei mit einer „im 19. Jahrhundert [...] seit der Jahrhundertmitte immer geläufigeren Gegenüberstellung von öffentlichem Leben, öffentlichem Erwerbs- und Staatsleben, der geräuschvollen, feindlichen und zum Kampf herausfordernden Welt auf der einen" (dies. 1992: 84) und dem „Gegenbild vom häuslichen Zirkel, häuslichen Kreis, heimischen Herd mit dem Frieden der häuslichen Glückseligkeit im Kreise der Seinen" (ebd.) auf der anderen Seite. So wurde die (material-)räumliche Unterscheidung und Trennung von Öffentlichkeit und Privatheit, die in der Absonderung des ‚privaten‘ Hauses von der außerhäuslichen Öffentlichkeit als ein dichotomes Ordnungsmuster von ‚drinnen‘ und ‚draußen‘[90] umgesetzt wurde, gleichzeitig sozial ‚aufgeladen‘. ‚Hergestellt‘ wurden öffentliche und private Räume so nicht nur über eine Unterscheidung und Trennung des ‚materiellen Substrates‘ räumlicher Strukturen, sondern diese wurden verknüpft mit jeweils sehr spezifischen Interaktions- und Handlungs-

---

90 Die Grenze von ‚drinnen‘ und ‚draußen‘ war dabei die Schwelle des familiären Heimes.

strukturen, normativen Regelungen und auch unterschiedlichen Symboliken,[91] deren jeweilige Ausrichtung grundlegend mit den Schlagworten vom außerhäuslichen ‚Kampf' und vom ‚häuslichen Frieden' umrissen werden kann. Gerade die skizzierte Verknüpfung des materiellen Substrates mit sozialen Handlungs-, Normen- und Bedeutungszuweisungen, die als ein relationales und sich wechselseitig beeinflussendes Wirkungsgefüge aufzufassen sind (vgl. Abschnitt 3.5), dürfte für die Herausbildung und Etablierung des Ordnungsmusters von Öffentlichkeit und Privatheit bzw. von öffentlichen und privaten Räumen von wesentlicher Bedeutung gewesen sein. In enger Verknüpfung von material-räumlichen und sozialen Gegebenheiten entstehen so im 19. Jahrhundert „zwei unterschiedliche Typen der Orientierung [...], die beide in je verschiedener Weise zur Erhaltung und Ordnung des sozialen Kosmos beitragen und gewissermaßen zum dualen Organisationsprinzip einer Gesellschaft werden" (List 1993b: 142).

Als ein solches, duales Organisationsprinzip ist die Dichotomie von Öffentlichkeit und Privatheit bzw. von öffentlichen und privaten Räumen auch heute noch bestimmend für das gesellschaftliche Alltagsleben, auch wenn – vor dem Hintergrund der grundlegenden Prozesshaftigkeit der Dichotomie – durchaus Veränderungen zu konstatieren sind. So wird heute etwa zunehmend eine „praxisorientierte" (Sturm 1997: 54) begriffliche Erweiterung der Dichotomie um den Terminus des ‚halböffentlichen' Raumes[92] vorgenommen, die durchaus als Hinweis auf eine ‚Brüchigkeit' der dichotomen Setzung aufgefasst werden kann. Eine solche, zusätzliche Unterscheidung hebt aber die grundlegende Bipolarität von öffentlichen und privaten Räumen dabei noch keineswegs auf, sondern differenziert diese lediglich weiter aus, wie schon in der Bezeichnung ‚halb-öffentlich' erkennbar wird. Trotz einer anzunehmenden, in der zusätzlichen Unterscheidung halb-öffentlicher Räume sichtbar werdenden Wandlungstendenz der Dichotomie muss diese auch heute noch als ein fundamentales, gesellschaftliches Klassifikations- bzw. Ordnungsmuster angesehen werden, das für eine Analyse von (Un)Sicherheiten als einer expliziten *Problematik des öffentlichen Raum*es eine große Relevanz hat.

Neben der Bedeutung der Verknüpfung räumlicher und sozialer Faktoren bei der sozialen ‚Herstellung' der Dichotomie von Öffentlichkeit und Privatheit ebenso wie bei deren Analyse ist auf eine weitere Verknüpfung hinzuweisen, nämlich die Verknüpfung des gesellschaftlichen Ordnungsmusters von Öffentlichkeit und Privatheit mit der Kategorie Geschlecht in ihrer zweigeschlechtlichen Ausprägung von ‚Männlichkeit' und ‚Weiblichkeit'. Da diese, ebenfalls im historischen Pro-

---

91   Vgl. die vier Dimensionen der Raumanalyse: Abschnitt 3.4.2 und 3.5.
92   Als ‚halböffentlich' werden dabei weniger klar definierbare bzw. (zu)ordenbare Räume wie Treppenhäuser, Höfe oder auch Einkaufszentren angesehen.

zess erst herausgebildete enge Verbindung im Hinblick auf die Problemstellung geschlechtsspezifischer (Un)Sicherheiten im öffentlichen Raum von fundamentaler Bedeutung ist, wird hierauf im folgenden Abschnitt noch näher eingegangen, bevor Öffentlichkeit und Privatheit im Anschluss als relationale und prozessuale Raumverhältnisse im Hinblick auf eine diesbezüglich notwendig erscheinende, forschungsmethodologische Konzeptualisierung diskutiert werden.

4.1.2 Die dichotome Ordnung von ‚Öffentlichkeit' und ‚Privatheit' –
Eine Schnittstelle zwischen ‚Raum' und ‚Geschlecht'

Als ein fundamentales gesellschaftliches „Ordnungsprogramm" (Hausen 1992: 87) ist die Dichotomie von ‚Öffentlichkeit' und ‚Privatheit' gleichzeitig durch eine „Trennung [...] *entlang der Geschlechterrollen* gekennzeichnet" (List 1993a: 142; Herv.d.V.). Die hier angesprochene enge Verknüpfung des gesellschaftlichen Ordnungsmusters ‚öffentlich – privat' mit dem Ordnungsmuster ‚männlich – weiblich' ist nicht nur im Alltag vertraut, sondern wird „auch in vielen sozialwissenschaftlichen Ansätzen [als] selbstverständlich" (Nissen 1998: 143) angesehen. Insbesondere in der feministischen Theorie und Forschung wird sie dabei seit langem kritisch aufgegriffen. Deutlich wird hier darauf verwiesen, dass die räumliche Unterscheidung des privaten Hauses und der außerhäuslichen Öffentlichkeit gleichzeitig verknüpft wurde mit rigiden, geschlechtsspezifische Machtverhältnisse stabilisierenden (Zu)Ordnungsprozessen, bei denen Frauen als Genus-Gruppe das (private) Haus und Männern der Bereich der außerhäuslichen Öffentlichkeit[93] zugesprochen wurde.

Eindrücklich ‚verdichtet' wurde die im historischen Prozess sich herausbildende Verknüpfung von ‚Raum' als ‚öffentlicher' und ‚privater' Raum mit ‚Geschlecht' in seiner zweigeschlechtlichen Ausprägung ‚männlich – weiblich' dabei bereits 1799 von Friedrich Schiller in seinem ‚Lied von der Glocke': „Der Mann muß hinaus/ Ins feindliche Leben,/ [...] Und drinnen waltet/ Die züchtige Hausfrau,/ [...] Und herrschet weise/ Im häuslichen Kreise, ..." (Schiller 1924: 295f.).[94] Mit diesen Worten verdeutlicht Schiller die Dichotomie von Öffentlichkeit und Privatheit als ‚drinnen' und ‚draußen' in ihrer geschlechtsspezifischen Zuordnung des ‚Mannes' zum ‚Draußen' und der ‚Frau' als *Haus*frau' zum ‚Drinnen'. Die zitierten Verse wurden als ein kulturelles Leitbild seit ihrer Veröffentlichung nicht zuletzt auch im normativen Kontext von Anstands- und Etikette-Büchern aufgegriffen, wo mit Schillers Worten beispielsweise die Funktion und geschlechtsspezifische Zuwei-

---

93   Gleichzeitig blieb Männern allerdings auch das private Heim als Rückzugsort aus der Öffentlichkeit erhalten.

94   Nach: Schillers sämtliche Werke: Bd. 4: Gedichte und Erzählungen. Leipzig.

sung des ‚Hauses' als ‚*Heim*kehr- und Rückzugsort' von der harten und feindlichen (Erwerbs-)Welt außerhalb des Hauses beschrieben und eingefordert wurden:

> „Wie hoch die Fluten des brandenden Lebensozeans uns auch umtobt haben mögen, sie sänftigen sich zum leisen Murmeln, sobald der Mensch ‚aus dem feindlichen Leben' heim kommt und den Fuß über die Schwelle seines eigenen Hauses setzt, wo ‚drinnen waltet die züchtige Hausfrau'" (Ebhard 1886: 1).[95]

Dass der Genus-Gruppe Frauen dabei nicht nur die Sorge für die ‚Besänftigung des brandenden Lebensozeans' im ‚Heim' oblag, sondern die Heimkehr des *Menschen* vor allem auch als Heimkehr des *Mannes* zu denken ist, steht hier außer Frage, denn der ‚Mann' ist es, der „den größten Teil seiner Zeit außerhalb des Hauses" (Ebhard 1886: 33)[96] verbringt, dort wo „der Kampf ums Dasein ... hart und unerbittlich" (ebd.) ist. So war die räumliche Unterscheidung und Absonderung des privaten Hauses von der außerhäuslichen Öffentlichkeit aufs Engste verbunden mit einer ebenfalls zu dieser Zeit sich erst herausbildenden, zweigeschlechtlich unterschiedenen Geschlechterordnung:[97] Die zugeschriebene Bedeutung von Privatheit als ‚häuslicher Frieden' auf der einen Seite korrespondierte dabei in der parallel sich herausbildenden Geschlechterordnung mit einer als ‚schwach, furchtsam und sorgend' konstituierten ‚Natur der Frau' und die ‚zum Kampf herausfordernde' Öffentlichkeit auf der anderen Seite mit einer als ‚stark, kühn und unternehmend' konstituierten ‚Natur des Mannes'.

Verknüpft wurden die beiden Ordnungsmuster dabei aber nicht nur in einer geschlechtsspezifischen *Zuweisung* der Genus-Gruppe der Frauen zur Privatheit und der der Männer zur Öffentlichkeit, sondern auch in einer expliziten *Ausgrenzung* von Frauen aus dem Bereich der Öffentlichkeit. Zwar konstituierten sich beide Genus-Gruppen in einem engem Bezug entweder zum privaten oder zum öffentlichen Raum, der Genus-Gruppe der Männer blieb dabei aber neben dem öffentlichen explizit auch das private Haus als Rückzugsort vor dem öffentlichen, außerhäuslichen, feindlichen Leben offen, während Frauen nun „mit ihrem ‚natürlichen Beruf' als Hausfrau, Gattin und Mutter ideologisch festgelegt waren als das prinzipiell nicht zur Öffentlichkeit Gehörende" (Hausen 1990: 269). Mit der Idee und normativen Setzung eines wechselseitigen Zugewiesenseins von ‚Frauen' und ‚Privatheit' eng verbunden war so eine Abschottung des Privatraumes und damit auch der Frauen vom außerhäuslichen, öffentlichen Raum. Für die in historischen Prozessen herausgebildete Trennung von ‚Öffentlichkeit' und ‚Privatheit'

---

95   Aus: Der gute Ton in allen Lebenslagen (zit. nach Hausen 1990: 270).
96   Aus: Der gute Ton in allen Lebenslagen (zit. nach Hausen 1990: 270).
97   Die hier zunächst nur konstatierte, ebenfalls im 19. Jahrhundert sich herausbildende Neuordnung des Geschlechterverhältnisses wird in Abschnitt 5.2 weiter ausgeführt.

bedeutet dies, dass diese in besonderer Weise verbunden war mit einem „Vorgang der Ausgrenzung" (List 1993b: 144) von Frauen aus dem öffentlichen Raum, was hier bereits zu betonen ist, da es als ein wichtiger Hintergrund der Problematik der (Un)Sicherheit im öffentlichen Raum angesehen werden muss.

Trotz einer weitgehenden Durchsetzung der skizzierten, idealtypischen Differenzierung und geschlechtsspezifischen Zuweisung von Öffentlichkeit und Privatheit bzw. öffentlichen und privaten Räumen, die am deutlichsten „von dem Ende des 18. Jahrhunderts entstehenden Bildungsbürgertum vollzogen" (Nissen 1998: 146) wurde, kann hier allerdings keineswegs von einer universellen Gültigkeit gesprochen werden. Auch wenn sich gegen Ende des 19. Jahrhunderts zunehmend eine normative *Ideal-Vorstellung* des Hauses, der (Klein-)Familie und der ‚Frau' als Kern des Privaten etablierte, die einer *Ideal-Vorstellung* der mit Härte, Kampf und Überleben assoziierten, außerhäuslichen Öffentlichkeit und des ‚Mannes' gegenüberstand, ist doch davon auszugehen, dass solche idealtypisch-normativen Zuschreibungen niemals tatsächlich umfassend umgesetzt waren, worin sich nicht zuletzt wiederum die grundsätzliche Offenheit der Dichotomie öffentlicher und privater Räume zeigt. So waren viele nicht-bürgerliche Frauen zum Beispiel zu allen Zeiten aus ökonomischen Gründen gezwungen, außerhalb des eigenen Hauses zu arbeiten und sich im öffentlichen Raum aufzuhalten, und auch bürgerliche Frauen übertraten durchaus die „Schwelle hin zur Außenwelt mehrmals täglich und ohne Beistand ihres Ehemannes" (Hausen 1990: 272). Frauen verließen so

> „täglich den durch die Schwelle des Hauses markierten Innenraum der Privatheit, um in der Öffentlichkeit [z.B.; d.V.] des kirchlichen Gemeindelebens, der Wohltätigkeit oder der kulturellen Veranstaltungen mitzuwirken. Und selbst der familiale Binnenraum der Privatheit blieb auch noch im 19. Jahrhundert durchzogen von der Öffentlichkeit der Dienstboten, der Gäste und dem öffentlichen Einfluß gesellschaftlicher Normen, die festlegten, wie das akzeptable Erscheinungsbild von Eheleuten und Kindern auszusehen habe" (Hausen/Wunder 1992: 15).

Aber auch wenn davon auszugehen ist, dass die beschriebene Dichotomie von Öffentlichkeit und Privatheit bzw. von öffentlichen und privaten Räumen insbesondere in ihrer geschlechtsspezifischen Konnotation zu keiner Zeit vollständig umgesetzt war und es zum Beispiel immer auch Überschneidungen zwischen ‚öffentlichen' und ‚privaten' Lebenssphären gegeben hat und gibt (vgl. Holland-Cunz 1993), muss die im historischen Prozess herausgebildete Dichotomie aber gleichzeitig auch als ein wirkmächtiges, idealtypisch-normatives und insbesondere räumlich manifestiertes Konstrukt angesehen werden, dessen Pole ‚Privatheit' und ‚Öffentlichkeit' nicht nur „als Begriffe und Konzepte Bedeutung für die Geschichte der Geschlechterbeziehungen" (Hausen 1992: 85) hatten, sondern vor dem Hintergrund des historischen Prozesscharakters gesellschaftlicher Verhältnisse auch heute noch haben.

Deutlich geworden und zu betonen ist dabei bereits an dieser Stelle, dass – wie dies auch in Bezug auf die Dichotomisierung des Raumes in einen öffentlichen und einen privaten Bereich festgestellt wurde – im Hinblick auf die Verknüpfung der Dichotomien ‚öffentlich-privat‘ und ‚männlich-weiblich‘ nicht von einem ‚selbstverständlichen‘ oder ‚natürlichen‘ Gegebensein ausgegangen werden kann. Es gilt deshalb, die historischen und aktuellen Prozesse genauer zu analysieren, in denen sich beide Ordnungen konstruier(t)en bzw. konstituier(t)en. Die im Hinblick auf die Raumanalyse betonte Fokussierung der Wechselwirkungen zwischen physisch-materiellen und sozialen Komponenten öffentlicher und privater Räume ist dabei zu erweitern um eine Fokussierung auch der Wechselwirkungen zwischen ‚Raum‘ und ‚Geschlecht‘ als eng miteinander verwobene Kategorien. So sind nicht nur allgemein die mit dem materiellen Substrat jeweils verknüpften und als öffentlich oder privat spezifizierten, sozialen Konnotationen des Raumes zu berücksichtigen, die sich zum Beispiel im 19. Jahrhundert dahingehend veränderten, dass „der Innenraum vergrößert bzw. sozial aufgeladen" (Lipp 1992: 101) wurde, sondern es ist insbesondere auch die enge Verknüpfung einer solchen Neuordnung des Raumes mit einer Neuordnung des Geschlechterverhältnisses in den Blick zu nehmen.

Schon hier sei in diesem Zusammenhang darauf hingewiesen, dass dabei nicht nur im Hinblick auf die Kategorie Raum, sondern auch auf die Kategorie Geschlecht die materiell-physische Dimension (hier des Geschlechtskörpers) in ihrer Wechselwirkung mit sozialen Komponenten von zentraler Bedeutung ist: Auf einen solchen Zusammenhang weist zum Beispiel die ebenfalls im 18. und 19. Jahrhundert sich etablierende Vorstellung einer „*Natur*bestimmung der Frau zur Hausfrau, Gattin und Mutter" (Hausen 1990: 281f.; Herv.d.V.) hin, die mit körperlichen Merkmalen begründet wurde. Auf eine parallel zur ‚Materialität‘ räumlicher Verhältnisse ebenfalls bedeutsame und in die Analyse einzubeziehende Materialität des Geschlechterverhältnisses wird in Kapitel 5 deshalb vertiefend eingegangen.

In ihrer Verknüpfung mit dem Geschlechterverhältnis wird die skizzierte „Trennung von Privatsphäre und Erwerbsbereich, die sich im Zuge der Industrialisierung durch die räumliche Dissoziation von Lebenswelten und Stätten der Lohnarbeit für die Mehrheit der Bevölkerung durchgesetzt hatte" (Becker-Schmidt 2000: 43), insbesondere für Frauen immer wieder als mit „fatale[n] Folgen" (ebd.) verknüpft beschrieben, da mit der sich im 19. Jahrhundert durchsetzenden Unterscheidung und Trennung von Öffentlichkeit und Privatheit „das doppelte Ziel erreicht [sei]: die Frau in ihrer Existenzsicherung an den Ehemann zu binden und ihm [als ‚pater familias'; d.V.] die Macht einzuräumen, über sie in allen Stücken zu bestimmen" (ebd.). Eine solche Aussage kann leicht so verstanden werden, als wären die hier beschriebenen Wandlungsprozesse quasi intentional angestrebt und erreicht worden. Die Vorstellung, dass einzelne Individuen oder Gruppen wie zum Beispiel „männliche[...] Bürger [...] eine aus ihrer Sicht vorgenommene Weltinterpretation" (Hausen/Wunder 1992: 15) durchgesetzt hätten, ist jedoch ebenso wenig überzeugend, wie die Vorstellung, dass sich die beschriebenen Wandlungsprozesse quasi ‚schicksalhaft' ereignet hätten oder dass sie etwa einer ‚natürlichen Ordnung' entsprächen. Bei der Beantwortung der somit weitgehend offenen Frage, wie sich eine solche (Neu)Ordnung mit ihren ‚fatalen Folgen' für Frauen überhaupt durchsetzen konnte, ist dem auch bei Becker-Schmidt mit dem Begriff der ‚Durchsetzung' bereits anklingenden Faktor ‚Macht' eine zentrale Bedeutung zuzusprechen. Auch vor diesem Hintergrund wird deshalb sowohl in Bezug auf das weiter zu präzisierende Analyse-Modell (vgl. Kapitel 6) als auch im Kontext der darauf aufbauenden Erörterung analytischer Perspektiven zur Problematik geschlechtsspezifischer (Un)Sicherheiten im öffentlichen Raum (vgl. Kapitel 7) auf Macht als zentrale Einflussgröße einzugehen sein.

4.2 ‚Öffentlichkeit' und ‚Privatheit' bzw. ‚öffentliche' und ‚private Räume' als eine in sozialen Prozessen ‚hergestellte' und diese aber auch ‚herstellende' Dichotomie

Als soziale Konstruktionen sind öffentliche und private Räume keineswegs als ‚natürlich' oder ‚selbstverständlich' gegeben anzunehmen, sondern es ist davon auszugehen, dass sie als solche erst in sozialen Prozessen hergestellt werden. Dies wurde unter anderem in der historischen Herleitung der heute oft ‚selbstverständlich' erscheinenden Dichotomie deutlich. Eine Analyse öffentlich/privat-räumlicher Verhältnisse hat deshalb zu berücksichtigen, dass sich die skizzierte (Neu) Ordnung des Raumes erst während des 19. Jahrhunderts herausbildete[98] und dass ihre Durchsetzung in der Mehrheit der Bevölkerung durchaus einen längeren Zeitraum in Anspruch genommen hat: So hatte sich die Trennung öffentlicher und privater Räume insbesondere in „der gesellschaftlichen Praxis der ersten Hälfte des 19. Jahrhunderts [...] noch keineswegs etabliert" (Lipp 1992: 101). Allgemein umschloss auch das Familienleben zu dieser Zeit noch häufig einen Kreis von Verwandten, Gästen und Freunden. Ebenso wie – nicht zuletzt vor dem Hintergrund

---

98 Im 16. und 17. Jahrhundert war selbst die Ehe als eine klar gesetzte Ordnung z.B. noch „nicht ohne weiteres mit begrenzenden physischen und mentalen Räumen, also dem Haus als Gebäude [...] verbunden" (Wunder 1992a: 53) gewesen.

der kategorialen Offenheit räumlicher Strukturen – davon auszugehen ist, dass beide Dichotomien auch im weiteren Verlaufe des 19. Jahrhunderts zwar durchaus weitreichend, aber niemals vollständig umgesetzt gewesen sein dürften, weist auch die heute in der Begrifflichkeit des ‚halböffentlichen Raumes' implizierte Auflösungstendenz der hier fokussierten, räumlichen Dichotomie auf die Notwendigkeit der Offenheit in der analytischen Konzeptualisierung hin. In ihrer gesellschaftlichen Konstruiertheit sind öffentliche und private räumliche Strukturen somit als offen, dynamisch und wandelbar anzusehen. Gleichzeitig wurden und werden öffentliche und private Räume aber in historischen und aktuellen sozialen Prozessen keineswegs in beliebiger, sondern stets in spezifischer Weise konstruiert und konstituiert und sie wirken als ‚Materialisierungen' bzw. ‚Objektivationen' selbst auch wiederum auf soziale Prozesse zurück.

Die für die Analyse geschlechtsspezifischer (Un)Sicherheiten notwendige Konzeptualisierung von öffentlichen und privaten Räumen impliziert so stets eine Ambivalenz zwischen einer grundsätzlichen Offenheit und Wandelbarkeit auf der einen Seite und einer gleichzeitig aber auch gegebenen Tendenz der (Re)Produktion der Dichotomie als ein spezifisches Ordnungsmuster auf der anderen Seite. In einem als prozesshaft angenommenen, räumlichen Ordnungsmuster äußert sich die Ambivalenz von Öffentlichkeit und Privatheit so stets durch die Gleichzeitigkeit einer „Beharrungs- und [...] einer Wandlungstendenz" (Elias 1991: 161), die damit zusammenhängt, dass soziale Prozesse sich einerseits ungeplant (d.h. ‚offen'), aber andererseits – in Abhängigkeit der gerade von Elias stets betonten ‚Machtbalancen' – immer auch „geordnet und strukturiert" (ders. 163) vollziehen.

Für die Analyse hat die Annahme der sozialen Konstruiertheit öffentlicher und privater räumlicher Verhältnisse damit allerdings ein ‚methodisches Dilemma' zur Folge: Denn Öffentlichkeit und Privatheit bzw. öffentliche und private Räume sind in ihrem immer konstruierten, und damit nicht ontologisch gegebenen Charakter einerseits radikal in Frage zu stellen, müssen aber andererseits als räumliche Konkretionen auch aufgegriffen werden, um sie überhaupt hinterfragen zu können. Die hieraus sich ergebende Ambivalenz ist nicht überwindbar, sondern als eine nicht hintergehbare Bedingung der Analyse zu akzeptieren. Im Kontext dieser Arbeit wird deshalb dafür plädiert – ebenso wie dies auch im Hinblick auf die Kategorie Geschlecht noch argumentiert werden wird (vgl. Abschnitt 5.3) –, eine solche Ambivalenz als ein ‚Spannungsverhältnis', welches im positiven Sinne zu einem permanenten In-Frage-Stellen auch der eigenen Analyse anregt, bewusst zuzulassen. Vor dem Hintergrund der beschriebenen Ambivalenz ist bei der Analyse öffentlicher und/oder privater räumlicher Verhältnisse aber in besonderer Weise darauf zu achten, eine forschungsmethodologische Konzeptualisierung zu entwickeln, die sowohl den Einbezug materialisierter bzw. objektivierter Strukturen als auch deren soziale Konstruktion und Konstitution berücksichtigt. Mit Bezug auf das bereits in Kapitel 3 eingeforderte, relationale und prozesshafte Raumverständnis erscheint es dabei notwendig, öffentliche und private Räume als spezifische räumlich-soziale Verhältnisse in ihrer ‚materialisierten‘ bzw. ‚objektivierten‘ Form über eine Rekonstruktion der sozialen Prozesse ihrer Herausbildung zu untersuchen. Dabei sind sowohl die jeweils relevanten Wahrnehmungs- bzw. Syntheseprozesse als auch die hier wirksamen Herstellungs- bzw. Spacingprozesse zu berücksichtigen, in denen räumliche Strukturen als öffentliche und/oder private immer wieder neu herausgebildet werden (müssen). Im Hinblick auf die hier gegebene Thematik ist es dabei von besonderer Relevanz, die mit dem öffentlichen Raum in (geschlechts-)spezifischer Weise verknüpften (Un)Sicherheiten genauer in den Blick zu nehmen.

Da solche (Un)Sicherheiten nicht in einem direkten Zusammenhang mit Gefahrenlagen stehen (vgl. Abschnitt 2.2), ist gezielt danach zu fragen, über *welche gesellschaftlichen Prozesse* sich die verbreitete *Wahrnehmung* des öffentlichen Raumes als ein für Frauen besonders unsicherer Raum möglicherweise historisch hergestellt hat und/oder heute immer wieder herstellt.

4.2.1 Die ‚allgemeine Zugänglichkeit‘ des öffentlichen Raumes und ihre geschlechtsspezifische Beschränkung als ein wesentlicher Referenzpunkt der Analyse

Die verbreitete Wahrnehmung einer besonderen Unsicherheit und Gefährdung von Frauen im öffentlichen Raum ist mit einer im Vergleich zu Männern erhöhten Mobilitäts(selbst)beschränkung von Frauen verbunden und deshalb als eine „gesamtgesellschaftliche Problematik" (Sachse/Bergmann [o.J.]: 2) ernst zu nehmen – hierauf weisen bisherige Arbeiten zur Thematik immer wieder hin und sie verknüpfen eine solche Feststellung meist mit der Forderung nach geeigneten Maßnahmen zu ihrer Überwindung. Mit der Feststellung, dass der öffentliche Raum „von einer Vielzahl von Menschen genutzt" (Siemonsen/Zauke 1991: 13) wird bzw. genutzt werden sollte, rekurrieren Studien und Veröffentlichungen in der Begründung solcher Maßnahmen dabei immer wieder auf ein für die Konzeptualisierung der ‚Öffentlichkeit‘ und insbesondere des öffentlichen Raums allgemein als zentral anzusehendes „Prinzip des allgemeinen Zugangs" (Schäfers 1998: 259), welches besonders deutlich auf die räumliche Konnotation des Öffentlichkeitsbegriffs verweist.[99] Diesem Kriterium bzw. Prinzip entsprechend sind sozial-räumliche Er-

---

99 Weitere Prinzipien bzw. Implikationen des Begriffs der ‚Öffentlichkeit‘ zielen z.B. auf den „Grundsatz der Publizität" (Schäfers 1998: 259), auf den „öffentlichen Diskurs" bzw. „das Pu-

eignisse dann ‚öffentlich', „wenn sie, im Gegensatz zu geschlossenen Gesellschaften, allen zugänglich sind – so wie wir von öffentlichen Plätzen sprechen oder von
öffentlichen Häusern" (Habermas 1962/1996: 54). Schon im historischen Rekurs
wurde die ‚allgemeine Zugänglichkeit' als ein wesentliches Unterscheidungsmerkmal von öffentlichen und privaten Räumen herausgestellt und es ist deshalb davon
auszugehen, dass insbesondere das Prinzip der ‚allgemeinen Zugänglichkeit' des
öffentlichen Raumes ein zentraler Referenzpunkt auch der Analyse geschlechtsspezifischer (Un)Sicherheiten im öffentlichen Raum ist.

In der historischen Herleitung wurde dabei deutlich, dass sich der heute mit
dem Prinzip der ‚allgemeinen Zugänglichkeit' konnotierte öffentliche Raum während des 19. Jahrhunderts als Pendant zum seither nicht mehr als allgemein zugänglich konzeptualisierten, privaten Raum herausbildete. Es wurden zu dieser Zeit
„räumliche[...] Grenzziehungen zwischen drinnen = privat und draußen = öffentlich" (Hausen 1990: 268) vorgenommen, die sich in ihren Grundzügen bis heute
erhalten haben: So gründen auch heutige Vorstellungen des ‚öffentlichen Raumes'
„in der Trennung von Öffentlichem und Privatem, die im 19. Jahrhundert entwickelt wurde [und] Offenheit meint hier das Gegenteil der geschlossenen häuslichen
Sphäre" (Pollak 1998: 95). Wie aber gezeigt wurde, konstituierte sich die *historische Grenzziehung ‚drinnen – draußen' bzw. ‚privat – öffentlich' dabei gleichzeitig als eine explizit geschlechtsspezifische.* Die sich im 19. Jahrhundert herausbildende Verknüpfung von Weiblichkeit bzw. der Genus-Gruppe der Frauen mit dem
‚Drinnen' des privaten Hauses und die gleichzeitige Verknüpfung von Männlichkeit bzw. der Genus-Gruppe der Männer mit der außerhäuslichen Öffentlichkeit
bedeutete dabei nicht nur eine spezifische Zuweisung und Affinität der beiden Geschlechter zu jeweils einem der beiden Pole, sondern beinhaltete – und dies ist für
die hier gegebene Fragestellung von zentraler Bedeutung – auch die Tendenz eines expliziten Ausschlusses der Genus-Gruppe Frauen aus dem öffentlichen Raum
(vgl. Abschnitt 4.1.2). Die Frage, welche Bedeutung und Funktion dem Phänomen
geschlechtsspezifischer (Un)Sicherheiten im Kontext der historischen und aktuellen Konstruktion und Konstitution der Dichotomie ‚öffentlicher' und ‚privater'
Räume zukommt, stellt sich so vor dem Hintergrund *fundamentaler Unterschiede
in der geschlechtsspezifischen Konzeptualisierung von Zugangsprinzipien zum öffentlichen Raum.* Eine solche, in historischer Perspektive deutlich werdende, geschlechtsspezifische Grund-Konzeptualisierung des öffentlichen Raumes ist hier
zu betonen und in der Analyse gezielt zu berücksichtigen.

---

blikum" (ebd.), auf eine „Methode der Aufklärung" (ebd.) und auf ein „Strukturprinzip moderner
Demokratien" (ebd.).

Nimmt man den (historischen) *Ausschluss der Genus-Gruppe Frauen als ein konstitutives Moment des öffentlichen Raumes* an, so wird bereits hier deutlich, dass dem Ziel einer „gleichberechtigte[n] Teilhabe von Männern und Frauen am öffentlichen Raum" (Geiger/Steierwald 1992: K31) so lange ein latenter Widerspruch immanent ist, wie die Konzeptualisierung des ‚öffentlichen Raumes‘ dabei nicht hinterfragt und verändert wird: Denn eine ‚gleichberechtigte Teilhabe‘ von Frauen an einem auf ‚Männlichkeit‘ rekurrierenden und ‚Weiblichkeit‘ explizit ausschließenden ‚öffentlichen Raum‘ kann es nicht ohne eine grundlegende Veränderung der Konzeptualisierung des öffentlichen Raumes bzw. der Dichotomie von öffentlichen und privaten Räumen geben. In Bezug auf die hier gegebene Problemstellung stellt sich sogar die Frage, ob nicht ein solcher Widerspruch – gerade vor dem Hintergrund seines latenten, und das heißt selten öffentlich aufgegriffenen und bewussten Charakters – möglicherweise zu der feststellbaren ‚Beharrungstendenz‘ des Phänomens der (Un)Sicherheit im öffentlichen Raum beiträgt.

4.2.2 ‚Öffentlichkeit‘ und ‚Privatheit‘ als relationale Raumverhältnisse

Wie in der historischen Herleitung deutlich wurde, bilden öffentliche und private Räume als voneinander abgegrenzte und gleichzeitig auch eng aufeinander bezogene räumliche Verhältnisse ein bipolar oder dichotom angelegtes gesellschaftliches Ordnungsmuster, welches sich insbesondere durch eine *‚allgemeine Zugänglichkeit‘* als idealtypisches Unterscheidungsmerkmal und eine aber gleichzeitig implizierte Ausgrenzung von Frauen aus dem öffentlichen Raum auszeichnet. Ebenso wie im Hinblick auf die Kategorie ‚Geschlecht‘ bereits festgestellt wurde, dass eine Analyse geschlechtsspezifischer Problemlagen immer beide Geschlechter in den Blick zu nehmen hat (vgl. Abschnitt 2.4.5), ist auch hier festzuhalten, dass jede Analyse des ‚öffentlichen Raumes‘ notwendigerweise Bezug nehmen muss auf dessen enge, dichotome Verwobenheit mit dem ‚privaten Raum‘. ‚Öffentlichkeit‘ und ‚Privatheit‘ bzw. ‚öffentliche‘ und ‚private Räume‘ bilden damit gerade in ihrer wechselseitigen Bezüglichkeit wesentliche Relata auch der Analyse des Phänomens der (Un)Sicherheit in öffentlichen Räumen.

Dabei ist davon auszugehen, dass vor allem auch die enge Verknüpfung von materiell-physischen und sozialen Faktoren im Hinblick auf die gesellschaftliche (An)Ordnung bzw. (Zu)Ordnung des Raumes entlang der Dichotomie von Öffentlichkeit und Privatheit von besonderer Relevanz ist. Die Betonung der sozialen Konstruiertheit öffentlicher und privater Räume sollte deshalb keineswegs zu einer Ausblendung material-räumlicher Gegebenheiten in der Analyse führen, sondern es wird auch hier explizit davon ausgegangen, dass die „gebaute Umwelt [...] Einfluß auf das soziale Verhalten der Menschen" (Körntgen/Kraft/Frauenbüro der

Stadt Mainz 1993: 19) hat. Da solchen Feststellungen bisher aber in der Regel eine rein materiell-räumlich-absolutistische Auffassung zu Grunde liegt, ist die soziale Konstruiertheit auch der Materialität räumlicher Strukturen hier deutlich zu betonen. Zu Grunde gelegt wird dabei ein wechselseitiges, relationales Wirkgefüge, in welchem sich materiell-physische und soziale Gegebenheiten als ‚öffentliche‘ in Abgrenzung zu ‚privaten‘ immer wieder neu (re)konstruieren. Im Kontext der Ambivalenz von Wandlungs- und Beharrungstendenzen oder auch von Handlung und Struktur kommt die Materialität öffentlicher und/oder privater räumlicher Verhältnisse dabei zum einen als *Ergebnis* sozialer Konstruktions- und Konstitutionsprozesse und zum anderen aber auch als ein selbst *ordnender bzw. strukturierender Faktor* in den Blick, dem insbesondere durch seine vermeintliche ‚Objektivität‘ sogar eine zentrale Bedeutung zugesprochen werden muss.

Um ein solches Wirkungsgefüge in der Analyse differenziert aufarbeiten zu können, ist eine mehrdimensionale Forschungskonzeptualisierung, wie sie in Abschnitt 3.4 aufgezeigt wurde, hilfreich. Ebenso wie bereits Läpple ermahnt insbesondere Sturm mit dem von ihr entwickelten und ausgeführten Analyse-Modell dabei zu einer differenzierten Betrachtung von vier Dimensionen bzw. Komponenten des Gesellschaftlichen. Sowohl hinsichtlich der Wahrnehmung als auch der Herstellung öffentlicher und privater Räume ist in Anlehnung an solche Modelle gezielt auf eine Berücksichtigung der materiell-physischen Gegebenheiten, der in Bezug auf öffentliche und/oder private Räume jeweils wirksamen gesellschaftlichen Regulations- und Normensysteme, der Interaktionen und des Handelns der Menschen entlang des gesellschaftlichen Ordnungsmusters von Öffentlichkeit und Privatheit sowie auf die symbolisch-kulturellen Repräsentationen öffentlicher und privater Räume zu achten. Eine getrennte Betrachtung der genannten Dimensionen kann hier zu einer Schärfung der Analyse beitragen, gleichzeitig sind aber alle vier Komponenten bzw. Dimensionen immer auch in enger Verwobenheit miteinander zu untersuchen. Zu betonen ist in Anlehnung an die Ausführungen in Kapitel 3 und auch vor dem Hintergrund der historischen Kontextualisierung von Öffentlichkeit und Privatheit der gezielte Einbezug des gesellschaftlichen Gewordenseins des ‚öffentlichen Raumes‘ als ein vom ‚privaten Raum‘ geschiedener und die hierin verwobene Konstituierung als ein besonders ‚unsicherer‘ Raum für die Genus-Gruppe Frauen.

Bevor die Kategorien ‚Raum‘ und ‚Geschlecht‘ aber im Hinblick auf die notwendig erscheinende Analyse als ein ‚wechselseitiges Wirkungsgefüge‘ (Kapitel 6) ausgeführt werden können, ist zunächst auch die Kategorie ‚Geschlecht‘ in ihrer zweigeschlechtlich-dichotomen Ausprägung von ‚Männlichkeit‘ und ‚Weiblichkeit‘ noch genauer zu hinterfragen. Hierauf wird im folgenden Kapitel näher eingegangen.

5. ‚Geschlecht' als sozialwissenschaftliche Kategorie und Gegenstand der Geschlechterforschung

Ebenso wie ‚Raum' ist auch ‚Geschlecht' eine zentrale Kategorie der Analyse des Phänomens der (Un)Sicherheiten im öffentlichen Raum und auch diese bedarf einer differenzierteren Auseinandersetzung, um die geschlechtertheoretische Konzeptualisierung zu schärfen. Im Unterschied zum ‚Raum' kann dabei für die Kategorie ‚Geschlecht' zunächst einmal festgestellt werden, dass diese bereits seit längerem im Rahmen der Frauen- und Geschlechterforschung in einem relativ breiten und „facettenreichen feministischen Diskurs" (Becker-Schmidt/Knapp 2000: 12) ausdifferenziert wurde und auch in den Sozialwissenschaften allgemein von nahezu selbstverständlicher, wenn auch nicht immer vertiefter Relevanz ist.

Neben der in Umfang und Intensität unterschiedlichen Berücksichtigung der beiden Kategorien Raum und Geschlecht in der sozialwissenschaftlichen Theorie und Empirie muss hier einleitend noch auf einen weiteren, für die theoretische und forschungsmethodologische Aufarbeitung von Raum und Geschlecht bedeutsamen Unterschied in der Zugangsweise zum jeweiligen Gegenstandsbereich hingewiesen werden. Während die raumtheoretische, wissenschaftliche Auseinandersetzung sich ihrem Gegenstand – dem ‚Raum' – in einem eher übergeordneten und abstrakten Verständnis nähert und die dabei gewonnenen Erkenntnisse dann auf verschiedene, konkrete räumliche Verhältnisse als Anwendungsbeispiele überträgt,[100] bezieht sich der geschlechtertheoretische Diskurs im Allgemeinen auf ein sehr spezifisches geschlechtliches Verhältnis, nämlich auf die in unserem Kulturkreis dominante Zweigeschlechtlichkeit. Obgleich neuere, geschlechtertheoretische Arbeiten heute über die rein an einem zweigeschlechtlichen Alltagsbewusstsein orientierte Konzeptualisierung der Kategorie Geschlecht deutlich hinausweisen, beziehen sich viele im Kontext der Frauen- und Geschlechterforschung entstandene Arbei-

---

100 So erläutert Sturm ihre allgemeine forschungsmethodologische Konzeptualisierung etwa „am Beispiel der Landschaft als Konkretion von Raum" (dies. 2000: 200) und Löw fügt ihrer allgemein gefassten ‚Raumsoziologie' einige „exemplarische Analysen" (dies. 2001: 231) über ‚gegenkulturelle Schulräume', ‚geschlechtsspezifische Räume' und ‚städtische Räume' an. Auch die dichotome Ausprägung von ‚öffentlichen' und ‚privaten Räumen' ist in diesem Sinne als eine ‚Konkretion von Raum' zu fassen (vgl. Kapitel 4).

ten auch bis heute noch auf ein zweigeschlechtliches Ordnungssystem. Angelehnt an das Alltagsverständnis geht die Bezugnahme auch im Wissenschaftsdiskurs dabei meist sogar so weit, dass die Begriffe ‚Geschlecht' und ‚Zweigeschlechtlichkeit' synonym verwendet werden. Selbst explizit zwei-geschlechterkritische Arbeiten beziehen sich bei Fragen nach dem Geschlecht als „einer sozialen Kategorie" (Hirschauer 1993a: 55) oft lediglich – und unkommentiert – auf die „Entitäten ‚Frau' und ‚Mann'" (ebd.). Im Rekurs auf ein zweigeschlechtliches, männlich – weibliches Ordnungsmuster wird dabei eine Gleichsetzung von ‚Geschlecht' und ‚Zweigeschlechtlichkeit' nahegelegt, die grundsätzlich als problematisch angesehen werden muss und deshalb – insbesondere, da sie selten explizit aufgegriffen wird – bereits einleitend etwas Aufmerksamkeit erfordert. Neben einer uneinheitlichen und damit missverständlichen Verwendung der Begriffe ‚Geschlecht' und ‚Zweigeschlechtlichkeit' liegt ein Anlass für die Problematisierung ihrer synonymen Verwendung in der angestrebten forschungsmethodologischen Verknüpfung der Kategorien Raum und Geschlecht in einem gemeinsamen Analyse-Modell:[101] Wäre die Kategorie ‚Geschlecht' mit ‚Zweigeschlechtlichkeit' gleichzusetzen, so würde dies auf eine deutlich unterschiedliche und möglicherweise inkompatible kategoriale Grundstruktur im Vergleich zu der offenen und gerade nicht festgelegten Kategorie des ‚Raumes' (vgl. Kapitel 3) verweisen. Sowohl vor dem Hintergrund der bisher missverständlichen geschlechtertheoretischen Praxis als auch im Hinblick auf die Zielsetzung dieser Arbeit ergibt sich somit ein Klärungsbedarf in Bezug auf das *Verhältnis von ‚Geschlecht' und ‚Zweigeschlechtlichkeit'*, der eine kurze Vorbemerkung notwendig macht, die zu einer ersten Präzisierung der Kategorie ‚Geschlecht' beitragen kann und im Folgenden weiter vertieft wird.

In ähnlicher Weise, wie dies auch für den ‚Raum' verdeutlicht wurde, wird im Kontext dieser Arbeit in Anlehnung an (sozial-)konstruktivistische Ansätze der Frauen- und Geschlechterforschung auch das ‚Geschlecht' in einem umfassenden Sinne als soziale Konstruktion aufgefasst, die grundlegend als offen, dynamisch und wandelbar anzunehmen ist. Vor dem Hintergrund der so auch in Bezug auf das Geschlecht gegebenen Offenheit wird davon ausgegangen, dass dieses keineswegs nur auf die in unserem Kulturkreis geläufige Ausprägung der ‚Zweigeschlechtlichkeit' zu beschränken ist, sondern dass ein zweigeschlechtliches Ordnungssystem lediglich eine mögliche Ausprägung von ‚Geschlecht' darstellt. In Analogie zur räumlichen Konkretion in Form von ‚öffentlichen' und ‚privaten Räumen' ist so auch die dichotome Konzeptualisierung von ‚Männlichkeit' und

---

101   So regt das hier angestrebte Ziel einer Verknüpfung zweier Kategorien in der wechselseitigen Betrachtung auch zu einer kritischen Überprüfung und Schärfung der Konzeptualisierung jeder einzelnen an.

‚Weiblichkeit' als eine mögliche, aber keineswegs die einzig mögliche Konkretion von ‚Geschlecht' aufzufassen.

Dass die (sozial-)wissenschaftliche Auseinandersetzung um die Kategorie Geschlecht ihren Fokus bisher oft auf die Zweigeschlechtlichkeit konzentriert(e), erklärt sich dabei vor allem aus der Entstehungsgeschichte der Frauen- und Geschlechterforschung selbst. Als eine gesellschaftskritische Forschungsrichtung entwickelte diese ihr „Grundtheorem" (Rödig 1992: 105) – das ‚Geschlecht' – eingebunden in einen Kulturkreis, in welchem die zweigeschlechtliche Ausprägung von ‚Männlichkeit' und ‚Weiblichkeit' als eine ‚natürlich' gegebene „‚Grundtatsache' und nicht weiter hinterfragbares Faktum" (Gildemeister/Wetterer 1995: 201) aufgefasst wurde (und im Alltagsbewusstsein auch immer noch aufgefasst wird). Als eine solche ‚Grundtatsache' wurde und wird die Zweigeschlechtlichkeit in der geschlechterkritischen wissenschaftlichen Aufarbeitung zwar immer wieder auch deutlich hinterfragt, sie blieb aber als Ausgangspunkt der Kritik gleichzeitig weiterhin im Zentrum der Argumentation.[102] Gefördert wird eine solche *Zentralstellung der Zweigeschlechtlichkeit in geschlechterkritischen Analysen* zudem dadurch, dass sich Forschungen und Veröffentlichungen – angeregt durch den politischen Impetus der Frauenbewegung – nicht nur mit einer Analyse der Geschlechter*differenz* auseinandersetzten, sondern den Blick auch auf die mit der Differenzsetzung verbundenen, positiven und negativen ‚Diskriminierungen'[103] und ‚Machtungleichgewichte' zwischen den Geschlechtern (d.h. in unserem Kulturkreis: zwischen Männern und Frauen) richteten. Notwendigerweise kam und kommt dabei als Referenzrahmen immer wieder das bestehende System der Zweigeschlechtlichkeit in den Blick, welchem aufgrund seiner bis heute keineswegs aufgehobenen, alltagsweltlichen Bedeutung weiterhin eine große analytische Relevanz zugesprochen werden muss: Denn

> „solange das Geschlechterverhältnis ein soziales Ungleichheitsverhältnis [...] ist, brauchen wir die Kategorie ‚Frau' [und ‚Mann'; d.V.] zur Erforschung gesellschaftlicher Machtverhältnisse" (Wartenpfuhl 1996: 207).

Die Fokussierung der Zweigeschlechtlichkeit im Rahmen der Frauen- und Geschlechterforschung soll deshalb keineswegs grundlegend infrage gestellt werden. Sie stellt ganz im Gegenteil einen wichtigen Referenzpunkt für die Analyse zwei-

---

102 Auch die zahlreich entstandenen Arbeiten, die sich exklusiv auf die Genus-Gruppe der ‚Frauen' konzentrier(t)en, müssen grundlegend immer im Rahmen des zweigeschlechtlichen Ordnungssystems gesehen werden, wie in Bezug auf die Fragestellung dieser Arbeit in Abschnitt 2.4.5 bereits hergeleitet wurde.

103 Schon im Begriff der ‚Diskriminierung', der etymologisch sowohl auf ‚unterscheiden' als auch auf ‚über- und unterordnen' verweist, wird die mehr oder weniger enge Verknüpfung jeder ‚Unterscheidung' mit Machtfragen deutlich.

geschlechtsspezifischer Fragestellungen dar und ihr kommt deshalb auch für die Analyse von (Un)Sicherheiten im öffentlichen Raum als einer zweigeschlechtlichen Problematik eine fundamentale Bedeutung zu. Die einfache Gleichsetzung von ‚Geschlecht' mit ‚Zweigeschlechtlichkeit' würde aber bedeuten, sich „naiv auf das Alltagswissen als Plausibilitätsressource" (Hirschauer 1993a: 56) zu beziehen, anstatt dieses „zum Gegenstand" (ebd.) zu machen. Will man Zweigeschlechtlichkeit in diesem Sinne über das Alltagswissen hinausgehend zum Gegenstand machen, ist es notwendig, diese in ihrem Sein und Gewordensein immer wieder zu hinterfragen. Ein solches Infragestellen der jeweiligen Ausprägungen von Geschlecht erfordert aber grundlegend einen offenen kategorialen Rahmen, in dem Differenzierungs- und Wandlungsprozesse untersucht werden können. Aus methodologischen Gründen ist deshalb – gerade vor dem Hintergrund der bisher verbreiteten Gleichsetzung von ‚Geschlecht' mit ‚Zweigeschlechtlichkeit' – explizit hervorzuheben, dass das uns vertraute System der *‚Zweigeschlechtlichkeit' lediglich als eine mögliche Konkretion* oder Ausprägung einer *offen angelegten Kategorie ‚Geschlecht'* anzusehen ist und Geschlecht somit nicht mit Zweigeschlechtlichkeit gleichzusetzen ist.

Eine solche Grundstruktur der Kategorie Geschlecht vorausgesetzt, wird im Folgenden ausgeführt werden, was damit gemeint ist, wenn von ‚Geschlecht' bzw. ‚Zweigeschlechtlichkeit' als soziale Konstruktionen die Rede ist. Um die Kategorie Geschlecht für eine Analyse des Phänomens der (Un)Sicherheiten im öffentlichen Raum weiter zu schärfen, wird dabei vor allem auf die in der Geschlechterforschung vielfach aufgegriffenen, ethnomethodologisch-sozial-konstruktivistischen ‚Spielarten des Konstruktivismus' (Knorr-Cetina 1989)[104] zurückgegriffen, die als ‚Ansätze soziologischer Empirie' eine „besondere Präferenz für die *empirische* Erschließung der unterstellten Konstruktionsprozesse" (Knorr-Cetina 1989: 86; Herv.i.O.) haben und die im Hinblick auf die Entwicklung eines die Kategorien ‚Raum' und ‚Geschlecht' umfassenden Analyserahmens geeigneter erscheinen als die davon grundsätzlich zu unterscheidenden *de*konstruktivistischen Ansätze der Geschlechterforschung. Da letztere sich unter anderem in Anlehnung an den französischen Philosophen Jacques Derrida vor allem auf die *diskursive* (De)Konstruktion von Geschlecht beziehen, erscheinen sie für die hier angestrebte Analyse als zu eingeschränkt (vgl. zur Unterscheidung der Ansätze: Kahlert 2000; Knapp

---

104 Knorr-Cetina unterschied 1989 drei ‚Spielarten', nämlich einen ‚Sozialkonstruktivismus' („social constructivism"), der von Berger/Luckmann (1966/98) formuliert wurde, einen kognitionstheoretischen Konstruktivismus als „eine Kombination zwischen Neurobiologie und Systemtheorie" sowie einen „Ansatz soziologischer Empirie", der „eine besondere Präferenz für die empirische Erschließung der unterstellten Konstruktionsprozesse" hat (Knorr-Cetina 1989: 86), wozu auch die empirischen Arbeiten der Ethnomethodologie gezählt werden können.

2000). Dies bedeutet keinen Ausschluss der hier vielfältig gegebenen Anregungen, sondern lediglich eine gewichtete Entscheidung für einen der beiden bisher leider wenig verknüpften Theoriestränge der feministischen Forschung.

5.1 Zwei-Geschlechtlichkeit als soziale Konstruktion
Die Überwindung absolutistisch-naturalistischer Konzeptualisierungen in Bezug auf die Kategorie ‚Geschlecht'

Wenn im sozialwissenschaftlich-feministischen Kontext von ‚Geschlecht' bzw. von ‚Zweigeschlechtlichkeit' als soziale Konstruktionen die Rede ist, so ist damit ein komplexes und keineswegs einheitliches Feld wissenstheoretischer Auseinandersetzungen angesprochen. Als Gemeinsamkeit der konstruktivistischen Geschlechterforschung kann aber festgehalten werden, dass sie sich in der Zurückweisung „der Basisannahme, daß Zweigeschlechtlichkeit ein natürliches, präkulturelles Faktum sei" (Lindemann 1996: 148) trifft und sich damit – ausgehend von der in unserem Kulturkreis dominanten Zweigeschlechtlichkeit – in ähnlicher Weise gegen eine absolutistisch-essentialistische Auffassung des Geschlechts wendet, wie dies auch die konstruktivistisch ausgerichtete Raumforschung in Bezug auf den Raum betont.

Hintergrund der Annahme einer sozialen Konstruiertheit des Geschlechts ist auch hier das erkenntnistheoretisch geleitete, konsequente Hinterfragen aller ontologischen Setzungen von Realität, welches die konstruktivistische Theorie allgemein begründet. Gestützt wird eine solche Annahme in Bezug auf das Geschlecht dabei durch zahlreiche Befunde verschiedener wissenschaftlicher Disziplinen, die das bestehende System der Zweigeschlechtlichkeit als eine ‚natürliche' Ordnung sehr deutlich infrage stellen. So machen beispielsweise kulturanthropologische Forschungen darauf aufmerksam, dass es in der konkreten Ausgestaltung der Kategorie Geschlecht durchaus eine Vielzahl von kulturabhängigen Variationen gibt, die sich auf die Zahl der Geschlechter und deren jeweilige Ausprägungen beziehen, aber auch Möglichkeiten des Geschlechts-Wechsels beinhalten (vgl. Kessler/McKenna 1978; Hagemann-White 1988: 229; Gildemeister/Wetterer 1995: 208ff.; Röttger-Rössler 1997; Lang 1997). Die hier entstandenen Arbeiten waren und sind ein wichtiger Beleg für die Annahme, dass die uns geläufige, starre Unterscheidung von ‚Männlichkeit' und ‚Weiblichkeit' lediglich *eine* Möglichkeit unter anderen darstellt.

Daneben machen Befunde aus Biologie und Physiologie in Bezug auf das in unserem Kulturkreis dominante, zweigeschlechtliche Ordnungssystem auf grundlegende Klassifikations- bzw. *(Zu)Ordnungsprobleme* aufmerksam, die sich insbesondere auf die im Alltagsverständnis meist als eindeutig und unhintergehbar angenommene Körperlichkeit des Geschlechts beziehen. Die vor einem (natur-) wissenschaftskritischen Hintergrund entstandenen Arbeiten zeigen auf, dass ,Männlichkeit' und ,Weiblichkeit' immer nur als ein Kontinuum von verschiedenen biologisch-physiologischen Faktoren (wie Anatomie, Hormone etc.) gefasst werden können. Da die jeweils zur Bestimmung des Geschlechts herangezogenen Faktoren aber „weder notwendig miteinander übereinstimmen müssen, noch in ihrer Wirkungsweise unabhängig von der jeweiligen Umwelt sind" (Gildemeister/Wetterer 1995: 209), können ,weibliches' und ,männliches' Geschlecht keineswegs eindeutig und trennscharf als zwei entgegengesetzte bzw. einander ausschließende Existenzweisen ausgemacht werden. Biologisch-physiologische Analysen der hier zu Grunde gelegten ,Faktoren' oder ,Variablen' des Geschlechts verweisen ganz im Gegenteil darauf, dass mindestens von einer „doppeltgeschlechtlichen Potenz aller Individuen" (Christiansen 1997: 8) ausgegangen werden muss[105] und wenn überhaupt, dann allenfalls eine „relative [...] Stärke der Geschlechterbestimmung" (ebd.) möglich ist.

So ist „die Vorstellung einer sozial untangierten körperlichen Dichotomie durch Arbeiten der Wissenschaftsforschung [vielfältig; d.V.] unterlaufen worden" (Hirschauer 1993a: 56). Der biologisch-physiologische Körper gibt keineswegs eine „so trennscharfe Klassifizierung von Geschlechtlichkeit vor, wie das Alltagsverständnis der Gesellschaft" (Knapp 2000: 69)[106] es nahe legt, sondern ,Geschlecht' bzw. ,Zweigeschlechtlichkeit' müssen in einem umfassenden und das heißt auch die Körperlichkeit einbeziehenden Sinne als ein Klassifikationssystem angesehen werden, welches sich in *sozialen (Zu)Ordnungsprozessen*[107] erst konstituiert.

Auch wenn es innerhalb der konstruktivistisch orientierten feministischen Diskussion um die Kategorie ,Geschlecht' heute vielfältige Differenzen bzw. Differenzierungen gibt, stimmen die verschiedenen Richtungen überwiegend darin überein, dass „Geschlecht keine natürlich-ontologische Kategorie ist, sondern eine Konstruktion" (Frevert 1995: 13), die insbesondere auch auf das rekurriert, „was bislang als biologisches Substrat, als Körpergeschlecht (*sex*) angesehen wurde" (dies.: 13f.; Herv.i.O.).

Ebenso wie dies in Bezug auf den ,Raum' festgestellt wurde (vgl. Abschnitt 3.4), erfährt so auch das ,Geschlecht' – und auch hier insbesondere die materiell-physische Dimension einer geschlechtlichen Körperlichkeit – einen fundamentalen Bedeutungswandel von einer als natürlich-absolutistisch angenommenen Konzep-

---

105   Es wird an späterer Stelle noch ausgeführt, dass grundlegend sogar von einer ,vielgeschlechtlichen Potenz' auszugehen ist.
106   Vgl. auch Gildemeister/Wetterer 1992; Hirschauer 1993; Lindemann 1993a.
107   Hier zeigt sich nicht zuletzt eine konzeptuelle Nähe zu den von Löw z.B. in Bezug auf den Raum betonten ,(An)Ordnungsprozessen' (dies. 2001: 158; vgl. Abschnitt 3.4.1).

tualisierung zu einer umfassenden sozialen Konstruktion, die sich in gesellschaftlichen Prozessen erst herausbildet und weiterentwickelt.

Die Annahme einer umfassenden, auch die Körperlichkeit einbeziehenden, sozialen Konstruiertheit des Geschlechts wird allerdings – wie bereits ausgeführt wurde – im geschlechtertheoretischen Kontext oft in Bezug auf die spezifische Ausprägung der *Zweigeschlechtlichkeit* ausgearbeitet: Die

> „Evidenz, die *Voraussetzung, daß es zwei Geschlechter ‚gibt'*, die sich nach Körpergestalt und Physiologie klar unterscheiden, wird zum systematischen Ausgangspunkt des Nachdenkens, um den wechselseitig reflexiven Charakter zwischen körperlichem Geschlecht und sozialer Geschlechtszuordnung verdeutlichen zu können" (Knapp 1995a: 171; Herv. d.V.).

Als Ausgangspunkt und zentraler Gegenstandsbereich des Nachdenkens ist eine solche Fokussierung der Zweigeschlechtlichkeit insbesondere vor dem Hintergrund der hierin verwobenen und im Alltagshandeln wirksamen Machtungleichgewichte zwischen Männern und Frauen als Genus-Gruppen sinnvoll und notwendig. Wird aber implizit oder explizit von einer *Gleichsetzung* von ‚Geschlecht' mit ‚Zweigeschlechtlichkeit' ausgegangen, so birgt dies die Gefahr einer schon im forschungsmethodologischen Rahmen angelegten Verengung der Perspektive, die die Reproduktion dichotomer Denkmuster zur Folge haben kann. Eine solche Reproduktion wird zum Beispiel in den oben zitierten, grundlegend zwei-geschlechterkritischen Ausführungen von Christiansen deutlich, wenn sie im Hinblick auf eine Überwindung der Dichotomie von einer „doppeltgeschlechtlichen Potenz aller Individuen" (Christiansen 1997: 8) ausgeht. Als eine kritische Schlussfolgerung weist der Begriff zwar einerseits deutlich über das zweigeschlechtliche Ordnungssystem hinaus, Christiansen bleibt aber andererseits in einem zweigeschlechtlichen ‚Raster' verhaftet. Der auf zwei ‚Geschlechter' beschränkte Forschungsrahmen verhindert es hier, eine *‚mehr-'* oder *‚vielgeschlechtliche* Potenz' überhaupt in Erwägung zu ziehen, was vor dem Hintergrund der Befunde durchaus möglich wäre. Das Beispiel verdeutlicht so nochmals die unter erkenntnistheoretischen Gesichtspunkten problematische Gleichsetzung von ‚Geschlecht' und ‚Zweigeschlechtlichkeit' und macht damit nochmals auf die für die Analyse notwendige Offenheit der Kategorie Geschlecht aufmerksam.

Geschlecht ist somit – ähnlich wie Raum – als eine soziale Konstruktion aufzufassen, die offen, dynamisch und wandelbar ist, sich aber *gleichzeitig* in unserem Kulturkreis immer wieder in dominanter Weise als eine zwei-geschlechtliche, gesellschaftliche „Existenzweise" (Maihofer 1994: 180) konstituiert. In Analogie zur Kategorie des Raumes und seiner spezifischen Konkretion in öffentlichen und privaten Räumen gilt es deshalb auch im Hinblick auf die Analyse zwei-geschlechtsspezifischer Phänomene, die Kategorie Geschlecht einerseits als offene soziale Konstruktion zu konzeptualisieren und vor diesem Hintergrund aber die spezifischen Prozesse, die zur Herausbildung des zweigeschlechtlichen Ordnungssystems führen (und in die das hier zu untersuchende Phänomen der [Un]Sicherheit verwoben ist), zu analysieren.

Für die Überwindung einer naturalistisch-absolutistischen Perspektive im Hinblick auf die Kategorie Geschlecht ebenso wie für die Analyse zwei-geschlechtsspezifischer gesellschaftlicher Phänomene ist es notwendig, die gegebene zweigeschlechtliche Ordnung insbesondere in ihrem historischen Gewordensein noch etwas näher zu betrachten. Hierauf wird deshalb im folgenden Abschnitt eingegangen, bevor der forschungsmethodologische Rahmen weiter konkretisiert wird.

5.2 Die historische Herausbildung der zwei-geschlechtlichen Ordnung im 18. und 19. Jahrhundert

Ebenso wie unsere Auffassung von Geschlecht als dichotome Differenzierung zwischen Männern und Frauen keineswegs eine kulturanthropologische Universalie oder eine biologisch-physiologische Konstante darstellt, ist sie auch historisch nicht als ein ontologisches Faktum anzusehen, sondern die Kategorie Geschlecht in ihrer heutigen, in unserem Kulturkreis dominanten Ausprägung eines zweigeschlechtlichen Ordnungssystems „ist eindeutig eine Erfindung der Moderne" (Wunder 1992b: 132). Noch bis ins 18. Jahrhundert hinein bezeichnete der Begriff ‚Geschlecht'

> „keine abstrakte soziale Strukturkategorie, sondern er bezeichnete den generationenübergreifenden Verband von Lebenden, Vorfahren und Nachfahren, den Männer und Frauen gemeinsam bildeten. Der Bezug der einzelnen Männer und Frauen auf diesen Verband bestimmte wesentlich ihre soziale Position, machte sie als einzelne identifizierbar und war erste Instanz ihrer Selbstdefinition" (ebd.).

Die ersten Anthropologien, die um die Mitte des 18. Jahrhunderts entstanden, kennen dementsprechend auch noch keinen klar verorteten Geschlechtsunterschied zwischen Männern und Frauen (Honegger 1989: 147). Der Begriff ‚Geschlecht' ist zu dieser Zeit

> „ein zusammenfassender Begriff, kein scheidender; seine Funktion besteht nicht in der Bestimmung von Differenz, sondern in der Konstruktion von Zusammenhängen und Gemeinsamkeiten" (Frevert 1995: 23).

Spätestens im 19. Jahrhundert verändert der Begriff Geschlecht jedoch seine Bedeutung grundlegend: Er erwirbt „eine veränderte, radikalere Qualität" (dies. 1995: 16). Im Kontext einer allgemein zunehmenden Bedeutung dichotomer Deutungsschemata begann sich seit dem 18. Jahrhundert auch ein „kultureller Systematisie-rungsprozeß [...] der Schematisierung eines scharfen Dualismus der Geschlechter" (Honegger 1996: 1) durchzusetzen, in welchem nun differenziert wurde zwischen einem ‚männlichen Allgemeinen' und der davon zu unterscheidenden ‚Frau'. Ein solches historisches Gewordensein des ‚Zwei-Geschlechterverhältnisses' wird heute durch zahlreiche Untersuchungen – insbesondere auch im Hinblick auf sei-ne körperlich-physischen Gegebenheiten – bestätigt (vgl. Honegger 1996; La-queur 1992; Duden 1987, 1991). In Anlehnung an solche Arbeiten kann deshalb festgestellt werden:

> „Erst [...] im 18. Jahrhundert kommt die Vorstellung von einer fundamentalen [...] biologischen und anatomischen Differenz der Geschlechter auf. Und erst ab diesem Zeitpunkt scheint es [...] sinnvoll, von einer binären Geschlechterdifferenz zu sprechen, in der also die Geschlechter durch-gängig einander entgegengesetzt werden" (Maihofer 1994: 182).

Als eine wichtige Voraussetzung für die im historischen Rückblick deutlich wer-denden Wandlungsprozesse ist es anzusehen, dass die Medizin im 18. Jahrhun-dert begann,

> „den Körper der Frau nicht mehr isoliert zu betrachten oder – wie die Physiologie bisher – den Männerkörper allein, sondern die beiden miteinander zu vergleichen; und zwar in körperlicher wie moralischer Hinsicht" (Honegger 1996: 145).

Das ‚Geschlecht' in seiner dichotomen Ausprägung von ‚Männlichkeit' und ‚Weib-lichkeit' wurde so mit „‚Biologie' aufgeladen" (Frevert 1995: 24), wie Ute Fre-vert es ausdrückt, was eine neue Qualität in der Konzeptualisierung darstellte und langfristig die physiologisch-anatomische Ontologisierung des Geschlechterver-hältnisses durch die enge Verknüpfung von soziokulturellen mit materiell-körper-lichen Unterschieden verfestigte. In Prozessen der „Naturalisierung des Sozialen in analogischen Begründungsfiguren" (Hirschauer 1993a: 63) wurden den unter-schiedenen Geschlechtern bipolare, an den herausgestellten, körperlichen Diffe-renzen orientierte ‚männliche' und ‚weibliche Geschlechtscharaktere' zugewie-sen, die sich unter dem an Bedeutung gewinnenden „Diktum [...]: ‚Anatomie ist Schicksal'" (Honegger 1989: 148) verfestigten. Einer diesem Diktum folgenden und als ‚natürlich' geltenden Ordnung entsprechend, wurden dabei „typisch mo-derne menschliche Kompetenzen wie ‚Weltoffenheit', ‚Autonomie' und ‚Indivi-duierung' direkt in die männliche Physiologie eingeschrieben" (Honegger 1996: 4), die mit Stärke und Überlegenheit assoziiert wurde, während „Schwäche und Sensibilität" (dies. 1996: 149) sowohl physiologisch und auch psychologisch als Charakteristika des weiblichen Geschlechts angesehen wurden. Verdeutlicht wird

dies beispielsweise in dem folgenden, von Honegger übernommenen, zeitgenös-
sischen Zitat des Mediziners Pierre Roussel:

> „Schwäche und Empfindlichkeit [...] sind [...] die beiden herrschenden und charakteristischen
> Eigenschaften des weiblichen Geschlechts", die „sich überall bei demselben" zeigen (Roussel
> 1775: 39).[108]

Im Kontext eines nicht nur differenzierten, sondern auch hierarchisierten Ordnungssystems wurden die so in Bezug auf das weibliche Geschlecht konstatier-
ten Eigenschaften ‚Schwäche' und ‚Empfindlichkeit' gleichzeitig zu wesentlichen
Begründungen für die ‚natürliche Unterlegenheit' des ‚weiblichen' im Gegensatz
zu dem durch Stärke und Kühnheit charakterisierten, ‚männlichen Geschlecht'.

Die im historischen Verlauf zunehmende Bedeutung einer solchen polaren
Geschlechter-Konzeptualisierung wird unter anderem darin deutlich, dass beispielsweise das Werk ‚Système Physique et Moral de la Femme' aus dem Jahre
1775, dem das obige Zitat entstammt, Honeggers Recherchen zufolge „empha-
tisch" (Honegger 1996: 151) aufgegriffen und weitergeschrieben wurde. Die zu
Grunde liegenden Differenzierungen, die der ‚Frau' Schwäche und dem ‚Mann'
Stärke und Kühnheit zusprachen, wurden dabei mehr und mehr als anatomisch-
physiologisch begründete, normative Ideale postuliert. Als eine „Apotheose der
Schwäche" (ebd.) greift Honegger hier zum Beispiel den Mediziner Pierre-Jean-
George Cabanis auf, der 1802 postuliert:

> „Der Mann muß stark, kühn, unternehmend, das Weib schwach, furchtsam, verschlagen seyn.
> So lautet das Gesetz der Natur. Aus diesem ersten Unterschiede, der sich auf den besonderen
> Zweck eines jeden von beyden Geschlechtern bezieht, und den die Organisation selbst unmit-
> telbar bestimmt, entsteht der Unterschied ihrer natürlichen Neigungen und Gewohnheiten" (Ca-
> banis 1802: 329f.).[109]

So wurden nicht nur bestimmte Eigenschaften in die männliche und die weibliche
Physis ‚eingeschrieben' (Honegger 1996: 4), sondern die Physis bzw. die physische Anbindung als ‚natürlicher Nachweis' bestärkte unter anderem über ihre normative und sozial vermittelte Idealisierung auch umgekehrt die geschlechtsspezifische Zuschreibung bestimmter Eigenschaften. In diesem Sinne hat *gerade die
Wechselwirkung zwischen körperlich-materiellen und sozialen Gegebenheiten* zu
einer Verfestigung der bipolaren, durch ‚Stärke' und ‚Schwäche' charakterisierten Setzung einer Geschlechterordnung geführt, die nicht zuletzt auch von einem
deutlichen Machtungleichgewicht gekennzeichnet war.

---

108   Aus: Système Physique et Moral de la Femme (zit. nach: Honegger 1996: 149).
109   Aus: Rapports du Physique et du Moral de l'Homme (zit. nach: Honegger 1996: 159).

Mit dem durch die bisherigen Ausführungen bereits geschärften Blick lassen sich so auch in Bezug auf ‚Geschlecht‘ bzw. ‚Zweigeschlechtlichkeit‘ wechselseitige Wirkungen von sozialen Prozessen der Konstruktion und Konstitution, ihrer Materialisierung und einer gleichzeitigen Rückwirkung des ‚materiell-physischen Substrats‘ der Körperlichkeit auf soziale Prozesse erkennen, die deutlich an Prozesse der Konstruktion und Konstitution von ‚Raum‘ und deren gleichzeitige Materialisierung zum Beispiel als öffentlicher und privater Raum mit spezifischen Auswirkungen auf soziale Prozesse erinnern und die in der forschungsmethodologischen Konzeptualisierung der Kategorie ‚Geschlecht‘ zu berücksichtigen sein werden.

Die hier skizzierten Wandlungsprozesse sollten aber zunächst verdeutlichen, dass das heute gültige Ordnungssystem der Zweigeschlechtlichkeit als eine komplexe, in historischen Prozessen herausgebildete soziale Konstruktionsleistung anzusehen ist, in deren Kontext insbesondere die körperliche Physis des Geschlechts als eine wirkmächtige Größe angesehen werden muss. Herausgestellt werden kann in diesem Kontext auch – und dies ist in einem unmittelbaren Zusammenhang mit der postulierten, grundlegenden Offenheit der Kategorie ‚Geschlecht‘ und ihrer gleichzeitigen idealtypischen Konkretion als eine ‚zweigeschlechtliche Ordnung‘ zu sehen –, dass sich eine solche zweigeschlechtliche Ordnung in ausgesprochen langfristigen und keineswegs widerspruchsfreien gesellschaftlichen Differenzierungsprozessen entwickelte und noch am Ende des 18. Jahrhunderts keineswegs stabil war. Die Geschlechterbestimmungen bleiben zu dieser Zeit noch lange „eigentümlich im Fluß; [...] bleiben zum Teil noch ‚durchschaut‘ oder werden mit biographischen Gegenevidenzen konfrontiert“ (Honegger 1996: 4), wie Honegger konstatiert.

Dass sich im ‚Fluss‘ der Geschlechter letztlich das ‚Zwei-Geschlechter-System‘ als ein dominantes, gesellschaftliches Ordnungsmuster durchsetzen konnte, hängt nach Honegger nicht zuletzt mit einer zunehmenden medizinisch-anthropologischen ‚Verwissenschaftlichung‘ der Thematik zusammen, bei der das weibliche Geschlecht als ein (körperlich) vom männlichen zu unterscheidendes ‚festgeschrieben‘ wurde. Erst durch das

> „Mäntelchen der Verwissenschaftlichung, das dem Recodierungsprogramm der Geschlechterbeziehungen übergeworfen wurde, [...] erst in diesem verwissenschaftlichten ‚Outfit‘ ließ sich [...] die neugegründete psycho-physiologische Geschlechterdualität kulturell folgenreich durchsetzen“ (Honegger 1996: 192).

In Ergänzung zu der bisherigen Aussage, dass das zweigeschlechtliche Ordnungsmuster *Ausdruck von Machtungleichgewichten* ist, deutet sich auch hier mit dem Begriff der ‚Durchsetzung‘ der Geschlechterdualität an, dass die gesellschaftliche Etablierung des zweigeschlechtlichen Ordnungssystems grundlegend im Rahmen komplexer, gesellschaftlicher Prozesse stattfand, in denen Machtverhältnisse, Machtkämpfe und Machtverschiebungen eine bedeutende Rolle gespielt haben.

Für die Durchsetzung der ‚Zweigeschlechtlichkeit‘ als ein universell angenommenes und deshalb kaum noch zu hinterfragendes Ordnungssystem war der medizinisch geführte ‚wissenschaftliche Nachweis‘ eines *„naturgegebenen* Gegensatzes von Frau und Mann" (Frevert 1995: 51f.; Herv.d.V.) und das heißt die ‚körperliche Verankerung‘ und Objektivierung von ‚Weiblichkeit‘ und ‚Männlichkeit‘ dabei von besonderer Bedeutung. Eine solche ‚körperliche Verankerung‘, das heißt die Anbindung des jeweiligen ‚Geschlechts‘ an materiell-körperliche, scheinbar ‚objektive‘ Gegebenheiten, dürfte einer der wesentlichen Hintergründe dafür sein, dass es heute oftmals sehr schwer erscheint, anders als im zweigeschlechtlichen Ordnungssystem überhaupt zu denken. Die Annahme und der vermeintliche Nachweis der Naturhaftigkeit unterstützte und festigte in langfristigen, gesellschaftlichen Prozessen die Ausbildung und Umsetzung von

> „stereotypen Entwürfen von Männlichkeit und Weiblichkeit [...] [, die] zum normativen Modell [wurden], das [...] bis in die wissenschaftlichen und identitätspolitischen Diskurse der Gegenwart reicht, wenngleich es praktisch nie umfassend realisiert wurde" (Knapp 1995a: 177f.).[110]

Die Ausprägung der ‚Zweigeschlechtlichkeit‘ zeigt so immer eine grundlegende ‚Brüchigkeit‘, ‚Durchlässigkeit‘ bzw. die eingangs bereits für die Analyse postulierte ‚Offenheit‘, die auch im historischen ‚Fluss‘ der Geschlechterbestimmungen (Honegger 1996: 4)[111] bereits deutlich wird. Es ist deshalb davon auszugehen, dass ein „historisches, konkretes Individuum" immer

> „jeweils ein mehr oder weniger vielfältiges Repertoire sowohl ‚männlicher‘ als auch ‚weiblicher‘ Denk-, Gefühls- und Körperpraxen (auch verschiedener Klassen und Kulturen) [repräsentiert]. In der Regel wird es jedoch schon aufgrund des sozialen Zwanges eine eindeutige – entweder ‚weibliche‘ oder ‚männliche‘ – heterosexuelle Geschlechtsidentität entwickeln, und zwar in Übereinstimmung mit seinem sogenannten ‚realen‘ biologischen Körper und entsprechend den Normen des hegemonialen bürgerlichen Geschlechterdiskurses. Diese Vereinheitlichung ist allerdings weder total noch je endgültig" (Maihofer 1994: 183).

Auch wenn die (historische) Rekonstruktion der zweigeschlechtlichen Ordnung so immer Stereotype und Idealvorstellungen sichtbar macht, die „nie umfassend realisiert" wurden (Knapp 1995a: 178), die lange Zeit ‚im Fluss‘ waren und deren universelle Gültigkeit deshalb deutlich zu hinterfragen ist, kann bzw. muss den

---

110 Mit dem Begriff des Stereotyps weist Knapp hier auf die oft feststellbare „Übergeneralisierung" und „Entgeschichtlichung" (Knapp 1995a: 179) in der alltagsweltlichen Auseinandersetzung mit dem zweigeschlechtlichen Ordnungssystem hin.

111 Auch der Begriff des ‚Flusses‘ der Geschlechterbestimmungen versinnbildlicht dabei anschaulich die grundlegende Prozesshaftigkeit der Kategorie ‚Geschlecht‘.

Wirkungen einer solchen idealisierten, bipolaren Konzeptualisierung des ‚Geschlechts' auch in Bezug auf heutige zwei-geschlechtliche Fragestellungen nachgegangen werden. Denn die Ende des 18./Anfang des 19. Jahrhunderts eingeführte (Neu)Ordnung des Geschlechterverhältnisses ist zwar nicht als Absolutsetzung, wohl aber in einem relativen bzw. relationalen Sinne bis in die heutige Zeit als ein dominantes gesellschaftliches Ordnungsmuster anzunehmen. Sie stellt als solche auch heute einen wirkmächtigen Modus der (hierarchischen) Organisation des Sozialen dar, auch wenn die vermeintliche Eindeutigkeit heute mehr und mehr hinterfragt und durchbrochen wird. Schon die hier exemplarisch aufgegriffenen Arbeiten lassen dabei nicht nur

> „die Annahme eines ahistorischen, natürlichen Geschlechtskörpers und einer darauf basierenden scheinbar biologisch anatomisch evidenten Geschlechterdifferenz als unhaltbaren Empirismus sichtbar werden" (Maihofer 1995: 22),

sondern sie unterstreichen auch die bei jeder Analyse zweigeschlechtlicher Problemstellungen gegebene Notwendigkeit der historischen Herleitung des jeweiligen ‚So-Gewordenseins'.

5.3 ‚Geschlecht' als offene und gleichzeitig objektivierte soziale Konstruktion

Als eine soziale Konstruktion ist ‚Geschlecht' grundlegend als eine offene und dynamische Kategorie anzunehmen, die sich aber in unserem Kulturkreis heute dennoch als ein dominantes, zweigeschlechtliches Ordnungssystem darstellt und als solches auch für eine Analyse der hier zu Grunde liegenden Problematik der (Un)Sicherheit im öffentlichen Raum von großer Relevanz ist. Obwohl das zweigeschlechtliche Ordnungssystem dabei als eine (historische) Konstruktion und damit als wandelbar und immer auch zur Disposition stehend anzusehen ist, handelt es sich aber gleichzeitig auch um eine soziale ‚Realität', die insbesondere als hierarchische Ordnungsstruktur auch heute noch keineswegs unwirksam geworden ist. Als eine etablierte und als ‚natürlich' wahrgenommene Ordnung, die im Alltagshandeln beständig (re)produziert wird, schränkt das zweigeschlechtliche Ordnungssystem die grundsätzliche Offenheit der Kategorie ‚Geschlecht' immer wieder deutlich ein.

Wie dies in ähnlicher Weise bereits für die Dichotomie von ‚öffentlichen' und ‚privaten' Räumen festgestellt wurde, zeigt sich so auch hier ein in der Analyse des Geschlechterverhältnisses grundlegend angelegtes Paradox, welches nicht gänzlich überwunden, wohl aber reflektiert und berücksichtigt werden kann und muss.

Es geht hier um den nicht hintergehbaren Widerspruch, dass Zweigeschlechtlichkeit bzw. ‚Männer' und ‚Frauen' als Genus-Gruppen in der Analyse einerseits zu Grunde zu legen und empirisch auszuleuchten sind, andererseits aber in ihrem konstruierten Charakter gleichzeitig auch deutlich zu hinterfragen sind. Das hieraus entstehende, methodische Dilemma, das darin besteht, die Konstruktion der Zweigeschlechtlichkeit einerseits aufgreifen zu müssen, um sie hinterfragen zu können,[112] und diese andererseits und gleichzeitig aber auch so radikal wie möglich infrage zu stellen, lässt sich dabei – ähnlich wie dies auch in Bezug auf die Analyse der sozialen Konstruiertheit des Raumes festzustellen ist – niemals vollständig auflösen. Der konstruktivistische Ansatz konfrontiert hier „die erlebte *Tatsächlichkeit* sozialer Realität [...] mit ihrer *großen Kontingenz* und setzt die Rezipientin so einer Spannung zwischen Möglichem und Wirklichem aus" (Hirschauer 1993a: 56; Herv.i.O.).

Da ein solcher Widerspruch konstitutiv für die konstruktivistische Analyse ist, kann mit Birgit Wartenpfuhl grundlegend dafür plädiert werden, dass die „Spannung, einerseits nicht mehr bestimmen zu können, was eine Frau [bzw. ein Mann; d.V.] ist, andererseits die Notwendigkeit, die Kategorie ‚Frau' [bzw. ‚Mann'; d.V.] als einen analytischen Begriff anzuerkennen" (Wartenpfuhl 1996: 207) bewusst zuzulassen ist. Ein solches Spannungsverhältnis lässt sich in der Analyse des Geschlechts nicht nur kaum verhindern, sondern kann sogar als durchaus produktiv gewertet werden, da es immer wieder auf „Widersprüchlichkeiten und Inkonsistenzen von Gesellschaften" (Scott 2001: 60) verweist und damit nicht zuletzt „Konsternation" (ebd.) als einen Prozess der Bewusstseinsbildung auslösen kann. Es macht aber auch auf die Notwendigkeit der permanenten kritischen Infragestellung der eigenen Analyse und auf die Bedeutung eines forschungsmethodologischen Rahmens aufmerksam, der eine differenzierte Auseinandersetzung mit gewählten Fragestellungen anregt und stützt. Da es sich bei dem zu untersuchenden System der Zweigeschlechtlichkeit einerseits um ein System handelt, welches dynamisch und veränderbar ist (und welches auch stets bewegt und verändert *wird*) und aber andererseits auch um ‚objektive' bzw. ‚objektivierte' Beziehungen und Verhältnisse, in die menschliche Individuen eingebunden sind und die auf diese wirken, muss die Kategorie Geschlecht theoretisch und forschungsmethodologisch so konzeptualisiert sein, dass einerseits eine Rekonstruktion als Strukturkategorie angeregt und andererseits aber auch (u.a. über die Rekonstruktion) eine grundlegende Dynamik und Wandelbarkeit aufgezeigt und ermöglicht wird. Vor dem Hintergrund der Offenheit der Kategorie ‚Geschlecht' ist auch ‚Zweigeschlechtlichkeit'

---

112   Wobei mit dem Aufgreifen der Differenz diese aber möglicherweise auch weiter verfestigt werden kann.

so niemals als absolut gegeben und statisch anzusehen, sondern es ist zu berücksichtigen, dass diese sich in historischen gesellschaftlichen Prozessen als ein spezifisches Ordnungsmuster erst herausgebildet hat und als solches auch in gesellschaftlichen Prozessen stets neu herzustellen ist und hergestellt wird.

Ausgehend von einem relationalen, dynamischen und in historischen Prozessen herausgebildeten Geschlechterverhältnis, welches in ‚spezifisch objektivierter' Form gesellschaftlich wirksam wird, werden im Folgenden nun grundlegende, konzeptuelle Überlegungen zur Analyse der Kategorie ‚Geschlecht' vorgestellt und diskutiert.

5.4   ‚Geschlecht' als zweigeschlechtlich-relationale und prozessuale Kategorie: Theoretische Implikationen und forschungsmethodologische Anregungen

Im Rahmen der Analyse des Phänomens der (Un)Sicherheit im öffentlichen Raum ist die grundlegend offene und wandelbare Kategorie ‚Geschlecht' insbesondere in ihrer zweigeschlechtlichen Ausprägung zu berücksichtigen und als solche im Hinblick auf die Prozesse ihrer Konstruktion und Konstitution zu untersuchen. Im Folgenden wird deshalb auf die Konzeptualisierung des ‚Geschlechts' als ein bipolar angelegtes Klassifikations- und Ordnungssystem noch etwas näher eingegangen.

Wie bereits in der Auseinandersetzung mit bisherigen Arbeiten zur Thematik der (Un)Sicherheit begründet wurde (vgl. Abschnitt 2.4.5), bedeutet die Annahme einer bipolaren Anlage des Geschlechterverhältnisses in der empirischen Aufbereitung zunächst einmal konsequenterweise, dass immer beide Geschlechter zu berücksichtigen sind, da ohne den „vorrangigen Referenzpunkt" (Becker-Schmidt 1999: 3) des jeweils anderen Geschlechts Aussagen über mögliche Geschlechter*differenzen* kaum zu treffen sind. Eine kritische ‚Zwei-Geschlechterforschung' muss sich so aus ihrem Gegenstand heraus immer auf die Prozesse der Konstruktion und Konstitution eines *zweigeschlechtlichen* Ordnungssystems beziehen, wie im Hinblick auf die hier gegebene Problematik auch in Abschnitt 2.4.5 bereits begründet wurde. Eine Berücksichtigung des Geschlechterverhältnisses als eine bipolare oder dichotome Ordnung bedeutet dabei aber nicht nur, Männer überhaupt in Untersuchungen als Referenzgröße einzubeziehen, sondern bedeutet auch, das Geschlechterverhältnis in seiner Relationalität, das heißt in der fundamentalen Bezogenheit der beiden Pole von ‚Weiblichkeit' und ‚Männlichkeit' aufeinander, aufzugreifen und zu analysieren. Auf eine solche Relationalität bzw. wechselseitige Bezüglichkeit der Geschlechter macht nicht zuletzt die historische Herleitung der Geschlechterordnung aufmerksam (vgl. Abschnitt 5.2).

Das in unserem Kulturkreis dominante Zwei-Geschlechter-Verhältnis bezeichnet aus dieser Perspektive „nicht mehr und nicht weniger als historisch konstituierte Formen der ‚Relationalität zwischen Genus-Gruppen'" (Knapp 2001: 18). Da die jeweilige Ausgestaltung der Bezogenheit zwischen den Genus-Gruppen dabei als ein historisches, dynamisches und damit wandelbares Faktum anzusehen ist und die „Ausgestaltung von Bezogenheiten zwischen den Geschlechtern [...] geschichts- und gesellschaftsabhängig" (Becker-Schmidt 2000: 39) ist, sind mit einer solchen Aussage immer „die Relationen zwischen dem, was als ‚Genus-Gruppen' gilt" (ebd.), angesprochen, was wiederum auf die Offenheit und Wandelbarkeit der Kategorie ‚Geschlecht' rekurriert. Relationalität ist dabei nicht nur ein „Maßstab [...], mit dem Positionen und Aufgabenfelder für die sozialen Geschlechter abgesteckt werden" (Becker-Schmidt 2000: 47), sondern sie hat auch „eine strukturgebende Funktion, indem sie Interdependenzen innerhalb des sozialen Statusgefüges schafft" (ebd.). Dies bedeutet, dass *‚Geschlecht' nicht nur gesellschaftlich gemacht* wird, sondern als strukturierende Größe auch *selbst wiederum bestimmte gesellschaftliche Strukturen konstruiert und konstituiert*, wobei hier – wie gezeigt wurde – insbesondere die Bedeutung der Körperlichkeit des ‚Geschlechts' zu betonen ist.

5.4.1 Die soziale Konstruiertheit des Geschlechts und ihre Reflexion in der ‚sex/gender-Debatte': Anregungen für die Analyse

Vor dem Hintergrund der engen Verknüpfung der durch körperliche Merkmale markierten Geschlechter*differenz* mit deutlichen *Hierarchie- und Machtunterschieden* wendeten sich Frauen- und GeschlechterforscherInnen vor allem in den 70er Jahren des 20. Jahrhunderts deutlich gegen eine *‚Naturalisierung' der Geschlechterdifferenz* und sie kritisierten damit, ähnlich wie dies neuere raumtheoretische Arbeiten in Bezug auf ‚Raum' tun, die lange Zeit dominante absolutistisch-naturalistische Konzeptualisierung des Geschlechts. Als methodisches Instrumentarium setzte sich in diesem Kontext nicht zuletzt unter „politisch-strategischen" (Knapp 2001: 36) Gesichtspunkten die aus dem anglo-amerikanischen Diskussionszusammenhang stammende Unterscheidung von ‚sex' und ‚gender' durch.[113] Während mit ‚sex' die vom ‚natürlichen', biologisch-physischen Erscheinungsbild abgeleitete Einteilung in ‚männlich' und ‚weiblich' bezeichnet wurde, fokussierte der Begriff des ‚gender' ein als getrennt davon angenommenes ‚soziales Geschlecht'.

---

113   Die begriffliche Differenzierung von ‚sex' und ‚gender' geht dabei ursprünglich zurück auf die (sexual-)psychiatrische Hermaphroditen- und Transsexuellenforschung (vgl. Hirschauer 1993a: 55; Knapp 2000: 69).

Eine solche Trennung wird heute zwar deutlich kritisiert, mit seinem grundlegend ‚anti-substanzialistischen' bzw. ‚anti-naturalistischen' Impetus stieß das
sex/gender-Konzept aber zunächst auf ein breites Interesse sowohl in der Frauen-
und Geschlechter*forschung* als auch in der Frauen*bewegung* als einer politischen
Bewegung: Durch die Loslösung des ‚gender' vom biologischen Geschlecht (sex)
konnten die immer wieder mit körperlichen Unterschieden begründeten Machtun-
terschiede zwischen den Geschlechtern, das heißt die ‚Unterdrückung' der Genus-
Gruppe ‚Frauen', als ein „Überbleibsel einer negativen Anthropologie des Weiblichen aus verflossenen Epochen" (Becker-Schmidt 2000: 29) zurückgewiesen
werden. Die Unterscheidung zwischen ‚sex' und ‚gender' erweiterte und schärfte
die feministische Analyse und Kritik, indem sie die bisherige naturalistisch-abso-
lutistische Konzeptualisierung des Geschlechts bzw. der Zweigeschlechtlichkeit
deutlich infrage stellte und die im historischen Kontext deutlich gewordene, enge
Verknüpfung und Legitimierung des zweigeschlechtlichen Ordnungssystems mit
und über seine materiell-physische Begründung zu überwinden versuchte.

Die konkrete, theoretische und empirische Umsetzung des sex/gender-Kon-
zeptes war dabei allerdings gleichzeitig mit einigen erkenntnistheoretischen Nachteilen verbunden, die letztlich dazu führten, dass eine solche Konzeptualisierung
des Geschlechts im Zuge vertiefter Forschungen zunehmend kritisiert bis abgelehnt
wurde. Ein wichtiger Kritikpunkt richtete sich gegen die semantische Unklarheit
des ‚gender'-Begriffes, der zwar einerseits eine weite Verbreitung und vielfältige
Anwendung in der feministischen Theorie, der Empirie und in der Praxis gefunden hatte, dabei aber andererseits als „ein Passepartout, das quer über die Disziplinen hinweg unterschiedlich dimensionierte Inhalte aufnimmt" (Knapp 2001: 36),
relativ „amorph" (ebd.) blieb.

Neben einer solchen begrifflichen Unklarheit war ein weiterer, wesentlicher
Kritikpunkt, dass die Annahme einer jenseits von sozialen Gegebenheiten bestehenden, zweigeschlechtlichen ‚Natur der Geschlechter' im Begriff des ‚sex' weiterhin aufrechterhalten blieb. Die Bestimmung der Geschlechterdifferenz nach einem vorgegebenen, biologistisch begründeten Raster ‚männlich – weiblich' wurde
mit der Unterscheidung von ‚sex' und ‚gender' keineswegs grundlegend infrage gestellt. Die weiterhin nicht hinterfragte ‚naturhafte' Konzeptualisierung des
‚sex' schränkte die Tragweite des Konzeptes deutlich ein und führte zu Recht zu
der Kritik eines „latenten Biologismus in der Gesamtkonstruktion ‚sex-gender'"
(Gildemeister/Wetterer 1995: 207).

Eng verknüpft mit der ‚naturhaften' und weiterhin absolutistischen Konzeptualisierung des ‚sex' und im Kontext dieser Arbeit von besonderer Bedeutung ist
noch ein weiterer, kritisch zu betrachtender „Nebeneffekt" (Knapp 2001: 36) der

Anwendung des sex/gender-Konzeptes. Die Kritik bezieht sich hierbei darauf, dass bei der konzeptionellen Unterscheidung von ‚sex' und ‚gender' der Aspekt des ‚sex', das heißt die physisch-körperliche Ebene des Geschlechts, weitgehend vernachlässigt wurde. Da der physischen ‚Natur' des Menschen – im Zuge der (politischen) Argumentation des sex/gender-Konzeptes – keinerlei Einfluss auf seine soziale Existenz zugeschrieben wurde, geriet diese in der Analyse des Geschlechts lange weitgehend außer Acht.

Eine solche Vernachlässigung des ‚sex' als materiell-physischer Dimension des ‚Geschlechts' in der Geschlechterforschung dürfte auch einer der Hintergründe sein, weshalb die im Kontext einer Aufarbeitung geschlechtsspezifischer (Un) Sicherheiten im öffentlichen Raum entstandenen Arbeiten bisher nicht konsequent mit einer umfassenderen geschlechterkritischen Perspektive verbunden wurden: Da die sozialwissenschaftliche Geschlechteranalyse die materiell-physische Ebene weitgehend ausklammerte, bot sie wenig Anknüpfungspunkte für die vor allem an der Materialität bzw. dem ‚materiellen Substrat' (des Raumes) orientierten Untersuchungen zum Problem der (Un)Sicherheit im öffentlichen Raum.

Trotz der wichtigen und richtigen Kritikpunkte am sex/gender-Konzept sollte dieses aber dennoch nicht einfach als zu verwerfendes Konzept beiseite gelegt werden. Im Folgenden wird ganz im Gegenteil auf einige in der Trennung von ‚sex' und ‚gender' liegende *Vorteile für die Geschlechteranalyse* hingewiesen werden. Denn auch für das ‚Geschlecht' muss – ähnlich wie dies Bourdieu in Bezug auf den ‚Raum' betont hatte (vgl. Abschnitt 3.3) – festgestellt werden, dass gerade die im Alltagshandeln gegebene, enge Verknüpfung von physischen und sozialen Aspekten eine kritische, sozialwissenschaftliche Analyse deutlich erschwert. Zur Überwindung der hierdurch immer bestehenden Gefahr eines „substantialistischen und realistischen Ansatz[es]" (Bourdieu 1991a: 29) hatte Bourdieu für die Raumanalyse eine bewusste Trennung in einen ‚physischen' und einen ‚sozialen Raum' eingefordert. In vergleichbarer Weise kann auch in Bezug auf die Kategorie ‚Geschlecht' davon ausgegangen werden, *dass die im sex/gender-Konzept eingeführte Trennung von materiell-physischen und sozialen Aspekten des Geschlechts für die Analyse durchaus fruchtbar sein kann.*

In der theoretischen und forschungsmethodologischen Ausgestaltung des sex/gender-Konzeptes zeigt sich allerdings gleichzeitig eine weitere, eher als problematisch zu bewertende Ähnlichkeit mit der Bourdieu'schen Konzeptualisierung des ‚Raumes'. Ebenso wie Bourdieu nämlich den ‚physischen Raum' in absolutistischer Weise konzeptualisiert und (nicht zuletzt deshalb) vernachlässigt hat (vgl. Abschnitt 3.3), wurde, wie oben skizziert, auch der Aspekt des ‚sex', das heißt die physische Komponente des ‚Geschlechts', im Rahmen der Frauen- und Geschlechterforschung lange marginalisiert bzw. weiterhin in einem absolutistisch-materialistischen Sinne aufgefasst. Zur Folge hatte dies, dass die ‚biologistisch-naturalistische' Konzeptualisierung des ‚Geschlechts' als eine ‚natürliche (zwei) geschlechtliche Ordnung' erhalten blieb und aus diesem Grunde analytisch nicht vollständig durchdrungen werden konnte.

Eine solche naturalistische Konzeptualisierung kann heute grundsätzlich als überwunden angenommen werden: Die Annahme eines ahistorischen, natürlichen Geschlechtskörpers hat sich „als unhaltbarer Empirismus erwiesen" (Maihofer 1994: 174) und so muss auch die Dimension des ‚sex', der „‚andere' Teil der Geschlechterordnung entschiedener in den Bereich des Historischen und damit in den Horizont des Machbaren einbezogen" (Knapp 2001: 37) werden. Gerade die historische Rekonstruktion des zweigeschlechtlichen Ordnungssystems (vgl. Abschnitt 5.2) ließ dabei deutlich werden, dass das Infragestellen der Körperlichkeit als ‚natürliche' Basis des ‚Geschlechts' keineswegs zu einer Vernachlässigung derselben führen darf, sondern dass hier von einer engen Verknüpfung sozialer und körperlicher Aspekte des Geschlechts ausgegangen werden muss, die es in der Analyse zu berücksichtigen gilt. In ähnlicher Weise, wie dies auch für den Raum ausgeführt wurde, macht eine solche Neukonzeptualisierung auch in Bezug auf das Geschlecht so vor allem eine „Reformulierung der Materialität von Körpern" (Butler 1995: 22) notwendig.

Um die Körperlichkeit in die sozialwissenschaftliche Analyse einbeziehen zu können, ist es notwendig, in Analogie zum ‚materiellen Substrat' des ‚Raumes' auch den ‚Geschlechtskörper' nicht in einem absolutistisch-materialistischen Sinne als ein „außersoziale[s] Phänomen" (Hirschauer 1993a: 62) anzunehmen, sondern ‚Geschlecht' als eine umfassende soziale Konstruktion zu begreifen, die sich gerade im Wechselspiel von körperlicher Materialität und sozialem Herstellungsprozess immer wieder neu konstituiert (und zwar in unserem Kulturkreis in dominanter Weise als eine zweigeschlechtliche Ordnung). Auch in Bezug auf das ‚Geschlecht' ist damit – ähnlich wie beim ‚Raum' – ein *Bedeutungswandel*[114] von einer absolutistisch-starren zu einer offenen, dynamischen, und damit auch veränderbaren, sozialen Kategorie zu fordern, bei deren Analyse auch die materiell-physischen Aspekte des Geschlechtskörpers in ihrer sozialen Konstruiertheit zu berücksichtigen sind.

---

114 Ein solcher Bedeutungswandel wird in der feministischen Auseinandersetzung mit dem ‚Geschlecht' heute teilweise als Bedeutungsverlust gedeutet. Tatsächlich handelt es sich aber keineswegs „um einen Bedeutungsverlust der Kategorie Geschlecht per se, sondern um gesellschaftlich induzierte, epistemologisch und politisch reflektierte Bedeutungsverschiebungen im gemeinsamen Feld von ‚Sex' und ‚Gender'" (Knapp 2001: 37).

Die analytische Trennung von körperlich-materiellen und sozialen Aspekten des ‚Geschlechts‘, wie sie im sex/gender-Konzept angelegt ist, kann und muss dabei unter Berücksichtigung der hier ausgeführten Erweiterungen grundsätzlich als ein fruchtbares Instrument zur Schärfung sozialwissenschaftlicher Untersuchungen angesehen werden, da sie dazu anregt, die Prozesse des ‚Herstellens‘ von ‚Geschlecht‘ differenziert zu erfassen. Auch wenn eine getrennte Betrachtung *in der Analyse* von Konstitutionsprozessen von Vorteil sein kann, müssen materiell-physische und soziale Aspekte dabei aber immer als eng verwoben miteinander angenommen werden. Eine solche Annahme der Verwobenheit bzw. der gegenseitigen Bedingtheit bedeutet zum einen, dass das körperliche ‚Geschlecht‘ im Rahmen der zweigeschlechtlichen Ordnung als ein „*Effekt* sozialer Prozesse" (Hirschauer 1989: 101; Herv.i.O.) anzunehmen ist und zum anderen aber auch, dass Rückwirkungen der Körperlichkeit auf soziale Prozesse einzubeziehen sind.

Die in der Erweiterung des sex/gender-Konzeptes herausgestellte Notwendigkeit des Einbezugs der Körperlichkeit (als ‚materiell-physisches Substrat‘ des ‚Geschlechts‘) in die Annahme der sozialen Konstruiertheit ist dabei nicht zuletzt auch im Hinblick auf das angestrebte Ziel einer Verknüpfung der Kategorien ‚Raum‘ und ‚Geschlecht‘ von besonderer Relevanz. Denn indem auch in Bezug auf das Geschlecht „die Bedeutung des Körpers [...] zur Disposition" (Löw 1995: 172) gestellt wird, zeigt sich eine deutliche ‚konzeptuelle Nähe‘ zu neueren raumtheoretischen Arbeiten, weshalb konstruktivistische Ansätze der Geschlechterforschung im feministisch-raum-theoretischen Kontext heute auch durchaus auf Interesse stoßen (vgl. z.B. Dörhöfer/Terlinden 1998a). Eine systematische forschungsmethodologische Verknüpfung der Kategorien ‚Raum‘ und ‚Geschlecht‘ wurde dabei allerdings bisher nur in Ansätzen vorgenommen.

5.4.2 *Die Analyse des Geschlechts als Analyse relationaler gesellschaftlicher Prozesse*

Ebenso wie ‚Raum‘ ist auch ‚Geschlecht‘ nicht auf eine absolute, objektive oder ‚natürliche‘ Basis rückführbar, sondern selbst in Bezug auf den materiell-physischen Geschlechts*körper* ist davon auszugehen, dass es sich bei diesem um eine sozial konstruierte ‚objektivierte Wirklichkeit‘ handelt, die – wie in Abschnitt 5.1. skizziert wurde – in einem komplexen Wechselspiel zwischen naturwissenschaftlich-materiellen Befunden und ihren sozialen Deutungen und (Zu)Ordnungen erst entsteht. Als „eine Klassifikationskategorie, der Menschen in unserer und in anderen Gesellschaften nach bestimmten (vor allem körperlichen) Merkmalen zugeordnet werden" (Knapp 2001: 18), basiert ‚Geschlecht‘ so auch in seiner spezifischen Ausprägung der ‚Zweigeschlechtlichkeit‘ auf einer zwar durchaus offenen und wandelbaren, aber dennoch immer wieder in bestimmter Form konkretisierten, alltäglichen sozialen *Unterscheidungspraxis* (Hirschauer 1993: 24). Die Analyse der *Herstellung von Geschlecht* bzw. von Zweigeschlechtlichkeit hat sich so auf die Prozesse des Unterscheidens bzw. (Zu)Ordnens auszurichten, wie dies in ähnlicher Weise auch von Löw zum Beispiel für die Raumanalyse mit dem Begriff der ,(An)Ordnung' betont wurde (dies. 2001: 158ff.; vgl. Abschnitt 3.4.1). In Analogie zu den nach Löw in der Raumanalyse zu fokussierenden Prozessen des ,Spacing' und der ,Syntheseleistung' regt auch die konstruktivistische Geschlechterforschung dazu an, die *sozialen Prozesse des (Zu)Ordnens* bzw. Strukturierens als (Aus)Handlungsprozesse zu rekonstruieren. Daneben spielt aber auch hier die *Wahrnehmung* eine zentrale Rolle und so gilt es auch, zu untersuchen, wie sich eine „Wahrnehmung, die unentwegt damit beschäftigt ist, Menschen in Männer und Frauen zu sortieren" (Lindemann 1996: 148), genau vollzieht. Auch Zuschreibungen einer Geschlechtszugehörigkeit sind immer als „Wahrnehmungen einer Gestalt" (Hirschauer 1993: 37) anzunehmen und setzen dementsprechend immer Syntheseprozesse in der Bestimmung von ,Weiblichkeit' und ,Männlichkeit' voraus.

Für die genauere Untersuchung der Relationalität bzw. des Wechselverhältnisses zwischen ,Männern' und ,Frauen' als Genusgruppen schlägt Becker-Schmidt den Begriff der ,Konnexion' vor:

> „Der Begriff ,Konnexion' verweist gleichermaßen auf Struktur und Handeln. In ihm steckt sowohl ,nexus', was soviel wie Verbindung, Zusammenfügen, Verschlingung heißt, als auch ,nectere', das Verb für ,knüpfen' und ,verflechten'. Konnexionen beziehen sich demnach sowohl auf die Modalitäten, die durch Denken und Tun gestiftet werden, als auch auf die gesellschaftlichen Arrangements, in die Handeln eingebettet ist" (Becker-Schmidt 2000: 40f.).

Auch Becker-Schmidt weist damit auf die beiden eng miteinander verwobenen gesellschaftlichen Prozesse hin, die Löw in der Raumanalyse als Spacing- und Syntheseprozesse unterscheidet. Ähnlich, und vielleicht sogar noch deutlicher als Löw mit dem Begriff der ,(An)Ordnung', weist Becker-Schmidt mit dem von ihr gewählten Begriff der ,Konnexion' dabei auf die in der sozialwissenschaftlichen Analyse immer notwendige Verknüpfung bzw. Verflechtung von Struktur und Handlung bzw. von Gesellschaft und Individuum hin, wie sie auch von Norbert Elias mit dem Begriff der ,Figuration' betont wird. Als ein „einfaches begriffliches Werkzeug" (Elias 1991: 141) von ihm eingeführt, lenkt Elias mit dem Begriff der ,Figuration' den Blick auf die von ihm als zentral angenommenen Interdependenzgeflechte, die einzelne Menschen aneinander binden und die sie dazu bringen, in einer spezifischen Art und Weise zu handeln, in der sie nicht handeln würden, wenn sie frei von solchen Abhängigkeiten wären. Indem er die immer gegebene, fundamentale Abgestimmtheit und Bezogenheit menschlicher Indivi-

duen oder Gruppen aufeinander betont, verdeutlicht der Figurationsbegriff – weit
mehr als zum Beispiel der von Löw gewählte Begriff der ‚(An)Ordnung' und in
seiner differenzierten und vielfältigen Ausarbeitung auch präziser als der von Becker-Schmidt vorgeschlagene Begriff der ‚Konnexion' – die *Beziehungen* (zwischen Menschen) in ihrer Relationalität als gesellschaftskonstituierende Faktoren.
Mit der Konzeptualisierung des Begriffs der ‚Figuration' macht Elias in überzeu-
gender Weise auf die Notwendigkeit und auch auf die Möglichkeit der relationalen analytischen Verknüpfung von Antagonismen, wie sie in den Begriffen ‚Individuum' und ‚Gesellschaft', ‚Handlung' und ‚Struktur' oder auch ‚Spacing' und
‚Syntheseleistung' angelegt sind, aufmerksam. Seinem theoretischen Gerüst ist
deshalb im Kontext der hier notwendigen Analyse eine besondere Bedeutung zuzusprechen.[115] Interessant sind die theoretischen Ausführungen von Elias dabei
insbesondere durch die dem Figurationsbegriff immanente Anregung zur historischen Prozessanalyse sowie durch das von Elias vor dem Hintergrund der zentralen Bedeutung des Machtaspektes im Rahmen seiner Theorie ausgeführte Fi-
gurationsmodell der ‚Machtbalance'. Da davon ausgegangen werden muss, dass
auch die Relationalität des Geschlechterverhältnisses in besonderem Maße gerade durch den Aspekt der Macht bestimmt ist, wird hierauf an anderer Stelle noch
eingegangen (siehe Abschnitt 6.2).

Neben der bisher angesprochenen Relationalität und Prozesshaftigkeit der Genus-Gruppen bzw. der zweigeschlechtlichen Ordnung können bzw. müssen in der
Analyse des Geschlechterverhältnisses aber auch verschiedene Dimensionen des
Gesellschaftlichen, die bisher auf der noch etwas einfachen Folie von ‚sex' und
‚gender' diskutiert wurden, als relational und prozesshaft miteinander verwoben
berücksichtigt werden. Als Relata der Relationalität des Geschlechterverhältnisses sind nicht nur die beiden Genus-Gruppen selbst zu benennen, die als in einem
verwobenen Wechselverhältnis miteinander stehend angenommen werden müssen,
sondern auch die im Analyseprozess zu unterscheidenden körperlich-materiellen
und sozialen Aspekte des ‚Geschlechts', wie sie im Kontext des sex/gender-Kon-
zeptes einführend thematisiert wurden. Hingewiesen wird damit auf die grundsätzliche Verwobenheit physisch-materieller Gegebenheiten mit anderen sozialen
Dimensionen wie Handlungsstrukturen, Normensystemen und symbolisch-kulturellen Ordnungen, die auch in Bezug auf die Kategorie ‚Raum' bereits ausgeführt
wurden und auf die nun im Folgenden im Hinblick auf die Kategorie Geschlecht
näher einzugehen sein wird.

---

115 Auf den Begriff der ‚Figuration' wird deshalb in Abschnitt 6.2 noch näher eingegangen.

5.4.3 Mehrdimensionalität als Basisanforderung auch der Geschlechterforschung

Aufgrund der beschriebenen Komplexität der Kategorie ‚Geschlecht' und der auch hier gegebenen engen Verzahnung der Körperlichkeit mit gesellschaftlichen Komponenten wie zum Beispiel symbolischen Zuschreibungen, Werten, Normen, Verhaltensweisen usw. erscheint es auch im Hinblick auf das Zwei-Geschlechterverhältnis – ähnlich wie dies bereits für den ‚Raum' ausgeführt wurde – sinnvoll zu sein, verschiedene für die Konstruktion bzw. Konstitution von Geschlecht relevante Dimensionen bzw. Komponenten des Gesellschaftlichen in der Analyse zu unterscheiden. In den bisherigen Ausführungen wurde diesbezüglich auf die in der feministischen Forschung bereits in den 1970er Jahren eingeführte Unterscheidung von ‚sex' und ‚gender' hingewiesen (vgl. Abschnitt 5.4.1) und es wurden aber auch die mit dieser Konzeptualisierung verbundenen Nachteile deutlich gemacht. Um solche Nachteile zu überwinden, ist es zunächst einmal wichtig, darauf zu verweisen, dass auch die (historischen) Konstruktionsprozesse des Geschlechtskörpers bei der Annahme der sozialen Konstruiertheit nicht ausgeblendet werden dürfen. Ebenso wie für die Analyse des ‚Raumes' bereits herausgearbeitet wurde, dass hier sowohl das materielle Substrat als auch die eng damit verknüpften sozialen Dimensionen zu berücksichtigen sind, muss auch für die Kategorie ‚Geschlecht' festgestellt werden, dass diese sowohl in ihrer Materialität des ‚sex' als auch in den damit eng verwobenen sozialen Dimensionen des ‚gender' zu berücksichtigen ist. Dabei ist allerdings die bisherige begriffliche Unterscheidung von ‚sex' und ‚gender' gleichzeitig kritisch zu überdenken.

Begrifflich problematisch erscheint dabei vor allem der Begriff des ‚gender', auf dessen ‚amorphen' Charakter, das heißt seine mangelnde Eindeutigkeit, bereits hingewiesen wurde. Trotz vielfacher Kritik ist der Begriff des ‚gender' heute dennoch nahezu zu einem „Routinebegriff" (Scott 2001: 52) geworden, der oftmals synonym zum Begriff ‚Geschlecht' gebraucht wird. Da ‚gender' oft aber „lediglich als Synonym für die unhinterfragten Kategorien ‚Frauen' und ‚Männer' herhalten" (ebd.) muss, ist die Tauglichkeit des Begriffes für die angestrebte analytische Dimensionierung deutlich eingeschränkt. Auch hier wird deshalb davon ausgegangen, dass es „an der Zeit [ist] über [die] Grenzen [des Begriffes ‚gender'; d.V.] nachzudenken und nach Rekonzeptualisierungen der Problematik von Geschlecht und Geschlechterdifferenz zu suchen" (Scott 2001: 60). In der folgenden analytischen Konzeptualisierung wird aus diesem Grunde nicht auf den Begriff ‚gender', sondern auf den Begriff ‚Geschlecht' zurückgegriffen werden, und zwar als eine grundsätzlich offene (und d.h. auch über die Annahme von zwei Geschlechtern hinausgehende) Kategorie, die gleichzeitig in unserem Kulturkreis bis heute in der

Regel in einer spezifischen zweigeschlechtlichen Ordnung (re)produziert wird. Zur Analyse der Kategorie ,Geschlecht' und zur Überwindung der bisherigen Grenzen des ,gender'-Begriffes ist es notwendig, das „Regelwerk der Herstellung von Differenz" (Scott 2001: 59) genauer zu erschließen, was einen differenzierten Analyserahmen erfordert, der die sozialen Prozesse der Wahrnehmung, Herstellung und Materialisierung von ,Geschlecht' ebenso erfassen kann wie mögliche Formen und Rückwirkungen vorgefundener Materialisierungen bzw. Objektivierungen.

Um einer differenzierteren Betrachtung näher zu kommen, wird im Folgenden ein von Gudrun-Axeli Knapp Anfang der 90er Jahre skizziertes, metatheoretisches Modell zur Analyse von „Macht und Geschlecht" (Knapp 1995) aufgegriffen werden,[116] das durchaus Parallelen zu den beschriebenen, mehrdimensionalen raumtheoretischen Analysemodellen aufweist (vgl. Abschnitt 3.4.2). Obwohl das Modell forschungsmethodologisch nicht vertiefend ausgeführt ist und auch von Knapp selbst lediglich als „Skizze" (dies. 1995: 292) bezeichnet wird, ist es aber im hier gegebenen Kontext sehr anregend, da es eine über die Unterscheidung von ,sex' und ,gender' hinausweisende Dimensionierung der Kategorie ,Geschlecht'[117] bietet und damit auch eine Annäherung bzw. Grundlegung für die hier für notwendig erachtete, empirische und theoretische Analyse des Geschlechterverhältnisses darstellt. Unter besonderer Berücksichtigung des Aspektes der Macht – der auch im Kontext der Problematik der (Un)Sicherheit für zentral erachtet wird (vgl. Abschnitt 6.2) – schlägt Knapp zur Analyse des Geschlechterverhältnisses ein Modell vor, in dem – ähnlich wie dies für die Kategorie ,Raum' vorgestellt wurde – verschiedene Dimensionen der Gesellschaftsanalyse unterschieden werden, in denen das Geschlechterverhältnis als eine umfassende soziale Konstruktion zu untersuchen ist. Konkret benennt sie dabei *fünf Ebenen bzw. Dimensionen*, mit denen ihrer Meinung nach die wechselseitigen Konstruktions- und Konstitutionsprozesse zu untersuchen sind, durch die und in denen die Kategorie Geschlecht mit gesellschaftlichen „Verteilungs-, Kontroll- und Repräsentationssysteme[n]" (ebd.) verbunden ist. Im Einzelnen hält Knapp dabei eine Berücksichtigung der folgenden Ebenen bzw. Dimensionen für notwendig:

> „1. Herrschaftssystem, objektive Verflechtung der differenten ,Sphären' bzw. gesellschaftlichen Subsysteme. Darin insbesondere: Vergesellschaftungsformen von Arbeit, Generativität/Sexualität;

---

116 Knapps Perspektive stammt in wesentlichen Grundzügen aus dem Kontext der Kritischen Theorie. Insbesondere ihr forschungsmethodologisches Vorgehen wird hier für übertragbar und anregend angesehen.

117 Die Kategorie Geschlecht wird dabei von Knapp als ein zweigeschlechtliches Ordnungssystem thematisiert (vgl. die in Kapitel 5 einleitend aufgegriffenen, unterschiedlichen Zugangsweisen zu den Kategorien ,Raum' und ,Geschlecht').

2. Symbolische Ordnung (Sprache), Legitimationssysteme, Ideologien, kulturelle Repräsentation des Geschlechterverhältnisses und der Geschlechterdifferenz;

3. Institutionen, klassen- und geschlechtsdifferenzierte Trägergruppen ökonomischer und politischer Macht, Regelungsmechanismen der Machtdistribution (z.b. rechtliche und andere Normierungen sowie Zugangsregelungen);

4. Interaktionen zwischen Frauen und Männern in ihrer mehrfachen Bestimmtheit durch subjektive Motive, Interessen sowie verobjektivierte Handlungs- und Deutungskontexte;

5. Sozialpsychologie des Geschlechterverhältnisses, Geschlechtersozialisation (verstanden als widersprüchlicher Prozeß von Individuation und Vergesellschaftung), innerpsychische Repräsentanzen des Geschlechterverhältnisses und der Geschlechterdifferenz, Psychodynamik von Motiven/Begehren" (Knapp 1995: 295f.).

Die nach Knapp in der Analyse des Zwei-Geschlechterverhältnisses zu unterscheidenden Dimensionen erinnern deutlich an die bereits im Hinblick auf die Raumanalyse unterschiedenen Dimensionen des Gesellschaftlichen und sind nicht zuletzt deshalb für die angestrebte Entwicklung eines die Kategorien Raum und Geschlecht umfassenden Analyse-Modells sehr anregend. Auch Knapp betont dabei die immer notwendige Fokussierung von Wandlungsprozessen. Auffallend und etwas irritierend ist bei Knapp allerdings, dass keine einheitliche Fokussierung des jeweiligen Gegenstandsbereiches vorgenommen wurde, was die Umsetzung und Übertragung etwas erschwert. Insbesondere die dritte Ebene, die sich auf Institutionen und gesellschaftliche Gruppen bezieht, und die fünfte Ebene, die mit dem Begriff der ‚Sozialpsychologie' auf ein wissenschaftliches Forschungsgebiet zielt, fallen deutlich aus dem Rahmen der anderen, eher allgemein gesellschaftstheoretisch-analytisch ausgerichteten Dimensionierungen von Sozialität. Es ist deshalb umso wichtiger, auf die verschiedenen Dimensionen und ihr Verständnis für die hier gegebene Problemstellung noch genauer einzugehen.

Mit den in Bezug auf die *erste Dimension* verwendeten Begriffen ‚Herrschaftssystem' und ‚objektive Verflechtung' macht Knapp auf die Notwendigkeit des Einbezugs manifester (‚objektiver') Strukturen des Gesellschaftlichen aufmerksam, wobei – der bei Knapp betonten Berücksichtigung des Macht-Aspektes entsprechend – insbesondere der Einbezug objektiv verwobener Macht- und Herrschaftsstrukturen zu berücksichtigen ist. Knapp zielt damit meines Erachtens auf ‚objektiv(iert)e Beziehungsgeflechte', in denen gesellschaftliche Teilbereiche miteinander verflochten sein können: Im hier gegebenen Kontext könnte sich eine ‚objektive' Verflechtung der differenten ‚Sphären' dabei zum Beispiel auf ökonomisch-materielle Grundstrukturen bzw. materielle Ressourcen beziehen, die in ihrer Bedeutung für das Entstehen von (Un)Sicherheiten im öffentlichen Raum zu untersuchen wären. Die Stichworte ‚Generativität' und ‚Sexualität' regen dabei nicht zuletzt aber auch zu einer verstärkten Berücksichtigung körperlich-physischer (‚objektiver' bzw. ‚manifester') Gegebenheiten des Geschlechts an und zielen damit auf die bereits erwähnte Dimension des ‚sex'.

Die *Dimension 1* des Knapp'schen Modells zeigt in ihrer Ausrichtung auf materielle und objektivierte Strukturen damit deutliche Parallelen zu den von Läpple oder Sturm in Bezug auf die Raumanalyse ausgeführten Dimensionen bzw. Quadranten des ‚materiell-physischen Substrates' (Läpple) bzw. der ‚materialen Gestalt' (Sturm) gesellschaftlicher Verhältnisse. Knapp erweitert die Betrachtung hier um sozial-strukturell ‚objektivierte' Formen von Vergesellschaftung. Wenig ausgearbeitet ist bei Knapp – und dies fällt insbesondere im Unterschied zu den raumanalytischen Modellen auf – die Berücksichtigung der materiell-physischen Dimension, das heißt hier der Körperlichkeit des Geschlechts. Diese ist aber, den bisherigen Ausführungen folgend, bei der Analyse der Kategorie ‚Geschlecht' durchaus von besonderer Bedeutung.

Neben einer solchen, als ‚objektiv' wahrgenommenen Gesellschaftsstruktur ist bei der Analyse des Geschlechterverhältnisses nach Knapp auch die symbolische Ordnung (*Dimension 2*) zu berücksichtigen. Hier stehen Sprache, Legitimationssysteme, Ideologien und kulturelle Repräsentationen des Geschlechterverhältnisses im Zentrum, die es in der Analyse zu berücksichtigen gilt. Diese Dimension verweist damit auf die auch bei Läpple und Sturm angesprochene Dimension des ‚räumlichen Zeichen-, Symbol- und Repräsentationssystems' (Läpple) bzw. des ‚kulturellen Ausdrucks' (Sturm).

Festgemacht an den jeweiligen Institutionen oder klassen- und geschlechtsdifferenzierten Trägergruppen ökonomischer und politischer Macht, geht es im Rahmen der *dritten Dimension* bei der Analyse des Geschlechterverhältnisses um ‚Regelungsmechanismen der Machtdistribution'. Hierzu gehören nach Knapp Normen und (rechtliche) Regulationssysteme mit den dahinter stehenden Interessenlagen. Auch Knapp betont so die Berücksichtigung eines normativen Regulationssystems, welches in Bezug auf die Raumanalyse beschrieben wurde als ‚institutionalisiertes und normatives Regulationssystem' (Läpple) oder auch als ‚strukturierende Regulation' (Sturm). Ausgehend vom bestehenden System der Zweigeschlechtlichkeit stellt sich hier nicht zuletzt die Frage, wie sich ‚Zweigeschlechtlichkeit' als ein idealtypisches, *normatives* Ordnungssystem, demzufolge „Frauen und Männer zunächst einmal in allen Belangen verschieden *zu sein haben*" (Gildemeister/ Wetterer 1995: 202; Herv.d.V.), im Alltagshandeln immer wieder neu herstellt.

Zu berücksichtigen sind bei einer Analyse des ‚Geschlechts' nach Knapp daneben auch die ‚Interaktionen' zwischen den Geschlechtern *(Dimension 4)*, womit die auch im Hinblick auf eine Raumanalyse bereits betonte Dimension der ‚gesellschaftlichen Interaktions- und Handlungsstrukturen' (Läpple) bzw. des ‚historischen Konstituierens' (Sturm) angesprochen ist. Vor dem Hintergrund der bei Knapp betonten Berücksichtigung des Machtaspektes geht es ihr hier insbesondere „um die Erforschung des changierenden Zusammenspiels von subjektiven Dominanz- und Unterordnungsmotiven, symbolisch-kulturellen und materiellen Machtrelationen, die in den diversen Feldern sozialer Praxis in sich unterschiedlich kombiniert sein können" (Knapp 1995: 295).

Im Rahmen der *Dimension 5* betont Knapp die ‚Geschlechtersozialisation' bzw. Fragen nach „geschlechtsspezifischen Dispositionen oder Verhaltenspotentiale[n]" (ebd.), aber auch innerpsychische Repräsentanzen des Geschlechterverhältnisses bzw. die ‚Psychodynamik von Motiven und Begehren'. Für diese fünfte Dimension findet sich in den raumanalytischen Modellen keine Entsprechung und es wird deshalb bei der Entwicklung eines für die Kategorien Raum und Geschlecht umfassenden Analyse-Modells insbesondere zu diskutieren sein, ob ein Gesamt-Modell um diese Dimension zu erweitern ist.

Auch nach Knapp müssen die genannten und analytisch zu differenzierenden Ebenen dabei immer als eng miteinander verflochten betrachtet werden. Sie regen als einzelne aber gleichzeitig (ähnlich wie dies z.B. auch im raumsoziologischen Modell von Sturm formuliert ist) zu einer konsequenten Berücksichtigung der verschiedenen, als relevant angesehenen Dimensionen von Sozialität an und fördern so gezielt die „Schärfung des kategorialen Unterscheidungsvermögens" (Knapp 1995: 296). Durch die hier gegebenen Differenzierungsmöglichkeiten wird nicht zuletzt auch die (Selbst-)Reflexion im Forschungsprozess unterstützt.[118]

5.5   Die Konzeptualisierung des Zwei-Geschlechterverhältnisses im Kontext der hier gegebenen Fragestellung

Abgeleitet aus den bisherigen Ausführungen wird ‚Geschlecht' im Kontext der hier notwendigen Analyse als eine soziale Konstruktion angenommen, die sich in ihrer etablierten Form der Zweigeschlechtlichkeit als ein gesellschaftliches Ordnungssystem erst in historischen Prozessen herausgebildet hat. In Bezug auf die Konzeptualisierung der Kategorie ‚Geschlecht' für die empirische Aufarbeitung macht die Historizität der zweigeschlechtlichen Ordnung dabei nicht nur auf die Notwendigkeit des Einbezuges einer historischen Perspektive auch bei der Rekonstruktion heutiger Geschlechterverhältnisse aufmerksam, sondern sie verweist auch auf die der Kategorie ‚Geschlecht' (ebenso wie der des ‚Raumes') immanente Offenheit,

---

118   Weitergehend unterstützt werden kann diese z.B. durch differenzierte Codier- und Recodierverfahren in der Interview-Analyse, wie sie von Carol Hagemann-White (dies. 1994) etwa beschrieben werden, die durch bewusste ‚Verfremdungseffekte' zu einer immer notwendigen Distanz anregt.

Dynamik und Prozesshaftigkeit. Vorausgesetzt wird deshalb auch für die Analyse des ‚Geschlechts‘ ein prozesshaftes und relationales Verständnis, welches von einer umfassenden sozialen Konstruiertheit ausgeht, aber auch die Materialität des Geschlechts einbezieht. Auch die Materialität des Geschlechts(körpers) wird dabei als in historischen Prozessen konstruiert und konstituiert und aber auch selbst konstituierend im Kontext gesellschaftlicher Prozesse begriffen.

Im Rahmen des zweigeschlechtlichen Ordnungssystems (als einer möglichen Ausprägung von ‚Geschlecht‘) sind die beiden Genus-Gruppen ‚Frauen‘ und ‚Männer‘ so nicht als ‚von Natur aus‘ gegebene und homogene Gruppen anzunehmen, sondern als in einem relationalen Wechselgefüge ‚männlich‘ und ‚weiblich‘ konstruierte und konstituierte. Gleichzeitig wirkt ‚Geschlecht‘ aber in der in unserem Kulturkreis dominanten Ausprägung der Zweigeschlechtlichkeit auch als ein objektiviertes, idealtypisches Ordnungsmuster, welches dazu beiträgt, dass ‚Weiblichkeit‘ und ‚Männlichkeit‘ immer wieder (re)produziert werden.

Ebenso wie dies bereits im Hinblick auf die Kategorie des Raumes und das idealtypische, gesellschaftliche Ordnungsmuster des öffentlichen und privaten Raumes betont wurde, ist es so auch in Bezug auf die Kategorie ‚Geschlecht‘ in der Analyse notwendig, sowohl die sozialen Prozesse der Konstruktion und Konstitution als auch die Rückwirkungen der Objektivationen bzw. ‚Materialisierungen‘ auf das Soziale zu berücksichtigen und miteinander zu verknüpfen.

Um die komplexen Prozesse der ‚Herstellung‘ von Geschlecht insbesondere als eine zweigeschlechtliche Ordnung rekonstruieren zu können, erscheint dabei eine mehrdimensionale Konzeptualisierung der Kategorie sinnvoll. Für die Analyse des Geschlechterverhältnisses wurde diesbezüglich in Abschnitt 5.4.3 in Anlehnung an Knapp eine mehrdimensionale Vorgehensweise vorgestellt, die zur ‚Schärfung des kategorialen Unterscheidungsvermögens‘ im Rahmen der als komplex anzunehmenden Konstruktions- und Konstitutionsprozesse beitragen kann. Die Unterscheidung der verschiedenen Analyse-Dimensionen bei Knapp ist dabei in ihren Grundzügen durchaus ähnlich angelegt wie in den für die Raum-Analyse vorgestellten Konzeptualisierungen. Auch Knapp regt dazu an, ‚objektive‘ Verflechtungszusammenhänge zu berücksichtigen, was auf die Dimension der Materialität in den raumtheoretischen Arbeiten verweist, und sie betont ebenso wie raumanalytische Modelle, dass diese in enger Verbindung mit symbolischen, normativen und interaktiven Aspekten zu untersuchen sind. Knapp schlägt allerdings insgesamt fünf Dimensionen vor. Als fünfte Dimension, die in den raumanalytischen Modellen so keine Entsprechung findet, benennt sie die ‚innerpsychischen Repräsentanzen des Geschlechterverhältnisses‘ bzw. die ‚Geschlechtersozialisation‘, deren Bedeutung als eigene Dimension im Rahmen der hier gegebenen Fragestellung noch zu diskutieren sein wird (vgl. Abschnitt 6.1). Die auch im Hinblick auf das Geschlecht aufgezeigte mehrdimensionale Analyse-Folie ermöglicht es, in differenzierter Weise auf die ‚Konnexionen' (Becker-Schmidt) bzw. ‚Figurationen' (Elias) einzugehen, in denen sich das Geschlechterverhältnis als ein relationales und prozesshaftes soziales Konstitutionsgefüge immer wieder herstellt.

In der feministischen Analyse des zweigeschlechtlichen Ordnungssystems wird dabei dem Aspekt der ‚Macht' bzw. des Machtungleichgewichts zwischen den Genus-Gruppen seit langem eine bedeutende Rolle zugesprochen. Dies erklärt sich vor allem aus der eingangs beschriebenen Genese der feministischen Forschung, die sich insbesondere in ihren Anfängen im Wesentlichen gegen eine Benachteiligung und Marginalisierung der Genusgruppe der Frauen wendete und dabei immer wieder die zentrale Bedeutung von Macht- und Herrschaftsaspekten nachwies und betonte. Auch Knapp entwickelt das von ihr skizzierte Modell so zum Beispiel explizit zur Analyse von ‚Macht und Geschlecht' und verweist damit auf die fundamentale Bedeutung des Machtaspektes bei der Betrachtung von Geschlecht bzw. Zweigeschlechtlichkeit. Bei der Analyse der Kategorie Geschlecht in ihrer zweigeschlechtlichen Ausprägung ist deshalb die Berücksichtigung des Machtaspektes seit langem sehr viel selbstverständlicher und elaborierter als dies im Hinblick auf die Kategorie ‚Raum' bzw. deren Dichotomisierung in ‚öffentliche' und ‚private Räume' der Fall ist. Dies wird als Anregung und Bestärkung in der auch bei der vorliegenden Fragestellung der (Un)Sicherheit angestrebten, zentralen Berücksichtigung des Machtaspektes angesehen und sollte aber auch als Anregung für die Raumanalyse insgesamt aufgefasst werden.

6. Ein mehrdimensionales, prozessuales Wirkungsgefüge zwischen ‚Raum' und ‚Geschlecht' als Analyse-Modell

In der bisherigen Herleitung der Argumentationslinie wurden ‚Raum' und ‚Geschlecht' zunächst weitgehend unabhängig voneinander aufgearbeitet (vgl. die Kapitel 3, 4 und 5). Theoretische und forschungsmethodologische Implikationen der beiden Kategorien konnten so jeweils immanent ausgeführt werden. Dies war für die Darlegung und das Verständnis durchaus von Vorteil. Die getrennte Aufbereitung hatte aber auch den Hintergrund, dass eine konsequente Verknüpfung beider Kategorien im Rahmen der sozialwissenschaftlichen Theoriebildung und Forschung bisher eher selten geleistet wird.[119] Zwar kann es als ein Verdienst der feministischen bzw. geschlechterorientierten Geografie und Stadtforschung angesehen werden, eine verstärkte Verknüpfung immer wieder angeregt und aufgegriffen zu haben, ein theoretisches und forschungsmethodologisches Fundament wurde dabei aber in der Regel kaum ausgearbeitet.[120]

Im Hinblick auf eine Analyse geschlechtsspezifischer (Un)Sicherheiten im öffentlichen Raum ist jedoch von einem engen Verwobensein beider Kategorien auszugehen und die lange verbreitete kategoriale Engfassung der raumtheoretischen Perspektive auf der einen und der geschlechtertheoretischen Perspektive auf der anderen Seite ist somit auch in forschungsmethodologischer Hinsicht zu überwinden. Da eine hierfür geeignete, die Kategorien Raum und Geschlecht verknüpfende Konzeptualisierung bisher fehlt, gilt es nun, einen *übergreifenden Forschungsrahmen* auszuarbeiten, der eine *Analyse beider Kategorien in ihrer wechselseitigen Bedingtheit* unterstützt und mit dessen Hilfe eine differenzierte

---

119 Selbst Löw (dies. 2001), die sich in ihrer ‚Raumsoziologie' umfassend (auch in methodologischer Hinsicht) mit der Kategorie des ‚Raumes' auseinander setzt und dabei geschlechtsspezifischen Fragestellungen explizit zwei Unterkapitel widmet, führt die Kategorie ‚Geschlecht' dabei keineswegs in vergleichbar komplexer Weise ein. In der Verknüpfung der Dichotomie ‚Öffentlichkeit – Privatheit' mit ‚Geschlecht', zu der insbesondere die historische Forschung immer wieder anregt, wird dagegen die räumliche Konzeptualisierung beispielsweise kaum hinterfragt und ausgeführt. Auch in jüngeren, Geschlechter- und Raumverhältnisse verknüpfenden Publikationen fehlen forschungsmethodologische Perspektiven immer noch weitgehend (vgl. z.B. Bauriedl u.a. 2010).

120 Vgl. z.B. Spain 1992; Rose 1993; erste Anregungen insbesondere im Hinblick auf eine forschungsmethodologische Verknüpfung geben z.B. Dörhöfer/Terlinden 1998.

Untersuchung der hier sich stellenden Problematik geleistet werden kann (s. Kapitel 7). Beide Kategorien werden hierfür grundlegend als *sich wechselseitig bedingende soziale Konstruktionen* angenommen, die in den historischen und aktuellen sozialen Prozessen ihrer Konstruktion und Konstitution zu untersuchen sind.

6.1 ‚Raum' und ‚Geschlecht' in ihren dichotomen Ausprägungen als ein wechselseitiges Wirkungsgefüge

In Erweiterung bisheriger Arbeiten zur Problematik der (Un)Sicherheit im öffentlichen Raum wird hier davon ausgegangen, dass die für eine Analyse als relevant anzusehenden *Kategorien ‚Raum' und ‚Geschlecht' in ihrer jeweiligen sozialen Konstruiertheit als relational miteinander verwoben und sich dabei wechselseitig bedingend* angenommen werden müssen. ‚Räumliche' und ‚geschlechtliche' gesellschaftliche Strukturen werden demnach als ein Konstruktions- und Konstitutionsgefüge aufgefasst, in welchem sich die beiden Kategorien in ihrer jeweils spezifischen Ausprägung (immer wieder neu) herausbilden. Als spezifische Konkretionen der beiden Kategorien sind im Hinblick auf die Problematik geschlechtsspezifischer (Un)Sicherheiten im öffentlichen Raum insbesondere die idealtypischen, dichotomen Ordnungsmuster ‚öffentlicher' und ‚privater Räume' sowie des Zwei-Geschlechterverhältnisses zu berücksichtigen, denen – obwohl sie in vielfältiger Weise infrage zu stellen und stets als soziale Konstruktionen aufzufassen sind – gleichwohl aber eine zentrale gesellschaftliche Relevanz zugesprochen werden muss.

Dass beide Dichotomien in spezifischer Weise miteinander verwoben sind, deutete sich bereits in Kapitel 4 an, wo vor allem auf ihre eng miteinander verknüpfte Herausbildung im Kontext gesellschaftlicher Wandlungsprozesse während des 19. Jahrhunderts eingegangen wurde (vgl. Abschnitt 4.1.2). Im historischen Rückblick wurden bereits wechselseitige Konstruktions- und Konstitutionsprozesse beider Dichotomien deutlich, denen anhand der gegebenen Fragestellung weiter nachgegangen werden kann. Hierfür sind zum einen die *innerhalb* der Kategorien ‚Raum' und ‚Geschlecht' jeweils miteinander verknüpften Relata von Öffentlichkeit und Privatheit sowie von Weiblichkeit und Männlichkeit in den Blick zu nehmen und zum anderen aber auch die *zwischen* den Kategorien gegebenen Relationen zu fokussieren.

Im Hinblick auf die Thematik *geschlechtsspezifischer (Un)Sicherheiten im öffentlichen Raum* ist somit – ausgehend von der Annahme, dass es sich bei (Un)Sicherheiten immer um soziale Konstruktionen handelt (vgl. Abschnitt 2.3) – zu untersuchen, wie diese sich einerseits in ihrer Geschlechtsspezifik, das heißt im

Kontext der sozialen Konstruktions- und Konstitutionsprozesse von ,Männlichkeit' und ,Weiblichkeit' (vgl. Kap. 5), und andererseits in ihrer Raumspezifik, das heißt hier im Kontext der sozialen Konstruktions- und Konstitutionsprozesse von ,öffentlichen' und ,privaten Räumen' (vgl. Kapitel 3 und 4), herausbilde(te)n. Beide Analysekontexte werden dabei nicht als unabhängig voneinander, sondern – ganz im Gegenteil – als in einem *wechselseitig sowohl konstruierten als auch konstruierenden Wirkungsgefüge* miteinander verknüpft begriffen. Wie für jede der beiden Kategorien bereits ausgeführt wurde, sind in der Analyse so zum einen die jeweils relevanten *Prozesse der Konstruktion und Konstitution* von Raum und Geschlecht als Prozesse des (An)Ordnens bzw. (Zu)Ordnens zu berücksichtigen, zum anderen aber auch die hieraus entstehenden, als *,objektiv' wahrgenommenen Materialisierungen in Form einer bestimmten ,Gestalt' mit ihren (Rück-)Wirkungen auf soziale Prozesse* einzubeziehen.

Da davon auszugehen ist, dass solche Materialisierungen bzw. Objektivierungen mit ihren Rückwirkungen auf soziale Prozesse keineswegs nur das Alltagshandeln, sondern auch die Analyse selbst beeinflussen, stellen soziale Konstruktionen in ihrer ,objektiven' bzw. ,objektivierten' Gestalt stets eine besondere forschungsmethodologische Herausforderung dar. Ein Verwobensein auch der Analyse selbst in Prozesse der Konstruktion und Konstitution ihres Untersuchungsgegenstandes kann dabei nicht vermieden, wohl aber reflektiert werden, wie bereits ausgeführt wurde. Nicht nur zur „Schärfung des kategorialen Unterscheidungsvermögens" (Knapp 1995: 296), sondern auch zur Schärfung und Unterstützung der kritischen Reflexion im Analyseprozess wird deshalb im Folgenden in Anlehnung an die bisherigen raum- und geschlechtertheoretischen Ausführungen ein verknüpfendes Modell entwickelt werden, welches insbesondere eine mehrdimensionale Perspektive betont.

6.1.1 Die Notwendigkeit einer mehrdimensionalen Perspektive bei der Analyse räumlich-geschlechtlicher Prozesse

Um der sozialen Konstruiertheit des Phänomens geschlechtsspezifischer (Un)Sicherheiten im öffentlichen Raum und der dabei notwendigen Komplexität der Analyse gerecht zu werden, ist auch im Hinblick auf einen um die Verwobenheit von ,Raum' und ,Geschlecht' erweiterten Ansatz eine mehrdimensionale bzw. mehrperspektivische forschungsmethodologische Konzeptualisierung sinnvoll. Gerade für Forschungen, in denen ,materielle' und ,soziale' Aspekte des Gesellschaftlichen als eng miteinander verknüpft untersucht werden sollen, kann eine „klare Trennung" (Bourdieu 1991a: 28) in der Analyse hilfreich sein. Aber auch generell ist darauf hinzuweisen, dass ohne eine solche „mehrperspektivische Analyse [...]

jede soziologische Untersuchung gesellschaftlicher Positionen und gesellschaftlicher Funktionen einseitig“ (Elias 1991: 137) bleibt.

Angelehnt an die bisherigen Ausführungen (vgl. vor allem die Abschnitte 3.4 und 5.4) und insbesondere die hier reflektierten Analyse-Modelle zu den Kategorien ‚Raum‘ und ‚Geschlecht‘ (vor allem Knapp 1995; Läpple 1991, 1992; Sturm 2000), wird deshalb im Hinblick auf eine Erweiterung bisheriger Untersuchungen zur Problematik der (Un)Sicherheit im öffentlichen Raum ein Analyserahmen vorgeschlagen, der eine mehrdimensionale Betrachtung von ‚Raum‘ und ‚Geschlecht‘ anregt und unterstützt. In Bezug auf die gegebene Problemstellung ist dabei insbesondere die Verknüpfung materiell-physischer und sozialer Aspekte zu betonen.

Da sowohl ‚Raum‘ als auch ‚Geschlecht‘ als offene, dynamische und wandelbare Kategorien angenommen werden müssen (Kapitel 3, 4 und 5), ist auch das beide Kategorien verknüpfende Analyse-Modell grundlegend offen und wandelbar zu konzeptualisieren. Vor dem Hintergrund der Offenheit sind auch die Anzahl und die inhaltliche Ausrichtung der Dimensionierungen nicht starr und allgemeingültig festlegbar, sondern auch diese müssen als grundsätzlich variabel angesehen werden. Ob für eine Analyse so beispielsweise vier Dimensionen, wie sie von Läpple und Sturm für die Raumanalyse vorgeschlagen werden, oder aber fünf Dimensionen, wie Knapp sie für die Analyse des Geschlechterverhältnisses vorschlägt, zu Grunde zu legen sind, lässt sich dementsprechend nicht universell entscheiden, sondern ist in Auseinandersetzung mit dem jeweiligen Untersuchungsgegenstand festzulegen. In der Bearbeitung unterschiedlicher Fragestellungen können hier unterschiedliche Differenzierungen sinnvoll und notwendig sein. Um seine Funktion eines die Analyse schärfenden und unterstützenden Instrumentes ausfüllen zu können, ist der *grundlegend offene, mehrdimensionale Forschungsrahmen* so gleichzeitig immer *in Auseinandersetzung mit der jeweiligen Fragestellung zu konkretisieren.* Hierbei ist zu reflektieren, dass eine Konkretion des Forschungsrahmens immer auch eine *bestimmte perspektivische Ausrichtung der Analyse* vorgibt. Vor dem Hintergrund aber, dass eine spezifische Fokussierung in jeder Forschung unumgänglich und üblich ist, bietet die Auswahl spezifischer Analysedimensionen hier den Vorteil, dass zum einen ein bewusster Reflexionsprozess angeregt wird und zum anderen eine Mehrdimensionalität[121] unterstützt wird.

In diesem Sinne wird im Folgenden eine forschungsmethodologische Konzeptualisierung für die Analyse geschlechtsspezifischer (Un)Sicherheiten im öffentlichen Raum vorgeschlagen, die zwar keinen Anspruch auf universelle Gültigkeit

---

121 So kann eine Erweiterung überwiegend eindimensionaler Vorgehensweisen, wie sie z.B. bei der Fokussierung des materiellen Substrats in der Bearbeitung der Problematik der (Un)Sicherheit im öffentlichen Raum verbreitet sind, erreicht werden.

erhebt, aber gleichwohl als ein hilfreiches Instrument der geforderten Analyse angesehen wird. Als gezielt zu berücksichtigende Dimensionen oder Komponenten der Analyse werden hier neben der als zentral anzunehmenden physischen ,Materialität' sowohl des Raumes als auch des Geschlechts insbesondere gesellschaftliche Normen- und Wertesysteme, symbolische Ordnungen sowie Interaktionen und Handlungsbeziehungen zwischen verschiedenen Individuen fokussiert. Bewusst werden dabei vier Dimensionen vorgeschlagen und nicht, wie Knapp es zum Beispiel nahe legt, fünf. Im Rahmen der fünften Dimension, in der Knapp sich wesentlich von der von Läpple und Sturm vorgeschlagenen analytischen Konzeptualisierung unterscheidet, betont diese die ,Geschlechtersozialisation' bzw. Fragen nach „geschlechtsspezifischen Dispositionen oder Verhaltenspotentiale[n]'' (Knapp 1995: 295), innerpsychische Repräsentanten des Geschlechterverhältnisses und die ,Psychodynamik von Motiven und Begehren'. Diesen bei Knapp durch eine eigene Dimensionierung hervorgehobenen Aspekten wird auch im Kontext der vorliegenden Arbeit durchaus eine Bedeutung zugesprochen. Es erscheint aber im Rahmen der hier angestrebten soziologischen Analyse, die auf ein enges Verwobensein von sozio- und psychogenetischen Prozessen rekurriert[122], möglich und auch sinnvoll, innerpsychische Aspekte und auch Fragen der Geschlechtersozialisation aus dem Kontext des wechselseitigen Wirkungsgefüges der genannten vier Dimensionen heraus zu analysieren, statt diese eigenständig zu dimensionieren.

Als allgemeine Bezeichnung für die aus forschungsmethodologischen Gründen zu unterscheidenden Analyseeinheiten werden hier die Begriffe der ,Dimensionen' oder der ,Komponenten' räumlich-geschlechtlicher Verhältnisse favorisiert, da sie die grundlegend geforderte Offenheit zum Ausdruck bringen. Der Begriff der ,Ebenen', wie ihn Knapp teilweise wählt, oder auch derjenige der ,Quadranten', den vor allem Sturm mit ihrem Kreismodell geprägt hat, scheinen dagegen in unterschiedlicher Weise Beschränkungen nahe zu legen, die hier nicht für sinnvoll erachtet werden: Während der Begriff der ,Ebenen' zum Beispiel eine Rangordnung oder eine bestimmte Abfolge in der Analyse der verschiedenen Dimensionen nahe legt, rekurriert der Begriff der ,Quadranten' auf eine festgelegte Anzahl der zu berücksichtigenden Dimensionen (nämlich vier). Zwar wird auch in dieser Arbeit im Hinblick auf eine Analyse des Phänomens geschlechtspezifischer (Un)Sicherheiten im öffentlichen Raum eine Berücksichtigung von vier Dimensionen vorgeschlagen, es wird dabei aber gleichzeitig davon ausgegangen, dass die Anzahl der Dimensionen oder Komponenten problembezogen durchaus auch variieren kann.

---

122 Auf die enge Verflechtung von Sozio- und Psychogenese wird in Anlehnung an Norbert Elias in Abschnitt 6.2 im Kontext der Ausführungen zur Bedeutung des Aspektes der Macht eingegangen.

In der Visualisierung des im Folgenden vertieften Analyse-Modells greife ich die sehr anschauliche Kreisanordnung von Sturm auf (dies. 2000: 185; vgl. Abschnitt 3.4.2 dieses Bandes), entwickle in der Konzeptualisierung der Dimensionen jedoch ein integriertes bzw. erweitertes Modell der verschiedenen Ansätze, was sich auch in der Bezeichnung der unterschiedlichen Dimensionen ausdrückt.

Abbildung 2:   *Analysedimensionen* eines dynamischen Wirkungsgefüges zwischen ‚Raum' und ‚Geschlecht'

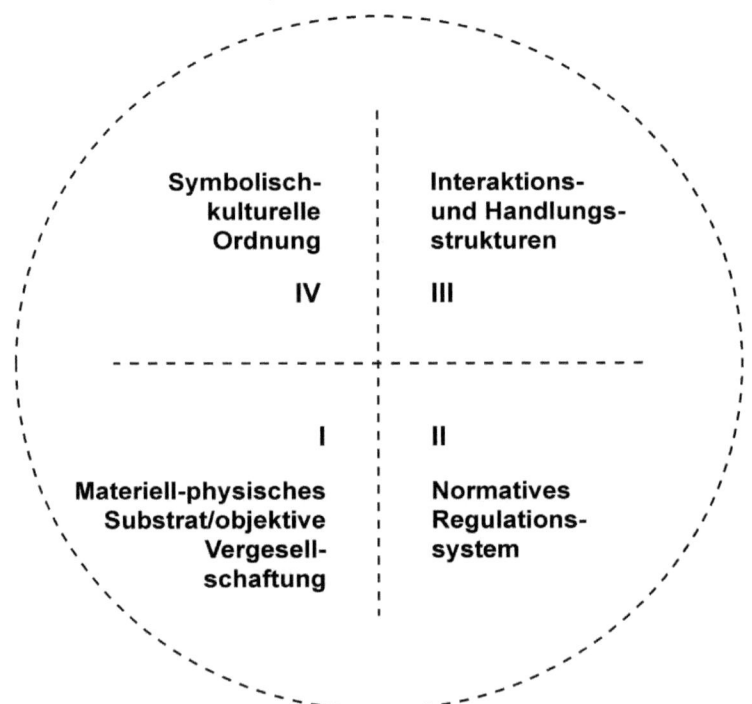

Zu betonen ist im Hinblick auf die vorgeschlagene Trennung verschiedener Dimensionen der Gesellschaftsanalyse zunächst einmal die Feststellung, dass es sich – trotz der etwas schematisch erscheinenden Darstellung – keineswegs um einen statischen Ansatz handelt, sondern die hier unterschiedenen Komponenten des Gesellschaftlichen in einem komplexen, prozessualen Wirkungsgefüge gedacht werden müssen, welches unter anderem einem historischen Wandel unterliegt. Der Vorteil einer ‚dimensionierten analytischen Herangehensweise' liegt in ihrem Aufforderungscharakter zu einer bewussten Unterscheidung und Berücksichtigung verschiedener Dimensionen des Sozialen, die zu einer konsequent mehrperspektivischen Sichtweise im Forschungsprozess anregt und damit nicht zuletzt auch eine permanente Reflexion der Ergebnisse unterstützt. Um die im Hinblick auf eine Analyse geschlechtsspezifischer (Un)Sicherheiten im öffentlichen Raum für sinnvoll erachtete Dimensionierung der Analyse weiter zu verdeutlichen, werden im Folgenden die verschiedenen Dimensionen näher ausgeführt.

Dimension I: Materiell-physisches Substrat/Objektive Vergesellschaftung

Das materiell-physische Substrat, das als räumliche Materialität bei der Analyse geschlechtsspezifischer (Un)Sicherheiten oft im Vordergrund steht, ist dem hier zu Grunde gelegten Modell entsprechend sowohl in Bezug auf den Raum als auch in Bezug auf das Geschlecht – und das heißt hier zunächst einmal auf den Geschlechts*körper* – als eine Dimension[123] zu betrachten.

Ebenso wie dabei davon auszugehen ist, dass Raum „in seiner Körperhaftigkeit sozial konstruiert" (Geiger 1999: 143) ist, gilt dies auch für das Geschlecht (vgl. Kapitel 3, 4 und 5). Dies ist zu betonen, da die Bedeutung der materiell-physischen Körperlichkeit des ‚Geschlechts' in der Geschlechterforschung zwar von großer (wenn auch umstrittener) Bedeutung ist, die physische Materialität hier aber doch eher selten eine vertiefte Berücksichtigung findet. Auch in das Knapp'sche Analyse-Modell geht die Körperlichkeit so beispielsweise eher randständig ein. Beide Kategorien sind aber auch in Bezug auf die materiell-physische Dimension als sozial konstruierte bzw. konstituierte gesellschaftliche ‚Wirklichkeiten' zu untersuchen. Die Materialität geschlechtlich-räumlicher Verhältnisse ist damit als materielle „Erscheinungsform" (Läpple 1991: 196) gezielt im Hinblick auf die *Prozesse ihrer Herstellung zu untersuchen*. Die Annahme der sozialen Konstruiertheit impliziert dabei gleichzeitig, *dass das sozial konstruierte ‚materielle Substrat' sowohl des Raumes als auch des Geschlechts auch auf gesellschaftliche Prozesse rückwirken kann.*

Die bisher vorgestellten *entweder* Raum- *oder* Geschlechterverhältnisse fokussierenden Analyse-Modelle von Läpple, Sturm und Knapp erweiternd, werden ‚Raum' und ‚Geschlecht' als dynamische, prozessuale und relationale Kategorien auch im Hinblick auf ihre körperlich-materiellen ‚Manifestationen' als eng mitein-

---

123   Die Dimension der ‚Materialität' wird im Kreismodell mit ‚I.' beziffert, was aber keine Abfolge kennzeichnen soll.

ander verwoben und *sich gegenseitig bedingend* angenommen. Einer solchen Annahme entsprechend sind Geschlechtskörper als männlich oder weiblich konstruierte nicht ohne räumliche Bezüge vorstellbar, ebenso wie der als öffentlich oder
privat konstruierte und materialisierte Raum nicht ohne geschlechtliche Bezüge
denkbar ist. Dies bezieht sich auf die Wahrnehmung der Dichotomien ebenso wie
auf ihre Herausbildung in sozialen Konstruktions- und Konstitutionsprozessen.
Auf eine enge Verbindung zwischen räumlichen und leiblich-körperlichen Gegebenheiten weist explizit zum Beispiel Maurice Merleau-Ponty (ders. 1966) hin,
indem er herausarbeitet, dass Raumwahrnehmung bzw. Raumerfahrung immer an
den menschlichen Körper und die körperliche Bewegung gebunden sind. Stärker
als dies bei Hamm, Läpple und Sturm deutlich wurde (vgl. Abschnitt 3.4.2), die
den Menschen in seiner Körperlichkeit im Rahmen ihrer analytischen Dimensionierung ebenfalls durchaus einbeziehen, soll die Analyse hier gezielt auf Fragen
der Wechselwirkung zwischen körperlichen und räumlichen Verhältnissen gelenkt
werden. Denn Wahrnehmungen und Erfahrungen des Raumes sind immer körperliche Wahrnehmungen und Erfahrungen der eigenen Körperlichkeit ebenso wie
auch Wahrnehmungen und Erfahrungen des Körpers stets Wahrnehmungen und Erfahrungen des Raumes sind. In diesem Sinne wird einerseits dazu angeregt zu fragen, in welcher Weise zum Beispiel eine geschlechtsspezifisch ‚vorgeformte‘ Körperlichkeit möglicherweise ‚Raum‘ als einen ‚öffentlichen‘ und ‚privaten Raum‘
herstellt, andererseits wird angeregt, die Wirkungen eines als öffentlich und/oder
privat ‚vorgeformten‘ (materiell-physischen) Raumes auf die Herausbildung zweigeschlechtlicher, gesellschaftlicher Strukturen zu untersuchen.

Aufgegriffen wird eine solche Wechselwirkung zwischen materiell-körperli-
chen und sozialen Gegebenheiten zum Beispiel von Bourdieu in seiner Konzeptualisierung des ‚Habitus‘, der sich im menschlichen Körper[124] in physischen Merkmalen wie Gewicht, Haltung, Muskelaufbau, Mimik, Gestik usw. manifestiert.
Auch wenn die Konzeptualisierung des Habitus von Bourdieu dabei vor allem als
eine materielle Form oder Objektivation des ‚Klassengeschmacks‘[125] ausgeführt
wird, kann die Grundkonzeption des Habitus, der bestimmt ist als „strukturierte
Strukturen, die geeignet sind als strukturierende Strukturen zu wirken" (Bourdieu
1976: 164f.),[126] durchaus auch darüber hinausgehende Anregungen zur Analyse

---

124 Bourdieu legt dem Habitus einen sozial konstruierten Körper zu Grunde.
125 Dass auch Strukturkategorien wie die der ‚Klasse‘ oder ‚Schicht‘ im Kontext der hier gegebenen
     Fragestellung durchaus von Bedeutung sind, wird im analytischen Ausblick (Kapitel 7) noch
     deutlicher werden. Sie werden hier aber nicht ins Zentrum gerückt, um die Wechselwirkungen
     zwischen ‚Raum‘ und ‚Geschlecht‘ als Strukturkategorien gezielt fokussieren zu können.
126 Auch für Bourdieu ist der Körper so nicht nur als ein Produkt oder eine Manifestation inkor-
     porierter sozialer Strukturen aufzufassen, sondern diesem ist immer auch selbst wiederum eine
     soziale Wirkmacht zuzusprechen. Den materiell-physischen Körper fasst Bourdieu so keineswegs

räumlich-geschlechtlich bestimmter Körper als Systeme ‚dauerhafter Dispositionen' geben. Besonders interessant ist das Konzept des Habitus dabei, da es explizit auch die Rückwirkung der sozial konstruierten, körperlich-physischen Materialität einbezieht.

Kamen die Anregungen zur Berücksichtigung materiell-physischer Gegebenheiten in der für notwendig erachteten geschlechtlich-räumlichen Analyse grundlegend eher aus dem raumtheoretischen Diskurs, so regt der Geschlechterdiskurs hier ergänzend dazu an, über die bisher aufgegriffenen, materiell-physischen Aspekte der Kategorien Raum und Geschlecht hinausgehend, auch sozial-strukturell ‚objektivierte' Formen von Vergesellschaftung wie zum Beispiel *materiell-ökonomische* Verhältnisse[127] gezielt zu berücksichtigen. Schon in der Auseinandersetzung mit dem Habituskonzept klang an, dass unterschiedliche materielle Bedingungen in ihrer Geschlechts- und Raumspezifik auch in der Analyse der sozialen Konstruktion und Konstitution von (Un)Sicherheiten im öffentlichen Raum als bedeutsam anzunehmen sind. Der in der Benennung der Dimension in Anlehnung an Knapp eingeführte Begriff der ‚objektiven Vergesellschaftung' stellt in diesem Sinne eine Erweiterung des Begriffs des ‚Materiellen' dar, die dazu anregen soll, neben der physischen Materialität des Raumes und des (Geschlechts-)Körpers auch andere ‚materiell', ‚objektiv' und/oder ‚manifest' wirkende Erscheinungsformen eines Untersuchungsfeldes einzubeziehen, die auf gesellschaftliche Prozesse im Sinne einer *‚Verwirklichung'* einwirken. In der Dimension I ist damit in besonderer Weise die ‚Strukturdimension' von Gesellschaft in ihrem ‚objektivierten' oder ‚materialisierten' bzw. als ‚unumstößlich' wahrgenommenen Charakter angesprochen. Hier kann dementsprechend auch z.B. eine *empirische Realität* angesprochen sein, wenn sie sich als objektive Wahrheit ‚materialisiert' bzw. als eine solche verfestigt wahrgenommen wird.

Die Dimension I regt in der Analyse so dazu an, jede Materialität bzw. Objektivität (auch der eigenen empirischen Ergebnisse) immer wieder in ihrer sozialen Konstruiertheit und in ihrem Verwobensein mit anderen Dimensionen des Gesellschaftlichen konsequent zu hinterfragen. Hintergrund einer solchen Notwendigkeit ist die aus der grundlegenden Dynamik und Prozesshaftigkeit ableitbare Feststellung, dass es sich auch bei ‚materiell' bzw. ‚objektiv' gegebenen, räumlichen

---

in ähnlich absolutistischer Weise auf, wie er dies im Hinblick auf den materiell-physischen Raum tut (vgl. dazu Abschnitt 3.3).

127   Ökonomische Verhältnisse werden auch bei Läpple z.B. als ‚Eigentumsformen' durchaus berücksichtigt, allerdings im Rahmen der von ihm konzipierten Dimension des ‚institutionalisierten und normativen Regulationssystems' (ders. 1992: 196). In der deutlich anders ausgerichteten Berücksichtigung ökonomischer Verhältnisse bei Läpple wird ein differierender analytischer Fokus deutlich, der für die hier notwendige Analyse weniger geeignet erscheint.

und/oder geschlechtlichen Gegebenheiten stets um *sozial konstruierte, vorübergehende und keineswegs universelle Manifestationen* handelt.

Im Kontext der Analyse geschlechtsspezifischer (Un)Sicherheiten im öffentlichen Raum ist die materiell-physische ‚Realität' des öffentlichen und/oder privaten Raumes sowie des Geschlechtskörpers von zentraler Relevanz. Hierauf weist nicht nur die Betonung räumlich-physischer Gegebenheiten in den bisherigen Arbeiten zur Thematik hin, sondern zum Beispiel auch die in der historischen Herleitung der Zwei-Geschlechtlichkeit bereits deutlich gewordene, besondere Bedeutung der körperlich-physischen Materialität des Geschlechtskörpers (vgl. Abschnitt 5.2), der auch heute meist als ‚natürlich' wahrgenommen wird. Gerade die Konstruktion und Konstitution einer idealtypischen ‚Naturgegebenheit' der geschlechtlichen Körperlichkeit war und ist für die Durchsetzung des heute dominanten zweigeschlechtlichen Ordnungssystems beispielsweise von zentraler Bedeutung.[128]

Konkret regt die Dimension I im Hinblick auf die Analyse der hier gegebenen Fragestellung dazu an zu untersuchen, wie es dazu kommt, dass das ‚materiell-physische Substrat' gerade des öffentlichen Raumes immer wieder mit einer vermeintlich erhöhten Unsicherheit und Gefährdung der Genus-Gruppe Frauen verbunden wird, und wie genau eine solche Verknüpfung aber auch wiederum soziale Prozesse – und auch zum Beispiel die Herausbildung eines männlichen oder weiblichen Geschlechtskörpers – beeinflusst. Da sowohl die materiell-physische Dimension des Raumes als auch die materiell-physische Dimension des Geschlechts(-körpers) dabei nicht von sozialen Deutungs-, Regelungs- und Handlungsmustern abstrahiert werden können, sondern als eng damit verwoben anzunehmen sind, ist es für die Beantwortung eben solcher Fragen notwendig, die Materialität sowohl des Raumes als auch des Geschlechts nicht lösgelöst, sondern in enger Verknüpfung mit den anderen bereits genannten Dimensionen zu betrachten, die im Folgenden weiter ausgeführt werden.

Dimension II: Normatives Regulationssystem

Eine zweite Dimension oder Komponente bezieht sich in dem hier skizzierten Modell auf das ‚normative Regulationssystem', welches räumlichen und geschlechtsdifferenzierten gesellschaftlichen Prozessen zu Grunde liegt.[129]

---

128 Deshalb ist die Körperlichkeit des ‚sex' und die hiermit verknüpfte Ontologisierung des Geschlechterverhältnisses aufgrund ihrer tendenziell stabilisierenden Wirkung immer wieder ein zentraler Referenzpunkt der Frauen- und Geschlechterforschung gewesen – was allerdings lange vor allem zu einer Ausblendung der Körperlichkeit geführt hat (vgl. Abschnitt 5.4.1).

129 Bereits in der hier gewählten Benennung der Dimension II wird ein Unterschied z.B. zu Läpple deutlich, der von einem ‚institutionalisierten und normativen Regulationssystem' spricht. Ebenso

Die Dimension II soll in der hier vorgeschlagenen Konzeptualisierung, und das heißt im Hinblick auf eine Analyse der Problematik geschlechtsspezifischer (Un)Sicherheiten im öffentlichen Raum, dazu anregen, neben einer Berücksichtigung ‚materieller' bzw. ‚objektiver' Aspekte sowohl des Raumes als auch des Geschlechts ein Augenmerk auch auf die sowohl mit dem öffentlichen und privaten Raum als auch mit der Zweigeschlechtlichkeit verknüpften Gesetze, Normen und Werte zu legen und diese in ihrer spezifischen Relevanz für die jeweilige Fragestellung zu berücksichtigen.

Als eine ‚soziale Norm' ist dabei jede „mehr oder weniger verbindliche, allgemein geltende Vorschrift für menschliches Handeln" (Peuckert 1998: 255) zu fassen. Als mehr oder weniger stark sanktionierte ‚Vorschriften' legen Normen „fest, was in spezifischen und sich wiederholenden Situationen *geboten* oder *verboten* ist" (ebd.; Herv.d.V.). Normen wirken damit ‚regelnd' bzw. ‚regulierend' auf soziale Konstruktions- und Konstitutionsprozesse ein und führen zu „sich wiederholenden Regelmäßigkeiten des Handelns" (Schimank 2000: 38). Legitimationsgrundlage für Normen sind dabei die jeweils verbreiteten, gesellschaftlichen Wertvorstellungen, so dass Normen auch „als Spezifikationen allgemeiner soziokultureller Wertvorstellungen aufgefaßt werden" (Peuckert 1998: 255) können. Da davon auszugehen ist, dass Normen und Werte vor dem Hintergrund ihrer Wirkung in Richtung ‚sich wiederholender Regelmäßigkeiten' von zentraler Bedeutung insbesondere für Stabilisierungs- bzw. *‚Verregelmäßigungstendenzen'* im Rahmen sozialer Konstruktions- und Konstitutionsprozesse sind, erscheinen sie für eine Analyse des als miteinander verwoben angenommenen Gefüges zwischen Raum und Geschlecht und der hierbei festzustellenden relativ stabilen Herausbildung der Dichotomien öffentlicher und privater Räume sowie der Zweigeschlechtlichkeit von besonderer Relevanz zu sein.

Im Hinblick auf die im Kontext dieser Arbeit gegebene Fragestellung interessieren dabei insbesondere jene Normen und Werte, die den Umgang mit der räumlichen Materialität öffentlicher und privater Räume und/oder die Spezifik der Beziehungen im Geschlechterverhältnis regeln. Bezogen auf die Dichotomisierung öffentlicher und privater Räume sowie des Zwei-Geschlechterverhältnisses stellt

---

betont auch Knapp im Hinblick auf ‚Regelungsmechanismen der Machtdistribution' das Moment einer Institutionalisierung. Da aber davon auszugehen ist, dass Prozesse der Institutionalisierung im Rahmen aller Dimensionen von Bedeutung sind bzw. sein können, werden diese hier nicht nur in Bezug auf die Dimension II herausgestellt. Es wird auch nicht von einer ‚strukturierenden Regulation' gesprochen, wie bei Sturm etwa, da eine solche Bezeichnung in der Analyse zwar deutlich die strukturierende Wirkung normativer Regulationssysteme verdeutlicht (und damit zu deren Berücksichtigung anregt), gleichzeitig aber zumindest in der Benennung vernachlässigt, dass Regulationssysteme nicht nur strukturierend wirken, sondern auch selbst ‚strukturiert' sind und d.h. sozial produziert werden.

sich hier die Frage, in welcher Weise gesellschaftliche Normen und Werte an den für die Problemstellung geschlechtsspezifischer (Un)Sicherheiten im öffentlichen Raum relevanten Konstruktions- und Konstitutionsprozessen mitwirken. Von besonderem Interesse ist dabei gerade die ‚Schnittstelle' zwischen Raum und Geschlecht, das heißt Normen und Werte, die sich sowohl auf die Dichotomie öffentlicher und privater Räume als auch auf die Geschlechterdichotomie beziehen.

Da das normative Regulationssystem in ‚verregelmäßigender' Weise Handlungspräferenzen von Menschen generiert, ist dieses für eine Analyse spezifischer Nutzungsweisen, aber auch möglicher (geschlechtsspezifischer) Beschränkungen in der Nutzung öffentlicher und/oder privater Räume von grundlegendem Interesse. Es wird deshalb davon ausgegangen, dass gerade soziale Normen und Werte mit ihrer gesellschaftsregulierenden Funktion auch für eine Betrachtung geschlechtsspezifischer (Un)Sicherheiten im öffentlichen Raum von Bedeutung sind. Grundlage der Analyse ist dabei auch in Bezug auf das normative Regulationssystem ein sich wechselseitig bedingendes Wirkungsgefüge zwischen Raum und Geschlecht, wobei normative Regularien als wichtige Faktoren der hier relevanten (An)Ordnungs- bzw. dichotomen (Zu)Ordnungsprozesse von Raum und Geschlecht als idealtypische und *normative* gesellschaftliche Konstruktionen anzunehmen sind. So gilt es im Hinblick auf die gegebene Problemstellung gezielt zu rekonstruieren, in welcher Weise Normen und Werte bei der sozialen Produktion von Raum und Geschlecht in ihren jeweils dichotomen Ausprägungen mitwirken und welche Bedeutung dem Phänomen der (Un)Sicherheit in diesem Kontext möglicherweise zukommt.

Vor dem Hintergrund der Dynamik und Prozesshaftigkeit der Kategorien Raum und Geschlecht ist auch ein die beiden Kategorien verknüpfendes Normen- und Wertesystem immer als ein dynamisches, in sozialen Prozessen herausgebildetes und damit auch veränderbares anzunehmen. So lässt sich auch jede „Norm nur mit Hilfe einer prozeßsoziologischen Rekonstruktion verstehen und erklären" (Elias 1986: 444), weshalb es in der Analyse auch gilt, die (historische) Herleitung normativer Gegebenheiten gezielt zu berücksichtigen.

Eingegangen sei auch hier nochmals kurz auf den Aspekt der ‚Macht', dem bei Knapp eine zentrale und die verschiedenen Dimensionen umfassende Bedeutung zukommt, der aber von Läpple und Sturm nur teilweise und insbesondere in Bezug auf das normative Regulationssystem betont wird. Auch im Kontext der hier entwickelten Argumentation wird dem Faktor ‚Macht' eine zentrale Bedeutung für die Analyse normativer Regulationssysteme[130] zugesprochen. Die Bedeu-

---

130 Auf die Bedeutung von Machtverhältnissen verweisen schon die hier relevanten Begriffe ‚Gebot', ‚Verbot', ‚Gesetz' und ‚Norm'.

tung des Faktors Macht als ein spezifisches Spannungsmoment menschlicher Beziehungen ist allerdings gleichzeitig auch für die anderen Analysedimensionen hervorzuheben. *Auch* in Bezug auf soziale Normen, Gesetze und Werte ist insofern davon auszugehen, dass diese in besonderer Weise durch Machtverhältnisse bestimmt werden und dass diese gleichzeitig auch umgekehrt Machtverhältnisse in spezifischer Weise bestimmen. Nicht zuletzt Elias, auf dessen prozesssoziologisches Forschungsprogramm in der Analyse der hier gegebenen Problematik zurückgegriffen wird, hat auf einen solchen Zusammenhang immer wieder aufmerksam gemacht.[131]

Dimension III: Interaktions- und Handlungsstrukturen

Eine dritte Dimension bezieht sich auf gesellschaftliche *Interaktions- und Handlungsstrukturen*, die in Bezug auf das Phänomen geschlechtsspezifischer (Un)Sicherheiten im öffentlichen Raum von Relevanz sind. Sturm hatte die hier angesprochene Analysedimension als ‚historisches Konstituieren‘ bezeichnet. Da ich aber davon ausgehe, dass Prozesse des *historischen* Konstituierens in jeder Dimension und insbesondere auch in der Wechselwirkung zwischen den verschiedenen Dimensionen stattfinden, greife ich diese Benennung bewusst nicht auf.

Die Dimension III regt dazu an, Menschen als handelnde und dabei in einem System von Beziehungen bzw. ‚Figurationen‘ relational miteinander verwobene, soziale Akteure in den Blick zu nehmen. Es geht hier somit um die Wechselbeziehungen handelnder Menschen, die sich als männliche oder weibliche Individuen über ein miteinander verwobenes und insbesondere räumlich bestimmtes Handeln konstituieren und konstruieren und als Konstruierte bzw. Konstituierte im Handeln aber auch wiederum Wirkungen erzeugen und damit neue geschlechtliche und räumliche Handlungsbedingungen schaffen.

Der vorausgesetzten Grundannahme einer Wechselwirkung zwischen den Kategorien Raum und Geschlecht entsprechend wird davon ausgegangen, dass sich die Dichotomien von öffentlichen und privaten Räumen sowie diejenige der zweigeschlechtlichen Ordnung auch im Handeln wechselseitig bedingen. Dies bedeutet für die Analyse, dass das jeweilige räumlich bestimmte Handeln mit seinem Einfluss auf die Konstruktion und Konstitution von Geschlecht ebenso zu untersuchen ist, wie das jeweilige geschlechtsspezifische Handeln in seinem Einfluss auf die Konstruktion und Konstitution des öffentlichen und/oder privaten Raumes zu rekonstruieren ist. Vor dem Hintergrund eines wechselseitigen Konstruktions-

---

131 Auf die Elias'sche Konzeptualisierung von ‚Macht‘ bzw. ‚Machtbalancen‘ wird in Abschnitt 6.2.1 vertieft eingegangen.

und Konstitutionsgefüges gilt es dabei, in Bezug auf die hier gegebene Fragestellung einerseits zu analysieren, in welchen Interaktions- und Handlungsstrukturen der öffentliche Raum (als ein in spezifischer Weise vom privaten geschiedener) für die Genus-Gruppen der Männer und der Frauen jeweils unterschiedlich als sicher oder unsicher hergestellt wird, und andererseits aber auch zu fragen, wie das Konstrukt von Sicherheit oder Unsicherheit in seiner räumlich-geschlechtlichen Bezogenheit auch wiederum auf das Handeln der Individuen zurückwirkt. Die relationale Konzeptualisierung von Raum und Geschlecht regt dabei insbesondere dazu an, das handelnde Zusammen-Wirken, die Inter-Aktionen der relational miteinander verwobenen Menschen als *‚Aus-Handlungsprozesse'* in den Blick zu nehmen. Mit dem von ihm ausgearbeiteten Forschungsprogramm der Figurationssoziologie bietet Elias hierfür ein fruchtbares Instrumentarium, um die „fundamentale Verflechtung der einzelnen menschlichen Pläne und Handlungen" (Elias 1990a: 314), die „beständig freundlich oder feindlich ineinander[greifen]" (ebd.) nicht zuletzt auch in einer historischen Perspektive zu untersuchen.

Angenommen werden muss auch in diesem Zusammenhang, dass Interaktions- und Handlungsstrukturen wesentlich durch Machtverhältnisse bestimmt werden, wie dies zum Beispiel von Läpple betont wird. Auch Elias und Bourdieu beispielsweise haben in ihren Arbeiten immer wieder deutlich hierauf hingewiesen. Im Hinblick auf die Problematik geschlechtsspezifischer (Un)Sicherheiten im öffentlichen Raum kommt es also insbesondere darauf an, die der ‚Produktion' eines geschlechtsspezifisch unterschiedenen, als ‚sicher' oder ‚unsicher' wahrgenommenen, öffentlichen Raumes zu Grunde liegenden Konstruktions- und Konstitutions-Prozesse als *macht*volle Prozesse zu analysieren. Hierauf sei schon an dieser Stelle deutlich hingewiesen, auch wenn auf die Bedeutung und Konzeptualisierung, die dem Aspekt der Macht in dem hier ausgearbeiteten Analyse-Modell zugesprochen wird, erst an späterer Stelle vertiefend eingegangen wird (vgl. Abschnitt 6.2).

Dimension IV: Symbolisch-kulturelle Ordnung

Eine vierte Dimension fokussiert die *symbolisch-kulturelle Ordnung*, mit der das Phänomen geschlechtsspezifischer (Un)Sicherheiten im öffentlichen Raum verbunden ist und die es in der Analyse zu berücksichtigen gilt.[132] Angesprochen sind damit Zeichen-, Symbol- und Repräsentationssysteme, die auf ‚Raum' bzw. ‚Geschlecht' in ihren jeweils dichotomen Ordnungen rekurrieren. Wissen, Wahrneh-

---

132   Auf den oft nicht wahrgenommenen, aber gleichwohl bedeutenden „symbolischen Charakter von Zeit und Raum" (Elias 1994: XLVI) macht nicht zuletzt Elias aufmerksam. Auch er fordert dessen stärkere Berücksichtigung in soziologischen Analysen ein.

mung und (Be)Deutungsstrukturen sowohl von Raum als auch von Geschlecht und ihre (sprachliche) Vermittlung sind hier die zentralen Begriffe der Analyse. Es geht dabei zum einen gezielt darum, *soziale Prozesse der Bedeutungs- bzw. Wissens- oder Sinn-Aufladung* zu rekonstruieren, in deren Rahmen die Dichotomien von öffentlichen und privaten Räumen sowie von Männlichkeit und Weiblichkeit mit den in unserem Kulturkreis jeweils dominanten „Bedeutsamkeitsakzenten" (Soeffner 1991: 63) und deren symbolischen Repräsentanten[133] verknüpft werden. Zum anderen geht es aber auch darum zu fragen, *wie die Wahrnehmung bzw. das ‚Wissen' um symbolisch-kulturelle (Be)Deutungen von Raum und Geschlecht in ihren dichotomen Ausprägungen wiederum auf soziale Prozesse rückwirken.*[134]

Von besonderer Relevanz ist die Dimension der ‚symbolisch-kulturellen Ordnung' vor dem Hintergrund der Annahme, dass „die Wirklichkeit der Alltagswelt als eine Wirklichkeitsordnung" (Berger/Luckmann 1980/98: 24) wahrgenommen bzw. erfahren wird. Sie erscheint dabei „vorarrangiert nach Mustern" (ebd.), die unabhängig von der eigenen Erfahrung sind und die sich so „gewissermaßen über [die eigene] Erfahrung [...] legen" (ebd.). Eine solche „Anpassung des Bewußtseins" (ebd.), bei der sich die Alltagswelt nach Berger und Luckmann sogar „in der massivsten, aufdringlichsten, intensivsten Weise" (ebd.) im Bewusstsein „installiert" (ebd.), hängt eng damit zusammen, dass die ‚Wirklichkeit der Alltagswelt' immer bereits objektiviert erscheint, und das heißt „konstituiert durch eine Anordnung der Objekte, die schon [im Vorfeld der eigenen Wahrnehmung; d.V.] zu Objekten deklariert worden waren" (ebd.). Als ein ‚deklarierendes' Moment, das heißt als eine Mittlerin zwischen der ‚objektivierten Alltagswelt' und ihrer Wahrnehmung, ist dabei nach Berger/Luckmann vor allem die Sprache als Zeichen- und Symbolsystem zentral: „Die Sprache, die im alltäglichen Leben gebraucht wird, versorgt [...] unaufhörlich mit den notwendigen Objektivationen und setzt [...] die Ordnung, in welcher diese Objektivationen Sinn haben und in der die Alltagswelt [...] sinnhaft erscheint" (ebd.). Im Rahmen der Analyse ist so auch einzubeziehen, dass „Wörter handeln" (Bourdieu 1993a: 53) bzw. dass „Wörter Wirkungen erzeugen" (ebd.), wie Bourdieu es ausdrückt. Eine solche Wirkung ist zum Beispiel in der sprachlichen Produktion und Vermittlung von ‚Wissen' begründet, wobei es im hier gegebenen Fall keineswegs nur um ein Wissen hinsichtlich der dichotomen Unterscheidung von öffentlichen und privaten Räumen bzw. von Männlichkeit und Weiblichkeit an sich geht, sondern insbesondere auch um das Wissen um

---

133 Symbole sind nach Soeffner „als spezifische Repräsentanten solcher Bedeutsamkeitsakzente" (ders. 1991: 63) anzusehen.

134 Sturms Benennung ihres vierten Quadranten als ‚kultureller Ausdruck', der als „Ergebnis" (dies. 2000: 201) einer prozesshaften Entwicklung beschrieben wird, scheint eine solche Rückwirkung symbolisch-kultureller Gegebenheiten auf soziale Prozesse eher auszuschließen.

ihre spezifischen, auch hierarchischen Bedeutungen, die das Alltagshandeln mit ‚sinnhaft erscheinenden Objektivationen' (Berger/Luckmann) versorgen. Grundsätzlich regt die Dimension IV dazu an zu berücksichtigen, dass *Raum* und *Geschlecht* in ihren jeweils dichotomen Ausprägungen als komplexe und miteinander verwobene, soziale Konstruktionen *auch auf der symbolischen Ebene hergestellt werden.* Die so entstehende, symbolisch-kulturelle Ordnung *‚spricht'* als *eine soziale Konstruktion gleichzeitig aber auch selbst eine ‚Sprache'*, die im Sinne einer *‚Verdichtung'* gesellschaftlicher Wirklichkeiten auf soziale Prozesse einwirkt und die es zu berücksichtigen gilt.

Der sprachlichen Kommunikation in Form des ‚gesprochenen und/oder geschriebenen Wortes', mit der sowohl öffentliche und private räumliche Verhältnisse als auch das Zwei-Geschlechterverhältnis verknüpft sind, kommt hier eine zentrale Bedeutung zu.[135] Daneben sind hier aber auch nicht-verbal-sprachliche Zeichen und Symbole wie (fotografische) Bilder, Verkehrs- und Hinweisschilder oder Ähnliches zu fokussieren. Nicht zuletzt kann sich auch das „Arrangement der Gegenstände im Raum [...] zu Bildern [verknüpfen], die wir interpretieren und bewerten können" (Ipsen 1999: 155), um „uns einen Begriff von einem Raum" (ebd.) zu machen. Vor dem Hintergrund einer solchen Feststellung hat Detlev Ipsen zum Beispiel den Begriff des ‚Raumbildes' eingeführt, in dem „sich das Gegenständliche der symbolischen Darstellung mit dem vorgestellten Gegenstand selber zu einer Bedeutung [verbindet], die jedem für sich genommen abginge" (ebd.). In der Verknüpfung der ‚symbolisch ordnenden Darstellung' mit dem Gegenstand entsteht nach Ipsen etwas Neues, für das aber ebenfalls gilt, dass es einerseits in sozialen Prozessen erst hergestellt wird und das aber gleichzeitig – zum Beispiel über kognitive Prozesse des ‚(Er)Kennens' und ‚Wissens' – in der ihm eigenen Bedeutung auch auf soziale Prozesse einwirkt. Auf eine solche Wirkung macht exemplarisch auch Dieter Läpple aufmerksam, wenn er feststellt, dass im Rahmen des ‚räumlichen Zeichen-, Symbol- und Repräsentationssystems' „hochselektive, spezifische *‚Gebrauchsanweisungen'* [entstehen können; d.V.], die das räumliche Verhalten der Menschen vorstrukturieren" (Läpple 1992: 197; Herv.i.O.). Im Hinblick auf eine Analyse des Phänomens geschlechtsspezifischer (Un)Sicherheiten im öffentlichen Raum mit den hieraus resultierenden Auswirkungen auf die Mobilität erscheint es durchaus lohnenswert, solchen ‚hochselektiven Gebrauchsanweisungen', die insbesondere in der Wechselwirkung zwischen Raum und Geschlecht entstehen können, näher nachzugehen. Über den Einbezug gebräuchlicher Bilder, symbolischer Gegenstände, Begrifflichkeiten etc. und ihre (sprachliche) Kontex-

---

135 Für Bourdieu ‚verkörpert' sich die Verknüpfung von Sprache und (körperlich-)sozialem Agieren z.B. im „linguistischen Habitus" (Bourdieu 1993a: 48).

tualisierung in sozialen Prozessen sind Wahrnehmungs- und Herstellungsprozesse von Wissen und (Be)Deutungsstrukturen in den Blick zu nehmen. Deutlich macht dabei auch die Fokussierung der symbolisch-kulturellen Ordnung auf die Notwendigkeit einer historischen Perspektive aufmerksam, da ein Zeichen- und Symbolsystem immer auch als ein „historisches Artefakt" (Bourdieu 1993a: 51) anzusehen ist, wie Bourdieu zum Beispiel in Bezug auf die ,Sprache' feststellt. Da Symbole und Zeichen dabei immer und wesentlich auch Symbole und Zeichen im Rahmen von Machtverhältnissen sind, kommt auch hier wieder deutlich die Frage der ,Macht' ins Spiel.

6.1.2 (Un)Sicherheit im öffentlichen Raum als ,Produkt' und ,Produzent' der wechselseitigen Konstruktion und Konstitution dichotomer Ordnungen von ,Raum' und ,Geschlecht'

,Raum' und ,Geschlecht' sind in den bisherigen Ausführungen als zentrale und dabei gleichzeitig miteinander verwobene Kategorien der Analyse des Phänomens geschlechtsspezifischer (Un)Sicherheiten im öffentlichen Raum verdeutlicht worden. Ebenso wie beide Kategorien dabei als relationale und prozesshafte gesellschaftliche Konstruktionen anzunehmen und forschungsmethodologisch zu konzeptualisieren sind, ist auch in Bezug auf das beide Kategorien verknüpfende Wirkungsgefüge von einer relationalen und prozesshaften Konzeptualisierung auszugehen. Für die Analyse des hier zu Grunde liegenden Phänomens sind dabei insbesondere die dichotome Konstruktion und Konstitution von ,öffentlichen' und ,privaten' Räumen sowie soziale Konstruktions- und Konstitutionsprozesse des ebenfalls dichotom angelegten Zwei-Geschlechterverhältnisses von Relevanz. Diese gilt es in ihren komplexen Verwobenheiten im Rahmen der im vorigen Abschnitt ausgeführten Analysedimensionen in den Blick zu nehmen.

Die vier Analysedimensionen sind dabei als eigenständige Facetten zu betrachten, die aber sowohl in Bezug auf Raum als auch auf Geschlecht gleichzeitig als komplex miteinander verwoben anzunehmen sind. In der Analyse ist deshalb immer eine Betrachtung in der Gesamtheit notwendig, gleichzeitig wird aber auch davon ausgegangen, dass eine „relative Unabhängigkeit [...] methodologisch notwendig [ist], um eine Forschungsfragestellung in ihren Hauptinteressen und damit Ziel verankern zu können" (Sturm 2000: 199). Die Kreisanordnung soll auch hier – in Anlehnung an Sturm – dazu anregen, unterschiedliche Wechselwirkungen zwischen den Dimensionen einzubeziehen.[136] Das Modell ist damit nicht als starr, sondern als wechselseitig-relational mit wandelbaren Bezügen zwischen

---

136   Sturm verdeutlicht diese anhand einer „Orientierungsleiste für die operationalisierbaren Wechselwirkungen zwischen den Quadranten" (Sturm 2000: 199; vgl. auch Abschnitt 3.4.2).

den Dimensionen zu denken. Es zielt darauf, die verschiedenen Dimensionen in der Analyse nicht aus dem Blick zu verlieren, sondern ganz im Gegenteil bewusst einzubeziehen.

Grundsätzlich ist dabei davon auszugehen, dass sich *Geschlechterverhältnisse als gleichzeitig räumliche Verhältnisse* und *Raumverhältnisse als gleichzeitig geschlechtliche Verhältnisse* einerseits in relativ kurzfristigen Herstellungs- und Zuweisungsprozessen konstituieren und konstruieren, andererseits aber auch in langfristigen historischen Prozessen, in denen sich geschlechtlich-räumliche Gegebenheiten in ihrer grundsätzlich offenen Konzeptualisierung stets entweder stabilisieren oder wandeln können. Als dynamisches Wechselwirkungsgefüge beinhaltet das Analyse-Modell so immer auch eine zeitliche resp. historische Perspektive, in der in Bezug auf die genannten vier Dimensionen Wandlungs- oder Beharrungstendenzen im Rahmen sozialer Prozesse zum Ausdruck kommen können, die sich im mehrdimensionalen Wirkungsgefüge der Kategorien Raum und Geschlecht wechselseitig beeinflussen. Betont wird eine solche historische Prozess-Perspektive zum Beispiel in den Arbeiten von Norbert Elias und auch Gabriele Sturm macht in ihrem Modell mit der ‚Zeitspirale‘ deutlich darauf aufmerksam.[137] Auch eine zeitlich-historische Prozess-Perspektive wird deshalb als ein wichtiger Bestandteil jeder Analyse von Raum und Geschlecht angesehen.

Im Hinblick auf die Untersuchung geschlechtsspezifischer (Un)Sicherheiten im öffentlichen Raum ist so in jeder der vier Analysedimensionen und aber auch gerade in deren Verknüpfung zu untersuchen, welche geschlechtsspezifisch und öffentlich-/privat-räumlich konnotierten, sozialen Wahrnehmungs- und Herstellungsprozesse die Problematik möglicherweise historisch ‚produziert‘ haben und auch heute noch ‚produzieren‘. Neben der Analyse der *sozialen Produktion von geschlechtsspezifisch konnotierten, ‚sicheren‘ und/oder ‚unsicheren‘ Räumen* ist dabei gleichzeitig auch zu fragen, inwiefern die Problematik selbst *als eine objektiviert wahrgenommene ‚Tatsache‘ wiederum soziale Prozesse beeinflusst bzw. ‚produziert‘.*

Bevor solche Fragen beantwortet werden können, ist aber noch ausführlicher auf einen als *zentral anzunehmenden Wirkungsfaktor* im Rahmen der hier zu untersuchenden Konstruktions- und Konstitutionsprozesse hinzuweisen, den es in der Analyse zu berücksichtigen gilt. Angesprochen ist hiermit die ‚Machtfrage‘, deren Bedeutung bereits mehrfach angeklungen ist, die aber bisher noch nicht vertieft wurde. Auf den Aspekt der ‚Macht‘, den es in einem forschungsme-

---

137   Die Bedeutung des Zeitaspektes wird aber auch z.B. von Läpple, Löw und Knapp herausgestellt und ist auch an anderer Stelle dieses Bandes für die konzeptuelle Grundlegung der Kategorien ‚Raum‘ und ‚Geschlecht‘ bereits betont worden.

thodologischen Rahmen zur Analyse geschlechtsspezifischer (Un)Sicherheiten im öffentlichen Raum zu berücksichtigen gilt (vgl. Abschnitt 2.4.6), wird deshalb im folgenden Kapitel näher eingegangen.

6.2 ‚Macht' als dynamischer Faktor im Wirkungsgefüge von ‚Raum' und ‚Geschlecht'

Wie gezeigt wurde, sind sowohl ‚Raum' als auch ‚Geschlecht' grundsätzlich als offene, dynamische und wandelbare soziale Konstruktionen zu konzeptualisieren, wobei aber *gleichzeitig* auch davon auszugehen ist, dass das gegebene Wandlungspotential keineswegs beliebig, sondern in spezifischer Weise ‚gerichtet' ausgebildet wird. Soziale Prozesse führen so – trotz ihrer Offenheit und Dynamik – durchaus zu spezifischen Ausprägungen von ‚Raum' und ‚Geschlecht', wie den in unserem Kulturkreis dominanten, dichotomen Ausprägungen von ‚öffentlichen' und ‚privaten Räumen' sowie der Zwei-Geschlechtlichkeit, die für die Analyse geschlechtsspezifischer (Un)Sicherheiten im öffentlichen Raum als zentral anzusehen sind. Vor dem Hintergrund einer immer gegebenen Dynamik und Veränderbarkeit handelt es sich dabei zwar lediglich um idealtypische und tendenzielle Ausprägungen, die veränderbar sind, deren Wandlungspotentiale aber dennoch Grenzen haben. Auf solche Beschränkungen der Wandlungsfähigkeit wurde bereits hingewiesen. Bisher wurde aber noch kaum näher darauf eingegangen, wodurch sie sich erklären lassen und in welcher Weise sie im Forschungsdesign zu berücksichtigen sind.

Im Kontext einer stets gegebenen *Wandlungsfähigkeit* auf der einen Seite und einer gleichzeitig aber auch gegebenen *Beharrungstendenz* gesellschaftlicher Verhältnisse auf der anderen Seite wird dem Faktor ‚Macht' hier eine zentrale Bedeutung zugesprochen: Es ist davon auszugehen, dass Möglichkeiten und Grenzen der Wandlungsfähigkeit der kategorialen Ausprägungen von ‚Raum' und ‚Geschlecht' aufs Engste mit dem „fluktuierenden Spannungsgleichgewicht" (Elias 1991: 142) der jeweils bestehenden Machtbalancen verknüpft sind. Dem Machtaspekt wird deshalb im Kontext dieser Arbeit eine besondere Bedeutung zugesprochen, die damit zusammenhängt, dass die in den Konstruktions- und Konstitutionsprozessen von ‚Raum' und ‚Geschlecht' prinzipiell angelegte Kontingenz insbesondere durch gesellschaftliche Machtverhältnisse beschränkt ist. Es ist somit davon auszugehen, dass Raumordnungen (wie die Dichotomie von öffentlichen und privaten Räumen) und auch (Zwei-)Geschlechterordnungen grundlegend und auch im hier gegebenen Kontext als *macht*volle gesellschaftliche (An-) bzw. (Zu-) Ordnungen anzunehmen und zu analysieren sind.

Bereits in der einführenden Aufarbeitung der Problemstellung (Kapitel 2) wurde auf die zentrale Bedeutung, die dem Aspekt der ‚Macht‘ bei einer Analyse geschlechtsspezifischer (Un)Sicherheiten im öffentlichen Raum zukommt, hingewiesen. Es wurde dabei zunächst die Notwendigkeit eines Perspektivwechsels von der bisher verbreiteten Konzeptualisierung des Phänomens als ‚Gewaltproblematik‘ zu einer ‚Machtproblematik‘ hergeleitet und begründet (s. die Abschnitte 2.2.4 und 2.4.6). Die zentrale Relevanz des Machtaspektes für die hier zu konzipierende Analyse wurde auch im Rahmen der raum- und geschlechtertheoretischen Aufarbeitungen (Kapitel 3, 4 und 5) immer wieder deutlich und klang auch in den Ausführungen zu dem in Abschnitt 6.1 skizzierten Analyse-Modell bereits an.

Eine hier vorausgesetzte, enge Verwobenheit von Raum, Macht und Geschlecht stellte Maria Spitthöfer schon 1990 in einem Aufsatz zum Thema ‚Frauen und Freiraum‘ fest, in dem sie darauf eingeht, dass auch im Geschlechterverhältnis „Macht haben und Raum haben [...] in der Regel in engem Zusammenhang miteinander stehen" (dies. 1990: 81). Auch wenn dieser Aussage bei Spitthöfer nicht nur in Bezug auf Raum, sondern auch auf den Aspekt der Macht ein eher absolutistisches Verständnis zu Grunde liegt, so greift diese mit der Betonung des Machtaspektes aber doch einen zentralen Aspekt der Analyse räumlich-geschlechtlicher Verhältnisse auf, der insbesondere von feministischer Seite vielfach betont wird (vgl. z.B. Rose 1993; Becker 1997; Scheller 1997; Rodenstein 1998; Dörhöfer/Terlinden 1998a).

Der Einbezug von ‚Macht‘ und ‚Machtfragen‘ in die Analyse der hier gegebenen Problemstellung ist somit dringend geboten, allerdings nicht einfach umzusetzen. Denn in Bezug auf raumtheoretische Arbeiten muss beispielsweise festgestellt werden, dass ‚Machtfragen‘ hier bisher oft vernachlässigt werden.[138] Und obwohl „Macht- und Herrschaftsverhältnisse [...] von Beginn an im Zentrum feministischer Theorie und Praxis" (Maltry 1998: 299) stehen und Machtfragen hier demnach allgemein durchaus eine deutliche Betonung und Berücksichtigung erfahren, spielt der Faktor ‚Macht‘ aber in der konstruktivistischen Geschlechterforschung, auf die hier rekurriert wird, dennoch oft eine eher marginale bzw. „untergeordnete Rolle" (Kahlert 2000: 30). Hinzu kommt, dass die feministische Theorie trotz grundsätzlicher Betonung von Machtfragen keinen einheitlichen bzw. „keinen eindeutigen Begriff von Macht und Herrschaft" (Maltry 1998: 299) vertritt, sondern die Verwendung und inhaltliche Bestimmung des Begriffs der Macht in diesem Kontext eine große Variationsbreite aufweist.[139] Eine durchaus ähnliche

---

138   Läpple formuliert eine Bedeutung von Macht z.B. lediglich am Rande im Hinblick auf gesellschaftliche Interaktions- und Handlungsstrukturen.

139   Auch Maltry selbst beschreibt zwar anschaulich die verschiedenen Phasen und Weisen der Thematisierung von Macht und Herrschaft im feministischen Diskurs, erläutert dabei aber insbesondere den von ihr verwendeten Machtbegriff ebenfalls kaum.

Feststellung lässt sich auch für die sozialwissenschaftliche Theorie und Praxis im Allgemeinen treffen: Zwar gehören ‚Macht' und ‚Herrschaft' zu „den zentralen Kategorien der Sozialwissenschaften" (Imbusch 1998a: 9), aber die Behandlung ist auch hier durch eine „unendliche Vieldeutigkeit" (ebd.) gekennzeichnet. Da im Kontext dieser Arbeit davon ausgegangen wird, dass dem Faktor ‚Macht' im Hinblick auf die jeweils bestehenden Wechselwirkungen im Wirkungsgefüge von Raum und Geschlecht eine zentrale Bedeutung zukommt, stellt sich somit die Frage: Was ist ‚Macht' und wie ist ‚Macht' im hier gegebenen Kontext zu konzeptualisieren?

Heinrich Popitz konstatiert – exemplarisch auch für andere AutorInnen – drei allgemeine Prämissen von ‚Macht', die er mit ‚Macht ist machbar', ‚Macht ist omnipräsent' und ‚Macht ist freiheitsbegrenzend' umschreibt (ders. 1992: 20), und auf die als eine erste Grundlegung der Konzeptualisierung von Macht im Kontext dieser Arbeit kurz eingegangen werden soll. Die erste Prämisse zielt darauf, dass „Macht ein soziales Verhältnis ist" (Imbusch 1998: 13) und dass so auch Macht immer von Menschen in Beziehung zu anderen Menschen ‚gemacht' wird. Auch Machtverhältnisse sind damit grundsätzlich als konstruierte und konstituierte Verhältnisse zu fassen. Als „eine zentrale Form der Vergesellschaftung [...]" erscheint Macht zugleich als ubiquitäres" (ebd.) bzw. omnipräsentes gesellschaftliches Phänomen, welches als ein konstitutives Moment sozialer Prozesse überall dort anzutreffen ist, wo Menschen miteinander in Beziehung stehen. Als ein „Eingriff in die Selbstbestimmung anderer" (Popitz 1992: 20) ist Macht dabei immer auch freiheitsbegrenzend.

Aufgegriffen hatte diese drei Prämissen grundsätzlich auch schon Max Weber, der in einer viel zitierten Definition von Macht feststellte:

> „Macht bedeutet jede Chance, innerhalb einer sozialen Beziehung den eigenen Willen auch gegen Widerstreben durchzusetzen, gleichviel worauf diese Chance beruht" (Weber 1985: 28).

Weber befand den Machtbegriff dabei aber gleichzeitig als „soziologisch amorph" (ebd.), da „alle denkbaren Qualitäten eines Menschen und alle denkbaren Konstellationen [...] jemand in die Lage versetzen [können], seinen Willen in einer gegebenen Situation durchzusetzen" (ders. 1985: 28f.) und er konzentrierte sich deshalb vor allem auf den Begriff der *Herrschaft*, den er für präziser bzw. präzisierbarer hielt. Als ‚Herrschaft' definierte Weber ein spezifisches Machtverhältnis, das gekennzeichnet ist durch „die Chance, für einen Befehl bestimmten Inhalts bei angebbaren Personen Gehorsam zu finden" (ders. 1985: 28).[140] Den „Tatbestand einer Herrschaft" koppelte er dabei mindestens „an das aktuelle Vorhandensein *eines*

---

140   Weber unterscheidet dabei zwischen „drei reine[n] Typen legitimer Herrschaft" (ders. 1985: 124), die er als rationale, traditionale und charismatische Herrschaft fasst.

erfolgreich *anderen* Befehlenden" (ders. 1985: 29; Herv.i.O.) sowie an die im Allgemeinen gegebene Existenz eines Verwaltungsstabes *oder* Verbandes. Auch wenn die Weber'sche „Soziologie der Macht als Herrschaft" (Lukes 1982: 111) in ihrer differenzierten Ausgestaltung vielfältige Anregungen geben kann, so bietet eine solch asymmetrische Konzeptualisierung von Macht aber im Falle der hier zu analysierenden geschlechtsspezifischen (Un)Sicherheiten im öffentlichen Raum lediglich sehr beschränkte Möglichkeiten. Denn auch wenn zwei-geschlechtliche Verhältnisse und öffentlich/privat-räumliche Verhältnisse grundlegend durchaus auch als Herrschaftsverhältnisse anzusehen und zu untersuchen sind, ist die in dieser Arbeit konkret gegebene Fragestellung aber nur schwer vermittels eines begrifflichen Instrumentariums, welches auf ‚Befehl' und/oder ‚Gehorsam' rekurriert, zu analysieren. Über eine solche Feststellung noch hinausgehend, ist vor dem Hintergrund der bei Weber implizierten Absolutsetzung von ‚Herrschern' und ‚Beherrschten' mit Knapp sogar zu befürchten, dass der

> „Herrschaftsbegriff [...] sowie ein Machtbegriff, der nur auf Überordnungs-, Unterordnungs- und Gehorsamsverhältnisse ausgerichtet [ist,] [...] tendenziell den Blick auf die subtileren Machtbeziehungen, die auch über Konsens gestiftet sein können" (Knapp 1995: 301),[141]

verstellt. Um geschlechtsspezifische (Un)Sicherheiten im öffentlichen und privaten Raum zum Beispiel in ihrem paradoxen Verhältnis zu Gefahrenlagen (vgl. Abschnitt 2.2) in den Blick nehmen zu können, erscheint es so unabdingbar, das ‚amorphe' (Weber 1985: 28) bzw. „polymorphe Phänomen" (Knapp 1995: 301) der ‚Macht' weitergehend aufzugreifen. Eine umfassendere Ausrichtung der Konzeptualisierung von Macht soll dabei keineswegs eine Ausblendung von Herrschaftsstrukturen bedeuten, sondern diese werden als „Verfestigungen" (Imbusch 1998: 14) von Machtverhältnissen, die gefasst werden können als „institutionalisierte Macht" (Popitz 1992: 232)[142] mit „stark asymmetrischen Beziehungen zwischen den Akteuren" (Imbusch 1998a: 19), oder auch als „im engeren Sinne Formen institutionalisierter und systematisierter Machtausübung" (Knapp 1995: 292)[143] durchaus einbezogen. Im Rahmen des vierdimensionalen Analyse-Modells (vgl. Abschnitt 6.1) sind Herrschaftsverhältnisse dabei insbesondere in der Dimension I angesprochen, in der es um materialisierte und objektivierte gesellschaftliche Strukturen geht, die wiederum objektivierend und stabilisierend wirksam werden können. Angesprochen ist hier die Grundannahme, dass Formen von Herrschaft, die durch eine Institutionalisierung und eine damit einhergehende Legitimierung

---

141   Knapp entwickelt diesen Gedanken in Anlehnung an Lenz/Luig 1990.
142   Popitz definiert Herrschaft hier in Anlehnung an Max Weber.
143   Knapp unterscheidet einen so gefassten Herrschaftsbegriff vom Begriff der Macht allgemein als „polymorphes Phänomen in sozialen Beziehungen" (dies. 1995: 292).

von Machtverhältnissen gekennzeichnet sind, „Macht zu einer quasi-objektiven Bedeutung" (Popitz 1992: 4) verhelfen, die es durchaus zu berücksichtigen gilt. Eine rein Herrschafts-orientierte Betrachtungsweise kann aber für die hier notwendige Analyse nicht als hinreichend angenommen werden und eine erweiterte Konzeptualisierung von ‚Macht' ist so unumgänglich.

Der Weber'schen Auffassung von Macht als „Hierarchie und Herrschaft" (Lukes 1982: 107), die als eine typische *asymmetrische Auffassung* (ders. 1982: 108) von Macht angesehen werden kann, lässt sich grundsätzlich ein *symmetrisches Verständnis* gegenüberstellen, bei welchem mit dem Begriff ‚Macht' nicht eine „Befehl-Gehorsam-Beziehung" (ders. 1982: 107) beschrieben wird, sondern eine Beziehung, die auf „Kooperation und Konsens" (ebd.) beruht. Macht beschreibt hier ein einvernehmliches Handeln, bei dem „das Ziel [...] gemeinsam ist" (Lukes 1982: 107). Eine solche konsensuelle oder symmetrische Auffassung von Macht wird zum Beispiel bei Hannah Arendt deutlich (ders. 1982: 108). Im Rahmen ihres politisch-philosophisch ausgerichteten Theoriegebäudes entspricht Macht für Arendt

> „der menschlichen Fähigkeit, nicht nur zu handeln oder etwas zu tun, sondern sich mit anderen zusammenzuschließen und im Einvernehmen mit ihnen zu handeln" (Arendt 1995: 45).

Auch für Arendt ist Macht dabei „allen menschlichen Gemeinschaften immer schon inhärent" (dies. 1995: 53), das heißt ‚omnipräsent' (Popitz), und sie ist immer sozial ‚gemacht'. Anders als bei Weber entspricht Macht bei Arendt aber einem gemeinsamen und einvernehmlichen Handeln.[144] Eine solche symmetrische oder einvernehmliche Konzeptualisierung von Macht erweitert die Perspektive in deutlicher Weise für „subtilere[...] Machtbeziehungen, die auch über Konsens gestiftet sein können" (Knapp 1995: 301), was gerade auch für eine Analyse der hier gegebenen Fragestellung von zentraler Bedeutung ist. Macht beschreibt in einer solchen Konzeptualisierung nicht mehr ein asymmetrisches Verhältnis von ‚Herrschenden' auf der einen und ‚Beherrschten' auf der anderen Seite, sondern es wird nun deutlich, dass Macht (auch) aus einem gemeinsamen Handeln entsteht. Damit macht Arendt deutlicher als Weber[145] darauf aufmerksam, dass Einzelne nicht allein Macht haben, sondern Macht auf Zustimmung und einem gemeinsamen Handeln basiert. Eine solche Konzeptualisierung regt dazu an, Machtverhältnisse, wie sie zum Beispiel zwischen den Geschlechtern bestehen, nicht ‚einfach' als absolute, zum Beispiel geschlechtsspezifisch zugewiesene ‚oben-unten'- oder ‚machtvoll-machtlos'-Dichotomien zu untersuchen, sondern Macht in ihrem sozialen Verwoben-

---

144   Als Vorbild dient Arendt die Verfassung der athenischen ‚polis' und der römischen ‚civitas', in denen Macht nicht auf Befehl und Gehorsam gegründet war, sondern auf Verständigung.

145   Auch für Weber zeichnet sich ‚Herrschaft' durchaus durch eine „Legitimationsgrundlage, d.h. eine wie auch immer geartete Zustimmung seitens der Beherrschten" (Claessens 2000: 165) aus.

sein zu fokussieren. Dies bedeutet auch, Machtmöglichkeiten und Einflussnahmen bei Frauen z.b. ebenso in den Blick zu nehmen wie mangelnde Machtmöglichkeiten bei Männern. Eine in dieser Weise erweiterte, relationale Konzeptualisierung, die deutlich auf eine gemeinsame ‚Herstellung' von Macht in sozialen Prozessen verweist, stellt gerade auch aus sozialkonstruktivistischer Perspektive eine unabdingbare Notwendigkeit dar.

Auch die Arendt'sche Auffassung von Macht kann – trotz der darin liegenden Anregungen – für die hier gegebene Fragestellung aber letztlich nicht überzeugen. Eine eingeschränkte Überzeugungskraft ergibt sich dabei zunächst einmal daraus, dass Arendt zwar davon ausgeht, dass über „Macht [...] niemals ein Einzelner" (Arendt 1995: 45) verfügt, sie Macht dabei aber gleichzeitig als ein ‚Gut' konzipiert, das man besitzen und auch verlieren kann: Macht „ist im Besitz einer Gruppe und bleibt nur solange existent, als die Gruppe zusammenhält" (ebd.). Eine solche Formulierung legt – trotz der grundsätzlich bei Arendt gegebenen Betonung des sozialen Charakters von Macht – eine absolutistische Konzeptualisierung nahe, die im Rahmen des hier zu Grunde gelegten, relationalen, dynamischen und prozesshaften Analyse-Modells kaum überzeugen kann. Hintergrund eines solchen, letztlich statischen Macht-Verständnisses bei Arendt ist eine auch von ihr vorgenommene Engführung des Machtbegriffs. Arendt geht es „um die *Rekonstruktion eines positiven Begriffs* von Macht" (Paul-Horn 1994: 101; Herv.i.O.), was zwar als Erweiterung einer asymmetrischen Auffassung aufgegriffen werden kann, bei Arendt selbst jedoch mit dem umgekehrten Ausschluss asymmetrischer, an Befehl und Gehorsam orientierter Machtverhältnisse verbunden ist.[146] So werden auch in Bezug auf die Arendt'sche symmetrische Herangehensweise an Machtphänomene „Grenzen [...] [der] Machtkonzeption erkennbar" (Kreisky 1994: 135), die sich zum Beispiel darin zeigen, dass mit Arendt eine möglicherweise in „Institutionen eingebaute ‚strukturelle Gewalt' [...] begrifflich gar nicht faßbar" (ebd.) ist. Die Arendt'sche Perspektive als Beispiel für eine symmetrische Konzeptualisierung von Macht ist so ebenso wie die an Weber aufgezeigte asymmetrische keineswegs hinreichend. Sie kann allerdings durchaus als eine wichtige Anregung zur Erweiterung des Machtbegriffs angesehen werden – nicht zuletzt auch im Hinblick auf Handlungsmöglichkeiten ‚praktischer Politik', die durch den Ansatz eines stets gemeinsam hergestellten Machtpotentials erweitert werden können: Dies verdeutlicht zum Beispiel Eva Kreisky, wenn sie aus der Arendt'schen Feststellung, dass alle „politischen Institutionen [...] Manifestationen von Macht" (Arendt 1995: 42) sind, gleichzeitig aber erst die „Unterstützung des Volkes" (ebd.) Institutionen überhaupt

---

146   Für Arendt sind zum Beispiel „Macht und Gewalt ganz verschiedenartige Phänomene" (Arendt 1995: 53).

Macht verleiht, die durchaus provokante Frage ableitet: „Was also, wenn Frauen diese Unterstützung verweigern würden?" (Kreisky 1994: 134).

Die von Kreisky aufgeworfene Frage weist in der theoretischen Auseinandersetzung noch auf einen weiteren, kritisch zu hinterfragenden Aspekt sowohl der Arendt'schen als auch der Weber'schen Konzeptualisierung von Macht hin, dem hier kurz nachgegangen werden soll. In Anlehnung an den Arendt'schen Machtbegriff geht eine solche Frage nämlich davon aus, dass Machtverhältnisse stets zielgerichtet und intentional hergestellt werden und so auch intentional ‚verweigert' werden können. Auch für Weber ist Macht in einem ähnlichen Sinne immer „das mehr oder weniger sichtbare Fällen von Entscheidungen" (Imbusch 1998a: 11), wobei ein grundlegend rationales und intentionales Handeln vorausgesetzt werden muss und auch impliziert ist, dass sich sowohl ‚Macht-ausübende' als auch ‚Macht-unterworfene' Menschen stets über ihren ‚Willen' bzw. ‚Nicht-Willen' im Klaren sind. Unbeabsichtigte Wahrnehmungs- und Handlungsmuster sind dabei ausgeschlossen.[147]

Dass der von Kreisky in ihrer oben zitierten Frage implizierte – grundlegend durchaus handlungserweiternde – Ansatz einer kollektiven Verweigerung von Frauen schon für das Alltagsverständnis nicht nur provokant, sondern auch etwas ‚naiv' klingt, hängt aber nicht zuletzt damit zusammen, dass Frauen die sie (als Genus-Gruppe) benachteiligenden Machtungleichheiten in der Regel keineswegs bewusst unterstützen und eine Unterstützung deshalb aber auch nicht bewusst verweigert werden kann. Auch im Hinblick auf die im Kontext dieser Arbeit gegebene Fragestellung macht der paradoxe Zusammenhang geschlechtsspezifischer (Un)Sicherheiten und Gefahrenlagen im öffentlichen und privaten Raum (vgl. Abschnitt 2.2) darauf aufmerksam, dass hier keineswegs nur von bewussten, zielgerichteten und rational gesteuerten Intentionen einzelner Individuen oder Gruppen auszugehen ist, sondern gerade unbewusste und ungeplante soziale Dynamiken von zentraler Bedeutung sein dürften. Auch ein rein intentional und/oder rational ausgerichteter Machtbegriff ist deshalb für eine Analyse der hier gegebenen Problematik wenig sinnvoll.

Zusammenfassend kann nach den bisherigen Ausführungen festgehalten werden, dass weder eine asymmetrische, auf Hierarchie und Herrschaft sich konzentrierende Konzeptualisierung von Macht noch eine symmetrische Auffassung mit ihrer umgekehrten Ausblendung ungleicher Machtverteilungen für eine Analyse geschlechtsspezifischer (Un)Sicherheiten im öffentlichen Raum adäquat erscheinen. Zu suchen ist hier vielmehr nach einer beide Perspektiven verknüpfenden Konzep-

---

147   Unbeabsichtigte Machtausübung unterscheidet Weber in eher biologistischer Argumentation als ‚(latenten) Existenzkampf' oder ‚Auslese' (ders. 1985: 20).

tualisierung, die es zudem ermöglicht, auch *nicht*-intentionale, *nicht*-zweckratio-
nale Aspekte von Macht zu berücksichtigen. Dabei ist, den bisherigen Ausführungen zu den Kategorien ‚Raum' und ‚Geschlecht' entsprechend, ein relationales und
dynamisches Verständnis von Macht gefordert, welches es erlaubt, die für zentral erachteten Analysedimensionen (vgl. Abschnitt 6.1.1) in ihrer wechselseitigen
Verwobenheit zu berücksichtigen.

Im Hinblick auf die Analyse geschlechtsspezifischer (Un)Sicherheiten im öffentlichen Raum wird deshalb im Folgenden eine an das figurations- und prozesssoziologische Forschungsprogramm von Norbert Elias angelehnte Konzeptualisierung von Macht vorgeschlagen, die in besonderer Weise geeignet erscheint, die
notwendigen Anforderungen zu erfüllen.

6.2.1 Zum Begriff der ‚Macht' und seinen theoretischen Implikationen innerhalb eines figurations- und prozesssoziologischen Deutungsrahmens

Hintergrund des figurationssoziologischen Machtbegriffes ist die von Elias immer wieder postulierte, fundamentale Gesellschaftlichkeit menschlicher Individuen, das heißt ihre existentielle Bezogenheit auf andere Menschen. Demzufolge
existieren keine sozialen Einheiten außerhalb der Individuen, sondern alle sozialen Gebilde bestehen aus Figurationen von miteinander verwobenen Individuen.

Im Zentrum des Elias'schen Forschungsprogramms steht so nicht der einzelne Mensch, sondern die Beziehungen zwischen Menschen bzw. genauer die Beziehungsgeflechte, die diese miteinander bilden. Um das zwischen Menschen bestehende Beziehungsgefüge zu beschreiben, benutzt Elias den Begriff der Figuration,
auf den bereits in Abschnitt 5.4.2 in Auseinandersetzung mit dem von Becker-
Schmidt eingeführten Begriff der ‚Konnexion' eingegangen wurde. Figurationen
bilden sich nach Elias, wenn Menschen interdependent, das heißt in Abhängigkeit
voneinander handeln. Der Figurationsbegriff lenkt so die Aufmerksamkeit direkt
auf die Interdependenzen zwischen Individuen, durch die deren Sozialität in bestimmter Weise beeinflusst wird. Erkennbar wird die spezifische Struktur von Figurationen und Interdependenzgeflechten dabei vor allem durch die Berücksichtigung von Machtaspekten, weshalb Macht im Rahmen der Figurationssoziologie
auch als ein ‚Schlüsselkonzept' gilt (Hammer 1997: 41; Baumgart/Eichener 1991:
114), dessen Bedeutung insbesondere auch im Hinblick auf das Verhältnis der Geschlechter von Elias stets betont wurde: „Probleme der Macht [spielen] in den Be-

ziehungen zwischen Männern und Frauen eine sehr wichtige Rolle [...] und [bilden] einen integralen Teil von ihnen" (Elias 1987: 13).[148]

Macht ist dabei auch nach Elias – Webers Definition durchaus ähnlich – als eine „Chance" aufzufassen, „den Handlungskurs von [anderen Menschen; d.V.] [...] zu kontrollieren und zu steuern" (ders. 1991: 98), wobei solche ‚Chancen' aber niemals als absolut gegeben anzunehmen sind, sondern – dem figurations-soziologischen Ansatz entsprechend – immer als relational, in ihrer wechselsei-tigen Verwobenheit miteinander zu betrachten sind. Elias regt so zu der Einsicht an, dass Macht keine eigene Existenz außerhalb der Individuen hat und so zum Beispiel auch nicht im „Besitz einer Gruppe" (Arendt 1995: 45) sein kann: Macht ist kein ‚Ding', wie beispielsweise ein „Amulett, das der eine besitzt und der an-dere nicht" (Elias 1991: 77), sondern Menschen sind, dem Elias'schen Verständ-nis entsprechend, immer in wechselseitigen Figurationen, die stets von Macht be-stimmt sind, miteinander verwoben:

> „Wir hängen von anderen ab, andere hängen von uns ab. Insofern als wir mehr von anderen ab-hängen als sie von uns, mehr auf andere angewiesen sind als sie auf uns, haben sie Macht über uns, ob wir nun durch nackte Gewalt von ihnen abhängig geworden sind oder durch unsere Lie-be oder durch unser Bedürfnis, geliebt zu werden, durch unser Bedürfnis nach Geld, Gesundung, Status, Karriere und Abwechslung" (ders. 1991: 97).

In seinem Verständnis von Macht als Interdependenzbeziehung wendet sich Eli-as gezielt gegen einen statischen „Substanzbegriff" (ders. 1991: 142) oder anders formuliert, gegen einen „objektivistischen Machtbegriff" (Hammer 1997: 49) und führt stattdessen Macht als einen „Beziehungsbegriff" (Elias 1991: 142) ein, der auf ein Gefüge „zwischen mindestens zwei Polen – Menschen oder Menschen-gruppen" (Hammer 1997: 49) zielt.[149] Die innerhalb eines solchen Beziehungs-gefüges sich wandelnde oder ‚fluktuierende' Polarität von Macht verdeutlicht er durch den Begriff der ‚Machtbalance':

> „Im Zentrum der wechselnden Figurationen [...] steht ein fluktuierendes Spannungsgleichge-wicht, das Hin und Her einer Machtbalance, die sich bald mehr der einen, bald mehr der ande-ren Seite zuneigt" (Elias 1991: 142f.).

Der Begriff der ‚Balance' meint hier somit nicht eine symmetrische, ausgewoge-ne Beziehung, sondern soll die Dynamik und den Prozesscharakter der Konzep-tualisierung von Macht betonen. Vor dem Hintergrund der Erkenntnis, dass uns

---

148   Elias hat zwar nicht ausführlich zum Geschlechterverhältnis veröffentlicht, er hat aber – anders als viele Kollegen seiner Zeit – die Geschlechterbeziehungen auch nicht völlig ausgeblendet (vgl. z.B. Elias 1986; vgl. dazu auch Klein/Liebsch 1997a).

149   Auch hinter ‚struktureller Gewalt' stehen so nach Elias immer Menschen mit Interessen und Abhängigkeiten.

die „herkömmlichen Denkgebräuche [...] zu lange in simple statische Polaritäten wie die zwischen Herrschenden und Beherrschten eingespannt" (ders. 1986: 427) haben, entwickelt Elias bewusst

> „ein begriffliches Instrumentarium, das die Aussagen nicht nur auf zwei statische Alternativen beschränkt, sondern den Weg zur Erörterung gleitender Skalen eröffnet und so die Möglichkeit bietet, ‚mehr' oder ‚weniger' zu sagen" (ebd.).

Da Macht von Elias als „eine Struktureigentümlichkeit [...] *aller* menschlichen Beziehungen" (ders. 1991: 77; Herv.i.O.) angenommen wird, sind Figurationen *immer* durch solche mehr oder weniger labilen „Machtbalancen mit ihren eingebauten Machtungleichgewichten" (ders. 1987: 13) gekennzeichnet. Macht ist so auch für Elias omnipräsent. Durch den Begriff der Macht*balance* wird die Konzeptualisierung von Macht hier gleichzeitig soziologisch dahingehend geöffnet, dass Macht nicht ausschließlich der jeweils ‚herrschenden' oder stärkeren Gruppe zugeschrieben werden kann, sondern als eine relationale Größe immer auch der schwächeren Gruppe der ‚Beherrschten' zuzuschreiben ist. Dem Elias'schen Verständnis entsprechend, sind Menschen also niemals ‚machtlos', nie *nur* Opfer und nie *nur* Täter,[150] sondern es eröffnet – ganz im Gegenteil – die Perspektive für eine breite „begriffliche Erfassung von Schattierungen und Abstufungen in der Verteilung der Machtgewichte zwischen menschlichen Gruppen" (ders. 1986: 427).[151] Eine solche offene Konzeptualisierung von Macht ist für eine konstruktivistische Analyse der Problematik geschlechtsspezifischer (Un)Sicherheiten im öffentlichen Raum unerlässlich. Sie wird auch in der Geschlechterforschung bereits seit langem schon deshalb eingefordert, da sich

> „eine feministische Macht- und Herrschaftstheorie mit transformativem Anspruch [...] [auch] mit Machtstrategien von Frauen befassen [muss]. Frauen sind nicht nur Opfer männlicher Machtausübung, sondern sie üben auch selbst bestimmte Formen von Macht aus" (Maltry 1998: 301).

Obwohl die Elias'sche Konzeptualisierung in diesem Zusammenhang durchaus interessant ist, wird er aber nicht nur im raumtheoretischen Kontext, sondern auch im geschlechtertheoretischen immer noch eher selten rezipiert. Eine eher geringe Resonanz erklärt sich hier nicht zuletzt daraus, dass Elias selbst „der besonderen Situation der Frauen und dem Geschlechterverhältnis in seinem Gesamtwerk relativ wenig

---

150   Elias führt eine solche Relationalität sehr weit gehend aus: „Nicht nur der Herr hat über den Sklaven Macht, sondern auch – je nach seiner Funktion für ihn – der Sklave über den Herrn. Im Falle der Beziehung zwischen Eltern und Kleinkind, zwischen Herrn und Sklaven sind die Machtgewichte sehr ungleich verteilt. Aber ob die Machtdifferentiale groß oder klein sind, Machtbalancen sind überall da vorhanden, wo eine funktionale Interdependenz zwischen Menschen besteht" (Elias 1991: 77).

151   Vgl. hierzu auch Elias 1991: 96ff.

Aufmerksamkeit" (Hammer 1997: 66) widmet,[152] wenngleich er hierauf grundsätzlich durchaus eingeht.[153] Obwohl Elias weder der Kategorie Geschlecht noch der
des Raumes eine *zentrale* Aufmerksamkeit geschenkt hat, ist aber davon auszugehen, dass der von ihm ausgearbeitete Ansatz für die hier vorgeschlagene Analyse
geschlechtlicher und räumlicher Verhältnisse wichtige Impulse geben kann. Im feministisch ausgerichteten sozialwissenschaftlichen Kontext gibt es dabei „noch am
ehesten einen Zugriff auf Elias bei *methodologischen* Fragen" (Treibel 1997: 309;
Herv.i.O.), wobei insbesondere die von ihm angeregte „Öffnung der Perspektive
auf die Feinverteilung von Macht zwischen den Geschlechtern" (Knapp 1995: 300)
auf Interesse stößt, was mit Blick auf die oben von Maltry zum Beispiel formulierten
Ansprüche an eine feministische Macht- und Herrschaftstheorie verständlich wird.

Auch Elias' methodologische Anregungen können und sollen deshalb für die
Analyse geschlechtsspezifischer (Un)Sicherheiten im öffentlichen Raum fruchtbar
gemacht werden. Eingebunden in die Grundannahme dynamischer und prozess-
hafter Figurationen von Menschen, bietet sich hier ein relationales Denkmodell
von Macht, welches geeignet ist, sowohl die geforderte kategoriale Offenheit und
soziale Konstruiertheit von Raum und Geschlecht als auch die sich herausbildenden, räumlich-geschlechtlich konnotierten sozialen Konstrukte im Rahmen sich
wandelnder Machtbalancen zu erfassen.[154]

Die Relationalität, Dynamik und Prozesshaftigkeit des Machtbegriffs drückt
sich dabei auch darin aus, dass es dem figurationssoziologischen Denken mit seiner konsequenten Verweigerung von statischen und absoluten Polaritäten zum
Beispiel „widerstrebt, nur einseitig das Leben von Frauen zu analysieren" (Klein/
Liebsch 1997a: 35). Ganz im Gegenteil unterstützt das figurationssoziologische
Forschungsprogramm explizit die auch im Kontext dieser Arbeit (Abschnitt 2.4.5)
aufgestellte Forderung, „das *Verhältnis* von Frauen und Männern in den Mittelpunkt
zu rücken. So eröffnet es die Möglichkeit, Fragen der Konstitution von Weiblichkeit und Männlichkeit in ihrer gegenseitigen Bedingtheit" (ebd.; Herv.i.O.) ebenso
zu berücksichtigen wie „auch Formen von ,Zwischengeschlechtlichkeit' nachzugehen" (ebd.). Nicht zuletzt deshalb ist der figurationssoziologische Machtbegriff
mit der im vorigen Kapitel verdeutlichten, dynamischen, prozesshaften und relationalen Konzeptualisierung in besonderer Weise geeignet, das in Abschnitt 6.1

---

152   Nur eine Veröffentlichung bezieht sich explizit auf dieses Thema (Elias 1986).
153   Neben dem bereits genannten Aufsatz von 1986 wird das Zwei-Geschlechterverhältnis bei Elias
       auch im Rahmen umfassenderer Veröffentlichungen angesprochen (vgl. z.B. Elias 1991a: 230ff.;
       ders. 1990a: 107ff., 401ff.; ders. 1987). Treibel verweist in einem anderen Zusammenhang
       noch auf ein Manuskript von Elias, das sog. „Leicester-Papier", welches die „Wandlungen des
       Geschlechtergleichgewichts" aufgreift (Treibel 1990: 181).
154   Ein besonderes Merkmal des Elias'schen Ansatzes ist es, dass er „stets bezweifelt hat, daß etwas
       einfach ,da' oder ,so' ist [...], sondern immer die Prozeßhaftigkeit betonte" (Treibel 1997: 308).

skizzierte Analysemodell um die innerhalb und zwischen den Kategorien Raum und Geschlecht gegebenen Machtverhältnisse zu erweitern und zu präzisieren. In der Fokussierung von Figurationen oder Beziehungsgeflechten ermöglicht der Rückgriff auf eine figurationssoziologische Analyse nicht zuletzt auch die in den Sozialwissenschaften vielfach eingeforderte Verknüpfung „einer mikrologischen [...] und [...] einer makrologischen Perspektive" (Knapp 1995: 293) oder anders formuliert, die Verknüpfung von ‚Individuum' und ‚Gesellschaft'.[155] Indem der zu Grunde gelegte Machtbegriff dabei nicht statisch und absolut ist, sondern ein Spannungsgefüge einer *macht*vollen, wechselseitigen Beziehung beschreibt, in der keine Seite als absolut machtlos anzunehmen ist, kann zum Beispiel auch der von Maltry eingeforderte Einbezug des Verwobenseins von Frauen in die Prozesse der Herstellung und Stabilisierung von Machtverhältnissen, in denen sie möglicherweise sogar selbst als Genus-Gruppe benachteiligt werden, untersucht werden.

Von besonderem Vorteil für die hier notwendige Analyse ist das Elias'sche Machtkonzept zudem, da es nicht nur bewusste, intentionale Machtverhältnisse fokussiert, sondern die Möglichkeit bietet, auch nicht-intentionale Formen von Macht in ihren sozialen Entstehungsbedingungen und Wirkweisen im Rahmen eines figurationalen Gefüges in den Blick nehmen und somit auch unbeabsichtigt sich einstellende Ordnungen und Handlungsmuster untersuchen zu können. Nach Elias sind Machtbeziehungen keineswegs nur das Ergebnis planender Individuen, die in zielstrebigen Handlungen ihren Willen gegenüber anderen durchsetzen, sondern auch ungeplante und irrational hervorgebrachte gesellschaftliche Stärkeverhältnisse bilden als Ergebnis gesellschaftlicher Figurationen Machtbeziehungen ab. Da Macht dabei als „Struktureigentümlichkeit [...] weder gut noch schlecht ist [...] [, sondern] beides sein" (Elias 1991: 97) kann, werden in der Elias'schen Konzeptualisierung insbesondere Wertungen bewusst ausgeschlossen. So können – besser als in asymmetrischen und auch in symmetrischen Konzeptualisierungen – Machtfragen als ein allgemeines Charakteristikum menschlicher Beziehungen „ohne emotionales Engagement" (ebd.) untersucht und aufgearbeitet werden.

6.2.2 Zur Analyse Macht-balancierter Geschlechter- und Raumverhältnisse

Abschließend wird das für eine erweiterte Untersuchung geschlechtsspezifischer (Un)Sicherheiten im öffentlichen Raum vorgeschlagene Analyse-Modell hier nochmals in seinen wichtigsten Implikationen zusammengefasst, bevor es als analyti-

---

155 Den Begriff der Figuration benutzt Elias bewusst, um die (gedankliche) Trennung von Individuum und Gesellschaft zu überwinden und diese als untrennbar miteinander verwoben zu verdeutlichen. Er betont damit das ständige, dynamische Wechselspiel individueller und gesellschaftlicher Strukturbildungen und Prozesse.

sches Instrument zur Erweiterung der Forschungsperspektive in Kapitel 7 zur Anwendung kommen wird.

Für die Analyse geschlechtsspezifischer (Un)Sicherheiten im öffentlichen
Raum wird grundsätzlich eine *(sozial-)konstruktivistisch ausgerichtete*, die Kategorien *‚Raum' und ‚Geschlecht' verknüpfende* forschungsmethodologische Konzeptualisierung vorgeschlagen. Zu berücksichtigen sind dabei insbesondere *vier
Dimensionen des Sozialen*, nämlich eine *Materialität* bzw. *Objektivität*, in der gesellschaftliche Wirklichkeiten sich *‚verwirklichen'*, *normative Regulationssysteme*, mit denen sie sich *‚verregelmäßigen'* und das heißt zu regelmäßigen, erwart-
baren Wirklichkeiten werden, *Interaktions- und Handlungsbeziehungen*, in denen
gesellschaftliche Wirklichkeiten in Figurationsgefügen *‚ausgehandelt'* werden sowie *symbolisch-kulturelle Ordnungen,* in denen sich gesellschaftliche Wirklichkeiten *‚verdichten'* (vgl. Abschnitt 6.1 sowie Abbildung 3).

In einem solchen forschungsmethodologischen Grundmodell wird dem Faktor
Macht eine zentrale Bedeutung beigemessen. Da „die Verbindung von Machtana-
lysen mit Analysen der Geschlechtskonstruktion" (Hirschauer 1993a: 63) ebenso
wie der Raumkonstruktion nur unter „Zurückweisung monistischer Machtkonzep-
tionen" (ebd.) auch „empirisch fruchtbar gemacht werden" (ebd.) kann, wird hier
auf einen an das figurations- und prozesssoziologische Theorie- und Forschungsprogramm von Elias angelehnten Machtbegriff zurückgegriffen, der in besonderer
Weise auch zu einer sozialkonstruktivistischen Analyse geeignet ist.

Erweitert man das in Abschnitt 6.1 ausgeführte, vierdimensionale Analyse-
Modell um den Faktor ‚Macht' im hier herausgestellten, relationalen bzw. figurationalen Sinn, so bedeutet dies, dass davon ausgegangen wird, dass – verwoben
über alle Dimensionen – in Bezug auf Geschlecht und auf Raum differenzierte
Machtstrukturen anzunehmen und zu untersuchen sind, die ein wesentliches Bin-
deglied sowohl zwischen den beiden Kategorien als auch zwischen den verschiedenen Analysedimensionen darstellen. Die Wechselwirkungen zwischen materiell-physischen bzw. ‚objektiven' Gegebenheiten von Raum und Geschlecht und
normativen Regulationssystemen, Interaktions- und Handlungsstrukturen sowie
symbolischen Ordnungen sind so als ein figurationales, durch Machtverhältnisse bestimmtes Spannungsgefüge zu fassen, welches zum einen im Hinblick auf
die *hier wirksamen sozialen Konstruktions- und Konstitutionsprozesse* in ihrer in
den verschiedenen Dimensionen jeweils spezifischen Ausrichtung, zum anderen
im Hinblick auf mögliche *Rückwirkungen ‚materialisierter' bzw. ‚objektivierter'
Machtstrukturen* zu untersuchen ist. Auch Machtstrukturen sind dabei selbst als
soziale Konstruktionen aufzufassen, aber auch als ein zentraler ‚Wirkfaktor' des

Sozialen anzunehmen, der die Dynamik bzw. die Wechselwirkungen im Rahmen der verschiedenen Analysedimensionen in besonderer Weise bestimmt.

Zur Verdeutlichung wird das hier vorgeschlagene Analyse-Modell in einer Übersichtsgrafik nochmals mit seinen Dimensionen in ihrem jeweils zentralen Fokus sowie den durch Machtbalancen beeinflussten Wirkungen in sozialen Konstruktions- und Konstitutionsprozessen zusammenfasst (vgl. Abbildung 3).

Unter Rekurs auf die vier unterschiedenen Analysedimensionen sind Geschlechter- und Raumverhältnisse als *dynamische, prozesshafte und miteinander verknüpfte Macht(beziehungs-)gefüge* zu untersuchen, womit insbesondere die *Notwendigkeit einer historischen Perspektive* in der Analyse betont und angeregt werden soll. Die zwischen Individuen und Gruppen sich je spezifisch einstellenden Machtverteilungen sind dabei als Faktoren figurationaler Verflechtungen zu begreifen, in denen gesellschaftliche Wirklichkeiten als objektivierte (An)Ordnungs- oder (Zu)Ordnungsmuster unter Einbezug normativer Regularien und symbolischer ‚Verdichtungen' *macht*voll ‚ausgehandelt' und (re)produziert werden.

Nach der forschungsmethodologisch-konzeptuellen Herleitung von Anforderungen und Eckpunkten eines die Kategorien Raum und Geschlecht verknüpfenden Analysemodells wird im folgenden Kapitel nun eine konkrete Auseinandersetzung mit der Problematik geschlechtsspezifischer (Un)Sicherheiten im öffentlichen Raum im Vordergrund stehen, anhand derer die skizzierten Wechselwirkungen zwischen Raum und Geschlecht gleichzeitig nochmals exemplarisch verdeutlicht werden können.

Abbildung 3:   Analysedimensionen eines dynamischen Wirkungsgefüges von
,Raum' und ,Geschlecht' mit ,Macht' als zentralem Wirkungsfaktor

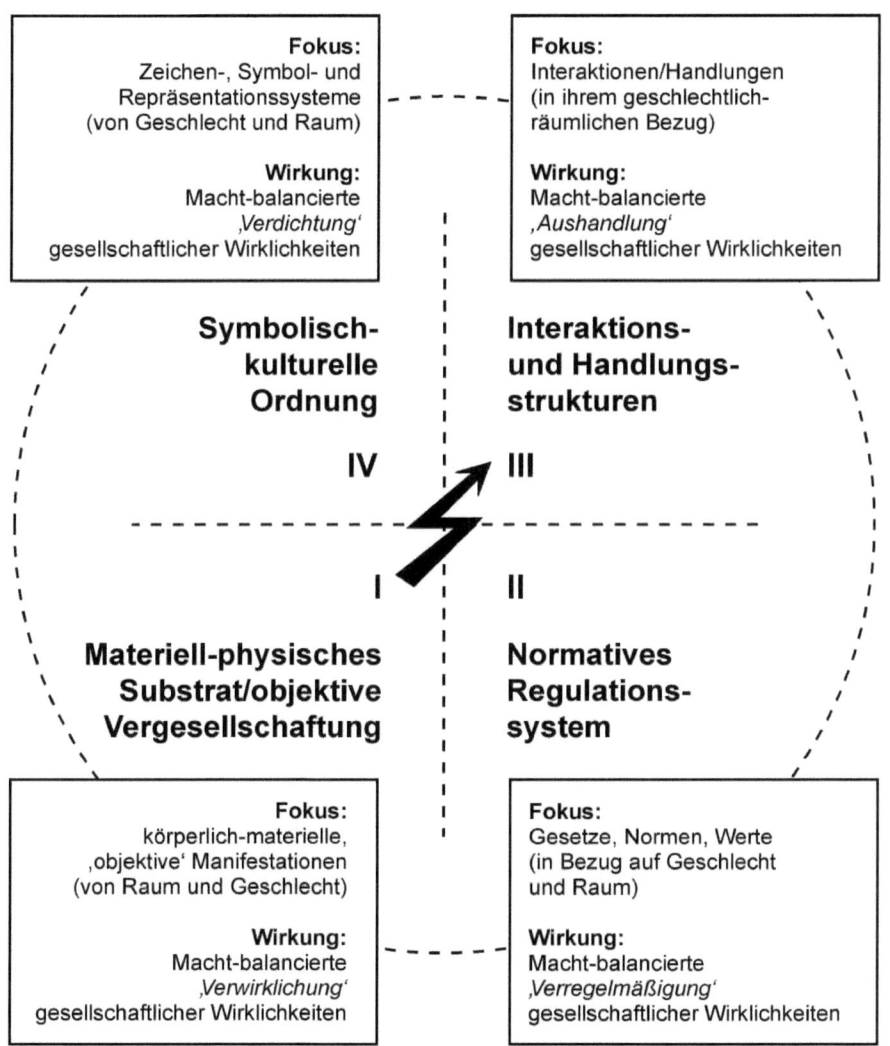

⚡ : Macht als Spannungsmoment und dynamischer Wirkungsfaktor

7. (Un)Sicherheiten im öffentlichen Raum im Wirkungsgefüge von ‚Raum' und ‚Geschlecht': Analytischer Ausblick

Für die Analyse der spezifischen Verwobenheit der Konstruktions- und Konstitutionsprozesse von (Un)Sicherheiten im öffentlichen Raum mit Prozessen der ‚Herstellung' von Raum und Geschlecht wurde in den vorangegangenen Kapiteln eine theoretische und forschungsmethodologische Konzeptualisierung hergeleitet, die nun auf die in Kapitel 2 ausgearbeitete Problemstellung angewendet wird. Die zu untersuchenden (Un)Sicherheiten werden dabei als eine Machtproblematik aufgefasst, die durch ein dynamisches, wechselseitiges Konstruktions- und Konstitutionsgefüge zwischen ‚Raum' und ‚Geschlecht' bestimmt ist und die umgekehrt aber auch bestimmend auf ein solches Gefüge und damit auf die Kategorien Raum und Geschlecht zurückwirkt. (Un)Sicherheiten sind damit gleichzeitig als ein ‚*Produkt*' und *auch als ein ‚produzierendes' bzw. strukturgebendes Moment im Rahmen eines wechselseitigen, von Machtbeziehungen bestimmten Konstruktions- und Konstitutionsgefüges von Raum und Geschlecht* aufzufassen und als solche auch zu untersuchen. Da für die Analyse insbesondere die dichotomen, räumlichen und geschlechtlichen Ordnungsmuster von öffentlichen und privaten Räumen sowie von Männlichkeit und Weiblichkeit als relevant angenommen werden müssen, hat eine Rekonstruktion der zu Grunde liegenden sozialen Prozesse gezielt die dichotomen Differenzierungen zu berücksichtigen, in deren Kontext (Un)Sicherheiten zum Tragen kommen.

Dem prozessualen Verständnis von Raum und Geschlecht entsprechend sind aktuelle Gegebenheiten als *dynamische Wirklichkeiten* dabei stets aus ihrem So-Gewordensein zu bestimmen, wobei sowohl die *makro-* als auch die *mikrosoziologischen* Prozesse der Herstellung von Geschlechter- und Raumordnungen zu berücksichtigen sind. Vor diesem Hintergrund wird das bisher kaum erklärbare Phänomen geschlechtsspezifischer (Un)Sicherheiten im öffentlichen Raum zunächst in Abschnitt 7.1 aus seinen historischen Entstehungsbedingungen hergeleitet werden. Die historische Langfrist-Perspektive bietet hier die Möglichkeit, auch ‚tradierten' und heute möglicherweise nicht mehr bewussten Hintergründen der allgemeinen (Fehl-)Wahrnehmung öffentlicher Räume als ‚unsichere Gefahren- und Angsträume' für Frauen nachzugehen.

Nachdem (Un)Sicherheiten in dieser Weise als ein historisches *Produkt machtvoller sozialer (Neu)Ordnungsprozesse von Raum und Geschlecht* verdeutlicht worden sind, wird dann in Abschnitt 7.2 ein Wechsel der Perspektive vorgeschlagen: (Un)Sicherheiten werden nun als ein *macht*volles produzierendes bzw. strukturgebendes Moment fokussiert, das insbesondere für die Herausbildung der Dichotomien von Öffentlichkeit und Privatheit sowie der Zwei-Geschlechtlichkeit von zentraler Bedeutung ist.

Der hier vorgeschlagene analytische Ausblick kann damit einerseits Möglichkeiten und Implikationen der zuvor entwickelten forschungsmethodologischen Konzeptualisierung verdeutlichen und präzisieren, andererseits aber auch Anregungen für erweiterte Analyse- (und damit auch Lösungs-) Perspektiven der bisher weder erklärten noch gelösten Problematik geschlechtsspezifischer (Un)Sicherheiten im öffentlichen Raum bieten.

7.1 Ausgehbeschränkungen in den Städten des 19. Jahrhunderts und ihre Wirkung bis heute

Wie sowohl für das dichotome, gesellschaftliche Ordnungssystem von ‚Öffentlichkeit‘ und ‚Privatheit‘ bzw. von ‚öffentlichen‘ und ‚privaten Räumen‘ als auch für die ebenfalls dichotome ‚männlich – weibliche‘ Geschlechterordnung aufgezeigt wurde, stabilisierten sich beide Ordnungen in ihrer heute noch dominanten Ausprägung eng miteinander verbunden während des 18. und insbesondere des 19. Jahrhunderts (vgl. die Abschnitte 4.1.1, 4.1.2, 5.2). Da (Un)Sicherheiten im öffentlichen Raum als eine in das Wirkungsgefüge von Raum und Geschlecht verwobene Problematik aufzufassen sind, liegt es nahe, die während dieser Zeit stattfindenden Wandlungsprozesse und gesellschaftlichen (Neu)Ordnungen in ihrer Relevanz für die hier gegebene Fragestellung näher in den Blick zu nehmen.

7.1.1 *Verstädterungstendenzen im 18. und 19. Jahrhundert als Chance zur Erweiterung und Bedrohung gesellschaftlicher Ordnungssysteme*

Sowohl die Dichotomisierung des Raumes in einen öffentlichen und einen privaten Teil als auch die Herausbildung und Etablierung der dichotomen Zwei-Geschlechterordnung korrespondierten in ihrer historischen Entwicklung mit einer m Europa des 18. Jahrhunderts beginnenden und während des 19. Jahrhunderts sich verstärkenden Verstädterungstendenz, in deren Zuge sich beispielsweise „die durchschnittliche Fläche der größeren Städte in Deutschland von 1850" (Reulecke

1985: 81) bis „1910 verdoppelte" (ebd.).[156] Hintergründe waren ein rasches Bevölkerungswachstum[157] sowie die zunehmende Industrialisierung, die vor allem im 19. Jahrhundert ab der „Jahrhundertmitte [...] deutlichen Einfluß auf das Wachstum der Städte" (Häußermann/Siebel 1987: 107) nahm. Eine solche, auch als *„industrielle* Verstädterung" (Reulecke 1985: 68; Herv.d.V.) beschreibbare Entwicklung, die mit „gewaltigen Bevölkerungsumschichtungen zugunsten der Städte" (ebd.) verbunden war, ist „in einer Reihe – vorwiegend quantifizierend vorgehender – Studien [immer wieder, d.V.] dargestellt worden" (ebd.). Schon die deutlich werdende Verknüpfung der hier skizzierten Wachstumsprozesse der Städte mit Prozessen der Industrialisierung legt dabei die Vermutung einer engen Verbindung zu der in Abschnitt 4.1.2 dargestellten Herausbildung und Etablierung der dichotomen Ordnung von öffentlichen und privaten Räumen nahe, die sich als eine zweigeschlechtlich konnotierte Ordnung ebenfalls vor dem Hintergrund von Industrialisierungsprozessen herausbildete. Als ein für die Problematik geschlechtsspezifischer (Un) Sicherheiten im öffentlichen Raum als bedeutsam anzunehmender Hintergrund wird auf die beschriebenen ‚Bevölkerungsumschichtungen zugunsten der Städte' deshalb weiter einzugehen sein.

Hervorzuheben ist dabei zunächst einmal, dass die bisher vor allem quantitativ-demographisch beschriebenen Entwicklungen – verstanden als relationale soziale Prozesse – grundsätzlich verknüpft waren mit neuen Möglichkeiten und einem verstärkten Wandlungspotential im Zusammenleben der Menschen. Denn das ‚Wachstum' der Städte vollzog sich nicht nur auf einer materiell-quantitativen Ebene in Form einer wachsenden Zahl von Menschen und einer damit verbundenen Veränderung baulicher Strukturen der Städte, sondern war eng verknüpft mit Veränderungen in den Beziehungsstrukturen der Menschen, die in neuen Formen der Interaktion und des Handelns sowie in veränderten Normen, Werten und Wahrnehmungen zum Ausdruck kamen. Bereits im 18. Jahrhundert, als

„die Städte größer wurden [..., nahm] die Zahl von Orten zu, an denen Fremde einander regelmäßig begegnen konnten. Es war die Ära, in der große städtische Parks angelegt wurden und in der man erste Versuche unternahm, die Straßen für die speziellen Bedürfnisse der auf Entspannung und Erholung bedachten Fußgänger herzurichten. Es war die Zeit, in der Kaffeehäuser, später dann Cafés und Postgasthöfe zu gesellschaftlichen Mittelpunkten wurden; in der sich Theater und Opernhäuser einem großen Publikum öffneten [...]. Die Annehmlichkeiten der Stadt wurden nun über den engen Kreis der Elite hinaus weiteren Gruppen der Gesellschaft zugänglich, so daß sogar die arbeitenden Klassen einige der Geselligkeitsformen übernahmen, etwa das Pro-

---

156 Von durchschnittlich „20,9 auf 42,3 km2" (Reulecke 1985: 81).
157 So wuchs die Bevölkerung des Deutschen Reichs allein zwischen 1816 und 1865 z.B. um 60% (vgl. Häußermann/Siebel 1987: 106). Ursache für eine solche Entwicklung waren v.a. „der Fortfall der feudalen Bevormundung, die mit ihren ehebeschränkenden Vorschriften das Bevölkerungswachstum reguliert hatte, sowie eine verbesserte Hygiene" (ebd.).

menieren in den Parks, wie sie früher den Angehörigen der Elite vorbehalten gewesen waren, die in ihren Privatgärten spazieren gingen oder einen Theaterabend ‚gaben'" (Sennett 1995a: 33).

Ein nicht unerheblicher materiell-physischer Faktor, der zur ‚Verwirklichung' solcher Veränderungen beitrug und der vor allem eine Belebung der Städte auch in die Abend- und Nachtstunden hinein forcierte, war die durch technische Neuerungen unterstützte Veränderung der Beleuchtungssituation. Waren Städte noch bis „ins frühe 19. Jahrhundert [...] nach Sonnenuntergang durchweg dunkel und still" (Spiegel Special Nr. 8/1998: 19), so führte die Einführung zunächst von Gaslaternen – deren Brenndauer zum Beispiel im Berlin des Jahres 1849 von „bisher [...] 1300 Stunden im Jahr [...] auf 2400 Stunden erhöht" (ebd.) wurde – dazu, dass nun „ausgewählte Straßen auch nach Mitternacht, im Sommer und bei Vollmond künstlich beleuchtet werden" (ebd.) konnten, was mit deutlichen Veränderungen im Verhalten der Menschen und damit auch im ‚gesellschaftlichen Raum' der Städte verbunden war. So notierte beispielsweise 1869 der deutsche Autor Robert Springer:

> „Seit Erfindung des Gaslichtes hat unser Abendleben eine unbeschreibliche Steigerung erfahren, unser Pulsschlag ist beschleunigt, unser Nervenreiz erhöht worden; wir haben unsere Miene, Haltung und Sitten ändern müssen" (Springer 1869)[158]

und, „wie Chronisten begeistert notieren" (Spiegel Special Nr. 8/1998: 20), ermöglichte Ende des 19. Jahrhunderts die „Erfindung der Bogenlampe und die Marktreife der Kohlenfadenlampe [...] die ‚endgültige Eroberung der Nacht'" (ebd.).

Das Leben im Außenraum der Städte veränderte sich so im 18. und 19. Jahrhundert deutlich. Bestimmt waren die mit dem Bevölkerungswachstum der Städte verbundenen Wandlungsprozesse dabei vor allem durch einen intensivierten „Austausch[...] zwischen Fremden im urbanen öffentlichen Raum" (Schubert 2000: 30), wobei vor allem für die Anfänge einer solchen Entwicklung davon auszugehen ist, dass sie sich noch keineswegs als eine geschlechtsspezifische Entwicklung vollzog, sondern hier eine durchaus auf beide Geschlechter zu beziehende Tendenz festgehalten werden kann. Dafür spricht nicht nur die bereits ausgeführte Feststellung, dass sich die dichotome bzw. bipolare Zwei-Geschlechtlichkeit im heutigen Sinne erst während des 18. und 19. Jahrhunderts überhaupt herausbildete (vgl. Abschnitt 5.2). Hierfür sprechen auch Beschreibungen wie die von Elizabeth Wilson (1993), die anhand einer Fülle von Beispielen aus Literatur, Kunst, Geschichte und empirischer Sozialforschung aufzeigt, dass gerade die mit dem raschen Wachstum der Städte verbundene Anonymität und Unübersichtlichkeit des städtischen Außenraums auch Frauen neuartige Möglichkeiten eröffnete. Und für die Annahme, dass die sich bietenden Möglichkeiten einer freieren, unkontrollierteren Bewe-

---

158   Zitiert nach: Spiegel Special Nr. 8/1998: 20.

gung im städtischen Raum und einer Begegnung mit ,Fremden' (Sennett 1995a: 33) auch von Frauen genutzt wurden, spricht nicht zuletzt die vielfach bestätigte Feststellung, dass für die Zeit vom 16. bis zum 18. Jahrhundert, das heißt für die der hier betrachteten Epoche vorausgehende Zeit, von einer deutlichen „Angleichung der sozialen Situation [...] von Männern und Frauen" (Opitz 1997: 86) auszugehen ist.[159] Eine solche Entwicklung verlief zwar keineswegs geradlinig und war nicht frei von Widersprüchen. Die erreichte relative Machtstärke erlaubte es Frauen aber, solche Widersprüche durchaus offen und öffentlich auszutragen, und so fand – nicht zuletzt vor dem Hintergrund einer allgemeinen sozialen und politischen Instabilität – vom „16. bis zum 18. Jahrhundert [...] zwischen Männern und Frauen eine lebhafte Auseinandersetzung statt" (Farge/Davis 1997: 12). Zahlreiche Frauen ließen sich

> „von den neuen ökonomischen Verhältnissen, den Epidemien, den Hungersnöten und den Kriegen zum Widerstand oder zum Heraustreten aus den [...] ihnen zugewiesenen Räumen treiben, was dazu führte, daß sie auf die eine oder andere Art in der Öffentlichkeit präsent waren" (dies. 1997: 13).

Bis ins 18. Jahrhundert hinein ist davon auszugehen, dass Frauen „in allen häuslichen, wirtschaftlichen, intellektuellen, öffentlichen, konfliktträchtigen oder auch vergnüglichen Bereichen der Gesellschaft eine Rolle" (dies. 1997: 11) spielten. Dabei waren sie durchaus

> „auch in Ereignisse verwickelt, die die Gesellschaft formten, wandelten oder auseinander rissen. Auf allen Stufen der sozialen Leiter besetzten Frauen Räume, mit Ausnahme vielleicht im Krieg [...] Abgesehen vom Alltagsleben waren Frauen in hohem Maße auch auf der Ebene des gesellschaftlichen Diskurses und der Repräsentation gegenwärtig, in Mythen und Predigten, in der Wissenschaft und Philosophie" (ebd.).

Vor dem Hintergrund der Feststellung, dass die bipolare Geschlechterordnung sich im 18. Jahrhundert noch nicht im heutigen Sinne ausgebildet hatte, sowie einer grundlegend noch „Ende des 18. Jahrhunderts betonte[n] Gleichwertigkeit von Mann und Frau" (Hausen 2001/1976: 172), ist deshalb davon auszugehen, dass zunächst durchaus beide Geschlechter an den aufgezeigten Entwicklungen teilhatten. Eine „wach-

---

159   Elias hält den Gewinn an ,sozialer Stärke' der Frauen in der absolutistisch-höfischen Gesellschaft des 17. und 18. Jahrhunderts sogar für so bedeutsam, dass er zu dem Schluss kommt, „daß hier durch den Aufbau dieser Gesellschaft zum erstenmal die Herrschaft des Mannes über die Frau ziemlich vollkommen gebrochen ist. Die soziale Stärke der Frau ist hier annähernd gleich groß wie die des Mannes; die gesellschaftliche Meinung wird in sehr hohem Maße von Frauen mitbestimmt" (Elias 1991a: 252). Anhand einer Auswertung von Leichenpredigten der gehobenen Stände im 17. Jahrhunderts arbeitet auch Heide Wunder für diese Zeit heraus, dass Eheleute sich z.B. als „sozial gleichrangig und eigenständig dar[stellten]", was nicht zuletzt in der Namensgebung zum Ausdruck kommt, bei der Ehefrauen ein eigener Familienname zugestanden wurde (Wunder 1992a: 53).

sende Zahl von Orten [...], wo sich Fremde unabhängig von hierarchischer Kontrolle regelmäßig begegnen konnten" (Schubert 2000: 30) dürfte so für beide Geschlechter neuartige Handlungsmöglichkeiten geboten haben, die auch genutzt wurden. Ein verstärktes Zusammentreffen unterschiedlicher sozialer Gruppierungen und Schichten wurde aber von den BewohnerInnen der Städte keineswegs nur als eine Erweiterung von Möglichkeiten und Erfahrungen angesehen, sondern insbesondere von dem an Bedeutung und Macht gewinnenden Bürgertum[160] auch als ein deutliches soziales Problem wahrgenommen. Da der größte Teil der in die Städte abwandernden Landbevölkerung aus „arbeitslose[n] Tagelöhner[n bestand], [die] oft durch Mangel an Arbeits- und Existenzmöglichkeiten gezwungen [waren], ihr Haus zu verlassen" (de Swaan 1982: 49), kam das zu dieser Zeit erstarkende und dabei auf soziale Distinktion bedachte Bürgertum in den wachsenden Städten nun in zunehmendem Maße auch mit Menschen unterer sozialer Schichten im wahrsten Sinne des Wortes ‚in Berührung'.[161] Der Zuzug der Landbevölkerung in die Städte bot zwar zum Beispiel

> „für das Kleinbürgertum [...] neue Absatz- und Berufsmöglichkeiten [...]. Es zeigte sich aber auch, daß es schwer war, den eigenen Mittelstand aufrechtzuerhalten, die psychische und soziale Distanz zum neu angekommenen Landvolk zu bewahren" (ebd.).

Während aristokratische Schichten im Gegensatz zum Bürgertum eher für eine (auch körperliche) Distanz sorgen konnten (z.B. in Form von Leibwächtern, Dienern oder zum Beispiel durch die Benutzung von Pferd und Kutsche) und so „imstande [waren], dem groben Gedränge auf Straßen und Plätzen zu entgehen" (de Swaan 1991: 175), waren vor allem

> „die kleinen Leute [...] für ihre Geschäfte angewiesen auf den lebhaften Betrieb auf Märkten und in Läden. Für den einfachen Bürgermann war es zuweilen unmöglich, sich Bettler, Schnorrer und Randalierer vom Leib zu halten" (ebd.).

So wurde, wie auch Reulecke zum Beispiel konstatiert, spätestens um 1850 herum das in die Städte einwandernde Proletariat insbesondere von großen Teilen des Bürgertums als eine starke Bedrohung empfunden (Reulecke 1985: 32ff.), der vor allem dadurch zu begegnen versucht wurde, dass „es sich damals von selbst verstand, daß das Bürgertum die Unterklassen soviel als möglich mied" (Wouters

---

160 Die gesamtgesellschaftliche Entwicklung war in dieser Zeit durch eine zunehmende „Entfunktionalisierung der Positionen von Fürsten und Adel" (Elias 1991: 194) sowie einen deutlichen Bedeutungs- und Machtzuwachs des Bürgertums gekennzeichnet, die auch verknüpft waren mit einem Bedeutungszuwachs der Erarbeitung von Besitz und/oder von Positionen gegenüber einer Erblichkeit.

161 Auch hier zeigt sich die Bedeutung materiell-physischer Gegebenheiten für soziale Beziehungen.

1999: 68). Mit „zunehmender Industrialisierung und Verstädterung sahen sich die Etablierten" (ebd.), womit hier das Bürgertum gemeint ist, „genötigt, ihre Position und ihre ‚Empfindlichkeiten' mit Hilfe von Meidungsverhalten und dem Aufbauschen des sozialen Abstandes zu verteidigen" (ebd.). Ein solches Meidungsbestreben bzw. eine Abgrenzung ließen sich jedoch gleichzeitig nur schwer umsetzen, denn der städtische Außenraum war – insbesondere auch in seiner Materialität – auf vielfältige Weise durch die hohen Bevölkerungszahlen geprägt. In engem Zusammenhang mit der räumlichen Nähe der Menschen beeinflussten dabei auch körperlich-materielle Faktoren das Zusammenleben der Menschen deutlich: So wurde beispielsweise die

> „rasche Zunahme des *Gestanks* im Verlauf einer schnell wachsenden *Wohndichte* in den Häusern und Städten zu Beginn des zweiten Drittels des 19. Jahrhunderts [...] am meisten beklagt. Die häufigere Begegnung von immer mehr Menschen auf Märkten, städtischen Straßen, Plätzen und in Verkehrsmitteln lassen sie die ‚Abscheu vor üblen Ausdünstungen' einander fremder Menschen immer bewußter erfahren" (Gleichmann 1982: 254; Herv.i.O.).

Einer sich verstärkenden ‚Bewusstwerdung' in der Wahrnehmung fremder Menschen standen so sich verringernde Abgrenzungsmöglichkeiten des Bürgertums gegenüber – und dies nicht nur, da der städtische Außenraum sich zunehmend belebte, sondern auch, da die Herausbildung des Industriekapitalismus mit der Massenproduktion von Kleidungsstücken beispielsweise dazu beitrug, „daß die realen Unterschiede ihre sichtbaren Kennzeichen verloren" (Sennett 1995a: 37), wodurch der „Fremde [...] zu einer ungreifbaren, mysteriösen Figur" (ebd.) wurde.

Es ist für diese Zeit somit nicht nur von einer allgemeinen Erweiterung von Freiheiten und ‚Geselligkeitsformen' (Sennett 1995a: 33) auszugehen, sondern von einem sehr grundlegenden *Spannungsverhältnis zwischen einem Meidungsbestreben des Bürgertums in Bezug auf untere soziale Schichten auf der einen Seite und einer Unvermeidbarkeit der Begegnung im städtischen Außenraum auf der anderen Seite.* Auch durch baulich-technische Errungenschaften und Veränderungen der Städte wie zum Beispiel die zunehmende Beleuchtung wurden nicht nur neue Formen des geselligen Beisammenseins ermöglicht, sondern gleichzeitig auch soziale Unterschiede verstärkt wahrnehmbar: „Lampenluxus an den Prachtstraßen, Düsternis in den Elendsquartieren – die Kluft zwischen Arm und Reich wächst, augenfällig vor allem in der Reichshauptstadt" (Spiegel Special Nr. 8/1998: 21).[162] Verknüpft wurden zunehmend wahrnehmbare Unterschiede zwischen Arm und Reich mit Erfahrungen von ‚Unsicherheit' auf der einen und ‚Sicherheit' auf der anderen Seite und so wurde bereits Ende des 18. Jahrhunderts auch zum Beispiel

---

162   Die Aussage bezieht sich auf die 1920er Jahre und die Reichshauptstadt Berlin.

„der Ruf lauter, den dunklen Vororten durch Licht mehr Sicherheit zu bescheren"
(Spiegel Special Nr. 8/1998: 20).

Solche in ihrer bisherigen Herleitung noch keineswegs als geschlechtsspezifisch erkennbaren Entwicklungen führten in ihrer Konsequenz dann aber dazu,
dass Frauen und insbesondere „Bürgerfrauen in der ersten Hälfte des 19. Jahrhunderts nach und nach aus dem Straßenbild verschwanden" (de Swaan 1991: 175),
wie vielfach festgestellt wird. Eine solche Feststellung scheint für die Fragestellung dieser Arbeit von zentralem Interesse zu sein, erklärt sich aber bisher noch
kaum. Beschrieben wird mit der oben zitierten Aussage eine *nun als ‚geschlechtsspezifisch' ausgewiesene Wandlungstendenz*, die in einer ersten Auseinandersetzung mit ihrem Bedeutungsgehalt zunächst nochmals darauf verweist, dass Frauen
bis dato scheinbar selbstverständlich zum Straßenbild dazugehörten und so – zumindest in den Anfängen der Verstädterungsprozesse – durchaus an einer Erweiterung von Handlungsoptionen teilgehabt haben.

7.1.2 Ausgehbeschränkungen als Reaktion auf Kontrollverluste im außerhäuslichen Raum wachsender Städte

Die beschriebenen Prozesse einer zunehmenden Verstädterung waren insbesondere
damit verbunden, dass der „öffentliche Raum" (Schubert 2000: 35) – der sich zu
dieser Zeit als ein ‚öffentlicher' Raum im Sinne der dichotomen Unterscheidung
von Öffentlichkeit und Privatheit, und das heißt auch in seiner geschlechtsspezifischen Zuweisung, herausbildete – vor allem seine „Funktionen der außerindivi-
duellen Kontrolle" (ebd.) verlor. Durch das rasche Bevölkerungswachstum und
die damit einhergehenden, unübersichtlichen Verhältnisse war der außerhäuslich-
öffentliche Raum der an Größe gewinnenden Städte nicht mehr einfach zu über-
blicken und sozial zu kontrollieren. Für die StadtbewohnerInnen ergaben sich mit
dem Entstehen neuer, unkontrollierter und zunächst unkontrollierbarer Räume
neue Handlungsmöglichkeiten, die aber gleichzeitig verbunden waren mit wachsenden Ängsten und Unsicherheiten in Bezug auf die Einhaltung bestehender sozialer Ordnungen und dem deutlichen Bestreben nach deren ‚Sicherstellung'. Ein
solcher „Konflikt zwischen den Sehnsüchten nach Freiheit hier [und] nach Ordnung da" (ebd.) konzentrierte sich dabei in besonderem Maße auf die „Großstadtnacht" (Schlör 1991: 26) und die hier gegebenen Veränderungen. Es ist aber davon
auszugehen, dass eine solche Ambivalenz bzw. ein Spannungsverhältnis zwischen
einer Erweiterung von Handlungsoptionen auf der einen Seite und einer gleichzeitigen Verunsicherung im Hinblick auf soziale Ordnungen sowie ein Bestreben
nach deren Sicherstellung auf der anderen Seite ein allgemeines und grundlegen-
des Problem vor allem des an Macht gewinnenden Bürgertums gewesen ist, wie

bereits in Bezug auf die erweiterten Kontaktmöglichkeiten und -notwendigkeiten unterschiedlicher sozialer Schichten betont wurde. In Bezug auf die ‚Großstadtnacht' bzw. den nächtlichen Außenraum der Städte dominierten dabei vor allem

> „drei wesentliche Bereiche, innerhalb derer Konflikte ausgetragen werden: *Sicherheit, Sittlichkeit*, und – querliegend zu den anderen Bereichen, und beide durchdringend – *Zugänglichkeit*" (ders. 1991: 25; Herv. i. O.).

Während sich auf der einen Seite Anfang des 19. Jahrhunderts ein Prozess verstetigt, „in dem sich die nächtliche Stadt ‚öffnet'" (ebd.) und sich, ebenso wie zu dieser Zeit äußere Stadt-Begrenzungsmauern fallen, auch im „Inneren feste und seit Jahrhunderten bestehende Absperrungen auf[lösen]" (ebd.), sehen zum Beispiel die

> „Behörden [...] jeden einzelnen Schritt auf diesem Weg zunächst als ein *Sicherheitsproblem* an: Wenn mehr Menschen nachts unterwegs sind als zuvor, wenn potentiell auch mehr von ihnen die Gelegenheit der Finsternis für dunkle Zwecke nutzen, dann müssen neue Maßnahmen zur (Wieder-) Herstellung von Sicherheit in Gang gebracht werden. So sieht es die Obrigkeit, in London nicht anders als in Paris oder Berlin, und in der Konsequenz entwickelt sie neue Organisationsformen der nächtlichen Sicherheit, die selbst wiederum das Erscheinungsbild der Nacht verändern" (ebd.).

Ein besonderes Problem stellte in diesem Kontext die Einhaltung der ‚Sittlichkeit' dar, die – wie auch bereits vorher – insbesondere als ein Problem der sozialen Kontrolle von Frauen angesehen wurde. Die zentrale Bedeutung dieses ‚Problembereichs' der wachsenden Städte verdeutlicht eine Ende des 18./Anfang des 19. Jahrhunderts aufkommende, heftig geführte öffentliche Auseinandersetzung um das Thema der *Prostitution*. Denn „die ‚neue' Nacht" (ders. 1991: 26) förderte vor allem auch „neue Formen öffentlicher Sexualität, die das bestehende Konzept der *Sittlichkeit* im großen Maßstab herausforder[te]n und gefährde[te]n" (ebd.).[163] Vor dem Hintergrund der Ambivalenz eines „Versprechen[s] größerer Freiheit" (ebd.) auf der einen und einer „vermeintliche[n] Gefahr für Sitte und Anstand" (ebd.) auf der anderen Seite entbrannten zu dieser Zeit heftige „Konflikte und öffentliche Debatten über die Prostitution und den Umgang mit ihr und all ihren ‚Begleiterscheinungen'" (ebd.). Während dabei auf der einen Seite Maßnahmen und auch „Argumentationen der Prostitutionsgegner an Schärfe zunahmen" (Hüchtker 1998: 355),[164] ließ sich auf der anderen Seite aber auch ein heftiger Protest insbesondere von Frauen gegen solche Maßnahmen feststellen. Dies verweist auf deut-

---

163 War Prostitution im Mittelalter und in der frühen Neuzeit noch eher ein „*Phänomen der geschlossenen Räume* ..." (Schlör 1991: 176; Herv.i.O.) gewesen, so fand sie durch die Veränderungen der Städte nun zunehmend auch in der Öffentlichkeit statt.

164 Dies lag auch daran, dass insbesondere die (räumliche) Nähe zu Prostituierten für die in der Stadt lebenden Menschen immer mehr zu einem Problem wurde (vgl. Hüchtker 1998: 346).

liche Machtkämpfe zu dieser Zeit, deren räumliche Konnotation unübersehbar ist. Denn der Widerstand gegen Gesetze und Maßnahmen war vor allem „ein *Kampf der Frauen für ihr Recht, sich auf den Straßen der Stadt frei zu bewegen*" (Schlör 1991: 189; Herv.i.O.) und er verdeutlicht eindrücklich, dass Frauen sich die unter anderem mit der Veränderung der städtischen Verhältnisse gewonnenen ‚Freiräume' keineswegs einfach nehmen ließen. Am Beispiel der Prostitution können so gesellschaftliche Entwicklungen, Veränderungen und Spannungsmomente im Beziehungsgefüge der Menschen verdeutlicht werden, die sich aber gleichzeitig auch an anderer Stelle zeigen. Denn vor dem Hintergrund verringerter Möglichkeiten einer sozialen Kontrolle insbesondere von Sexualhandlungen im öffentlichen Außenraum wurde die ‚Sittlichkeit', die sich vor allem auf eine „Kontrolle des Sexualverhaltens" (Schröter 1997a: 48) bezog, keineswegs nur im direkten Bezug auf Prostituierte als gefährdet angesehen. Die Wahrnehmung einer ‚Gefährdung' der Sittlichkeit und eine hiermit einhergehende ‚Unsicherheit' durchzog die städtische Gesellschaft insgesamt – und bezog sich auch allgemein auf das Verhalten von Frauen, welches sich einer Kontrolle mehr und mehr entzog.

Die Bedeutung einer solchen ‚Verunsicherung' und auch ihre Ausrichtung auf die Genusgruppe Frauen dürften sich hier unter anderem daraus erklären, dass eine soziale Kontrolle der Sexualbeziehungen eine wesentliche Grundlage und ‚Garantie' für die Erhaltung des ‚Geschlechts' waren, wobei das ‚Geschlecht' dabei aber im 17. und auch noch im 18. Jahrhundert verstanden wurde als Familienverband und Generationenfolge (vgl. Abschnitt 5.2). Da der standesgemäße Fortbestand eines solchen Familienverbandes vor allem über Eheschließungen gesichert wurde, stellten unkontrollierte Sexualkontakte zwischen Männern und Frauen eine ‚Gefährdung' bestehender Ordnungen dar. Ausgeschlossen wurden unerwünschte Sexualkontakte dabei bereits seit langem insbesondere über eine Kontrolle der ‚sexuellen Aktivitäten' von Frauen (Schröter 1997a: 11f.), die in den ehemals eher ländlichen Lebensverhältnissen, in „denen die Kontaktmöglichkeiten vor allem von Mädchen und Frauen jederzeit überschaubar" (ders. 1997a: 31) gewesen waren, in Form einer mehr oder weniger direkten „Augenkontrolle" (ders. 1997a: 48) ‚sichergestellt' werden konnte.[165]

Der in den wachsenden Städten des 18. und 19. Jahrhunderts zunehmend anonymer und unübersichtlicher werdende städtische Außenraum eröffnete in diesem Zusammenhang nicht nur erweiterte Handlungsoptionen für die BewohnerInnen, sondern machte gleichzeitig – durch dem Wegfall direkter Kontrollmöglichkeiten – auch den Ausbruch von Frauen aus tradierten (Familien-) Beziehungsgefügen

---

165   Ein wichtiges Kriterium war dabei auch der geringere Verflechtungsgrad früherer Gesellschaften sowie eine insgesamt geringere Mobilität der Menschen.

wahrscheinlicher.[166] Als etablierte Ordnungen – und das heißt nicht zuletzt Standesordnungen – waren diese nun von Wandlungsprozessen ‚gefährdet' und bedurften zu ihrem Erhalt neuartiger Formen und Mittel.

Auch hier zeigt sich wieder das bereits mehrfach angesprochene Spannungsverhältnis zwischen *erweiterten Handlungsoptionen durch eine (räumliche) Veränderung der Städte auf der einen Seite* und einer mit solchen Entwicklungen gleichzeitig einhergehenden *Verunsicherung, die das Bedürfnis zur Absicherung gesellschaftlicher Ordnungsstrukturen verstärkte, auf der anderen Seite.* Ein solches Spannungsverhältnis evozierte einen deutlichen Aushandlungs*freiraum* und aber auch – gerade auf Grund des gewonnenen Freiraumes – einen Aushandlungs*bedarf* in Bezug auf gesellschaftliche Ordnungssysteme insbesondere von ‚Raum' und ‚Geschlecht' und wirkte langfristig verändernd auf bestehende Interaktions- und Handlungsstrukturen der Menschen ebenso ein wie auf normative und symbolisch-kulturelle Ordnungen.

Das verbreitete Bedürfnis nach ‚Sicherheit' und ‚Sittlichkeit', welches hier als Bedürfnis der (Wieder-)Herstellung sozialer Ordnungs- und Kontrollsituation im städtischen Außenraum aufgegriffen wird, bezog sich so keineswegs nur auf Prostituierte, sondern allgemein auf Frauen und Mädchen, die dadurch verstärkt und unabhängig vom Familienverband als Genus-Gruppe in den Blick kamen.[167] Zur (Wieder-)Herstellung von ‚Sicherheit' und ‚Sittlichkeit' – und das heißt vor allem zur ‚Sicherung' sozialer (Standes-)Ordnungen – wurden sowohl im Hinblick auf Prostituierte als auch auf die von diesen unterschiedenen ‚anständigen' Frauen veränderte gesellschaftliche Regulative in Bezug auf das Verhalten im städtischen Außenraum notwendig,[168] womit der Aspekt der ‚Zugänglichkeit' (Schlör 1991: 25; vgl. Abschnitt 4.2.1) angesprochen ist.

Kontroll- und Disziplinierungsmaßnahmen im Hinblick auf das (räumliche) Verhalten waren dabei grundlegend auch schon im 17. Jahrhundert üblich, wie zum Beispiel die Wiener ‚Bierglockenverordnung' zeigt, die die Geselligkeits- und Trinkzusammenkünfte insbesondere unterer sozialer Schichten zeitlich begrenzen sollte: „Dem ‚licht- und arbeitsscheuen Gesindel' wurde die letzte Stunde geläutet, wonach es niemandem mehr erlaubt war, ohne offenes Licht auf die Gasse zu

---

166 Dies unterstreicht nochmals die mit der Verstädterung grundsätzlich gegebene, sehr weit gehende und gerade deshalb ‚bedrohliche' Erweiterung der Handlungschancen und damit auch der Machtpotentiale von Frauen und Mädchen.

167 Die verstärkte Fokussierung von ‚Frauen' in Bezug auf die ‚Sittlichkeit' im städtischen Außenraum war dabei eng verwoben mit anderen Prozessen der sich im 18. und 19.Jahrhundert herausbildenden binären Geschlechterordnung (vgl. Absatz 5.2).

168 Von Bedeutung ist im Zusammenhang solcher, sich für den städtischen Raum herausbildenden Regulative, dass Familiengruppen bereits seit langem „die Fähigkeit zur gewaltsamen Wahrung ihrer Interessen entzogen" (Schröter 1997a: 24) worden war.

gehen" (Beneder 1997: 57). Für die Zeit um die Wende vom 18. zum 19. Jahrhundert berichtet auch Dietlind Hüchtker beispielsweise über den allgemeinen Versuch des ‚Polizey-Directoriums' Berlin, den Besuch von ‚Tanzböden' als Orte „unkontrollierten und [...] auch unkontrollierbaren Zusammentreffens von vielen Menschen" (Hüchtker 1998: 350) für „die niedere Volks-Classe gäntzlich" aufzuheben (BLHA, Pr.Br.Rep.30 Berlin A 268, Bl.10f. [1795]),[169] da davon auszugehen sei, dass hier „alle Sittlichkeit mit Füßen getreten wird" (Hüchtker 1998: 350). War in diesem Versuch noch die Annahme des insgesamt „zügellosen und in der Moralitaet gantz ausgearteten Gesindes" (BLHA, Pr.Br:Rep.30 Berlin A 268, Bl.10f. [1795])[170] vorherrschend, welches per Verbot an bestimmten (unkontrollierbaren) Orten ausgeschlossen werden sollte, so wurde, als sich das Verbot dann 1799 als königlicher Befehl durchsetzte, explizit die Anwesenheit von *Prostituierten* „bei öffentlichen Vergnügungen" (Hüchtker 1998: 350) untersagt, da solche „öffentlichen Zusammenkünfte [...] solange sie [die Prostituierten; d.V.] daran theilnehmen von *anständigen Frauenpersonen* vermieden werden" (BLHA, Pr.Br.Rep. 30 Berlin A269, Bl. 3f.[1799]; Herv.d.V.).[171]

Die in der ‚geschlechtsspezifischen Zuspitzung' des Verbotes deutlich werdende, wechselseitige (räumliche) Abgrenzung und damit gleichzeitig gegebene enge Aufeinanderbezogenheit von Prostituierten und ‚anständigen Frauen' zeigt sich auch in späteren gesetzlichen und sittenpolizeilichen Maßnahmen zur Vermeidung bzw. Kontrolle von Prostitution, die es der Polizei zum Beispiel gestatteten, „jede Frau, die ihr ‚verdächtig' erschien, festzuhalten und zu einer medizinischen Zwangsuntersuchung vorzuführen" (Schlör 1991: 189).[172] Die Unterscheidung von *Prostituierten* und *‚anständigen' Frauen* hat dabei einen deutlich *räumlichen Bezug*, der sich darin zeigt, dass der Prostitution ‚verdächtig' alle Frauen werden konnten, die sich vor allem bei Dunkelheit im öffentlichen Raum aufhielten, da „ein gut beleumdetes Weib sich Abends nicht blicken läßt" (Berliner Prostitution und Zuhältertum. Von Dr. X. Leipzig o.J.: 10).[173]

---

169 Nach Hüchtker 1998: 350; das Churmärkische Departement hatte einem solchen allgemeinen Verbot zunächst aber nicht zugestimmt (ebd.).
170 Nach Hüchtker 1998: 350.
171 Nach Hüchtker 1998: 350f.
172 Das hier aufgegriffene Gesetz bestand seit 1864 in England (Schlör 1991: 189), ähnliche Maßnahmen wurden aber auch in anderen europäischen Ländern eingeführt. So wird z.B. auch „aus Berlin [...] berichtet, daß ‚anständige Frauen und Mädchen abends von Beamten der Sittenpolizei attaquiert und der scham- und ehrverletzenden Behandlung ausgesetzt gewesen seien'" (Schlör 1991: 189; vgl. zum Umgang der Polizei mit der Prostitution verdächtigen Frauen auch Hüchtker 1998: 361).
173 Nach Schlör 1991: 189.

Mit dem Argument des Erhaltes der ‚Sittlichkeit' und oftmals in enger Auseinandersetzung mit dem Verdacht der Prostitution wurden Frauen in den wachsenden Städten des 18. und 19. Jahrhunderts so allgemein und insbesondere in den Abend- und Nachtstunden vielfach deutliche Ausgehbeschränkungen auferlegt. Besonders eindrücklich werden ‚Ausgeh-' oder ‚Nachtschwärm-Verbote' dabei von Carola Lipp für Württemberg wiedergegeben, wo es in einer öffentlichen Bekanntmachung der Stadt Tuttlingen aus dem Jahre 1846 beispielsweise heißt:

> „Das Spazierengehen und Herumziehen der ledigen Weibsleute in und ausserhalb der Stadt, abends nach der Betglocke, mit oder ohne Laterne, wird hiermit wiederholt bei Thurmstrafe verboten, ...“ (Tuttlinger Beobachter vom 19.5.1846).[174]

Solche ‚Ausgeh-' oder ‚Nachtschwärmverbote', die, wie das Zitat zeigt, durchaus auch mit hohen Strafen belegt sein konnten, wurden zwar teilweise auch allgemein für ‚die Jugend' ausgesprochen, in „der Regel wurden aber Nachtschwärmverordnungen vor allem in den Städten gegen ledige Frauen und Mädchen angewandt" (Lipp 1998a: 22) und so erscheint Nachtschwärmerei in der Reutlinger Polizeistatistik der 1840er Jahre zum Beispiel durchweg als weibliches Delikt (ebd.). Männer wurden meist erst dann aufgegriffen, wenn sie über das ‚nächtliche Herumlaufen' hinaus noch andere Verbote übertraten (vgl. auch Schlör 1991: 168).

In ihrer Beschränkung der Bewegungsfreiheiten wurden solche Verordnungen allerdings lange Zeit von Frauen, und besonders von Frauen unterer sozialer Schichten, keineswegs akzeptiert, wie Lipp weiter verdeutlicht:

> „Daß sich viele Frauen der Unterschichten durch Bestrafungen keineswegs davon abhalten ließen, abends ihren ‚Abendteuern' nachzugehen, läßt sich an der Reutlinger Strafstatistik ablesen. Allein im August 1847 wurden 10 ‚ledige Weibspersonen' nachts aufgegriffen und wegen Nachtschwärmerei belangt" (Lipp 1998a: 23).

Sichtbar war ein verbreitetes ‚Nachtschwärmen' von Frauen dabei nicht nur in der Strafstatistik, sondern auch deutlich in der Öffentlichkeit selbst: „Obwohl Frauen, die am Sonntag zum Tanz gingen oder einen gemeinsamen Abendspaziergang mit Freundinnen unternahmen, damit rechnen mußten, in den Ruf von Nachtschwärmerinnen zu geraten" (ebd.), meldete der Tuttlinger Beobachter 1846 sogar, dass „an allen öffentlichen Vergnügungs-Orten das weibliche Geschlecht vorzuherrschen scheint" (Tuttlinger Beobachter 29.12.1846).[175] Mit den ‚Ausgehverboten' zeigen sich so zwar Veränderungstendenzen im normativen Regulationssystem der damaligen, sich verstädternden Gesellschaft, die grundsätzlich auf eine ‚Verregelmäßigung' (vgl. Abschnitt 6.2.2) eines Meidungsverhaltens von Frauen im

---

174 Nach Lipp 1998a: 21.
175 Nach Lipp 1998a: 23.

städtischen Außenraum zielten, gleichzeitig wird aber auch deutlich, dass selbst mit streng sanktionierten Verboten eine solche Intention keineswegs problem- bzw. widerstandslos erreichbar war. Den hier deutlich werdenden Aushandlungs- prozessen um die Zugänglichkeit des städtischen Außenraums wird deshalb noch weiter nachzugehen sein.

7.1.3 Vom ‚Ausgehverbot‘ zur Unsicherheit im öffentlichen Raum

Gesellschaftliche Normen, Gesetze und Werte legen fest, was in spezifischen Situa- tionen *ge*boten oder *ver*boten ist. Sie intendieren als solche eine ‚Verregelmäßigung‘ des Handelns und sind als bedeutsam insbesondere für Stabilisierungstendenzen auch im Rahmen geschlechtlich-räumlicher Konstruktions- und Konstitutions- prozesse anzunehmen (vgl. Abschnitt 6.1.1). Für eine Analyse geschlechtsspezi- fischer (Un)Sicherheiten im öffentlichen Raum im Kontext der auch heute noch – trotz Auflösungstendenzen – relativ stabilen, dichotomen Ordnungsmuster von Öffentlichkeit und Privatheit sowie der Zweigeschlechtlichkeit erscheinen Nor- men, Gesetze und Werte deshalb von zentraler Bedeutung. Zu vermuten ist da- bei im Hinblick auf die hier gegebene Problemstellung, dass den im 18. und 19. Jahrhundert verbreiteten Ausgehbeschränkungen bis hin zu ‚Nachtschwärm-‘ und ‚Ausgehverboten‘ eine besondere Relevanz zukommt. Eine solche Argumentati- on stößt jedoch zunächst auf einen Erklärungsmangel, für dessen Auflösung die Verwobenheit der verschiedenen Analysedimensionen ins Blickfeld zu rücken ist.

Denn im Hinblick auf die Wirkung von Ausgehbeschränkungen konnte im vorigen Kapitel festgestellt werden, dass deren Einführung per se – sogar trotz Strafandrohung und -verfolgung – keineswegs zu der angestrebten Regelmäßig- keit des Verhaltens von Frauen führte. Gleichzeitig kann und muss aber für das 19. Jahrhundert durchaus ein „Vorgang der Ausgrenzung" (List 1993b: 144) von Frauen aus dem öffentlichen, außerhäuslichen Raum festgestellt werden, in des- sen Verlauf insbesondere bürgerliche Frauen „nach und nach aus dem Straßenbild verschwanden" (de Swaan 1991: 175). Obwohl sanktionierte, normative Vorga- ben wie Ausgehverbote für eine Erklärung der im 19. Jahrhundert offenbar in re- lativ umfassender Weise erreichten ‚Regelmäßigkeit‘ eines Meidungsverhaltens von Frauen in Bezug auf den außerhäuslichen Raum relevant sein dürften, bieten sie allein jedoch noch keine überzeugende Erklärung. Im Hinblick auf die soziale ‚Herstellung‘ der im 19. Jahrhundert feststellbaren Ausgrenzung von Frauen aus dem Stadtraum, die ein wesentliches Charakteristikum sowohl der dichotomen Trennung von öffentlichen und privaten Räumen als auch der Zwei-Geschlechter- (Neu)ordnung darstellt (vgl. Abschnitt 4.2.1) und damit für die Themenstellung dieser Arbeit von zentraler Bedeutung ist, ist die Analyse deshalb zu vertiefen. Im

Rahmen der prozesssoziologischen Aufarbeitung wird hier zunächst eine weitergehende Auseinandersetzung mit der in diesem Kontext als zentral anzusehenden Dimension des ‚normativen Regulationssystems' vorgeschlagen. Herstellungsmit und Wandlungsprozesse normativer Ordnungsmuster sind dabei grundlegend in Auseinandersetzung und Abhängigkeit von Machtverhältnissen zu betrachten, die in Bezug auf die gegebene Fragestellung bereits als ein Spannungsverhältnis räumlicher und geschlechtlicher (Neu)Ordnungen deutlich wurden.

Machtverhältnisse bzw. *Machtbalancen* mit einem ausgeprägten Spannungsungleichgewicht zeigten sich im Rahmen der in Abschnitt 7.1.1 und 7.1.2 skizzierten Entwicklungen zunächst vor allem in Bezug auf *unterschiedliche soziale Schichten*, was für die Analyse der Herausbildung geschlechtsspezifischer (Un) Sicherheiten im öffentlichen Raum ebenso von Bedeutung ist wie für eine Auseinandersetzung mit der Herausbildung der Dichotomien von Männlichkeit und Weiblichkeit sowie von öffentlichen und privaten Räumen (vgl. Abschnitt 7.2). In den rasch wachsenden europäischen Städten standen zunächst und vorrangig ‚standes-' oder ‚schichtspezifische', und das heißt vor allem ökonomisch-materielle Ungleichheiten in einem *macht*vollen Spannungsverhältnis, das aber – nicht zuletzt vor dem Hintergrund der mit dem Städtewachstum sich eröffnenden Freiräume auch für Frauen – mehr und mehr eine geschlechtsspezifische Konnotation erhielt.

Im Kontext des bereits herausgestellten Meidungsbestrebens des Bürgertums in Bezug auf untere soziale Schichten auf der einen Seite und der gleichzeitig aber auch gegebenen Unvermeidbarkeit des Kontaktes beim Aufenthalt im Außenraum der Städte auf der anderen Seite wurden nun insbesondere

> „Frauen aus dem Bürgerstand [...] allerlei Ausgehbeschränkungen auferlegt und sie hielten sich auch daran, um Berührungen mit den niederen Volksmassen zu vermeiden, aber auch um ihrer eigenen Ehrbarkeit willen, d.h., um den Standesunterschied zwischen ihrer guten Familie und dem rohen Arbeitsvolk zu akzentuieren" (de Swaan 1991: 175).

Ein Meiden der unteren Schichten, wie es bereits in Abschnitt 7.1.1 für das Bürgertum allgemein als Distinktionsmittel beschrieben wurde, wurde so in spezifischer Weise für Frauen ‚verfeinert'. Ausgehbeschränkungen gewinnen auf diese Weise, d.h. vor dem Hintergrund des Bestrebens um Standes- und Machterhalt des Bürgertums, als Fragen des ‚Anstandes' an Akzeptanz – auch bei Frauen selbst. Begründet wurden geschlechtsspezifische Beschränkungen im Kontext schichtspezifischer Ungleichheiten weniger mit der Notwendigkeit einer sozialen Kontrolle von Frauen, sondern vielmehr mit einer aus der idealtypischen Geschlechter(neu)ordnung abgeleiteten, besonderen ‚Schwäche' und damit auch Gefährdung von (bürgerlichen) Frauen in Bezug auf ihre körperliche Unversehrtheit und insbesondere auch auf die ‚Unversehrtheit' ihres ‚guten Rufes', die eine spezifische ‚Schutzbedürftigkeit' implizierten. Hintergrund war die bereits beschriebene, allgemein verbreitete – und durch die idealtypische Dichotomisierung eines ‚feindlichen' öffentlichen Raumes sowie eines ‚friedlichen' privaten Raumes weiter verstärkte – Wahrnehmung des Bürgertums, dass „Straßen und öffentliche Plätze [...] in jener Zeit zu bedrohlichen Stätten geworden [waren], wo Rohheit, Gewalttätigkeit und, nicht zu vergessen, erotische Verführung auf der Lauer lagen" (ders. 1991: 176). Um solchen ‚Gefahren' zu entgehen, die auch hier wiederum in ihrer Ambivalenz eines Bestrebens nach Absicherung gesellschaftlicher Ordnungsstrukturen auf der einen Seite und einer Erweiterung von Handlungsmöglichkeiten (nicht zuletzt auch in Form der ‚erotischen Verführung') auf der anderen Seite deutlich werden, wurde vor allem für Frauen gefordert, den sozialen Abstand durch einen physischen Abstand insbesondere zu „Vergnügungsstätten" (ebd.) zu sichern und allgemein „die Nähe des gemeinen Volkes zu meiden" (ebd.). Die Beschränkung des Bewegungsraumes von Frauen, die zum Erhalt der sozialen Distinktion für notwendig erachtet wurde, war dabei durchaus weitgehend, wie sich beispielsweise darin zeigt, dass es Ende des 19. Jahrhunderts europäische „Städte, wie Brüssel [gab], wo [...] eine Frau unter dreißig ohne Begleitung nicht einmal zwölf Häuser weiter als das ihre einen Besuch machen darf" (L. Stratenus 1891: 81).[176]

Wenn auch nicht immer in gleicher Schärfe, so aber doch in ähnlichem Duktus legt Ende des 19./Anfang des 20. Jahrhunderts eine Vielzahl von Manieren- und Anstandsbüchern ein beredtes Zeugnis darüber ab, dass sich die reglementierend-verregelmäßigende Intention der Ausgeh*verbote* in Form der ‚Anstands*gebote*' – und nun mit dem Schutz von Frauen in einem ‚gefährlichen Außenraum' begründet – erhalten konnte, wie etwa der folgende Rat aus einem ‚Lexikon der feinen Sitten' von 1900 deutlich macht:

> „Jüngere Damen, auch verheiratete, sollten sich nicht ohne Begleitung auf der Promenade sehen lassen. Junge Mädchen müssen besonders hier sorgfältig acht auf ihre *Haltung* haben, da die Promenade vorzugsweise der Ort ist, wo ein müßiggängerisches Rouétum auf die Pirsch zu gehen pflegt; daher ist es ratsam, daß sie neben der Mutter oder einer älteren Schwester oder Freundin gehen" (Adelfels 1900: 260; Herv.i.O.).[177]

---

176 De opvoeding van de vrouw: Kleine handleiding voor gegoede standen bewerkt. Amsterdam; zitiert nach: de Swaan 1982: 49 (Die Jahreszahl des Zitats ist de Swaan 1991 entnommen). Auch de Swaan (1982, 1991) macht auf langfristige Wirkungen von Ausgehverboten aufmerksam. Er wählt als (Be)Deutungskontext seiner Analyse allerdings das Krankheitsbild der Agoraphobie. Da geschlechtsspezifische (Un)Sicherheiten im öffentlichen Raum im Kontext dieser Arbeit aber gerade *nicht als ein pathologisches Problem* sondern als ein umfassendes *soziales* und *soziologisch zu analysierendes Phänomen* verstanden werden, greife ich die Argumentation von de Swaan hier nicht im Einzelnen auf.

177 Das Lexikon der feinen Sitten. Stuttgart; zitiert nach: Krumrey 1984: 354.

Lange wurde es so als eine vorrangige Aufgabe ‚anständiger' Frauen angesehen, mögliche Gefahren und ‚unsichere' Situationen durch ein Meiden öffentlicher Räume gar nicht erst entstehen zu lassen oder sie durch das Treffen besonderer Schutzmaßnahmen zu begrenzen. Damit Frauen „nicht ohne *Schutz* dastehe[n]" (Ebhardt 1878: 518; Herv.i.O.),[178] wenn sie öffentliche Räume nutzen wollten oder mussten, galt eine Begleitung zum Beispiel durch eine „ältere Gesellschafterin" (ebd.) oder den Vater als besonders erstrebenswert: „Am Arme des Vaters darf sich das junge Mädchen überall zeigen, aber nicht allein" (ebd.).

Gerade in der geforderten Begleitung scheint dabei noch deutlich das Moment der sozialen Kontrolle der Ausgehverbote durch. Verknüpft wurden solche Ausgehbeschränkungen aber nun mit einer Gefährdung (des guten Rufes) von Frauen. So wurde der öffentliche Raum der Stadt für (anständige) Frauen zu einem spezifisch ‚unsicheren' und Frauen selbst eines besonderen ‚Schutzes' bedürftig. Allein sollten Frauen und Mädchen deshalb möglichst keinerlei Umgang mit Fremden haben und insbesondere *„junge Mädchen sollten sehr aufmerksam"* (Höflich 1936: 7; Herv.i.O.)[179] zum Beispiel das Gebot verfolgen, nicht einmal *„Fragen um Auskunft an Vorübergehende"* (ebd.) zu stellen, „um nicht Gefahr zu laufen, von Fremden zudringlich behandelt zu werden" (ebd.).

Stand die Durchsetzung von spezifischen Verhaltensstandards für Frauen vermittels Ausgehverboten noch als offene und durchaus kontrovers (aus)gehandelte ‚Machtfrage' einer sich zur gleichen Zeit herausbildenden Zwei-Geschlechterordnung ‚im Raum', so führte die in den Anstandsregeln implizierte Verknüpfung der Meidung des öffentlichen Raumes mit dem Standeserhalt des Bürgertums zu einer weitgehenden Akzeptanz solcher Regulative auch bei ‚anständigen' Frauen selbst. Die Antwort auf die Frage, wie es dazu kam, dass insbesondere „Bürgerfrauen in der ersten Hälfte des 19. Jahrhunderts [...] aus dem Straßenbild verschwanden" (de Swaan 1991: 175), lässt sich so zunächst aus einer engen Verknüpfung standes- bzw. schichtspezifischer Wahrnehmungen und Verhaltensweisen mit geschlechtsspezifischen erklären, die eine Akzeptanz eines Meidungsverhaltens auch bei Frauen selbst evozierten und etablierten.

Unterstützt wurde die Durchsetzung von Ausgehbeschränkungen dabei durch die sich etablierende Konstruktion und Konstitution eines ‚weiblichen' und eines ‚männlichen' Geschlechts, die sich sowohl in körperlicher als auch charakterlicher Hinsicht grundsätzlich unterschieden – und zwar durch ‚Schwäche' auf der ‚weiblichen' und ‚Stärke' auf der ‚männlichen' Seite – sowie durch die Dichoto-

---

178   Der gute Ton in allen Lebenslagen. Ein Handbuch für den Verkehr in der Familie, in der Gesellschaft und im öffentlichen Leben. Berlin; zitiert nach: Krumrey 1984: 351.
179   Aus: Wie benehme ich mich? Allgemeingültige Regeln zu einem gesitteten und gefälligen Betragen; zitiert nach: Krumrey 1984: 363.

misierung des Raumes in einen ‚öffentlichen' und einen ‚privaten' Teil, die ebenfalls als grundverschieden angenommen wurden: Einem ‚feindlichen' und ‚zum
Kampf herausfordernden' öffentlichen Raum wurde ein explizit als ‚friedlicher
Rückzugsort' konzipierter ‚privater' Raum gegenübergestellt. Eine solche Konzeptualisierung sowohl des Raumes als auch des Geschlechts bestätigte die ‚Ge-
fährlichkeit' des öffentlichen Außenraumes, der dem ‚schwachen Geschlecht' in
einem solchen Verständnis kaum zuzumuten war. Gleichzeitig wurde aber auch
umgekehrt die aufkommende (Neu)Konzeptualisierung von Raum und Geschlecht
durch Ausgehbeschränkungen und objektiviert wahrgenommene (Un)Sicherheiten
im öffentlichen Raum ‚verwirklicht'. Unterstützt und näher bestimmt wurden solche Prozesse zum Beispiel durch die in Abschnitt 7.1.1 beschriebene Veränderung
der Beleuchtungssituation der Städte, durch die sich nicht nur das Ausgehverhal-
ten der Menschen veränderte, sondern auch soziale Unterschiede in der Wahrnehmung verstärkt wurden: Im Kontrast zum ‚Lampenluxus' der reicheren Stadtteile
stach die ‚Düsternis der Elendsquartiere' umso deutlicher hervor. Dunkelheit, eine
hiermit verbundene Unübersichtlichkeit sowie eine fehlende soziale Kontrolle[180]
wurden so zu Symbolen für Unsicherheiten und Gefahren, die vor allem ‚anständige' Frauen zu vermeiden hatten.[181]

Im hier skizzierten Wandel von Ausgehverboten zu Anstandsgeboten deutet
sich dabei eine Entwicklung an, die von Elias vielfach als ein Charakteristikum
des abendländischen Zivilisationsprozesses herausgestellt wurde: Im Zusammenhang mit den im 18. und 19. Jahrhundert – nicht zuletzt auch räumlich – länger
werdenden Verflechtungs- und Abhängigkeitsketten im zwischenmenschlichen Beziehungsgefüge waren einzelne Menschen zunehmend gezwungen, ihr „Verhalten immer differenzierter, immer gleichmäßiger und stabiler zu regulieren" (Elias 1990a: 317), was eine allgemeine Veränderung des „psychischen Apparates"
(ebd.) in Richtung auf eine „differenziertere und stabilere Regelung des Verhaltens der einzelnen Menschen von klein auf" (ebd.) erforderte. Die Beziehungen
der Menschen wurden im Zuge solcher Entwicklungen zunehmend weniger durch
äußere ‚Fremdzwänge', die vermittels Sanktionen durchgesetzt werden (mussten),

---

180 Deutlich wird hier die immer gegebene mehrfache Bestimmung der sozialen Kontrolle, die zum
     einen Schutz (für Frauen) bieten kann und soll (eine bis heute immer wieder aufgegriffene und
     in der Einrichtung von Frauenparkplätzen z.B. umgesetzte Forderung) und die aber zum anderen
     immer auch verknüpft ist mit verstärkten Kontrollmöglichkeiten des Verhaltens der zu schützenden
     Personen selbst.

181 So verstärkt in Form der technisch ermöglichten Beleuchtung der Städte der „gleiche Prozeß,
     der die Abhängigkeit der Menschen von den unkontrollierbaren Launen der Natur vermindert,
     [...] ihre Abhängigkeit voneinander. Die gleichen Wandlungen, die den Menschen in Bezug auf
     nicht-menschliche Kräfte größere Macht und Sicherheit geben, öffnen neue Quellen der Unsi-
     cherheit in ihrem Zusammenleben miteinander" (Elias 1990b: 21).

bestimmt, sondern mehr und mehr durch internalisierte ‚Selbstzwänge‘.[182] Auch
der Wandel von ‚Ausgehverboten‘ zu ‚Anstandsgeboten‘ weist in diesem Sinne
in Richtung eines Wandels von einem normativen Fremd-Regulationssystem zu
einem normativen Selbst-Regulationssystem, welches nicht mehr auf die aktuelle Präsenz von Kontrollmechanismen, das heißt von direkt sanktionierenden oder
Sanktionen androhenden äußeren Instanzen angewiesen ist. Eine Verregelmäßigung des Verhaltens wird nun vor allem über verinnerlichte Selbstzwänge erreicht,
die als „Funktionen der beständigen Rück- und Voraussicht" (ders. 1990a: 331)
in den einzelnen Menschen „von klein auf herangebildet werden" (ebd.) und herangebildet werden müssen und dabei nach Elias „teils die Gestalt einer bewuß-
ten Selbstbeherrschung, teils die Form automatisch funktionierender Gewohnhei-
ten" (ebd.) haben.

Der historische Rückblick verdeutlicht in diesem Sinne komplexe soziale (Aus-
handlungs-)Prozesse, in denen die zunächst noch deutlich umstrittenen ‚Ausgehverbote‘ mit ihrer Intention einer Meidung öffentlicher Räume an Akzeptanz auch
bei Frauen selbst gewannen. Vor dem Hintergrund allgemeiner gesellschaftlicher
Entwicklungen, die insbesondere durch eine Ambivalenz bzw. ein Spannungsverhältnis erweiterter Handlungsoptionen auf der einen sowie eine Bedrohung bestehender sozialer Ordnungen auf der anderen Seite gekennzeichnet waren, wandelten
sich ‚Verbote‘ im Zuge gesellschaftlicher Neuordnungsprozesse zu ‚Anstandsgeboten‘, die in Prozessen einer Normverinnerlichung zunehmend unabhängig von
äußeren Zwängen wurden und so teilweise noch bis in die 1980er/1990er Jahre als
‚Gebote des Anstands‘ vertreten wurden.[183]

Eine Normverinnerlichung dürfte dabei durch das Konstrukt eines für Frau-
en besonders bedrohlichen öffentlichen Raumes bzw. eine Charakterisierung der
Genus-Gruppe ‚Frauen‘ als im öffentlichen Raum besonders gefährdete Gruppe
wesentlich unterstützt bzw. verstärkt worden sein. Unsicherheiten und Ängste bewirkten nun eine Ausgrenzung bzw. *Selbst*ausgrenzung von Frauen aus dem öffentlichen Raum – und sie tun dies noch heute, ohne dass die dahinterstehende
Norm überhaupt noch bewusst ist.[184]

---

182 Elias betont dabei, dass der von ihm beschriebene Prozess der Zivilisation nicht deterministisch
und unilinear erfolgt, sondern als Prozess ohne Anfang und ohne Ende gedacht werden muss
und prinzipiell umkehrbar ist.
183 So wurde der Einsatz der Gleichstellungsstelle München für einen sicheren Busbahnhof z.B.
„von einem Anwohner heftig als eine Maßnahme zur Unterstützung unverantwortlicher Singles
kritisiert. *Anständige* Frauen seien, so der Beschwerdeführer, nachts zuhause" (Schreyögg 1995:
o.S.; Herv.d.V.).
184 Während Sturm in ihrem Analyse-Modell für die Kategorie ‚Raum‘ davon ausgeht, dass die
beiden unteren Quadranten, und d.h. auch normative Regularien, ‚gekannt‘ seien, zeigt sich

Unterstützt wurde eine Verinnerlichung des mit Unsicherheiten begründeten Meidungsverhaltens von Frauen in Bezug auf den öffentlichen Raum dabei aber auch durch die in Abschnitt 2.3 ausgeführte Vieldeutigkeit und leichte ‚Irritierbarkeit' von Sicherheits- und Unsicherheitsgefühlen, die in der historischen Rekonstruktion der hier gegebenen Problemstellung als eine Überlagerung verschiedener ‚Bedeutungskomplexe' (Kaufmann 1973) sichtbar werden. Das Bestreben eines ‚Schutzes vor Gefahr' – im Sinne einer körperlichen und geschlechtsspezifisch orientierten Gefährdung, die bis heute immer wieder als Hintergrund von Unsicherheiten bei Frauen im öffentlichen Raum angenommen wird, – verbindet sich in der historischen ‚Herstellung' deutlich mit dem Ziel der ‚Herstellung' einer sozialen ‚Gewissheit' in Bezug auf gesellschaftliche Ordnungssysteme, deren ‚Verlässlichkeit' durch die beschriebenen gesellschaftlichen Veränderungen bedroht war. Das heute wahrgenommene ‚subjektive (Un)Sicherheitsgefühl' in Bezug auf den öffentlichen Raum ergibt sich so aus einem überlagerten Zusammenwirken verschiedener Bedeutungskomplexe, die aber erst im historischen Kontext erkennbar werden und den Individuen in ihrem alltäglichen Handeln keineswegs bewusst sind.

Für die Herausbildung von (Un)Sicherheiten und die Etablierung von Ausgehbeschränkungen als notwendige und sogar von Frauen selbst als erstrebenswert angesehene Verhaltensweisen in Bezug auf den öffentlichen Raum waren die sich herausbildenden Ordnungssysteme von Öffentlichkeit und Privatheit bzw. von öffentlichen und privaten Räumen sowie des Zwei-Geschlechterverhältnisses von zentraler Bedeutung. Die symbolische Aufladung bzw. ‚Verdichtung' des öffentlichen Raumes als ein für Frauen besonders gefährlicher und die dadurch verstärkte Annahme einer besonderen Schutzbedürftigkeit von Frauen ist als eng verwoben anzunehmen mit der im 18. und 19. Jahrhundert aufkommenden Vorstellung einer besonderen Schwäche, Unsicherheit und Empfindsamkeit als ‚natürliche' Eigenschaften des ‚weiblichen Geschlechts', denen Stärke, Mut und Unternehmungslust als ‚natürliche' Eigenschaften des ‚männlichen Geschlechts' gegenübergestellt wurden (vgl. Abschnitt 5.2) sowie mit der grundsätzlichen Vorstellung und geschlechtsspezifischen Zuweisung eines heimischen und friedlichen privaten Raumes, dem ein feindlicher, zum Kampf herausfordernder öffentlicher Raum gegenübergestellt wurde (vgl. die Abschnitte 4.1.1 und 4.1.2). Die aufkommende (Neu)Konzeptualisierung von Raum und Geschlecht forcierte dabei einerseits die Herausbildung spezifischer (Un)Sicherheiten im öffentlichen Raum, ebenso wie aber auch umgekehrt eine geschlechtlich-räumliche Neuordnung durch Ausgehbe-

---

hier gerade, dass ein ‚Gekannt-Sein' von Normen unter Rekurs auf die historische Komponente keineswegs vorausgesetzt werden kann (vgl. Absatz 3.4.2).

schränkungen und objektiviert wahrgenommene (Un)Sicherheiten im öffentlichen Raum ‚verwirklicht' bzw. stabilisiert wurde.

Geschlechtsspezifisch unterschiedene (un)sichere öffentliche und private Räume sind so nicht nur als historische Konstrukte anzusehen, sondern diese sind als materialisierte bzw. objektivierte Artefakte gleichzeitig auch ein wirkmächtiges Moment des Sozialen, das in entscheidender Weise an der wechselseitigen Konstruktion und Konstitution von Raum und Geschlecht mitwirkte und auch heute noch mitwirkt. Hierauf soll im Folgenden noch etwas weiter eingegangen werden.

7.2 ‚Doing Gender' – ‚Doing Space': (Un)Sicherheiten als stabilisierendes Moment geschlechtlich-räumlicher (Zu)Ordnungsprozesse

Ging es in Abschnitt 7.1 vorrangig darum, das bisher kaum erklärbare Phänomen geschlechtsspezifischer (Un)Sicherheiten im öffentlichen Raum in seinen (historischen) Entstehungsbedingungen zu rekonstruieren und damit eine Erweiterung bisheriger Analyse- und Lösungsansätze zu leisten, so wird hier nun ein Perspektivenwechsel vorgeschlagen, der die mit dem Phänomen der (Un)Sicherheit bis heute eng verwobenen Prozesse der Konstruktion und Konstitution von Raum und Geschlecht gezielt in den Blick nimmt. Schon in der historischen Rekonstruktion geschlechtsspezifischer (Un)Sicherheiten im öffentlichen Raum wurde ein enges Verwobensein des Phänomens mit Konstruktions- und Konstitutionsprozessen der dichotomen Ordnungsmuster von Öffentlichkeit und Privatheit sowie von Männlichkeit und Weiblichkeit deutlich, dem nun weiter nachgegangen werden soll. In Erweiterung der bisher zentralen Fragestellung, wie die spezifischen Unsicherheiten von Frauen im öffentlichen Raum aus Prozessen ihrer Herstellung zu erklären sind, wird es im Folgenden um die Frage gehen, wie die auch heute noch dominanten gesellschaftlichen Ordnungsmuster der Zwei-Geschlechtlichkeit sowie dasjenige von öffentlichen und privaten Räumen in enger Verwobenheit mit der sozialen Konstruktion und Konstitution von (Un)Sicherheiten im öffentlichen Raum ‚produziert' werden.

Der in Anlehnung an ethnomethodologische Ansätze und ihre Weiterentwicklung im Rahmen der Geschlechterforschung hierbei aufgegriffene Begriff und das forschungsmethodologische Programm des ‚doing gender' (Hagemann-White 1988, 1993) ist in einer Raum und Geschlecht verknüpfenden Analyse dabei um die räumliche Perspektive eines ‚doing space' zu erweitern. Betont wird mit den beiden hier gewählten Begriffen insbesondere der soziale Prozesscharakter einer fortwährenden und fortwährend notwendigen (Re)Produktion räumlich-geschlechtlicher Verhältnisse.

Um die spezifischen Wirkungen von (Un)Sicherheiten im öffentlichen Raum im Rahmen der Konstruktions- und Konstitutionsprozesse von Raum und Geschlecht zu verdeutlichen, wird zunächst in Abschnitt 7.2.1 die historische Prozessualität des Phänomens nochmals aufgegriffen, bevor dann – hierauf aufbauend – in Abschnitt 7.2.2 auf die auch heute noch durch (Un)Sicherheiten im öffentlichen Raum angeregten wechselseitigen Prozesse einer (Re)Konstruktion von Raum und Geschlecht eingegangen wird.

7.2.1 Geschlechtlich-räumliche (Neu)Ordnungsprozesse im 18. und 19. Jahrhundert und ihre machtvolle Verstärkung durch (Un)Sicherheiten im öffentlichen Raum

Die in Abschnitt 7.1 geleistete Rekonstruktion der historischen Herausbildung geschlechtsspezifischer (Un)Sicherheiten im öffentlichen Raum konzentrierte sich auf *gesellschaftliche Wandlungsprozesse während des 18. und 19. Jahrhunderts*, in denen sich das Beziehungsgefüge der Menschen deutlich veränderte und sich dabei insbesondere nach *neuen Ordnungsmustern* auszurichten begann. Von besonderer Relevanz waren dabei die zur gleichen Zeit sich herausbildenden Dichotomien von öffentlichen und privaten Räumen als „gegensätzliche Lebensbereiche" (Hausen 1992: 83) sowie der zwei-geschlechtlichen Ordnung von ‚Männern' und ‚Frauen' als „in körperlicher wie moralischer Hinsicht" (Honegger 1996: 145) scharf voneinander unterschiedene ‚Geschlechter' (vgl. die Abschnitte 4.1.1; 4.1.2; 5.2), die sich in ihrem wechselseitigen Verwobensein gerade durch eine „Ausgrenzung" (List 1993b: 144) von Frauen aus dem öffentlichen Außenraum auszeichnen.

Als ein zentraler Hintergrund solcher Wandlungsprozesse wurden dabei die ebenfalls das 18. und 19. Jahrhundert deutlich bestimmenden Prozesse einer zunehmenden Verstädterung ins Blickfeld gerückt, die ein grundsätzliches *Spannungsverhältnis* im Beziehungsgefüge der Menschen hervorbrachten zwischen einer *(räumlichen) Erweiterung von Handlungsoptionen* auf der einen Seite und einer gerade hiermit aber auch einhergehenden verstärkten *‚Bedrohung' gegebener (Macht-) Strukturen* auf der anderen Seite. Neuen und ‚freieren' Interaktionsformen standen dabei Unsicherheiten insbesondere in Bezug auf den (Standes- bzw. Macht-)Erhalt des ‚Geschlechts' gegenüber, wobei mit diesem Begriff noch bis ins 18. Jahrhundert die Generationenfolge im „institutionellen Gefüge der Familie" (Hausen 2001/1976: 169) bestimmt wurde, die als solche auch das zentrale Bezugssystem für Aussagen über „den Mann und die Frau" (dies. 2001/1976: 168) darstellte.

Die mit dem Bevölkerungswachstum der Städte einhergehenden räumlichen Veränderungen, ein verstärktes Zusammentreffen von immer mehr Menschen und auch technische Neuerungen, wie zum Beispiel die nächtliche Beleuchtung großer

Teile der Städte ‚bewirkten‘ zu dieser Zeit einen weitreichenden Wandel des gesellschaftlichen Beziehungsgefüges, das sich dabei allerdings nicht beliebig, sondern durch bestehende Machtbalancen bestimmt wandelte. Als Mittel zum Machterhalt bzw. -gewinn setzte sich in diesem Kontext grundsätzlich ein schicht- bzw. standesspezifisches Distinktionsverhalten des Bürgertums gegenüber unteren sozialen Schichten durch, das insbesondere auch in einem Bestreben nach räumlicher Distinktion und körperlicher Meidung zum Ausdruck kam. Ein solches *Meidungsverhalten des Bürgertums gegenüber unteren sozialen Schichten* wurde durch das rasche Wachstum der Städte und die damit einhergehende (auch körperlich-materielle) Unvermeidbarkeit des Kontaktes sowie die technisch verstärkte ‚Beleuchtung‘ sozialer Unterschiede weiter verstärkt.

Problematisch wurde in einem unübersichtlicher werdenden städtischen Außenraum dabei vor allem eine für den (Macht-)Erhalt der Familienverbände für notwendig erachtete soziale Kontrolle von Frauen: Wie beschrieben, gewannen deshalb zur Sicherung der sozialen Kontrolle von Frauen gesellschaftliche Regulative in Form von ‚*Ausgehverboten*‘ mit zunehmend geschlechtsspezifischer Ausrichtung an Bedeutung. Als normative Regularien hatten diese grundsätzlich das Ziel einer Verregelmäßigung des Handelns von Frauen, die damit über den Familienverband hinausgehend als Genus-Gruppe in den Blick kamen. In ihrer Ausrichtung unterstützten Ausgehbeschränkungen gleichzeitig die allgemein zu dieser Zeit sich durchsetzende, idealtypische Propagierung einer räumlich-geschlechtlichen Neuordnung, die wesentlich durch eine ‚Ausgrenzung‘ von Frauen aus dem öffentlichen Außenraum gekennzeichnet war (vgl. Abschnitt 4.2.1).

Ausgehverbote allein konnten allerdings – obwohl sie teilweise streng sanktioniert waren – das Ziel einer Verregelmäßigung des Handelns von Frauen in Richtung auf ein Meidungsverhalten in Bezug auf den öffentlichen Raum keineswegs umfassend erreichen. Erkennbar wurde hier – ganz im Gegenteil – ein deutliches *Spannungsverhältnis zwischen allgemein erweiterten Handlungsoptionen auch von Frauen auf der einen und neu eingeführten geschlechtsspezifisch-normativen Vorgaben* auf der anderen Seite. Die als ein konstitutives Moment der räumlich-geschlechtlichen Neuordnung anzunehmende ‚Ausgrenzung‘ von Frauen aus dem öffentlichen Außenraum, die durch Ausgehbeschränkungen grundsätzlich unterstützt wurde, konnte so keineswegs ‚einfach‘ durch die Einführung normativer Regularien umgesetzt werden: Vor allem Frauen unterer sozialer Schichten ließen sich die grundsätzlich erreichte Erweiterung (räumlicher) Handlungsoptionen durch die Verbote keineswegs widerstandslos nehmen.

Durchsetzen konnte sich die in den ‚Ausgehverboten‘ implizierte Intention, ein spezifisches Meidungsverhalten von Frauen in Bezug auf den städtischen

Außenraum zu erreichen, erst im Kontext von *‚Anstandsgeboten‘*, in denen geschlechtsspezifische mit standesspezifischen Intentionen und insbesondere mit einer spezifischen Gefährdung, Unsicherheit und Schutzbedürftigkeit von Frauen im Außenraum der Städte verknüpft wurden. Die in den Anstandsgeboten betonte Unsicherheit und Schutzbedürftigkeit von Frauen im öffentlichen Raum korrespondierte dabei nicht nur mit der Herausbildung einer Zwei-Geschlechterordnung sowie einer sich etablierenden ‚öffentlich – privaten‘ Raumordnung, die sich durch wechselseitig bezügliche und räumlich-geschlechtlich zugeordnete, dichotome Charakterisierungen von ‚schwach – stark‘ und ‚friedlich – feindlich‘ auszeichneten, sondern forcierte diese deutlich. In der Umsetzung der Anstandsgebote, die im Zuge einer für notwendig erachteten Distinktion des Bürgertums gegenüber unteren sozialen Schichten auch von Frauen selbst akzeptiert wurden, *erlebten* Frauen sich dem idealtypischen Ordnungsmuster entsprechend als ‚schwach‘ in einem grundsätzlich als ‚feindlich‘ wahrgenommenen öffentlichen Raum, während Männer als grundsätzlich ‚starkes Geschlecht‘ den Gefahren des öffentlichen Raumes trotzen konnten und mussten. In der alltäglichen Auseinandersetzung mit dem öffentlichen Außenraum der Städte, die von Anstandsgeboten streng reglementiert wurde, lernten sowohl Frauen als auch Männer ein geschlechtsspezifisch unterschiedenes ‚anständiges‘ Verhalten, das sich für Frauen idealtypisch dadurch auszeichnete, dass diese den städtischen Raum so wenig wie möglich und wenn, dann nur an ‚geschützten Orten‘ bzw. in Begleitung aufzusuchen hätten.

Vermittelt über Anstandsgebote und über die hierin immer wieder betonte besondere Schutzbedürftigkeit von Frauen in einem als besonders gefährlich anzusehenden öffentlichen Außenraum festigte sich so nicht nur ein geschlechtsspezifisch-räumliches Verhalten, sondern durch das idealtypisch ‚genormte‘ geschlechtsspezifisch-räumliche Verhalten festigten sich gleichzeitig auch die neu eingeführten Raum- und Geschlechterordnungen selbst.

7.2.2 Die wechselseitige Stabilisierung geschlechtlich-räumlicher Ordnungen über (Un)Sicherheiten im öffentlichen Raum

Raum und *Geschlecht* wurden im Kontext dieser Arbeit als *offene, dynamische* und das heißt *wandlungsfähige Kategorien* verdeutlicht, die aber dennoch keineswegs als beliebig wandelbar anzunehmen sind, sondern sich – in Abhängigkeit von Machtverhältnissen – immer wieder *in spezifischer Weise (re)konstruieren*. So kommt es im Zuge gesellschaftlichen Wandels immer wieder auch zu Beharrungs- oder Stabilisierungstendenzen und verbunden damit zum Beispiel zu „systematischen Stratifikationsphänomenen zwischen den Geschlechtern" (Knapp 1995: 292). Eine Berücksichtigung solcher Phänomene, wie Knapp sie z.B. für die Analyse des Geschlechterverhältnisses einfordert, ist auch im Hinblick auf räumlich-geschlechtliche Verhältnisse von zentraler Bedeutung.

Neben den bisher vorrangig fokussierten *Wandlungsprozessen von Raum und Geschlecht*, in deren Kontext sich (Un)Sicherheiten im öffentlichen Raum als soziale Konstruktionen im 18. und 19. Jahrhundert herausbildeten, sind in der Analyse somit auch die innerhalb der kategorialen Ausprägungen von Raum und Geschlecht gegebenen *Beharrungstendenzen* zu berücksichtigen. Gerade in Bezug auf das Geschlechterverhältnis wurden und werden solche Beharrungstendenzen vielfach beklagt und die Klage richtet sich hier insbesondere auch auf das „Verhältnis der Frauen zum öffentlichen Raum" (Nissen 1998: 143). Wie Ursula Nissen feststellt, hat sich hieran „trotz verstärkter Teilnahme [von Frauen z.B.; d.V.] an der Berufswelt kaum etwas verändert" (ebd.): Eine „Nutzung öffentlicher Räume" (ebd.) ist nach Nissen für Frauen „nur dann selbstverständlich, wenn ‚Not am Mann' ist" (ebd.) und das heißt zum Beispiel beim ‚Einkaufen' oder beim ‚Beobachten der Kinder auf dem Spielplatz'. Auch wenn eine solche Einschätzung in ihrer Absolutsetzung kaum geteilt werden kann, verweist sie aber dennoch auf eine auch in geschlechtlich-räumlichen Verhältnissen stets implizierte Beharrungs*tendenz*, der im Folgenden auf der Folie des angenommenen Wirkungsgefüges zwischen Raum und Geschlecht insbesondere in Bezug auf die ‚beharrlichen' Dichotomien des Zwei-Geschlechterverhältnisses sowie öffentlich/privat-räumlicher Verhältnisse weiter nachzugehen sein wird.

Mit den Begrifflichkeiten des ‚doing gender' und des ‚doing space' werden Raum und Geschlecht dabei in ihren dichotomen Ausprägungen als historische soziale Konstrukte vorausgesetzt, die von den Individuen beständig neu ‚hergestellt' werden müssen und die deshalb in den wechselseitigen Prozessen ihrer Konstruktion und Konstitution zu untersuchen sind. Zu fokussieren sind dabei auch hier, dem vorgeschlagenen Analysemodell entsprechend, insbesondere vier Dimensionen des Sozialen, die sich auf eine Materialität bzw. Objektivität gesellschaftlicher Wirklichkeiten, auf zu Grunde liegende normative Regulationssysteme, auf soziale Interaktions- und Handlungsstrukturen sowie auf symbolisch-kulturelle Ordnungen beziehen, die jeweils sowohl konstruiert sind als auch konstruierend wirken. In dem beschriebenen Wirkungsgefüge, welches sich in den verschiedenen, analytisch zu trennenden Dimensionen ausbildet, werden (Un)Sicherheiten und die Annahme einer spezifischen Gefährdung von Frauen im öffentlichen Raum auch heute immer wieder in sozialen Prozessen hergestellt und ‚bewirken' als objektivierte gesellschaftliche Wirklichkeiten ein Meidungsverhalten bei Frauen. Waren in der historischen Betrachtung dabei Verbote und Gebote, das heißt die Dimension des normativen Regulationssystems, von besonderer Relevanz, so findet die (Re)Konstruktion einer besonderen Gefährdung und Unsicherheit heute weit weniger über (offene) normative Regularien als vielmehr über andere Dimensionen vermittelt statt.

Um dem Wirkungsgefüge näher zu kommen, in dem sowohl (Un)Sicherheiten als auch Raum und Geschlecht als dichotome soziale Konstruktionen reproduziert werden, wird hier zunächst in Dimension I das ‚materiell-physische Substrat‘ fokussiert, das auch in bisherigen Analysen zur Problematik von (Un)Sicherheiten im öffentlichen Raum immer wieder als zentral angesehen wird.[185] Die physische Materialität sowohl des Raumes als auch des (Geschlechts-)Körpers stellt dabei eine in besonderer Weise ‚objektiv‘ erscheinende gesellschaftliche ‚Wirklichkeit‘ dar und in ihrer objektivierten Wahrnehmung muss einer solchen Realität auch im hier gegebenen Kontext eine zentrale Bedeutung zugesprochen werden. Die wahrgenommene ‚Materialität‘ bzw. ‚Objektivität‘ von Raum und (Geschlechts-)Körper wird aber in ihrem jeweiligen So-Sein immer erst als ‚objektiv‘ hergestellt, wobei Konstruktions- und Konstitutionsprozesse unter anderem durch normative und symbolisch-kulturelle (Zu)Ordnungsmuster bestimmt sind. Die aktuelle Wahrnehmung sowohl des Raumes als auch des (Geschlechts-)Körpers ist in diesem Zusammenhang immer auch das Ergebnis eines *historischen* Konstruktionsprozesses, wie am Beispiel des Phänomens der (Un)Sicherheit im öffentlichen Raum bereits gezeigt wurde.

Individuelle und gesellschaftliche (Zu)Ordnungsprozesse von Geschlecht und Raum finden dabei – nicht zuletzt vor dem Hintergrund ihres historischen Gewordenseins – stets in Auseinandersetzung mit dominanten Ordnungsmustern statt, allerdings in der Regel nicht als ein bewusster, rational gesteuerter Prozess, sondern soziale Konstruktionsmuster werden vielmehr im Zuge von Sozialisationsprozessen vermittelt und verinnerlicht und wirken als stets nur teilweise reflektierte ‚innere Struktur‘ auf soziale Prozesse ein. Die gerade auch für Sozialisationsprozesse anzunehmende zentrale Bedeutung der historischen Herausbildung von Ordnungsmustern und ihrer Wahrnehmung verdeutlicht Elias in „einer Art ‚soziogenetischem Grundgesetz‘" (ders. 1991: LXXIV), demzufolge „das Individuum während seiner kleinen Geschichte noch einmal etwas von den Prozessen, die seine Gesellschaft während ihrer großen Geschichte durchlaufen hat" (ebd.)[186], rekapituliert.

---

185 In der bisherigen Aufarbeitung der Problemstellung geschlechtsspezifischer (Un)Sicherheiten im öffentlichen Raum wird das *räumliche* materielle Substrat allerdings meist isoliert und in einem absolutistischen Verständnis fokussiert.

186 Im Kontext seiner Zivilisationstheorie macht Elias mit diesem ‚Gesetz‘, das er nicht statisch und umfassend verstanden wissen will, darauf aufmerksam, dass „kein Menschenwesen zivilisiert auf die Welt kommt und daß der individuelle Zivilisationsprozeß, dem es zwangsläufig unterliegt, eine Funktion des gesellschaftlichen Zivilisationsprozesses ist" (ders. 1991: LXXV; Fußnote).

Dass neben der räumlichen Materialität auch die geschlechtliche Materialität bzw. Körperlichkeit im hier gegebenen Kontext von zentraler Bedeutung ist, zeigt sich schon darin, dass im Hinblick auf eine Erklärung geschlechtsspezifischer (Un) Sicherheiten und des daraus resultierenden Meidungsverhaltens immer wieder auf das Problem der ,Gewalt gegen Frauen' als eine grundsätzliche körperliche Bedrohung rekurriert wird. Schon vor dem Hintergrund des paradoxen Zusammenhangs zwischen (Un)Sicherheiten und Gefahrenlagen wurde allerdings die soziale Konstruiertheit einer solchen angenommenen Bedrohung deutlich (vgl. Abschnitt 2.2). In Zeiten, in denen Anstandsgebote kaum noch eine Relevanz haben, wurde ein solches Konstrukt noch lange durch polizeiliche ,Ratschläge' zum Beispiel ,hergestellt', wie denjenigen, dass „eine Frau, die abends oder nachts alleine unterwegs ist, lieber einen Umweg machen und eine belebte Straße benutzen sollte, als einen menschenleeren, womöglich noch schlecht beleuchteten Weg" (Büro der Frauenbeauftragten Karlsruhe 1988: 16), wie ihn Kriminaloberrat Helmut Götz vom Karlsruher Polizeipräsidium noch in den 1980er Jahren zum ,Schutz' von Frauen weitergab. In ähnlicher Weise wurde Frauen in den 1970er und 1980er Jahren vielfach geraten, sich insbesondere bei Dunkelheit räumlich zu beschränken und sich möglichst „unsichtbar" (Becker 2000a: 62) zu machen, um Gefahrensituationen zu vermeiden. Eine nicht zuletzt mit solchen Schutzmaßnahmen immer wieder mitvermittelte „Antizipation von Gewalt und sexueller Belästigung" (Schreyögg 1998: 29), die keineswegs erst im Erwachsenenalter an Frauen herangetragen wurde und wird, sondern auch schon in kindlichen und jugendlichen Sozialisationsprozessen eine bedeutende Rolle spielt,[187] bleibt nicht ohne Folgen bzw. Wirkungen in Bezug auf das räumliche Verhalten, sondern hatte und hat eine „weibliche Bewegungskultur" zur Folge, deren „Charakteristikum [...] die Meidung von Gefahrensituationen" (Rose 1992: 117) und damit die Meidung des vermeintlich besonders gefährlichen öffentlichen Raumes ist. Ein solches ,Grundmuster' weiblichen Verhaltens im Umgang mit dem städtischen Außenraum als Auswirkung einer vermuteten erhöhten Gefährdung, das einem „risikobereiten" Grundmuster bei Jungen und Männern (Bundesministerium für Frauen und Jugend 1994: 13) gegenübersteht, bewirkt in Folge wiederum, dass Mädchen und Frauen „sehr viel weniger als Buben [lernen], sich im öffentlichen Raum zu bewegen und zu orientieren sowie rational und selbstbewußt mit möglichen Gefahren umzugehen" (Schreyögg 1998: 29). Eine solche *Auswirkung* kommt dabei gleichzeitig als *Wirkung* zum Tragen, denn körperliche und räumliche Wahrnehmungen, Erfahrungen

---

187 So wird Mädchen immer wieder „vermittelt, daß sie Opfer sexueller Gewalt werden können" (Kampshoff 1996: 99). Ursula Nissen sieht im Raumverhalten von Frauen und Mädchen dabei einen deutlichen ,generativen' Zusammenhang: Mütter sind selbst oft zur Vorsicht erzogen worden und übertragen dies auf ihre Töchter (dies. 1998: 160).

und Handlungsweisen stehen in einer intensiven Wechselwirkung miteinander, bei
der vor allem der Bewegung bzw. Mobilität eine zentrale Bedeutung zuzusprechen ist. Dies hängt unter anderem damit zusammen, dass „Wahrnehmungswei-
sen der Menschen" (Nitschke 1989: 360) auch in Bezug auf Raum und Geschlecht
in besonderer Weise von den „Wirkungen" (ebd.) abhängen, die „Menschen bei
ihren Bewegungen an ihrem Körper" (ebd.) erfahren. Hieraus folgt, dass „Menschen [...] Erfahrungen benötigen" (ders. 1989: 361), um gesellschaftliche Wirklichkeiten ‚auszuhandeln'. Der Ausschluss von Erfahrungsmöglichkeiten, wie er
durch die Antizipation spezifischer Gefahren für Frauen im Unterschied zu Männern evoziert wird, führt so zwangsläufig zu spezifisch eingeschränkten Wahrneh-
mungsweisen, wie sie Lotte Rose beispielsweise konstatiert:

> „Nie eine Gefahrensituation gemeistert zu haben, nie sich der Angst gestellt zu haben, nie schmer-
> zende Prellungen und Schürfwunden erfahren zu haben – wie dies tendenziell für den weibli-
> chen Körper zutrifft –, hinterläßt [...] ein verzerrtes Körperbild: nicht unrealistisch aufgebläht wie
> beim männlichen Geschlecht, sondern stattdessen unrealistisch verkleinert" (Rose 1992: 117).

Auch wenn gegen die von Rose verwendeten Begriffe der ‚Verzerrung' sowie der
‚Realität' die immer gegebene soziale Konstruiertheit der jeweiligen Körperbilder
einzuwenden ist, die eine absolut gegebene ‚Realität' und damit auch eine ‚Verzerrung' derselben nicht zulässt, so verdeutlicht Rose dennoch deutlich geschlechtsspezifisch diametral entgegengesetzte Konstruktionsprozesse. Die Wirkungen
solcher Prozesse zeigen sich zum Beispiel in Bezug auf die hier gegebene Fragestellung darin, dass „die Seltennutzerinnen [von öffentlichen Verkehrsmitteln;
d.V.] das Gefühl von Gefährdung offenbar stärker wahrnehmen" (Striefler/Kom-
munalverband Großraum Hannover 1992: 19), wie in einem Workshop festgestellt
wurde, den die Gleichstellungsstelle des Zweckverbandes Großraum Hannover,
die Gleichstellungsstelle der Stadt Wunstorf und die zuständige Kreisvolkshoch-
schule gemeinsam mit Nutzerinnen durchführten. Die von Striefler im Hinblick
auf ein solches Ergebnis formulierte Frage, „ob das Gefühl der Gefährdung Ergebnis oder Ursache der seltenen Nutzung ist" (ebd.), die von ihr „nicht beantwortet
werden kann" (ebd.), muss im Kontext eines Wirkungsgefüge mit einem expli-
ten und gerade deshalb umso wirksameren ‚Sowohl-als-auch' bzw. mit dem im
Wirkungsgefüge deutlich werdenden Wechselspiel von Ursache und Wirkung, aus
dem das Wirkungsgeflecht entsteht, beantwortet werden.

   ‚Hergestellt' und reproduziert wird dabei stets auch ein Machtungleichgewicht zwischen Männern und Frauen, das im Zusammenwirken von Geschlecht
und Raum auf den Körper einwirkt und über diesen vermittelt aber auch wieder Machtungleichgewichte verstärkt. Eine mangelnde körperliche ‚Erfahrung'
im öffentlichen Außenraum hat dabei vor allem deutliche Auswirkungen auf die

Wahrnehmung – insbesondere auch des eigenen Körperbildes. Die durch (Un)Sicherheiten evozierte Meidung des öffentlichen Raumes verstärkt in ihrer ‚verkleinernden' bzw. ‚schwächenden' Wirkung bei Frauen selbst ein eher ‚schwaches' Frauenbild, das damit auch weiterhin einem durch vermehrte Erfahrungen im öffentlichen Raum ‚gestärkten' Männerbild gegenübersteht. Vor dem Hintergrund der Annahme einer erhöhten Gefährdung im öffentlichen Raum fehlt Frauen oftmals die „Machterfahrung", dass „und inwieweit man sich auf seinen Körper verlassen und mit ihm etwas bewirken kann" (Rose 1992: 117).[188] So werden über geschlechtlich-räumliche Handlungsweisen und Erfahrungen Machtstrukturen in den Körper ‚einge*handelt*', die dann wieder als objektivierte körperliche Gegebenheiten stabilisierend auf Prozesse der Konstruktion und Konstitution von Raum und Geschlecht rückwirken.

Neben Wirkungen und Rückwirkungen im Zusammenhang physisch-materieller Gegebenheiten sowie der Interaktions- und Handlungsstrukturen sind für Ordnungsmuster von Raum und Geschlecht, in denen sich (Un)Sicherheiten heute ausbilden und die gleichzeitig durch (Un)Sicherheiten stabilisiert werden, insbesondere auch symbolisch-kulturelle Aspekte von zentraler Relevanz. Zu fokussieren ist in diesem Zusammenhang die „dominante Art der menschlichen Kommunikation [...] durch soziale Symbole" (Elias 1994: XXVf.) bzw. Prozesse einer Bedeutungs-, Wissens- und Sinn-Aufladung oder auch ‚Sinn-Verdichtung' (vgl. Abschnitt 6.1.1), *in denen* sich sowohl (Un)Sicherheiten als auch Raum und Geschlecht in ihren dichotomen Ausprägungen rekonstruieren und *durch die* sie aber auch auf gesellschaftliche Prozesse einwirken.

Bereits in der Problemstellung dieser Arbeit (Kapitel 2) wurde dabei eine als ‚Wissen' angenommene ‚Aufladung' oder ‚Verdichtung' des öffentlichen Raumes als eines für Frauen besonders gefährlichen bzw. eine ‚Verdichtung' der Genus-Gruppe Frauen als eine im öffentlichen Raum besonders gefährdete Gruppe aufgezeigt, die sich aber gleichzeitig vor dem Hintergrund gegebener Gefahrenlagen nicht bestätigt. Die Frage der ‚Herstellung' eines solchen unabhängig von Gefahrenlagen bestehenden ‚Wissens' um eine Gefahr bzw. Gefährdung beantwortet sich teilweise bereits aus den oben dargelegten Ausführungen, denn auch „Raumvorstellungen [...] basieren [...] auf körpergebundenen Erfahrungen" (Geiger 1999: 135), die – wie oben ausgeführt – zum Beispiel in spezifischer Weise auf die idealtypisch im Geschlechterverhältnis angelegte ‚Stärke – Schwäche'-Dichotomie einwirken und insbesondere eine durch mangelnde Erfahrung evozierte Unsicherheit von Frauen im öffentlichen Raum unterstützen. Gleichzeitig unterstützen die von Frauen ‚erlebten' Unsicherheiten als körpergebundene und damit auch objek-

---

188   Rose lehnt sich hier an Baur 1989 an.

tivierte Erfahrungen wiederum eine Raumvorstellung, die von einer besonderen Gefahr für Frauen im öffentlichen Raum ausgeht.

Weiter verstärkt wird ein solcherart sich verdichtendes ‚Wissen' um geschlechtsspezifische Gefahren im öffentlichen Raum aber auch zum Beispiel durch eine „Medienberichterstattung" (Pasquay/Pampel 1991: 15), in der „Themen der öffentlichen Sicherheit einen breiten Raum ein[nehmen]" (ebd.), wobei besonders „Gewaltdelikte gegen Frauen in den hoch mit Kriminalitätsfurcht belegten Angstzonen [...] in den Medien groß herausgebracht" (Schreyögg 1998: 29) und teilweise sogar gezielt verstärkt werden:

> „Der tätliche Angriff auf eine Frau, der im weiteren Umkreis einer U-Bahnstation stattfindet, wird, wie Münchner Erfahrungen zeigen, in den Berichten in die U-Bahn verlegt, damit die Nachricht einen richtigen Sensationscharakter erhält" (ebd.).

Ein wichtiges Mittel der symbolischen Verdichtung ist aber nicht zuletzt auch die Sprache selbst, das heißt die „Wörter", die „Wirkungen erzeugen" (Bourdieu 1993a: 53). Eingegangen werden kann und muss hier insbesondere auf die in Analyse- und Lösungsansätzen etablierten Bezeichnungen der ‚Angsträume' bzw. ‚Angstzonen', in denen eine in historischen Prozessen hergestellte Verknüpfung von schlecht beleuchteten, unübersichtlichen und uneinsehbaren städtischen Räumen mit besonderen Gefahren und Unsicherheiten bzw. Ängsten für Frauen (vgl. Abschnitt 7.1.2) auch heute weiterhin bestätigt wird. So können (Be)Deutungen als tradierte symbolische Ordnungen auch Prozesse der Materialisierung und Objektivierung von Raum und Geschlecht unterstützen.

Die Geschlechter- und Raum-konstituierende Wirkung solcher symbolischen Verdichtungen beschreibt Gesa Lindemann beispielsweise im Zusammenhang einer Interviewstudie mit einer Mann-zu-Frau-Transsexuellen, die von ihren vergangenen und gegenwärtigen Empfindungen und Verhaltensweisen in Bezug auf einen öffentlichen Park berichtet. Der Entschluss, nach einem Unsicherheit auslösenden Erlebnis nicht mehr durch den Park zu gehen, hängt nach Lindemann nicht zuletzt damit zusammen, dass sie sich durch

> „die choreographische Geste des Um-den-Park-Gehens [...] zu einer Angehörigen des weiblichen Geschlechts [macht], indem sie den Park als gefährlich und sich als potentiell gefährdete Frau darstellt" (Lindemann 1994: 119).

In der ‚choreographischen Geste des Um-den-Park-Gehens' verbindet sich in dem hier aufgegriffenen Beispiel das normativ geregelte, interaktiv ausgehandelte, symbolisch verdichtete und physisch-materiell verwirklichte soziale Konstrukt einer spezifischen Unsicherheit von Frauen im öffentlichen Raum bzw. eines spezifisch für Frauen und von Frauen als unsicher wahrgenommenen öffentlichen Raumes sehr deutlich mit der sozialen Konstruktion geschlechtlich-räumlicher (Zu)Ordnungsmuster. Die in unserem Kulturkreis dominanten dichotomen Ordnungen des Geschlecht (als Männlichkeit und Weiblichkeit) sowie des Raumes (als öffentlicher und privater Raum) werden dabei als sich wechselseitig bedingende, individuell und gesellschaftlich produzierte und produzierende Wirklichkeiten erkennbar, in deren Kontext (Un)Sicherheiten ein *macht*volles strukturierendes Moment darstellen.

Da sich Transsexuelle nach Lindemann von Nicht-Transsexuellen dadurch unterscheiden, dass erstere wissen, dass sie tagtäglich ein Geschlecht darstellen, während die anderen als ein Geschlecht auftreten, ohne darüber nachzudenken (vgl. Lindemann 1993a: 38), sind die in der ‚choreographischen Geste' deutlich werdenden Konstruktions- und Konstitutionsprozesse grundsätzlich durchaus verallgemeinerbar, nur dass die Choreografie im Alltagshandeln nicht immer in gleicher Weise durchschaut wird.

Hier kann die vorliegende Arbeit eine Lücke schließen, indem sie die wechselseitigen sozialen Prozesse verdeutlichen hilft, in denen Raum und Geschlecht über (Un)Sicherheiten im öffentlichen Raum in ihren dichotomen Ausprägungen – und damit aber auch in den zu Grunde liegenden Machtverhältnissen – (re)produziert und stabilisiert werden.

8. Raum *Macht* Geschlecht *Macht* Raum ...
(Un)Sicherheiten im *macht*vollen Wirkungsgefüge von
‚Raum' und ‚Geschlecht': Zusammenfassung und Ausblick

Anlass und Ausgangspunkt der soziologischen Aufarbeitung eines Wirkungsgefüges von Raum und Geschlecht war das Phänomen geschlechtsspezifischer (Un)Sicherheiten im öffentlichen Raum. Als eine zwar vielfach bearbeitete, aber bisher nicht gelöste und sich in ihren Grundzügen widersprüchlich darstellende Problematik stellten die exemplarisch aufgegriffenen (Un)Sicherheiten eine gesellschaftspolitische und insbesondere aber auch sozialwissenschaftliche Herausforderung dar. Um den Gründen und Hintergründen des kaum erklärbaren Phänomens, das sich vor allem durch ein paradoxes Verhältnis von geschlechtsspezifischen (Un) Sicherheiten und Gefahren im öffentlichen und privaten Raum auszeichnet, näher zu kommen, wurden verbreitete Analyse- und Lösungsansätze im Kontext dieser Arbeit in einem ersten Schritt vorgestellt und kritisch reflektiert (Kapitel 2). Dabei wurde insbesondere die Notwendigkeit herausgearbeitet, die zu untersuchenden *(Un)Sicherheiten als soziale Konstruktionen* in den Blick zu nehmen, *die (auch) unabhängig von Gefahrenlagen in den Prozessen ihrer ‚Herstellung' zu untersuchen sind.* Im Hinblick auf die Rekonstruktion der hier wirksamen sozialen Prozesse kristallisierten sich die Kategorien ‚*Raum*' und ‚*Geschlecht*' sowie ‚*Gewalt*' bzw. ‚*Macht*' als zentrale und zu berücksichtigende ‚Eckpfeiler' der Analyse heraus. Gleichzeitig wurde aber auch verdeutlicht, dass bisherige Konzeptualisierungen dieser ‚Eckpfeiler' nicht einfach übernommen werden konnten. Vorgeschlagen wurde ein *dreifacher Perspektivwechsel* von der einseitigen Fokussierung der ‚Materialität des Raumes' zu einem gesellschaftlichen Verständnis der Kategorie des ‚Raumes', von der Fokussierung der Kategorie ‚Frau' zur Kategorie ‚Geschlecht' sowie von der bisherigen Bestimmung der Problematik als ‚Gewaltproblematik' zu einer ‚Machtproblematik' (vgl. die Abschnitte 2.4.3 bis 2.4.6).

Eine damit notwendig werdende, weitreichende (Neu)Konzeptualisierung des analytischen Vorgehens war so allerdings noch nicht einfach umzusetzen, da ein geeignetes Forschungsinstrument insbesondere für eine Raum und Geschlecht *verknüpfende* Analyse in der sozialwissenschaftlichen Theorie und Empirie fehlte.

Die vertiefte Auseinandersetzung mit dem Phänomen der (Un)Sicherheit als eine sowohl fundamental räumliche als auch geschlechtliche Problemstellung bedurfte zunächst einer theoretischen und forschungsmethodologischen Auseinandersetzung mit den sozialwissenschaftlichen Kategorien *Raum* und *Geschlecht* sowie mit deren dichotomen Ausprägungen von *öffentlichen* und *privaten Räumen* und der zweigeschlechtlichen Ordnung von *Männlichkeit* und *Weiblichkeit*. Aufbauend auf eine solche, konstruktivistisch orientierte, theoretisch-konzeptuelle Auseinandersetzung mit Raum und Geschlecht (Kapitel 3, 4 und 5) stellt die Arbeit deshalb in einem weiteren Schritt eine *mehrdimensionale und relational-prozesshafte Forschungskonzeption zur Unterstützung räumlich-geschlechtlicher Fragestellungen* vor (Kapitel 6), in der *Geschlechter- und Raumverhältnisse als ein sich wechselseitig bedingendes Wirkungsgefüge* gefasst werden.

In der forschungsmethodologischen Modellbildung wird dabei eine *analytische Unterscheidung von vier Dimensionen des Sozialen* vorgeschlagen. Der *Materialität bzw. Objektivität* räumlich-geschlechtlicher Wirklichkeiten wird hier ein deutliches Gewicht zugesprochen. Gleichzeitig regt das Modell aber auch gezielt dazu an, weitere Dimensionen des Sozialen zu berücksichtigen, um (auch) materialisierte bzw. objektivierte soziale Gegebenheiten in den Prozessen ihrer Konstruktion und Konstitution genauer analysieren zu können. Fokussiert werden dabei insbesondere *normative Regulationssysteme, Interaktions- und Handlungsstrukturen* sowie *symbolisch-kulturelle Ordnungen*. Die Differenzierung bietet hier den Vorteil, dass sie gezielt zu einer mehrdimensionalen Analyse auffordert. Gleichzeitig bietet sie aber auch ein Instrumentarium, welches die hieraus sich ergebende Komplexität im Forschungsprozess überschaubar und handhabbar macht. Da dem Faktor *Macht* bzw. *Machtverhältnissen* im Wirkungsgefüge von Raum und Geschlecht und dementsprechend auch im forschungsmethodologischen Grundmodell eine zentrale Bedeutung zugesprochen wird, kommen Geschlechter- und Raumverhältnisse so als *dynamische, prozesshafte und relational miteinander verknüpfte Macht(beziehungs)gefüge* in den Blick, die als soziale Konstruktionen – unter Berücksichtigung der einerseits getrennten, andererseits aber auch miteinander verwobenen Analysedimensionen – in den Prozessen ihrer Herstellung zu untersuchen sind. Die dynamische und prozesshafte Konzeptualisierung des Modells regt dabei nicht zuletzt auch gezielt zu einer Berücksichtigung historischer Herstellungsprozesse heutiger Wirklichkeiten an.

Die grundlegend auch auf andere Forschungsvorhaben übertragbare Konzeptualisierung wurde im Kontext dieser Arbeit immer wieder für die gegebene Problemstellung spezifiziert. Das Analyse-Modell kann und will deshalb schon allein vor dem Hintergrund solcher Spezifikationen in der vorgestellten Form keinesfalls einen Anspruch auf Vollständigkeit und abschließende Gültigkeit erheben. Es hat aber auch grundsätzlich – ebenso wie bisherige, für die Kategorien ‚Raum' und ‚Geschlecht' jeweils getrennt vorliegende Analyse-Modelle[189] – einen vorläufigen und damit erweiterungsfähigen Charakter. Eine solche *offene Konzeptualisierung des Modells* ist dabei keineswegs nur als ein eigentlich zu überwindender Nachteil zu werten, sondern diese ist – vor dem Hintergrund der zu Grunde liegenden Annahme der sozialen Konstruiertheit – eine immer gegebene und nicht hintergehbare Bedingung der Analyse. Denn auch in Bezug auf eine verknüpfte Konzeptualisierung von ‚Raum' und ‚Geschlecht' und ihre forschungsmethodologische Aufarbeitung muss in Anlehnung an Albert Einstein festgestellt werden, dass es sich dabei um eine „freie Schöpfung[...] der menschlichen Phantasie" (Einstein 1960: XIII; vgl. Kapitel 3) handelt, die „zum leichteren Verstehen unserer sinnlichen Erlebnisse" (ebd.) beitragen, aber niemals eine ‚objektive' oder abschließende Gültigkeit für sich beanspruchen kann. Auch die Analyse selbst ist so immer als prozesshaft, veränderbar und damit auch als vorläufig anzunehmen und auszuarbeiten. In diesem Sinne bietet das vorgeschlagene Analyse-Modell zum einen die Notwendigkeit, zum anderen aber auch die Chance einer fortwährenden Weiterentwicklung und Anpassung an unterschiedliche Fragestellungen, Kontextualisierungen oder auch an theoretische Grundannahmen.

In der Rückbindung der forschungsmethodologischen (Neu)Konzeptualisierung an das Analysebeispiel der (Un)Sicherheit im öffentlichen Raum konnte die ausgearbeitete Modellbildung in Kapitel 7 einerseits in ihren Implikationen nochmals verdeutlicht werden, andererseits aber auch durch eine (historische) Rekonstruktion der wechselseitigen Konstruktions- und Konstitutionsprozesse, in denen sich sowohl *Raum* und *Geschlecht* als auch die hier untersuchten *(Un)Sicherheiten* herausbilde(te)n, ein Beitrag zur Erklärung eines bisher nicht erklärbaren (und damit auch nicht versteh- und lösbaren) gesellschaftlichen Problems geleistet werden. Die dem Analyse-Modell implizite Forderung der historischen Perspektive aufgreifend, kamen in Bezug auf die Fragestellung dieser Arbeit *gesellschaftliche Wandlungsprozesse in den europäischen Städten des 18. und 19. Jahrhunderts* in den Blick, die unter anderem wesentlich durch ein rasches Städtewachstum gekennzeichnet waren. Die räumlich-soziale Veränderung der Städte forcierte dabei nicht nur eine *allgemeine Erweiterung von Handlungsoptionen*, sondern war auch verbunden mit *zunehmenden ‚Unsicherheiten' in Bezug auf bestehende gesellschaftliche Ordnungssysteme*, die nicht zuletzt dadurch gekennzeichnet und

---

189   Läpple spricht hier z.B. von „vorläufigen Arbeitshypothesen" (ders. 1992: 194), Sturm von einem „in der Entwicklung begriffen[en]" (dies. 2000: 189) Modell und Knapp von einer „Skizze" (dies. 1995: 292). Forschungsmethodologisch am weitesten ausgearbeitet ist dabei das Modell von Gabriele Sturm (dies. 2000).

‚gefährdet' waren, dass eine soziale Kontrolle von Frauen in einem unübersichtlicher werdenden Außenraum der Städte nicht mehr gewährleistet war. Zur ‚Sicherung' bestehender Ordnungen und zur Verstärkung der sozialen Kontrolle insbesondere von Frauen und Mädchen wurden zu dieser Zeit normative Regularien
in Form von ‚Ausgehverboten' und ‚-geboten' eingeführt, in denen die Kategori-
en ‚Raum' und ‚Geschlecht' in ihren sich im 18. und 19. Jahrhundert erst herausbildenden, dichotomen Ausprägungen von ‚öffentlichen' und ‚privaten Räumen'
sowie von ‚Männlichkeit' und ‚Weiblichkeit' eng miteinander verwoben waren.

Die Trennung der unterschiedlichen Dimensionen in der Analyse regte dabei
zunächst durchaus eine überwiegende Konzentration auf normative Regularien und
ihre historischen Wandlungsprozesse an. Erst im Zusammenspiel der verschiedenen Analysedimensionen wurden aber die zu Grunde liegenden Konstruktions- und
Konstitutionsprozesse räumlich und geschlechtlich unterschiedener (Un)Sicherhei-
ten mit ihren Wirkungen bis in die heutige Zeit tatsächlich sichtbar. Verdeutlicht
werden konnte in diesem Zusammenhang insbesondere, dass sich die aufgegriffenen Ausgehbeschränkungen über Prozesse einer ‚Normverinnerlichung' und eine
Verknüpfung der Norm mit geschlechts- und raumspezifischen (Un)Sicherheiten
in eigendynamischen gesellschaftlichen Prozessen über die verschiedenen Analysedimensionen hinweg reproduziert haben und auch heute weiterhin reproduzieren
– ohne dass die Norm überhaupt noch bewusst ist. Erst unter Berücksichtigung solcher umfassender gesellschaftlicher Prozesse lässt sich so erklären, wie das ‚materielle Substrat' des öffentlichen Raumes mit einer spezifischen Gefährdung und
Unsicherheit von Frauen verknüpft werden konnte, die als ‚materialisierte' bzw.
„kristallisierte Geschichte" (Läpple 1992: 197) heute noch zu einer Ausgrenzung
von Frauen aus dem öffentlichen Raum führt – und damit auch zur Umsetzung
eines konstitutiven Elementes der Dichotomien von Öffentlichkeit und Privatheit wie auch des Zwei-Geschlechterverhältnisses (vgl. Abschnitt 4.2.1) beiträgt.

Geschlechtsspezifisch unterschiedene Sicherheiten bzw. Unsicherheiten im
öffentlichen Raum konnten – unter Rekurs auf das zuvor vorgestellte Wirkungsgefüge von Raum und Geschlecht – aber nicht nur als ein (historisches) *Produkt*
machtvoller gesellschaftlicher (Zu)Ordnungsprozesse verdeutlicht werden, sondern
sie wurden gleichzeitig auch als ein machtvoller *Produzent* gesellschaftlicher
Verhältnisse herausgearbeitet. Geschlechtsspezifische (Un)Sicherheiten bzw. ein
für Männer und Frauen als Genusgruppen unterschiedlich sicherer und/oder unsicherer öffentlicher und privater Raum sind dementsprechend nicht nur als ein historisches Konstrukt bzw. als ‚kristallisierte Geschichte' hervorzuheben, sondern
sie sind gleichzeitig ein *wirkmächtiges Moment des Sozialen*, das in entscheidender Weise an der wechselseitigen Konstruktion und Konstitution von Raum und

Geschlecht in ihren dichotomen Ausprägungen mitwirkte und auch heute noch mitwirkt. Während dabei über die ‚Herstellung' von (Un)Sicherheiten im öffentlichen Raum *während des 18. und 19. Jahrhunderts* zunächst die Herausbildung der dichotomen Ordnungen von Raum und Geschlecht unterstützt wurde – *(Un) Sicherheiten* hier demnach *eine Wandlungstendenz gesellschaftlicher Ordnungssysteme forcierten* –, muss diesen im Hinblick auf *heutige gesellschaftliche Prozesse eher eine reproduzierende bzw. stabilisierende Wirkung* zugesprochen werden, durch die nicht zuletzt auch die zu Grunde liegenden Machtungleichgewichte immer wieder reproduziert und stabilisiert werden.

Die vorgeschlagene theoretische und forschungsmethodologische Konzeptualisierung bietet damit mehr als nur eine Erklärung von (Un)Sicherheiten im öffentlichen Raum. Sie verdeutlicht ein *komplexes Verwobensein von Prozessen der ‚Herstellung' räumlich-geschlechtlicher (Un)Sicherheiten mit Prozessen der wechselseitigen ‚Herstellung' spezifischer Ausprägungen von Raum und Geschlecht*, das entlang der skizzierten analytischen Potenziale in zukünftigen historischen und/oder aktuellen Forschungsvorhaben weitergehend spezifiziert werden kann und sollte. Denn – auch wenn sich vermehrte Unsicherheiten von Frauen im öffentlichen Raum nicht vor dem Hintergrund einer erhöhten Gefährdung erklären lassen – so ist aber gleichwohl keineswegs ‚einfach' davon auszugehen, „that women's fears are ‚irrational'" (Mehta/Bondi 1999: 67). Eine solche Auffassung, die nach Mehta/Bondi auch in der wissenschaftlichen Bearbeitung der Thematik teilweise Verbreitung gefunden hat, ist vor dem Hintergrund der Ergebnisse dieser Arbeit deutlich als eine der Problematik nicht gerecht werdende Vereinfachung zu kritisieren und dürfte grundsätzlich eng mit dem eingangs ausgeführten Erklärungsmangel des Phänomens zusammenhängen (vgl. Abschnitt 2.2).[190] Als ein *Geschlechter- und Raumverhältnisse (re)produzierendes Produkt* und als ein in diesem Sinne *macht*voller Wirkungsfaktor des Sozialen sind geschlechtsspezifische (Un)Sicherheiten im öffentlichen Raum *weder irrational noch rational*, sondern *sozial* konstruierte und konstruierende Objektivationen, die ihre Bedeutung im Alltagshandeln – trotz feststellbarer Veränderungen im Zuge gesamtgesellschaftlicher Wandlungstendenzen – bis heute keineswegs verloren haben und die es deshalb zu berücksichtigen gilt.[191]

Das vorgestellte Analyse-Modell stellt aber nicht nur für eine erweiterte Untersuchung der Problematik geschlechtsspezifischer (Un)Sicherheiten im öffentli-

---

190 In ähnlicher Weise hat der Erklärungsmangel oftmals auch eine *Ausblendung* der Diskrepanz zwischen (Un)Sicherheiten und Gefahren zur Folge (vgl. Kapitel 2).

191 Die Annahme der Irrationalität geschlechtsspezifischer (Un)Sicherheiten im öffentlichen Raum ‚verhindert' eine vertiefte Auseinandersetzung mit dem Phänomen und damit seine (Auflösung), da (Un)Sicherheiten hier für nicht rational (verstehbar) erklärt werden.

chen Raum einen fruchtbaren methodologischen Rahmen zur Verfügung, sondern bietet auch im Hinblick auf die heute allgemein verstärkt aufgeworfene Frage, wie „das Geschlechterverhältnis in seiner ganzen Komplexität in die baulich-räumliche Umwelt eingebunden" (Dörhöfer/ Terlinden 1998: 20) ist, vielfältige Anregungen. Mithilfe der vorgeschlagenen analytischen Konzeptualisierung wird eine solche Fragestellung dabei gleichzeitig gezielt um die Frage erweitert, wie die baulich-räumliche Umwelt als eine gesellschaftlich-räumliche auch umgekehrt in das Geschlechterverhältnis eingebunden ist.

Die vorliegende Arbeit liefert so für die im Zusammenhang räumlich-geschlechtlicher Fragestellungen noch vielfältig notwendigen Analysen *zwei grundlegende ‚Bausteine'*: eine *forschungsmethodologische Konzeptualisierung* für Raum und Geschlecht verknüpfende Analysen und eine bisher ausstehende *Aufarbeitung des Phänomens geschlechtsspezifischer (Un)Sicherheiten im öffentlichen Raum*, das als ein exemplarischer ‚Knotenpunkt' im Wirkungsgefüge von Raum und Geschlecht verdeutlicht werden konnte, an dem sich wechselseitige, von Macht bzw. Machtungleichgewichten durchdrungene Konstruktions- und Konstitutionsprozesse der hier relevanten, dichotomen Ordnungen aufzeigen lassen. Mit der Erweiterung der Analyse und der Verdeutlichung des Phänomens der (Un)Sicherheit als ‚Knotenpunkt' im Wirkungsgefüge von Raum und Geschlecht eröffnet die Arbeit nicht nur neue Perspektiven auf ein interessantes theoretisch-empirisches Problem sondern auch auf Ansätze und Möglichkeiten seiner (Auf-)Lösung.

Als Ausgangs- bzw. Anknüpfungspunkt der damit angesprochenen, *handlungspraktischen Perspektive* sind dabei – ebenso wie in der Analyse – die in den jeweils gegebenen räumlich-geschlechtlichen Verhältnissen bestehenden *Machtungleichgewichte* in den Blick zu nehmen. Diese werden in feministischen Fachkreisen allgemein als ein wesentlicher Referenzpunkt jeder Auseinandersetzung mit dem Zwei-Geschlechterverhältnis betont und sie sind auch für die hier gegebene räumlich-geschlechtliche Problemstellung von besonderer Relevanz, wie in der Analyse verdeutlicht wurde. Die „Beseitigung jeglicher Unterdrückung und Benachteiligung von Frauen" (Maltry 1998: 300) ist heute ein allgemein anerkanntes politisches Ziel, das auch in bisherigen Ansätzen zur Überwindung geschlechtsspezifischer (Un)Sicherheiten im öffentlichen Raum stets erreicht werden sollte. Nicht nur für Maltry leitet sich aus der von ihr formulierten Zielsetzung deshalb unter anderem die Forderung an die empirische und theoretische Analyse ab, „Perspektiven der Transformation bestehender Macht- und Herrschaftsverhältnisse" (ebd.) aufzuzeigen. Da aber, wie gezeigt wurde, transformierende und/oder stabilisierende Faktoren der dichotomen Ordnungen von Raum und Geschlecht im Wirkungsgefüge keineswegs immer ‚offensichtlich' erkennbar sind, soll hier abschließend noch auf einige aus der Arbeit ableitbare Schlussfolgerungen für die Lösung der Problematik eingegangen werden, auch wenn die handlungspraktische Perspektive an anderer Stelle weiter zu vertiefen sein wird.[192] Einen in seiner Bedeutung keineswegs zu vernachlässigenden ersten Schritt in Richtung einer (Auf-) Lösung der Problematik stellt dabei bereits die geleistete Analyse selbst dar. Denn der kritischen Reflexion und ihrer öffentlichen Thematisierung und Verbreitung muss im Kontext einer (Auf-)Lösung der Problematik geschlechtsspezifischer (Un) Sicherheiten im öffentlichen Raum ein zentraler Stellenwert eingeräumt werden. Dies bezieht sich nicht nur darauf, dass hier eine wesentliche Grundlage auch für die Handlungspraxis zur Verfügung gestellt wird, sondern auch darauf, dass eine Veränderung des bisherigen ‚Wissens' (zum Beispiel hinsichtlich der Gefahrenlagen im öffentlichen Raum) in besonderem Maße verändernd auf die Wahrnehmung und damit im hier gegebenen Fall auf die in unserem Kulturkreis mit ‚Sicherheit' bzw. ‚Unsicherheit' aufgeladenen dichotomen Ordnungen von Raum und Geschlecht einwirkt.

Vor dem Hintergrund der Ergebnisse dieser Arbeit kann und muss im Hinblick auf die meisten bisherigen handlungspraktischen Maßnahmen grundlegend zunächst einmal festgestellt werden, dass diese die Problematik und damit auch die hiermit verknüpften räumlich und geschlechtlich ausgeformten Machtungleichgewichte tendenziell eher *ver*schärfen denn *ent*schärfen. So ist zum Beispiel dem immer wieder propagierten Ansatz an einer ‚*verstärkten sozialen Kontrolle*' zur Erhöhung der Sicherheit bzw. des Sicherheitsempfindens – nicht zuletzt vor dem Hintergrund der historischen Verknüpfung von (Un)Sicherheiten mit Ausgehbeschränkungen und der hiermit verbundenen Intention einer verstärkten sozialen Kontrolle von Frauen – eine durchaus problematische Ambivalenz zuzusprechen: Denn vor dem Hintergrund bestehender Geschlechter- und Raumverhältnisse ist davon auszugehen, dass eine Intensivierung der sozialen Kontrolle im öffentlichen Außenraum stets (auch) mit einer verstärkten Kontrolle von Frauen verbunden ist.

Daneben ist der verbreitete Begriff des ‚*Angstraumes*' beispielsweise deutlich zu hinterfragen, da er als eine etablierte ‚Be*zeichnung*spraxis' für bestimmte, von Frauen als besonders unsicher wahrgenommene räumliche Gegebenheiten, immer wieder an der gesellschaftlichen Konstruktion und Konstitution eines für Frauen vermeintlich besonders unsicheren und gefährlichen öffentlichen Raumes mitwirkt. Die in der Bezeichnung ‚Angstraum' vorgenommene Betonung einer spezifischen Problematik im öffentlichen Raum wird im Kontext einer symbolisch-kulturellen (Zu)Ordnungspraxis wirksam und bestärkt ein ‚Wissen' um vermeintlich in besonderem Maße gegebene geschlechtsspezifische Gefahren im öffentlichen Raum –

---

192 Für eine erweiterte Auseinandersetzung kann hier auf Ruhne 2003 und 2007 verwiesen werden.

dem eine Tabuisierung bzw. Marginalisierung der Gewaltproblematik im privaten Raum gegenübersteht. Die Begrifflichkeit des ‚Angstraumes‘ hebt die verbreitete Fehlwahrnehmung des öffentlichen Raumes so nicht auf, sondern verstärkt diese ganz im Gegenteil – mit weitreichenden Folgen für die Handlungspraxis in Form der in Untersuchungen immer wieder herausgestellten Mobilitätsbeschränkungen. Die Dimension der symbolisch-kulturellen Ordnung aufgreifend, und das heißt an Wissens- und (Be)Deutungsstrukturen ansetzend, zeigen die Ergebnisse dieser Arbeit aber gerade, dass es notwendig ist, das verbreitete und als ‚verlässlich‘ angenommene ‚Wissen‘ um eine erhöhte Gefährdung von Frauen im öffentlichen Raum kritisch zu hinterfragen und letztlich zu verändern. Um einer (Selbst-)Beschränkung der Mobilität von Frauen entgegen zu wirken, sollten deshalb sowohl die Diskrepanz zwischen (Un)Sicherheiten und Gefahren als auch Herstellungsprozesse von Unsicherheiten und/oder Sicherheiten in verstärktem Maße zu einem ‚kollektiven Wissensbestand‘ werden. Hintergrund eines solchen Ansatzes ist die ausgeführte Annahme, dass öffentliche Räume unter anderem über sozial vermittelte Wahrnehmungsprozesse als ‚sichere‘ und/oder ‚unsichere‘ Räume hergestellt werden. Auch wenn der objektiviert wahrgenommenen räumlich-geschlechtlichen Wirklichkeit dabei grundsätzlich eine starke ‚Beharrungstendenz‘ zugesprochen werden muss, so ist aber gleichzeitig immer auch eine Dynamik und Veränderbarkeit vorauszusetzen. Ein solches dynamisches Potential aufgreifend, ist davon auszugehen, dass öffentliche Räume durch eine gezielte Recherche und Veröffentlichung von (in der Regel *nicht* in erhöhtem Maße gegebenen) Gefahrenpotenzialen zum Beispiel in der subjektiven Wahrnehmung von Frauen auch ‚gefahrloser‘ und ‚sicherer‘ werden können und müssen, womit eine wichtige Basis für eine Erweiterung von Verhaltensoptionen geschaffen werden kann. Dies bedeutet aber ein permanentes Infragestellen ‚selbstverständlicher‘ Wahrnehmungsmuster gegebener Gefahrenlagen, das es – damit es wirksam werden kann – gezielt zu fördern gilt.

Neben solchen Maßnahmen, die vor allem an einer Veränderung symbolisch-kultureller Ordnungsmuster ansetzen, kann eine Erhöhung von ‚Sicherheit‘ im öffentlichen Raum aber auch beispielsweise über eine Veränderung von Handlungsmustern erreicht werden. Der bewusste Ansatz an einer Veränderung des ‚Wissens‘ über geschlechtsspezifische Gefahren öffentlicher und privater Räume kann bzw. sollte in diesem Sinne zum Beispiel verknüpft werden mit einer gezielten und durchaus auch ‚lustvollen‘ Auseinandersetzung mit öffentlichen Räumen, wie sie exemplarisch in einer Aktion des Münchner Arbeitskreises ‚Frauen unterwegs in Neuperlach – auch nachts?!‘ (ders. 1995) angeregt wurde, der zu einer ‚Kleinen Nachtmusik‘ unter freiem Himmel in einem ansonsten als ‚Angstraum‘ wahrgenommenen Park einlud. Eine hier zu vermutende, die Problematik nachhaltig (auf)lösende Wirkung

solcher Maßnahmen begründet sich in der Feststellung, dass ‚neue Bewegungs-
weisen' der Menschen auch mit neuartigen Erfahrungen verbunden sind, in denen Frauen „dank dieser neuen Bewegung in Wechselwirkungen hinein[geraten],
die ihnen bisher unbekannt waren" (Nitschke 1989: 359). Auch in Bezug auf das
Phänomen geschlechtsspezifischer (Un)Sicherheiten im öffentlichen Raum ist
grundsätzlich davon auszugehen, dass Frauen (und aber auch Männer) in Auseinandersetzung mit solchen neuen Erfahrungen nicht zuletzt „an ihrem Körper [...]"
Wirkungen" erfahren, „die ihre Wahrnehmungsweise" (ebd.) sowohl der ‚Materialität' des Raumes als auch derjenigen des Körpers selbst verändern. In diesem
Sinne lässt sich einer ‚verunsichernden' Wahrnehmung öffentlicher Räume eine
‚sichere' und die Mobilität anregende Erfahrung im öffentlichen Außenraum der
Städte entgegensetzen, womit tradierte Wahrnehmungsmuster durchbrochen und
neue Handlungs- und (Zu)Ordnungsoptionen eröffnet werden.

Grundlegend muss es jedoch auch im Hinblick auf eine Handlungs- und Lö-
sungspraxis vermehrt darum gehen, die soziale Konstruiertheit sowohl von (Un)
Sicherheiten als auch von Raum- und Geschlechterordnungen stärker in den Blick
zu nehmen. Neben der Fokussierung der in unserem Kulturkreis dominanten Dichotomien öffentlicher und privater Räume sowie der Zweigeschlechtlichkeit als
spezifische ‚Materialisierungen' bzw. ‚Objektivationen' von Raum und Geschlecht
ist so gleichzeitig explizit eine Offenheit beider Kategorien zuzulassen. Dies ist
notwendig, da die in unserem Kulturkreis bisher bestehenden kategorialen Grundmuster von öffentlichen und privaten Räumen sowie der zweigeschlechtlichen
Ordnung von Männlichkeit und Weiblichkeit kaum von ihren impliziten Machtungleichgewichten abstrahiert werden können. Lösungen, die bestehende Raum-
und Geschlechterordnungen (unhinterfragt) aufgreifen, sind deshalb immer wieder
kritisch zu reflektieren und im Hinblick auf stabilisierende Prozesse zu untersuchen. Dies macht einen handlungspraktischen, lösungsorientierten Umgang mit
der Problematik geschlechtsspezifischer (Un)Sicherheiten im öffentlichen Raum
nicht unbedingt einfacher, ist jedoch vor dem Hintergrund der Ausführungen dieser Arbeit unabdingbar. Erst ein offenes und *jede* Manifestation bzw. Objektivation kritisch hinterfragendes Vorgehen ermöglicht eine ‚Emanzipation' im Sinne
einer umfassenden Befreiung aus Abhängigkeiten und Beschränkungen.

Literatur

Afanou, Marie-Renée/Löw, Martina 2004: Darmstädter Frauenbarometer-Sicherheit. Institut für Soziologie/Frauenforschungszentrum Darmstadt [http://raumsoz.ifs.tu-darmstadt.de/pdf-dokumente/ Sicherheit.pdf; letzter Zugriff: 5.5.2011].

Akademie für Raumforschung und Landesplanung 1995: „Raum." In: Handwörterbuch der Raumordnung. Hannover: 733-739.

Andres-Müller, Heide/Heipcke, Corinna/Wagner, Leonie/Wilde-Stockmeyer, Marlis (Hg.) 1999: Ortsveränderungen: Perspektiven weiblicher Partizipation und Raumaneignung. Königstein;Taunus.

Apostolidou, Natascha 1995: Die neue Frauenbewegung in der Bundesrepublik und in Griechenland: eine vergleichende Studie. Frankfurt/M.

Arbeitsgemeinschaft Sozialdemokratischer Frauen (ASF) (Hg.) 1995: Reader zur Fachkonferenz: ‚Stadtplanung in Frauenhand – Frauen planen ihre Stadt' am 22./23. September 1995 in Berlin (verf. Ms).

Arbeitskreis „Frauen unterwegs in Neuperlach – auch nachts!?" (Hg.) 1995: Frauen unterwegs. Unterwegs in Neuperlach auch nachts! Ein Stadtteilprojekt für Frauen, von Frauen und mit Frauen. Aktionen 1992 und 1993. München.

Ardener, Shirley (ed.) 1997: Women and Space. Ground Rules and Social Maps. Oxford.

Ardener, Shirley 1997: Ground Rules and Social Maps for Women: An Introduction. In: Ardener (ed.): a.a.O.: 1-30.

Arendt, Hannah 1992: Vita Activa oder Vom tätigen Leben. München.

Arendt, Hannah 1995: Macht und Gewalt. München.

Augé, Marc 1999: Orte und Nicht-Orte: Vorüberlegungen zu einer Ethnologie der Einsamkeit. Frankfurt/M.

Bahrdt, Hans P. 1969: Die moderne Großstadt. Soziologische Überlegungen zum Städtebau. Hamburg

Barck, Susanne 2001: Die unfreiwillige ökologische Avantgarde. Frauen im Verkehr: Größtes Hemmnis für Mobilität sind Angst und Unsicherheit im Dunkeln. In: Freitag vom 9.2.01: 18.

Bartholomä, Gisela (o.J.): Angsträume in Dortmund. Dortmund [Hg.: Stadt Dortmund].

Bauhardt, Christine 1995: Stadtentwicklung und Verkehrspolitik: Eine Analyse aus feministischer Sicht. Basel; Boston; Berlin.

Bauhardt, Christine/Becker, Ruth (Hg.) 1997: Durch die Wand. Feministische Konzepte zur Raumentwicklung. Pfaffenweiler.

Baumgart, Ralf/Eichener, Volker 1991: Norbert Elias zur Einführung. Hamburg.

Baumgart, Sabine/Pahl-Weber, Elke 1993a: Bausteine für eine Stadt der Frauen – Visionen für Hamburg. Dokumentation eines Gutachtens und der begleitenden Veranstaltungen. Endbericht. [Hg.: Freie und Hansestadt Hamburg/ Stadtentwicklungsbehörde] Hamburg (verf. Ms.).

Baumgart, Sabine/Pahl-Weber, Elke 1993b: Gebaute und geplante Räume – Frauenräume. In: Gräning (Hg.): a.a.O.: 153-159.

Bauriedl, Sybille/ Schier, Michaela/ Strüver, Anke (Hg.) 2010: Geschlechterverhältnisse, Raumstrukturen, Ortsbeziehungen: Erkundungen von Vielfalt und Differenz im spatial turn. Münster.

Beck, Ulrich 1986: Risikogesellschaft. Auf dem Weg in eine andere Moderne. Frankfurt/M.

Beck, Ulrich/Beck-Gernsheim, Elisabeth (Hg.) 1994: Riskante Freiheiten. Individualisierung in modernen Gesellschaften. Frankfurt/M.

Becker, Ruth 1991: Frauen zwischen Öffentlichkeit und Privatheit = Zwischen Anpassung und Rebellion? Anmerkungen zu aktuellen Veröffentlichungen zum Thema ‚Feministische Architektur und Planung'. In: beiträge zur feministischen theorie und praxis 30/31. Köln: 235-241.

Becker, Ruth 1994: Vom Fleischverbrauch der Vegetarierinnen. Anmerkungen zu einigen weitverbreiteten Argumentationslinien der feministischen Verkehrsplanungsdiskussion. In: FOPA e.V. (Hg.): a.a.O.: 39-48.

Becker, Ruth 1997: Frauenforschung in der Raumplanung – Versuch einer Standortbestimmung. In: Bauhardt/Becker (Hg.): a.a.O.: 11-32.

Becker, Ruth 1998: Zu kurz gesprungen? Anmerkungen zum vielschichtigen Unbehagen über den Stand feministischer Planung – Überlegungen zu einer Neuorientierung. In: FOPA e.V. (Hg.): a.a.O.: 151-170.

Becker, Ruth 2000: Geschlecht und Raum: Feministische Forschung und Praxis in der Raumplanung. In: Cottmann u.a. (Hg.): a.a.O.: 89-105.

Becker, Ruth 2000a: Riskante Sicherheiten: Von gefährlichen Orten und sicheren Räumen. In: Zeitschrift für Frauenforschung und Geschlechterstudien: 18. Jg. Heft 4/2000: 49-65.

Becker, Ruth 2008: Angsträume oder Frauenräume? Gedanken über den Zugang von Frauen zum öffentlichen Raum. In: Feministisches Kollektiv (Hg.): Street Harassment. Machtprozesse und Raumproduktionen. Wien: 56-74.

Becker, Ruth/Neusel, Ayla 1997: Architektur, räumliche Planung (Fachbericht). In: Niedersächsisches Ministerium für Wissenschaft und Kultur (Hg.): a.a.O.: 193-267.

Becker-Schmidt, Regina 1993: Geschlechterdifferenz – Geschlechterverhältnis: Soziale Dimensionen des Begriffs „Geschlecht". In: Zeitschrift für Frauenforschung, 11. Jg., H.1 und 2: 37-46.

Becker-Schmidt, Regina 1999: Frauen-, Geschlechter- und Geschlechterverhältnisforschung in Naturwissenschaft, Technik und Medizin (Elektronisches Dokument). http://www.nffg.de/b_vortrags.htm (11.4.00).

Becker-Schmidt, Regina 2000: Frauenforschung, Geschlechterforschung, Geschlechterverhältnisforschung. In: Becker-Schmidt/Knapp: a.a.O.: 14-62.

Becker-Schmidt, Regina/Knapp, Gudrun-Axeli (Hg.) 1995: Das Geschlechterverhältnis als Gegenstand der Sozialwissenschaften. Frankfurt/M.; New York.

Becker-Schmidt, Regina/Knapp, Gudrun-Axeli 2000: Feministische Theorien zur Einführung. Hamburg.

Beer, Ursula 1990: Geschlecht, Struktur, Geschichte. Soziale Konstituierung des Geschlechterverhältnisses. Frankfurt/M; New York.

beiträge zur feministischen theorie und praxis 1980: FrauenRäumeArchitekturUmwelt. München; H. 4.

beiträge zur feministischen theorie und praxis 1991: Feministische Öffentlichkeit – patriarchale Medienwelt. Köln: H. 30/31.

Beneder, Beatrix 1997: Männerort Gasthaus? Öffentlichkeit als sexualisierter Raum. Frankfurt/M.; New York.

Benhabib, Seyla 1991: Modelle des öffentlichen Raums: Hannah Arendt, die liberale Tradition und Jürgen Habermas. In: Soziale Welt (42): 147-165.

Benhabib, Seyla 1994: Feministische Theorie und Hannah Arendts Begriff des öffentlichen Raums. In: Brückner/Meyer (Hg.): a.a.O.: 270-299.

Benko, Georges/Strohmayer, Ulf (ed.) 1997: Space and Social Theory. Interpreting Modernity and Postmodernity. Oxford; Malden.

Bennholdt-Thomsen, Veronika 1997: „Muxe' – Das Dritte Geschlecht in Juchitán, Südmexiko. Erkenntnistheoretische Überlegungen. In: Völger (Hg.).: a.a.O. Bd. 2, Köln: 155-164

Berger, Peter A. 1983: Herrschaftsform Stadt. Eine soziologische Rekonstruktion der Stadtgeschichte im Altertum. München.

Berger, Peter L./Luckmann, Thomas 1966/98: Die gesellschaftliche Konstruktion der Wirklichkeit. Eine Theorie der Wissenssoziologie. Frankfurt/M.

Birenheide, Almut/Legnaro, Aldo/Ruschmeier, Sibylle 1999: Recht und Sicherheit im urbanen Raum. Institut für Sicherheits- und Präventionsforschung e.V. (Forschungsbericht): Hamburg (verf. Ms.).

Blair, Juliette 1997: Private Places: The Case of Actresses. In: Ardener (ed.): a.a.O.: 200-221.

Bock, Gisela 1992: Frauenräume und Frauenehre. Frühneuzeitliche Armenfürsorge in Italien. In: Hausen/Wunder (Hg.): a.a.O.: 25-49.

Bogner, Artur 1989: Zivilisation und Rationalisierung. Die Zivilisationstheorien Max Webers, Norbert Elias' und der Frankfurter Schule. Opladen.

Bollnow, Otto 1963: Mensch und Raum. Stuttgart.

Bonß, Wolfgang 1991: Unsicherheit und Gesellschaft – Argumente für eine soziologische Risikoforschung. In: Soziale Welt 42: 258-277.

Bonß, Wolfgang 1995: Vom Risiko: Unsicherheit und Ungewißheit in der Moderne. Hamburg.

Bonß, Wolfgang 1997: Die gesellschaftliche Konstruktion von Sicherheit. In: Lippert u.a. (Hg.): a.a.O.: 21-41.

Borchert, Jürgen 2002: Wozu noch Familie? In: Die Zeit vom 10.1.02: 8.

Borst, Arno 1979: Lebensformen im Mittelalter. Frankfurt/M.; Berlin; Wien.

Bourdieu, Pierre 1976: Entwurf einer Theorie der Praxis auf der ethnologischen Grundlage der kabylischen Gesellschaft. Frankfurt/M.

Bourdieu, Pierre 1985: Sozialer Raum und ‚Klassen'. Leçon sur la leçon. Zwei Vorlesungen. Frankfurt/M.

Bourdieu, Pierre 1990: Was heißt Sprechen? Die Ökonomie des sprachlichen Tausches. Wien.

Bourdieu, Pierre 1991: Sozialer Raum und ‚Klassen'. Frankfurt/M.

Bourdieu, Pierre 1991a: Physischer, sozialer und angeeigneter physischer Raum. In: Wentz (Hg.): a.a.O.: 25-34.

Bourdieu, Pierre 1993: Satz und Gegensatz. Über die Verantwortung des Intellektuellen. Frankfurt/M.

Bourdieu, Pierre 1993a: Was heißt sprechen? In: ders.: a.a.O.: 47-53.

Bourdieu, Pierre 1993b: Sozialer Sinn. Kritik der theoretischen Vernunft. Frankfurt/M.

Bourdieu, Pierre 1994: Die feinen Unterschiede: Kritik der gesellschaftlichen Urteilskraft. Frankfurt/M.

Bourdieu, Pierre 1997: Die männliche Herrschaft. In: Dölling/Krais (Hg.): a.a.O.: 153-217.

Breckner, Ingrid/Sturm, Gabriele 1993: Weibliche Lebenssituation im Wandel: Gesellschaftliche Entwicklungen verändern die Gestaltungsspielräume von Frauen in räumlichen Strukturen. In: BMBau (Hg.): Frauen planen die Stadt. (Schriftenreihe Forschung Heft 493). Bonn: 23-45.

Breckner, Ingrid/Sturm, Gabriele 1997: Raumbildung: Übungen zu einem gesellschaftlich begründeten Raum-Verstehen. In: Ecarius/Löw (Hg.): a.a.O.: 213-236.

Brockhaus, Ulrike/Kohlshorn, Maren 1993: „Was ist sexuelle Gewalt?" In: dies.: Sexuelle Gewalt gegen Mädchen und Jungen. Mythen, Fakten, Theorien. Frankfurt/M.; New York: 21-35.

Brückner, Margrit 1993: Einbettung von Gewalt in die kulturellen Bilder von Männlichkeit und Weiblichkeit. In: Zeitschrift für Frauenforschung 12/93: 47-56.

Brückner, Magrit 1993a: Blickrichtungen und Zielsetzungen in der Gewaltdiskussion – Anmerkungen zum Beitrag von Carol Hageman-White. In: Zeitschrift für Frauenforschung 12/93: 63-65.

Brückner, Margrit/Meyer, Birgit (Hg.) 1994: Die sichtbare Frau. Die Aneignung der gesellschaftlichen Räume. Forum Frauenforschung. Freiburg i.Br.: Bd. 7.

Bublitz, Hannelore (Hg.) 1998: Das Geschlecht der Moderne. Genealogie und Archäologie der Geschlechterdifferenz. Frankfurt/M.

Bublitz, Hannelore 2000: Geschlecht. In: Korte/Schäfers (Hg.): Einführung in Hauptbegriffe der Soziologie. Opladen: 83-101.

Buchegger, Barbara/Vollmeier, Brigitta 1991: Angsträume in Wien oder „Wer fürchtet sich vorm schwarzen Mann?" In: Kail/Kleedorfer (Hg.): a.a.O.: 95-105.

Buchmüller, Lydia/Zibell, Barbara (Hg.) 1993: Weibliche und männliche Aspekte in der Stadtplanung. ORL-Bericht 86. Zürich.

Bühler, Elisabeth/Meyer, Heidi/Reichert, Dagmar/Scheller, Andrea (Hg.) 1993: Ortssuche. Zur Geographie der Geschlechterdifferenz. Zürich; Dortmund.

Bühler, Elisabeth/Kaspar, Heide/Ostermann, Frank 2010: Sozial nachhaltige Parkanlagen. Forschungsbericht (NFP) 54. Zürich.

Bundesforschungsanstalt für Landeskunde und Raumordnung (Hg.) 1991: Frauen und räumliche Forschung. Materialien zur Raumentwicklung. Heft 8/9, Bonn 1990 und Heft 38, Bonn.

Bundesministerium für Frauen und Jugend (Hg.) 1992: Frauen in der Bundesrepublik Deutschland. Bonn.

Bundesministerium für Frauen und Jugend (Hg.) 1994: Sicherheitsbeitrag spezieller nächtlicher Beförderungsangebote (Disco-Busse). Materialien zur Frauenpolitik 42/1994. Forschungsbericht des Planungshauses Südstadt AG. Köln (verf. Ms.).

Burghartz, Susanna 1992: Rechte Jungfrauen oder unverschämte Töchter? Zur weiblichen Ehre im 16. Jahrhundert. In: Hausen/Wunder (Hg.): a.a.O. S.173-183.

Burkhardt, Bettina 1993: Unbehagen im öffentlichen Raum am Beispiel von WC-Anlagen in Zürich. In: Buchmüller/Zibell (Hg.): a.a.O.: 119-124.

Büro der Frauenbeauftragten Karlsruhe 1988: Gewalt gegen Frauen in Karlsruhe: Situationsbericht, Analyse, Maßnahmen. Karlsruhe.

Buschkühl-Lindermann, Angelika/Frank, Christel/Schön, Christine/Stete, Gisela 1994: Mobilität und Sicherheit der Frauen im Öffentlichen Personennahverkehr (ÖPNV) und dessen bedarfsgerechte Umgestaltung in der Stadt Frankfurt am Main. (Hg.: Stadtwerke Frankfurt/M.; Dezernat Frauen und Gesundheit/Frauenreferat). Frankfurt/M.

Bussemer, Herrad U. 1988: Bürgerliche Frauenbewegung und männliches Bildungsbürgertum 1860-1880. In: Frevert: a.a.O.: 190-205.

Butler, Judith 1995: Körper von Gewicht. Berlin.

Cassirer, Ernst 1977a: Philosophie der symbolischen Formen, Teil 1: Die Sprache. Darmstadt (1929).

Cassirer, Ernst 1977b: Philosophie der symbolischen Formen, Teil 3. Phänomenologie der Erkenntnis. Darmstadt (1929).

Christiansen, Kerrin 1997: Weiblichkeit und Männlichkeit aus biologischer Sicht. Hamburg [unv. Ms. eines Vortrags am 21.1.1997/Universität Hamburg].

Certeau, Michel de 1999: Die Kunst des Handelns: Gehen in der Stadt. In: Hörning, Karl H./ Winter, Rainer (Hg.): Widerspenstige Kulturen. Cultural Studies als Herausforderung: 264-291.

Claessens, Dieter 2000: Macht und Herrschaft, soziale Zwänge und Gewalt. In: Korte, Hermann/Schäfers, Bernhard (Hg.): Einführung in Hauptbegriffe der Soziologie. Opladen: 159-170.

Cohen, Jean L. 1994: Das Öffentliche und das Private neu denken. In: Brückner/ Meyer (Hg.): a.a.O.: 300-326.

Connell, Robert O. 2000: Der gemachte Mann. Konstruktion und Krise von Männlichkeit. Opladen.

Conze, Werner 1984: Sicherheit, Schutz. In: Koselleck, Reinhart/Brunner, Otto/ Conze, Werner: Geschichtliche Grundbegriffe. Historisches Lexikon zur politischen Sprache in Deutschland: 831-862.

Corbin, Alain 1989: Das ‚trauernde Geschlecht' und die Geschichte der Frauen im 19. Jahrhundert. In: Corbin u.a.: a.a.O.: 63-81.

Corbin, Alain/Farge, Arlette/Perrot, Michelle u.a. 1989: Geschlecht und Geschichte. Ist eine weibliche Geschichtsschreibung möglich? Frankfurt/M.

Cottmann, Angelika/Kortendiek, Beate/Schildmann, Ulrike 2000: Das undisziplinierte Geschlecht. Frauen- und Geschlechterforschung. Einblick und Ausblick. Opladen.

Cube, Felix von 1990: Gefährliche Sicherheit. Die Verhaltensbiologie des Risikos. München.

Dackweiler, Regina/Holland-Cunz, Barbara 1991: Strukturwandel feministischer Öffentlichkeit. In: beiträge zur feministischen theorie und praxis 30/31: a.a.O.: 105-122.

Dangschat, Jens S. 1994: Lebensstile in der Stadt. Raumbezug und konkreter Ort von Lebensstilen und Lebensstilisierungen. In: Dangschat, Jens S./Blasius, Jörg: Lebensstile in den Städten. Konzepte und Methoden. Opladen: 99-135.

Däubler-Gmelin, Herta 1985/1987: Gewalt gegen Frauen – Vergewaltigung. In: Arbeitskreis ‚Sexuelle Gewalt' beim Komitée für Grundrechte und Demokratie (Hg.):‚Sexuelle Gewalt'. Erfahrungen, Analysen, Forderungen. Sensbachtal: 70-76.

Dietzen, Agnes 1993: Soziales Geschlecht. Soziale, kulturelle und symbolische Dimensionen des Gender-Konzeptes. Opladen.

Diezinger, Angelika/Kitzer, Hedwig/Anker, Ingrid/Bingel, Irma/Haas, Erika/Odierna, Simone (Hg.) 1994: Erfahrung mit Methode. Wege sozialwissenschaftlicher Frauenforschung. Freiburg i. Br.

Dirnbacher, Hanja 1991: Die alltägliche Geisterbahn. in: Kail/Kleedorfer (Hg.): a.a.O.: 89-94.

Döhring, Diether/Hauser, Richard (Hg.) 1995: Soziale Sicherheit in Gefahr. Frankfurt/M.

Dölling, Irene/Krais, Beate (Hg.) 1997: Ein alltägliches Spiel. Geschlechterkonstruktionen in der sozialen Praxis. Frankfurt/M.

Dörhöfer, Kerstin 1986: Frauenhaus und Herrensitz. Ergebnisse aus Architektur und Städtebau. In: Hausen, Karin/Nowotny, Helga (Hg.): Wie männlich ist die Wissenschaft? Frankfurt/M.: 255-278.

Dörhöfer, Kerstin (Hg.) 1990: Stadt – Land – Frau. Soziologische Analysen, feministische Planungsansätze. Schriftenreihe der Sektion Frauenforschung in der Deutschen Gesellschaft für Soziologie: Forum Frauenforschung Bd.4. Freiburg.

Dörhöfer, Kerstin/Terlinden, Ulla (Hg.) 1987: Verbaute Räume, Auswirkungen von Architektur und Stadtplanung auf das Leben von Frauen. Köln.

Dörhöfer, Kerstin/Terlinden, Ulla 1998: Verortungen. Geschlechterverhältnisse und Raumstrukturen. Basel; Boston; Berlin.

Dörhöfer, Kerstin/Terlinden, Ulla 1998a: Ein Fauxpas mit Folgen. Rückschau und Ausblick auf feministische Positionen in Stadtforschung und Planung. In: FOPA e.V. (Hg.): a.a.O.: 25-43.

Douglas, Mary 1992: Risk and Blame. Essays in Cultural Theory. London.

Douglas, Mary/Wildavsky, Aaron 1983: Risk and culture. An essay on the selection of technological and enviromental dangers, Berkeley; Los Angeles; London: University of California Press.

Douglas, Mary/Wildavsky, Aaron 1993: Risiko und Kultur. in: Krohn, Wolfgang/ Krücken, Georg (Hg.): Riskante Technologien. Reflexion und Regulation. Einführung in die sozialwissenschaftliche Risikoforschung: 113-137.

Duby, Georges/Perrot, Michelle 1997: Geschichte der Frauen, Bd. 3: Frühe Neuzeit. Frankfurt/M.; New York [Hg.: Arlette Farge und Natalie Zemon Davis].

Duby, Georges/Perrot, Michelle 1997a: Geschichte der Frauen, Bd. 4: 19. Jahrhundert. Frankfurt/M.; New York [Hg.: Geneviève Fraisse und Michelle Perrot].

Duden, Barbara 1987: Geschichte unter der Haut. Ein Eisenacher Arzt und seine Patientinnen um 1730. Stuttgart.

Duden, Barbara 1990: Body History – Körpergeschichte. A Repertory – ein Repertorium. (Kommentierte Bibliographie). Wolfenbüttel.

Duden, Barbara 1991: Der Frauenleib als öffentlicher Ort. Hamburg; Zürich.

Duden, Barbara 1993: Die Frau ohne Unterleib: Zu Judith Butlers Entkörperung. Ein Zeitdokument. in: Feministische Studien 2/93: 24-33.

Durkheim, Emile 1893/1988: Über soziale Arbeitsteilung. Studie über die Organisation höherer Gesellschaften. Frankfurt/M.

Dux, Günther 1997: Die Spur der Macht im Verhältnis der Geschlechter. Über den Ursprung der Ungleichheit zwischen Frau und Mann. Frankfurt/M.

Ecarius, Jutta/Löw, Martina (Hg.) 1997: Raumbildung – Bildungsräume. Über die Verräumlichung sozialer Prozesse. Opladen.

Eickhoff, Antje 1998: Wir können auch anders. Gedanken zur feministischen Stadt. In: StadtRat (Hg.): a.a.O.: 13-21.

Eifert, Christiane/Epple, Angelika/Kessel, Martina/Michaelis, Marlies/Nowak, Claudia/Schicke, Katharina/Weltecke, Dorothea (Hg.) 1996: Was sind Frauen? Was sind Männer? Geschlechterkonstruktionen im historischen Wandel. Frankfurt/M.

Einstein, Albert 1960: Vorwort zu Jammer: a.a.O.: XI-XV.

Eisner, Manuel 1997: Das Ende der zivilisierten Stadt? Die Auswirkungen von Modernisierung und urbaner Krise auf Gewaltdelinquenz. Frankfurt/M.; New York: Campus.

Elias, Norbert 1981: Zivilisation und Gewalt. Über das Staatsmonopol der körperlichen Gewalt und seine Durchbrechungen. In: Joachim Matthes (Hg.): Lebenswelt und soziale Probleme. Verhandlungen des 20. Deutschen Soziologentages zu Bremen. Frankfurt/M.; New York: 98-122.

Elias, Norbert 1986: Wandlungen der Machtbalance zwischen den Geschlechtern. Eine prozeßsoziologische Untersuchung am Beispiel des antiken Römerstaats. In: Kölner Zeitschrift für Soziologie und Sozialpsychologie (38. Jg.) Opladen: 425-449.

Elias, Norbert 1987: Vorwort zu Stolk/Wouters: a.a.O.: 9-16.

Elias, Norbert 1988/94: Über die Zeit. (Hg.: Michael Schröter) Frankfurt/M.

Elias, Norbert 1990: Norbert Elias über sich selbst. Frankfurt/ M.

Elias, Norbert 1990a: Über den Prozeß der Zivilisation: Soziogenetische und psychogenetische Untersuchungen. Band 2: Wandlungen der Gesellschaft. Entwurf zu einer Theorie der Zivilisation. Frankfurt/M.

Elias, Norbert 1991: Was ist Soziologie? Grundfragen der Soziologie: Weinheim; München [Hg.: Dieter Claessens].

Elias, Norbert 1991a: Über den Prozeß der Zivilisation: Soziogenetische und psychogenetische Untersuchungen. Band 1: Wandlungen des Verhaltens in den weltlichen Oberschichten des Abendlandes. Frankfurt/M.

Elias, Norbert 1969/1992: Die höfische Gesellschaft. Untersuchungen zur Soziologie des Königtums und der höfischen Aristokratie. Frankfurt/M.

Elias, Norbert 1994a: Studien über die Deutschen. Machtkämpfe und Habitusentwicklung im 19. und 20. Jahrhundert. Frankfurt/M.

Elias, Norbert 1996: Die Gesellschaft der Individuen. Frankfurt/M. [Hg.: Michael Schröter].

Elias, Norbert 1998: Prozesse, soziale. In: Schäfers (Hg.): a.a.O.:271-277.

Elias, Norbert 1998a: Zivilisation. In: Schäfers (Hg.): a.a.O.: 445-449.

Elias, Norbert 2001: Symboltheorie. Frankfurt/M.

Ernst, Stefanie 1996: Machtbeziehungen zwischen den Geschlechtern: Wandlungen der Ehe im „Prozeß der Zivilisation". Opladen.

Ernst, Stefanie 1999: Geschlechterverhältnisse und Führungspositionen. Eine Figurationssoziologische Analyse der Stereotypenkonstruktion. Opladen; Wiesbaden.

Evers, Adalbert 1993: Umgang mit Unsicherheit. Zur sozialwissenschaftlichen Problematisierung einer sozialen Herausforderung. In: Bechmann (Hg.): a.a.O.: 339-374.

Evers, Adalbert/ Nowotny, Helga 1987: Über den Umgang mit Unsicherheit. Die Entdeckung der Gestaltbarkeit von Gesellschaft. Frankfurt/M.

Farge, Arlette/Davis, Natalie Zemon 1997: Einleitung zu: Duby/Perrot 1997: a.a.O. 11-18.

Faulstich, Werner (Hg.) 1993: Konzepte von Öffentlichkeit. Bardowick.

Feministische Studien 1993: Kritik der Kategorie ‚Geschlecht'. Heft 2.

Feldtkeller, Andreas 1994: Die zweckentfremdete Stadt. Wider die Zerstörung des öffentlichen Raums. Frankfurt; New York.

Fischer, Ute Luise/Kampshoff, Marita/Keil, Susanne/Schmitt, Mathilde (Hg.) 1996: Kategorie Geschlecht. Empirische Analysen und feministische Theorien. Opladen.

Flade, Antja/Frey-Hoffmann, Simone 1990: Frauen und motorisierter Individualverkehr. In: FOPA e.V.: Freiräume Heft 4, Dortmund: 55-60.

Flade, Antje 1993: Kann der Rückzug der Mädchen aus dem öffentlichen Raum durch Stadtplanung verhindert werden? Empirische Forschungsergebnisse und Schlußfolgerungen. In: Flade/Kustor-Hüttl (Hg.): a.a.O.: 23-40.

Flade, Antje/Greiff, Rainer/Dauwe, Elisabeth/Guder, Renate 1995: Die sichere Stadt. Stuttgart.

Flade, Antje/Guder, Renate 1992: Mobilität und Stadtverkehr aus der Perspektive von Frauen. Institut Wohnen und Umwelt. Darmstadt.

Flade, Antje/Kustor-Hüttl, Beatrice (Hg.) 1993: Mädchen in der Stadtplanung. Bolzplätze – und was sonst? Weinheim.

Flade, Antje/Kustor, Beatrice (Hg.) 1996: Raus aus dem Haus: Mädchen erobern die Stadt. Frankfurt/M.

Flade, Antje/Limbourg, Maria (Hg.) 1999: Frauen und Männer in der mobilen Gesellschaft. Opladen.

FOPA e.V. (Hg.) 1993a: Regionalentwicklung – feministische Perspektiven. Heft 6; Dortmund.

FOPA e.V. (Hg.) 1993b: Raum greifen und Platz nehmen. Dokumentation der 1. Europäischen Planerinnentagung. FreiRäume Sonderheft 1992/ 93. Zürich; Dortmund.

FOPA e.V. (Hg.) 1994: Entschleunigung: Die Abkehr von einem Lei(d)tbild. Frei-Räume Bd. 7, Bielefeld.

FOPA e.V. (Hg.) 1995: Zwischen Abgrenzung und Annäherung. Planerinnen und Planungspraxis in den neuen Bundesländern. Frei-Räume Bd. 8, Bielefeld.

FOPA e.V. (Hg.) 1998: Neue Wege – neue Ziele. Positionen feministischer Planung. Frei-Räume Bd. 10, Bielefeld.

Foucault, Michel 1991: Andere Räume. In: Wentz (Hg.): a.a.O.: 66-72.

Fraisse, Geneviève/Perrot, Michelle 1997: Einleitung In: Duby/Perrot 1997a: a.a.O.: 11-17.

Frauenbüro der Stadt Mainz (Hg.) 1991: Frauen und Stadtplanung. Grundlagen einer frauengerechten Verkehrsplanung und -politik in Mainz. Dargestellt am Beispiel des ÖPNV-Gutachtens von Hamburg Consult. Mainz.

Frauenbüro der Stadt Mainz (Hg.) 1990: Frauen und Stadtplanung. Parkhäuser und Tiefgaragen. Mainz.

Frauenbüro der Stadt Mainz (Hg.)/Körntgen, Silvia/Kraft, Heike 1993: Frauen und Stadtplanung. Betrachtungen zu Stadtverkehr und Kriminalitätsangst. Mainz.

Frauenbüro der Stadt Mainz (Hg.)/Körntgen, Silvia 1994: Grundlagen einer frauengerechten Verkehrsplanung und -politik in Mainz. Mainz.

Frevert, Ute 1986: Frauen-Geschichte. Zwischen Bürgerlicher Verbesserung und Neuer Weiblichkeit. Frankfurt/M.

Frevert, Ute (Hg.) 1988: Bürgerinnen und Bürger. Geschlechterverhältnisse im 19.Jahrhundert. Göttingen.

Frevert, Ute 1995: „Mann und Weib, und Weib und Mann": Geschlechter-Differenzen in der Moderne. München.

Friedrichs, Jürgen 1988: Soziologische Stadtforschung. Sonderband 29 der Kölner Zeitschrift für Soziologie und Sozialpsychologie. Opladen.

Friedrichs, Jürgen 1990: Methoden empirischer Sozialforschung. Opladen.

Friedrichs, Jürgen 1995: Stadtsoziologie. Opladen.

Fuchs, Werner/Klima, Rolf/Lautmann, Rüdiger/Rammstedt, Otthein/Wienold, Hanns (Hg.) 1988: Lexikon zur Soziologie. Opladen.

Fuchs, Werner 1988: ‚Bürgerliche Öffentlichkeit'; ‚Proletarische Öffentlichkeit'; ‚Repräsentative Öffentlichkeit'. In: ders. u.a. (Hg.): 543-544.

Fuhrmann, Angela 1997: Weichenstellung – Frauen verändern den ÖPNV. Planung des öffentlichen Personennahverkehrs aus Frauensicht. Hannover [hrsg. von: Niedersächsisches Frauenministerium].

Funk, Albrecht 1994: Öffentlichkeit und Privatheit im Zeitalter technischer Kommunikation. In: LEVIATHAN: Zeitschrift für Sozialwissenschaft. Heft 4/1994: 560-592.

Furedi, Frank 1997: Culture of Fear. Risk-taking and the Morality of Low Expectation. London.

Galtung, Johan 1971: Gewalt, Frieden und Friedensforschung. In: Dieter Senghaas (Hg.): Kritische Friedensforschung. Frankfurt/M.: 55-104.

Galtung, Johan 1978: Der besondere Beitrag der Friedensforschung zum Studium der Gewalt. In: Kurt Röttgers/Hans Sauer (Hg.): Gewalt. Grundlagenprobleme in der Diskussion der Gewaltphänomene. Basel; Stuttgart: 9-32.

Galtung, Johan 1991/1993: Kulturelle Gewalt. Der Bürger im Staat 43, Heft 2: 106-112.

Gardner, Carol Brooks 1995: Passing By. Gender and Public Harassment. Berkeley, Los Angeles.

Gebauer, Gunter/Wulf, Christoph (Hg.) 1993: Praxis und Ästhetik. Neue Perspektiven im Denken Pierre Bourdieus. Frankfurt/M.

Gebler, Anke/Kräge, Kerstin/Wahl, Friederike 1995: AngstRäume von Frauen in Halle. In: FOPA e.V. (Hg.): a.a.O.: 99-104.

Geiger, Gabriele 1993: Nutzung und Meidung öffentlicher Bauten durch Frauen am Beispiel von Parkgaragen. In: FOPA e.V. (Hg.) 1993a: a.a.O.: 137-144.

Geiger, Gabriele 1999: Transitraum Stadt: Zum Paradigma der Ortlosigkeit. In: Thabe (Hg.): a.a.O.: 135-149.

Geiger, Gabriele/Steierwald, Marcus 1992: Benutzerfreundliche Parkgaragen. Kurzfassung. Forschungsauftrag der Landeshauptstadt München 1991/92. Lehrstuhl für Verkehrs- und Stadtplanung. TU München.

Gensch, Brigitte/Zimmer, Veronika 1980: Gewalt gegen Frauen in Kassel. Stadtplanerische und bauliche Komponenten der nächtlichen Unsicherheit. Arbeitsbericht des Fachbereichs Stadt- und Landschaftsplanung Gh Kassel, Nr. 15. Kassel.

Gensch, Brigitte/Zimmer, Veronika 1981: Gewalt gegen Frauen: stadtplanerische und bauliche Komponenten der nächtlichen Unsicherheit. Kassel.

Gerhard, Ute/Jansen, Mechthild/Maihofer, Andrea/Schmid, Pia/Schultz, Irmgard (Hg.) 1990: Differenz und Gleichheit. Menschenrechte haben (k)ein Geschlecht. Frankfurt/M.

Gestring, Norbert/Glasauer, Herbert/Hannemann, Christine/Petrowsky, Werner/ Pohlan, Jörg (Hg.) 2003: Die sichere Stadt. Jahrbuch StadtRegion 2002. Opladen.

Gildemeister, Regine/Wetterer, Angelika 1995: Wie Geschlechter gemacht werden. Die soziale Konstruktion der Zweigeschlechtlichkeit und ihre Reifizierung in der Frauenforschung. In: Knapp/ Wetterer (Hg.): a.a.O.: 201-254.

Gleichmann, Peter Reinhart 1982: Die Verhäuslichung körperlicher Verrichtungen. In: Gleichmann u.a. (Hg.): a.a.O.: 254-278.

Gleichmann, Peter/Goudsblom, Johan/Korte, Hermann (Hg.) 1982: Materialien zu Norbert Elias' Zivilisationstheorie. Frankfurt/M.

Gleichmann, Peter/Goudsblom, Johan/Korte, Hermann (Hg.) 1984: Macht und Zivilisation. Materialien zu Norbert Elias' Zivilisationstheorie II. Frankfurt/M.

Gleichstellungsstelle der Stadt Minden (Frauenbüro) 1995: Frauenspezifische Belange in der Stadtplanung. Kriterienkatalog. Minden.

Gleichstellungsstelle für Frauen der Landeshauptstadt München (Hg.) 1998: Grenzen gegen männliche Gewalt. München.

Gleichstellungsstelle, Frauenbüro der Stadt Bielefeld (Hg.) 1986: Frauen-Nachttaxi – Ergebnisse der Begleitforschung zum Modellversuch. Bielefeld (verf. Ms).

Gordon, Linda 1993: Women's Agency, Social Control, and the Construction of „Rights" by Battered Women. In: Davis, Kathy/Fisher, Sue (Hg.): Negotiating at the Margins: the Gendered Discourses of Power and Resistance. New Brunswick, NY: 122-214.

Gosztonyi, Alexander 1976: Der Raum. Geschichte seiner Probleme in Philosophie und Wissenschaften. Freiburg; München.

Gottschall, Karin 1997: Zum Erkenntnispotential konstruktivistischer Perspektiven für eine Analyse von sozialer Ungleichheit und Geschlecht. In: Hradil, Stefan (Hg.): Differenz und Integration. Die Zukunft moderner Gesellschaften. Verhandlungen des 28. Kongresses der Deutschen Gesellschaft für Soziologie. Frankfurt/M.; New York: 479-496.

Goudsblom, Johan 1984: Die Erforschung von Zivilisationsprozessen. In: Gleichmann u.a. (Hg.): a.a.O.: 83-104.

Gould, Carol C. 1989: Private Rechte und öffentliche Tugenden: Frauen, Familie und Demokratie. In: List/Studer (Hg.): a.a.O.: 66-85.

Gräning, Gisela (Hg.) 1993: Sexuelle Gewalt gegen Frauen – kein Thema? Münster; New York.

Greiwe, Ulla/Wirtz, Birgit 1986: Frauenleben in der Stadt: durch Planung behinderter Alltag. Dortmunder Beiträge zur Raumplanung. Heft 43. Dortmund.

Greve, Werner/Hosser, Daniela/Wetzels, Peter 1996: Bedrohung durch Kriminalität im Alter. Kriminalitätsfurcht älterer Menschen als Brennpunkt einer Gerontoviktimologie. Baden-Baden.

Greve, Werner/Strobl, Rainer/Wetzels, Peter 1994: Das Opfer kriminellen Handelns: Flüchtig und nicht zu fassen. KFN Hannover.

Grüger, Christine 1999: Geschlechtergerechte Stadtplanung. Der fragwürdige Einsatz von Kriterienkatalogen in der Planungspraxis. In: RaumPlanung 85: 133-136.

Grundmann, Reiner 1999: Wo steht die Risikosoziologie? In: Zeitschrift für Soziologie. Jg. 28, Heft 1: 44-59.

Gukenbiehl, Hermann L. 1998: Macht. In: Schäfers (Hg.): a.a.O.: 208-209.

Günter, Andrea 1996: Ort(s)Politik. Über die frauenbewegte Rede vom Ort und vom Raum. In: Freiburger FrauenStudien 1/1996: 109-122.

Habermas, Jürgen 1962/1996: Strukturwandel der Öffentlichkeit. Frankfurt/M.

Habermas, Jürgen: Öffentlichkeit. In: Staat und Politik: Fischerlexikon 3. Aufl.: 200ff.

Haenitsch, Sabine 1994: Das Lübecker Frauennachttaxi – Modell, Entwicklung, Erprobung, Ergänzung. In: FOPA e.V. (Hg.): a.a.O.: 74-79.

Hagemann-White, Carol 1984: Sozialisation: weiblich – männlich? Opladen.

Hagemann-White, Carol 1988: Wir werden nicht zweigeschlechtlich geboren ... In: Hagemann-White/Rerrich (Hg.): a.a.O.: 224-235.

Hagemann-White, Carol 1993: Die Konstrukteure des Geschlechts auf frischer Tat ertappen? Methodische Konsequenzen einer theoretische Einsicht. In: Feministische Studien 2/93: 68-78.

Hagemann-White, Carol 1993a: Das Ziel aus den Augen verloren? In: Zeitschrift für Frauenforschung 12/93: 57- 63.

Hagemann-White, Carol 1994: Der Umgang mit Zweigeschlechtlichkeit als Forschungsaufgabe. In: Diezinger u.a. (Hg.): a.a.O.: 301-318.

Hagemann-White, Carol 1995: Frauenforschung – der Weg in die Institutionen. Ideen, Persönlichkeiten und Strukturbedingungen am Beispiel Niedersachsens. Bielefeld.

Hagemann-White, Carol/Rerrich, Maria S. (Hg.) 1988: FrauenMännerBilder. Männer und Männlichkeit in der feministischen Diskussion. Bielefeld.

Hall, Peter 2001: Cities of Tomorrow. An Intellectual History of Urban Planning and Design in the Twentieth Century. Oxford; Malden.

Hamm, Bernd 1982: Einführung in die Siedlungssoziologie. München.

Hamm, Bernd 1998: Raum. In: Schäfers (Hg.): a.a.O.: 277-278.

Hammer, Heike 1997: Figuration, Zivilisation und Geschlecht. Eine Einführung in die Soziologie von Norbert Elias. In: Klein/Liebsch (Hg.): a.a.O.: 39-76.

Hargreaves, Jennifer (1992): Sex, Gender and the Body in Sport und Leisure: Has There Been a Civilizing Process? In: Dunning, Eric/Rojek, Chris (Hg.): Sport and Leisure in the Civilizing Process. London: 161-182.

Hark, Sabine (Hg.) 2001: Dis/Kontinuitäten: Feministische Theorie. Opladen.

Harvey, David 1972: Society, the City, and the Space-Economy of Urbanism. Association of American Geographers Resource Paper no. 18. Washington D.C.

Harvey, David 1973: Social Justice and the City. Baltimore.

Harvey, Penelope 1997: Die geschlechtliche Konstitution von Gewalt. Eine vergleichende Studie über Geschlecht und Gewalt. In: Trotha (Hg.): a.a.O.: 122-138.

Hauch, Margret 1993: Zwischen Ausnahmesituation und Alltag. Sexuelle Gewalt gegen Frauen. In: Gräning (Hg.): a.a.O.: 93-117.

Hausdorf, Volker 2009: Sozialräumliche Konzeptentwicklung als Modellprojekt in der Jugendhilfeplanung. In: Deinet, Ulrich (Hg.): Sozialräumliche Jugendarbeit. Grundlagen, Methoden und Praxiskonzepte (3. überarb. Aufl.). Wiesbaden: 229-249.

Hausen, Karin 1990: Überlegungen zum geschlechtsspezifischen Strukturwandel der Öffentlichkeit. In: Gerhard u.a. (Hg.): a.a.O.: 268-282.

Hausen, Karin 1992: Öffentlichkeit und Privatheit. Gesellschaftspolitische Konstruktionen und die Geschichte der Geschlechterbeziehungen. In: Hausen/Wunder (Hg.): a.a.O.: 81-88.

Hausen, Karin/Wunder, Heide (Hg.) 1992: Frauengeschichte – Geschlechtergeschichte. Frankfurt; New York.

Hausen, Karin 1992a: Frauenräume. In: Hausen/Wunder (Hg.): a.a.O.: 21-24.

Hausen, Karin 2001: Die Polarisierung der ‚Geschlechtscharaktere' – eine Spiegelung der Dissoziation von Erwerbs- und Familienleben. In: Hark (Hg.): a.a.O.: 162-185 (Reprint aus Conze, Werner (Hg.) 1976: Sozialgeschichte der Familie in der Neuzeit Europas. Stuttgart: 363-393).

Häußermann, Hartmut/ Ipsen, Detlev/ Krämer-Badoni, Thomas/ Läpple, Dieter/ Rodenstein, Marianne/ Siebel, Walter (Hg.) 1992/1991: Stadt und Raum. Soziologische Analysen. Pfaffenweiler.

Häußermann, Hartmut/Siebel, Walter 1987: Neue Urbanität. Frankfurt/M.

Heintz, Bettina 1993: Die Auflösung der Geschlechterdifferenz. Entwicklungstendenzen in der Theorie der Geschlechter. In: Bühler u.a. (Hg.): a.a.O.: 17-48.

Heitmeyer, Wilhelm 1994: Entsicherungen. Desintegrationsprozesse und Gewalt. In: Beck/Beck-Gerns-heim (Hg.): a.a.O.: 376-401.

Hering, Heide 1979/1987: Weibsbilder. Zeugnisse zum öffentlichen Ansehen der Frau. Reinbek b. Hamburg.

Hirschauer, Stefan 1989: Die interaktive Konstruktion von Geschlechtszugehörigkeit. In: Zeitschrift für Soziologie. Heft 2: 100-118.

Hirschauer, Stefan 1993: Die soziale Konstruktion der Transsexualität: Frankfurt/M.

Hirschauer, Stefan 1993a: Dekonstruktion und Rekonstruktion. Plädoyer für die Erforschung des Be-kannten. In: Feministische Studien 2/93: 55-67.

Hirschauer, Stefan 1996: Wie sind Frauen, wie sind Männer? Zweigeschlechtlichkeit als Wissenssys-tem. In: Eifert u.a. (Hg.): a.a.O.: 240-256.

Holland-Cunz, Barbara 1993: Öffentlichkeit und Privatheit – Gegenthesen zu einer klassischen Pola-rität. In: FOPA e.V. (Hg.) 1993b: a.a.O.: 36-53.

Holland-Cunz, Barbara 1996: Feminismus: Politische Kritik patriarchaler Herrschaft. In: Neumann, Franz (Hg.): Handbuch politische Theorien und Ideologien. Bd. II, Opladen: 357-388.

Holland-Cunz, Barbara 1997: Die Wiederentdeckung der Herrschaft. Begriffe des Politischen in Zei-ten der Transformation. In: Kreisky, Eva/Sauer, Birgit (Hg.): Politische Vierteljahresschrift, Sonderheft 28/1997: Geschlechterverhältnisse im Kontext politischer Transformation: 83-97.

Honegger, Claudia 1989: „Weiblichkeit als Kulturform". Zur Codierung der Geschlechter in der Mo-derne. In: Kultur und Gesellschaft. Verhandlungen des 24. Deutschen Soziologentages, des 11. Österreichischen Soziologentages und des 8. Kongresses der Schweizerischen Gesellschaft für Soziologie in Zürich 1988. Frankfurt; New York: 142-155.

Honegger, Claudia 1996: Die Ordnung der Geschlechter. Die Wissenschaften vom Menschen und das Weib 1750-1850. München.

Honegger, Claudia/Arni, Caroline (Hg.) 2001: Gender – die Tücken einer Kategorie. Zürich

Honig, Michael-Sebastian 1986/1992: Verhäuslichte Gewalt. Sozialer Konflikt, wissenschaftliche Konstrukte, Alltagswissen, Handlungssituationen. Eine Explorativstudie über Gewalthandeln von Familien. Frankfurt/M.

Huber, Anne-Louise 1993: Angst und Wohlbefinden im öffentlichen Raum. In: Buchmüller/ Zibell (Hg.): a.a.O.: 53-66.

Hüchtker, Dietlind 1998: Prostitution und städtische Öffentlichkeit. Die Debatte über die Präsenz von Bordellen in Berlin 1792-1846. In: Weckel, Ulrike/Opitz, Claudia/ Hochstrasser, Olivia/Tolke-mitt, Brigitte (Hg.): Ordnung, Politik und Geselligkeit im 18. Jahrhundert: 345-364.

Hüffel, Stephanie/Rau, Petra/Pieschel, Ursula 1989: Die alltägliche Gewalt der Stadt. Frauen im Au-ßenraum Kreuzbergs. TU Berlin, Arbeitsberichte des Verkehrswesenseminars, Bd. 2. Berlin.

Hüffell, Stephanie 1999: Frauen und Stadtplanung im Spannungsfeld von Utopien und Realitäten. In: Andres-Müller u.a. (Hg.): a.a.O.: 167-179.

Imboden, Monika/Meister, Franziska/Kurz, Daniel (Hg.) 2000: Stadt-Raum-Geschlecht. Beiträge zur Erforschung urbaner Lebensräume im 19. und 20. Jahrhundert. Zürich.

Imbusch, Peter (Hg.) 1998: Macht und Herrschaft. Sozialwissenschaftliche Konzeptionen und The-orien. Opladen.

Imbusch, Peter 1998a: Macht und Herrschaft in der Diskussion. In: ders. (Hg.): a.a.O.: 9-26.

Institut für Landes- und Stadtentwicklungsforschung des Landes NRW (Hg.) 1995: Für eine Stadt ohne Angsträume – Planungsleitfaden für mehr Sicherheit im öffentlichen Raum. Bausteine für die Planungspraxis in Nordrhein-Westfalen: 20.

Institut für Sozialforschung (Hg.) 1994: Geschlechterverhältnisse und Politik. Frankfurt/M.

Ipsen, Detlev 1993: Regionale Identität. Überlegungen zum politischen Charakter einer psychosozialen Raumkategorie. In: Raumforschung und Raumordnung. 51. Jg., Heft 1: 9-18.

Ipsen, Detlev 1997: Raumbilder. Pfaffenweiler.

Ipsen, Detlev 1999: Was trägt der Raum zur Entwicklung der Identität bei? Und wie wirkt sich diese auf die Entwicklung des Raumes aus? In: Thabe (Hg.): a.a.O.: 150-159.

Jäger, Siegried 1999: Kritische Diskursanalyse. Eine Einführung. Duisburg.

Jagose, Annamarie 2001: Queer Theory. Eine Einführung. Berlin.

Jammer, Max 1960: Das Problem des Raumes. Die Entwicklung der Raumtheorien. Darmstadt.

Jeschke, Carola 1993: Die Sicherheit von Frauen als allgemeine Mobilitätsbedingung. Berlin.

Johnson, Branden B./Covello, Vincent T. (ed.) 1987: The Social Construction of Risk. Essays on Risk Selection and Perspectives. Dordrecht; Boston; Lancaster; Tokyo.

Kahlert, Heike 2000: Konstruktion und Dekonstruktion von Geschlecht. In: Lemmermöhle u.a. (Hg.): a.a.O.: 20-44.

Kail, Eva/Kleedorfer, Jutta (Hg.) 1991: Wem gehört der öffentliche Raum. Frauenalltag in der Stadt. Kulturstudien Sonderband 12. Wien, Köln, Weimar.

Kampshoff, Marita 1996: Sexuelle Gewalt – ein konstitutives Merkmal für das Mädchen- oder Jungesein? In: Fischer u.a. (Hg.): a.a.O.: 97-116.

Kant, Imanuel 1996: Kritik der reinen Vernunft. Frankfurt/M. (1781).

Kaplan, Marion 1988: Freizeit-Arbeit. Geschlechterräume im deutsch-jüdischen Bürgertum 1870-1914. In: Frevert (Hg.): a.a.O.: 157-174.

Kaplan, Stanley/Garrick, B. John 1993: Die quantitative Bestimmung von Risiko. In: Bechmann (Hg.): a.a.O.: 91-123.

Kaspar, Heide/ Landolt, Sara 2010: Liebe LeserInnen. In: Feministisches Geo-Rund Mail 2010: Informationen rund um die feministische Geographie Nr. 45; Juli 2010: 1-2 (http://www.ak-geographie-geschlecht.org/docs/rundbriefe/RundMail 45.pdf)

Kaufmann, Franz-Xaver 1973: Sicherheit als soziologisches und sozialpolitisches Problem. Stuttgart.

Keppler, Angela 1997: Über einige Formen der medialen Wahrnehmung von Gewalt. In: Trotha (Hg.): a.a.O.: 380-400.

Kersting, Claudia 1990: Nachts am Bahnhof Wunstorf. Die Angst der Frauen. Neue Presse (21.3.90); dokumentiert in: Striefler/Kommunalverband Großraum Hannover 1992: Frauen abends unterwegs. Dokumentation eines Beteiligungsexperiments. Hannover.

Kessler, Susanne/McKenna, Wendy 1978: Gender: An Ethnomethodological Approach. New York.

Klamp, Heike 1993: Über die Art, Wege zu erforschen – oder warum Frauenwege in der Verkehrsforschung unsichtbar sind. In: FOPA e.V.: Freiräume Heft 6: 188-192.

Klein, Gabriele 1992: FrauenKörperTanz: Eine Zivilisationsgeschichte des Tanzes. Weinheim; Berlin.

Klein, Gabriele/Korte, Hermann/Ruhne, Renate 1996: Mobilität und Sicherheit von Frauen im öffentlichen Raum. Hamburg [Hg.: Senatsamt für die Gleichstellung].

Klein, Gabriele/Liebsch, Katharina (Hg.) 1997: Zivilisierung des weiblichen Ich. Frankfurt/M.

Klein, Gabriele/Liebsch, Katharina 1997a: Zivilisierung zur Zweigeschlechtlichkeit. Zum Verhältnis von Zivilisationstheorie und feministischer Theorie. In: Klein/ Liebsch (Hg.): a.a.O.: 12-38.

Klein, Michael (Hg.) 1983: Sport und Geschlecht. Reinbek b. Hamburg.

Kleinwellfonder, Birgit 1996: Der Risikodiskurs: Zur Gesellschaftlichen Inszenierung von Risiko. Opladen.

Klemp, Sabine/Nolte, Liane 1993: Frauennachtfahrten. Eine Antwort auf Gewalt gegen Frauen im öffentlichen Raum. Kiel [Hg.: FrauenBewegung – Frauenauto für Mädchen und Frauen e.V. Kiel].

Klima, Rolf 1988: ‚Gruppe‘. In: ders./Fuchs, Werner/Lautmann, Rüdiger u.a. (Hg.): Lexikon zur Soziologie. Opladen: 291-292.

Knapp, Gurdrun-Axeli 1995: Macht und Geschlecht. Neuere Entwicklungen in der feministischen Macht- und Herrschaftsdiskussion. In: Knapp/Wetterer (Hg.): a.a.O.: 287-325.

Knapp, Gudrun-Axeli 1995a: Unterschiede machen: Zur Sozialpsychologie der Hierarchisierung im Geschlechterverhältnis. In: Becker-Schmidt/Knapp (Hg.): a.a.O.: 163-194.

Knapp, Gudrun-Axeli 2000: Konstruktion und Dekonstruktion von Geschlecht. In: Becker-Schmidt/ Knapp a.a.O.: 63-123.

Knapp, Gudrun-Axeli 2001: Dezentriert und viel riskiert: Anmerkungen zur These vom Bedeutungsverlust der Kategorie Geschlecht. In: Knapp/Wetterer (Hg.): a.a.O.: 15-62.

Knapp, Gudrun-Axeli/Wetterer, Angelika (Hg.) 1995: Traditionen Brüche. Entwicklungen feministischer Theorie. Freiburg i.Br.

Knapp, Gudrun-Axeli/Wetterer, Angelika (Hg.) 2001: Soziale Verortung der Geschlechter. Gesellschaftstheorie und feministische Kritik. Münster.

Knorr-Cetina, Karin 1989: Spielarten des Konstruktivismus. In: Soziale Welt: Heft 1/2: 86-96.

Koczy, Marion 1994: Mach mich nicht an – Sicherheitssysteme in der U-Bahn von Toronto/Kanada. In: FOPA e.V. (Hg.): a.a.O.: 91-94.

Koczy, Marion 1995: Angst in der U-Bahn – Zum Sicherheitsgefühl von Frauen im ÖPNV. AKP 4/1995.

Köhler, Gabriele 1990: Städtische Öffentlichkeit und Stadtkultur. In: Dörhöfer (Hg.): a.a.O.: 67-79.

Kokot, Waltraud/Bommer, Bettina C. (Hg.) 1991: Ethnologische Stadtforschung. Berlin.

Konau, Elisabeth 1977: Raum und soziales Handeln. Studien zu einer vernachlässigten Dimension soziologischer Theoriebildung. Göttinger Abhandlungen zur Soziologie und ihrer Grenzgebiete. Bd. 25, Stuttgart.

Körntgen, Silvia/Kraft, Heike 1991/1993: Frauen und Stadtplanung. Betrachtungen zu Stadtverkehr und Kriminalitätsangst. Mainz [Hg.: Frauenbüro der Stadt Mainz].

Korte, Hermann (Hg.) 1974: Soziologie der Stadt. München.

Korte, Hermann 1974a: Soziologie der Stadt – Entwicklungen und Perspektiven – Eine Einführung. In: Korte (Hg.): a.a.O.: 9-37.

Korte, Hermann (Hg.) 1990: Gesellschaftliche Prozesse und individuelle Praxis. Bochumer Vorlesungen zu Norbert Elias‘ Zivilisationstheorie. Frankfurt/M.

Korte, Hermann 1990a: Von Elias lernen. Ein Vorwort. In: ders. (Hg.) 1990: a.a.O.: 7-14.

Korte, Hermann 1997: Über Norbert Elias. Das Werden eines Menschenwissenschaftlers. Opladen.

Korte, Hermann/Schäfers, Bernhard (Hg.) 2000: Einführung in Hauptbegriffe der Soziologie. Opladen.

Krais, Beate 1993: Geschlechterverhältnis und symbolische Gewalt. In: Gebauer/Wulf (Hg.): a.a.O.: 208-250.

Kramer, Caroline/Mischau, Anina 1994: Tat-Orte und Angst-Räume. Sicherheitsempfinden von Heidelberger Bürgerinnen. In: Raumforschung und Raumordnung Heft 4/5 Juli-Oktober 1994: 331-338.

Krause, Juliane 1994: Erhöhung der sozialen Sicherheit als integraler Bestandteil von sozial- und umweltverträglichen Stadt- und Verkehrskonzepten. In: FOPA e.V. (Hg.): a.a.O.: 80-90.

Kreisky, Eva 1994: Zwischen allen Stühlen. Hannah Arendt aus der Perspektive der Frauen- und Geschlechterforschung. In: Kubes-Hofmann, Ursula (Hg.): Sagen, was ist. Zur Aktualität Hannah Arendts. Wien: 111-151.

Krumrey, Volker 1982: Strukturwandlungen und Funktionen von Verhaltensstandards – analysiert mit Hilfe eines Interdependenzmodells zentraler sozialer Beziehungstypen. In: Gleichmann u.a. (Hg.): a.a.O.: 194-214.

Krumrey, Horst-Volker 1984: Entwicklungsstrukturen von Verhaltensstandarden. Eine soziologische Prozeßanalyse auf der Grundlage deutscher Anstands- und Manierenbücher von 1870 bis 1970. Frankfurt/M.

Kuhlmann, Doris/Steg, Elke 1987: Ein Modellversuch macht Schlagzeilen. Eine Chronologie der Bielefelder Nachttaxi-Ereignisse. In: Steg/Jesinghaus (Hg.): a.a.O.: 93-102.

Kuhlmann, Doris/Steg, Elke 1987a: Nachttaxi für Frauen oder Ausgangsverbot für Männer? Eine kontroverse Diskussion um Sinn und Zweck des Nachttaxis. In: Steg/Jesinghaus (Hg.): a.a.O.: 82-86.

Kuhn, Annette (Hg.) 1992: Die Chronik der Frauen. Dortmund.

Kuhn, Norbert 1994: Sozialwissenschaftliche Raumkonzeptionen. Der Beitrag der raumtheoretischen Ansätze in den Theorien von Simmel, Lefebvre und Giddens für eine sozialwissenschaftliche Theoretisierung des Raumes. Saarbrücken.

Kuzmics, Helmuth/Mörth, Ingo (Hg.) 1991: Der unendliche Prozeß der Zivilisation. Zur Kultursoziologie der Moderne nach Norbert Elias. Frankfurt/M.; New York.

Kuzmiks, Helmut 1990: Das ‚moderne Selbst' und der langfristige Prozeß der Zivilisation. In: Korte (Hg.): a.a.O.: 216-255.

Landes, Joan B. (ed.) 1998: Feminism, the Public and the Private. Oxford; New York.

Lang, Sabine 1995: Öffentlichkeit und Geschlechterverhältnis. Überlegungen zu einer Politologie der öffentlichen Sphäre. In: Kreisky, Eva/Sauer, Birgit (Hg.): Feministische Standpunkte in der Politikwissenschaft. Frankfurt/M.; New York: 83-121.

Lang, Sabine 1997: Geschlechtsrollenwechsel und kulturelle Konstruktionen von Hetero- und Homosexualität in indigenen Kulturen Nordamerikas. In: Völger (Hg.).: a.a.O. Bd. 2, Köln: 143-148.

Lang, Susanne/Richter, Dagmar (Hg.) 1994: Geschlechterverhältnisse – schlechte Verhältnisse. Verpaßte Chancen der Moderne. Marburg.

Läpple, Dieter 1991: Gesellschaftszentriertes Raumkonzept. Zur Überwindung von physikalisch-mathematischen Raumauffassungen in der Gesellschaftsanalyse. In: Wentz (Hg.): a.a.O.: 35-46.

Läpple, Dieter 1992: Essay über den Raum. In: Häußermann u.a. (Hg.): a.a.O.: 157-207.

Läpple, Dieter 1993: Thesen zu einem Konzept gesellschaftlicher Räume. In: Mayer (Hg.): Die aufgeräumte Welt. Raumbilder und Raumkonzepte im Zeitalter globaler Marktwirtschaft (Loccumer Protokolle 74/92). Rehberg-Loccum: 29-52.

Laqueur, Thomas 1992: Auf den Leib geschrieben. Die Inszenierung der Geschlechter von der Antike bis Freud. Frankfurt/M.

Lautmann, Rüdiger 1999: Sexuelle Gewalt. In: Soziologische Revue. H. 2: 202-215.

Lenz, Ilse/ Luig, Ute (Hg.) 1990: Frauenmacht ohne Herrschaft. Berlin.

Lemmermöhle, Doris/Fischer, Dietlind/Klika, Dorle/Schlüter, Anne (Hg.) 2000: Lesarten des Geschlechts. Zur De-Konstruktionsdebatte in der erziehungswissenschaftlichen Geschlechterforschung. Opladen.

Lindemann, Gesa 1993: Zeichentheoretische Überlegungen zum Verhältnis von Körper und Leib. In: Barkhaus, Annette/Mayer, Matthias/Roughly, Neil/Thürnau, Donatus (Hg.): Identität, Leiblichkeit, Normativität. Neue Horizonte anthropologischen Denkens. Frankfurt/M.

Lindemann, Gesa 1993a: Das paradoxe Geschlecht. Transsexualität im Spannungsfeld von Körper, Leib und Gefühl. Frankfurt/M.

Lindemann, Gesa 1994: Die Konstruktion der Wirklichkeit und die Wirklichkeit der Konstruktion. In: Wobbe/Lindemann (Hg.): a.a.O.: 115-146.

Lindner, Rolf 1990: Die Entdeckung der Stadtkultur. Soziologie aus der Erfahrung der Reportage. Frankfurt/M.

Lipp, Carola 1992: Das Private im Öffentlichen. Geschlechterbeziehung im symbolischen Diskurs der Revolution 1848/49. In: Hausen/Wunder (Hg.): a.a.O.: 99-116.

Lipp, Carola (Hg.) 1998: Schimpfende Weiber und patriotische Jungfrauen. Frauen im Vormärz und in der Revolution 1848/49. Baden-Baden.

Lipp, Carola 1998a: Frauen auf der Straße. Strukturen weiblicher Öffentlichkeit im Unterschichtsmilieu. In: dies. (Hg.): a.a.O.: 16-24.

Lippert, Eckehard/Prüfert, Andreas/Wachtler, Günther (Hg.) 1997: Sicherheit in der unsicheren Gesellschaft. Opladen.

Lippert, Eckehard/Prüfert, Andreas/Wachtler, Günther 1997a: Einleitung In: dies.: a.a.O.: 7-20.

List, Elisabeth 1986: Homo politicus – femina privata? Thesen zur Kritik der politischen Anthropologie. In: Conrad, Judith/Konnertz, Ursula (Hg.): Weiblichkeit in der Moderne. Ansätze feministischer Vernunftkritik. Tübingen: 75-94; Nachdruck In: List, Elisabeth 1993a: a.a.O.: 155-173.

List, Elisabeth 1993a: Die Präsenz des Anderen. Theorie und Geschlechterpolitik. Frankfurt/M.

List, Elisabeth 1993b: Gebaute Welt – Raum, Körper und Lebenswelt in ihrem politischen Zusammenhang. In: FOPA e.V. (Hg.) (1993b): a.a.O.: 54-70 und ebenfalls In: List 1993a: a.a.O.: 138-154.

List, Elisabeth 1999: Leben ist Bewegung. Subjektivität, Raum und Identität. In: Thabe (Hg.): a.a.O.: 210-219.

List, Elisabeth/Studer, Herlinde (Hg.) 1989: Denkverhältnisse. Feminismus und Kritik. Frankfurt/M.

Löw, Martina 1994: Raum ergreifen: Alleinwohnende Frauen zwischen Arbeit, sozialen Beziehungen und der Kultur des Selbst. Bielefeld.

Löw, Martina 1995: Geschlecht, Körper und Raum: Neuere Diskussionen in der Frauenforschung. In: FOPA e.V. (Hg.): Frei-Räume Bd. 8: 172-181.

Löw, Martina 1996: Die Konstituierung sozialer Räume im Geschlechterverhältnis. In: Differenz und Integration: Die Zukunft moderner Gesellschaften; Verhandlungen des 28. Kongresses der Deutschen Gesellschaft für Soziologie in Dresden 1996. Frankfurt/M.: 451-463.

Löw, Martina 1999: Spacing – Überlegungen zu räumlichen Neuformationen. In: Thabe (Hg.): a.a.O.: 160-169.

Löw, Martina 2001: Raumsoziologie. Frankfurt/M.

Löw, Martina (Hg.) 2002: Differenzierungen des Städtischen. Opladen.

Löw, Martina/ Steets, Silke/ Stoetzer, Sergej 2007: Einführung in die Stadt- und Raumsoziologie. Opladen; Farmington Hills.

Lohmeier, Cony 1998: Grenzen gegen männliche Gewalt – Wie beurteilen Schülerinnen und Schüler die Handlungsmöglichkeiten von Kommune, Schule, Betroffenen und Umfeld gegen männliche Gewalt an Mädchen und Frauen? In: Gleichstellungsstelle für Frauen der Landeshauptstadt München (Hg.): a.a.O.: 4-28.

Lüdtke, Alf (Hg.) 1992: ‚Sicherheit' und ‚Wohlfahrt'. Polizei, Gesellschaft und Herrschaft im 19. und 20. Jahrhundert. Frankfurt/M.

Luhmann, Niklas 1984: Soziale Systeme. Grundriß einer allgemeinen Theorie. Frankfurt/M.

Luhmann, Niklas 1989: Vertrauen. Ein Mechanismus der Reduktion sozialer Komplexität. Stuttgart.

Luhmann, Niklas 1990: Risiko und Gefahr. In: ders.: Soziologische Aufklärung. Bd. 5, Opladen: 131-169.

Luhmann, Niklas 1991: Soziologie des Risikos. Berlin; New York.

Luhmann, Niklas 1993: Die Moral des Risikos und das Risiko der Moral. In: Bechmann (Hg.): a.a.O.: 327-338.

Lukes, Steven 1982: Macht und Herrschaft bei Weber, Marx, Foucault. In: Matthes, Joachim (Hg.): Krise der Arbeitsgesellschaft. Verhandlungen des 21. Deutschen Soziologentages. Frankfurt/M; New York: 106-119.

Maierhof, Gudrun/Schröder, Katinka 1992: Sie radeln wie ein Mann, Madame: als die Frauen das Rad eroberten. Dortmund.

Maihofer, Andrea 1994: Geschlecht als Existenzweise. Einige kritische Anmerkungen zu aktuellen Versuchen zu einem neuen Verständnis von ‚Geschlecht'. In: Institut für Sozialforschung (Hg.): a.a.O.: 168-187.

Maihofer, Andrea 1995: Geschlecht als Existenzweise. Frankfurt/M.

Maltry, Karola 1998: Machtdiskurs und Herrschaftskritik im Feminismus. In: Imbusch (Hg.): a.a.O.: 299-316.

Mann, Michael 1990: Geschichte der Macht. Frankfurt/M. u.a.

Marinis, Pablo de 2002: Überwachen und Ausschließen: Machtintervention in urbanen Räumen der Kontrollgesellschaft. Pfaffenweiler

Markmeyer, Bettina/Steg, Elke 1987: Die Geschichte des Nachttaxis ist jung und bewegt. In: Steg/ Jesinghaus (Hg.): a.a.O.: 87-89.

Maroldt, Kristina 1999: Mit Laternen und Heckenscheren gegen die Angst. Der Campus soll heller werden. Uni läßt Lampen reinigen und Sträucher beschneiden. Die Tageszeitung – Hamburg (15.3.1999).

Marschalck, Peter 1980: Zur Rolle der Stadt für den Industrialisierungsprozeß in Deutschland in der 2. Hälfte des 19. Jahrhunderts. In: Reulecke (Hg.): a.a.O.: 57-66.

Martwich, Barbara (Hg.) 1991: Frauen-Pläne: Stadtumbau, sozialer Wandel und Fraueninteressen. Darmstadt.

Massey, Doreen 1984: Introduction to: Massey, Doreen/ Allen, John (Ed.): ‚Geographie matters!' Cambridge: 1-11.

Massey, Doreen 1984a: Spatial divisions of labor: Social structures and the geography of production. London.

Massey, Doreen 1993: Raum, Ort und Geschlecht. Feministische Kritik geographischer Konzepte. In: Bühler u.a. (Hg.): a.a.O.: 109-122.

Massey, Doreen 1994: Space, place and gender. Cambridge.

Massey, Doreen 1999: Power-geometries and the politics of space-time. Heidelberg.

Massey, Doreen 1999a: Imagining globalisation: power-geometries of time-space. In: dies.: a.a.O.: 9-23.

Matzerath, Horst 1980: Städtewachstum und Eingemeindungen im 19. Jahrhundert. In: Reulecke (Hg.): a.a.O.: 67-89.

Maurer, Susanne 1987: Das Nachttaxi in den Mühlen der Verwaltung. Wie in Tübingen aus einer feministischen Forderung ein Nahverkehrssanierungskonzept gemacht wurde. In: Steg/Jesinghaus (Hg.): a.a.O.: 90-92.

Mehta, Anna/Bondi, Liz 1999: Embodied Discourse: on gender and fear of violence. In: Gender, Place and Culture. Vol. 6, No 1: 67-84.

Merleau-Ponty, Maurice 1966: Phänomenologie der Wahrnehmung. Berlin.

Mettler-Meibom, Barbara/Bauhardt, Christine (Hg.) 1993: Nahe Ferne – fremde Nähe: Infrastrukturen und Alltag. Berlin.

Meurer, Bärbel 1991: Geschlechterverhältnisse in der ‚Risikogesellschaft'. Modernitätskritik als patriarchale Rechtfertigungstheorie. In: Deutsche Gesellschaft für Soziologie (Hg.): Soziologie 2: 204-231.

Meyer, Heidi 1999: Sitzplätze statt Parkplätze: Quantitative und qualitative Aspekte der Mobilität von Frauen am Beispiel der Stadt Zürich. Zürich.

Minssen, Angela/ Müller, Ursula 1995: Wann wird der Mann zum Täter? Psycho- und Soziogenese von männlicher Gewaltbereitschaft gegenüber Frauen – eine Literaturauswertung. (Hg.: Ministerium für die Gleichstellung von Frau und Mann des Landes NRW: Dokumente und Berichte, Bd. 35) Duisburg.

Mixa, Elisabeth 1994: Erröten Sie, Madame! Anstandsdiskurse der Moderne. Pfaffenweiler.

Mucha, Anna 2008: Der öffentliche Raum als Feld der Geschlechterpolitik: Eine qualitativ-explorative Studie zu möglichen Faktoren der Unsicherheit von Frauen im öffentlichen Stadtraum. Saarbrücken.

Muchow, Martha/Muchow, Hans Heinrich 1935: Der Lebensraum des Großstadtkindes. Hamburg; Reprint päd. Extra. Bensheim 1980.

Mühlen Achs, Gitta 1995: Die Macht der Berührung. Sexuelle Belästigung im Kontext geschlechtsspezifischer Körpersprache. In: Bußmann, Hadumod/Lange, Katrin (Hg.): Peinlich Berührt. Sexuelle Belästigung von Frauen an Hochschulen. München: 65-82.

Nedelmann, Birgitta 1995: Schwierigkeiten soziologischer Gewaltanalyse. In: Mittelweg 36, 4: 8-17.

Nedelmann, Birgitta 1997: Gewaltsoziologie am Scheideweg. Die Auseinandersetzungen in der gegenwärtigen und Wege der künftigen Gewaltforschung. In: Trotha (Hg.): a.a.O.: 59-85.

Negt, Oskar/Kluge, Alexander 1977: Öffentlichkeit und Erfahrung. Zur Organisationsanalyse von bürgerlicher und proletarischer Öffentlichkeit. Frankfurt/M.

Neidhardt, Friedhelm 1986: Gewalt. Soziale Bedeutungen und sozialwissenschaftliche Bedingungen des Begriffs. In: Bundeskriminalamt (Hg): Was ist Gewalt? Auseinandersetzungen mit einem Begriff. Bd. 1: Strafrechtliche und sozialwissenschaftliche Darlegungen. Wiesbaden: BKA: 109-147.

Niedersächsisches Ministerium für Wissenschaft und Kultur (Hg.) 1997: Berichte aus der Frauenforschung: Perspektiven für Naturwissenschaften, Technik, Medizin. Hannover.

Nienhaus, Ursula 1992: Einsatz für die „Sittlichkeit": Die Anfänge der weiblichen Polizei im Wilhelminischen Kaiserreich und in der Weimarer Republik. In: Lüdtke, Alf (Hg.): a.a.O.: 243-266.

Nierhaus, Irene 1999: Arch6. Raum, Geschlecht, Architektur. Wien.

Nissen, Ursula 1998: Kindheit, Geschlecht und Raum. Sozialisationstheoretische Zusammenhänge geschlechtsspezifischer Raumaneignung. Weinheim; München.

Nitschke, August 1989: Körper in Bewegung: Gesten, Tänze und Räume im Wandel der Geschichte. Stuttgart.

Noack, Ulrich 1961: Geist und Raum in der Geschichte. Göttingen; Berlin; Frankfurt/M.

Nötzel, Renate 1987: Spiel und geschlechtsspezifische Arbeitsteilung. Pfaffenweiler.

Oelkers, Jürgen/Wegenast, Klaus (Hg.) 1991: Das Symbol – Brücke des Verstehens. Stuttgart; Berlin; Köln.

Olbrich, Anne-Katrin 1995: „Ihr Gewissen war rein. Sie benutzten es nie." Über die Männerorientierung der Verkehrspolitik in Sachsen und die Realität von Frauen. In: FOPA e.V. (Hg.): a.a.O.: 92-98.

Opaschowski, Horst W. 1989: Freizeitalltag von Frauen. Hamburg.

Opitz, Claudia 1997: Zwischen Macht und Liebe. Frauen und Geschlechterbeziehungen in Norbert Elias' Höfischer Gesellschaft. In: Klein/Liebsch (Hg.): a.a.O.: 77-99.

Opitz, Claudia 2001: Gender – eine unverzichtbare Kategorie der historischen Analyse. Zur Rezeption von Joan W. Scotts Studien in Deutschland, Österreich und der Schweiz. In: Honegger/Arni (Hg.): a.a.O.: 95-115.

Ostermann, Christian E. 1985: Öffentliche Sicherheit als objektives und subjektives Problem. Die Kriminalberichterstattung im Kölner Stadtanzeiger, Bonner Generalanzeiger, Solinger Tagblatt, Wermelskirchener Generalanzeiger. Frankfurt/M.; Bern; New York.

Palzkill, Birgit/Scheffel, Heidi/Sobiech, Gabriele (Hg.) 1991: Bewegungs(t)räume. Frauen, Körper, Sport. München.

Pasquay, Fritz/Pampel, Fritz 1991: Fahrgastsicherheit in U- und S- Bahnen. Analyse und Lösungsvorschläge. Hamburg-Consult. Hamburg.

Paul-Horn, Ina 1994: Resistenz gegen die Faszination von Gewalt. Hannah Arendts Machtbegriff. In: Kubes-Hofmann, Ursula (Hg.): Sagen, was ist. Zur Aktualität Hannah Arendts. Wien: 95-110.

Perrot, Michelle 1997: Ausbrüche. In: Duby/Perrot 1997a: a.a.O.: 505-538.

Peuckert, Rüdiger 1998: Norm, soziale. In: Schäfers, Bernhard (Hg.): Grundbegriffe der Soziologie. Opladen: 255-259.

Pfister, Gertrud 1983: Körperkultur und Weiblichkeit. Ein historischer Beitrag zur Entwicklung des modernen Sports in Deutschland bis zur Zeit der Weimarer Republik. In: Klein (Hg.): a.a.O.: 35-59.

Pfister, Gertrud 1991: Zur Geschichte des Diskurses über den weiblichen Körper (1880-1933). In: Palzkill u.a. (Hg.): a.a.O.: 15-30.

Pfister, Gertrud 1997: Sport – Befreiung des weiblichen Körpers oder Internalisierung von Zwängen? In: Klein/Liebsch (Hg.): a.a.O.: 206-248.

Pfister, Gertrud 1993: Spiel- und Bewegungserfahrungen von Mädchen. Zum Zusammenhang von Körperkarrieren, Raumaneignung und Persönlichkeitsentwicklung. In: Flade/Kustor-Hüttl (Hg.): a.a.O.: 41-70.

Pile, Steve (ed.) 1998: Places through the body. London; New York.

Pollak, Linda 1998: Die abwesende Mauer und andere Grenzfragen. Raumkonstrukte und Geschlecht. In: Daidalos, 67: 94-105.

Popitz, Heinrich 1992: Gewalt. In: Mittelweg 36, H. 5, (Reprint aus: ders. 1992a).

Popitz, Heinrich 1992a: Phänomene der Macht. Tübingen.

Prigge, Walter 1986: Zeit, Raum und Architektur: Zur Geschichte der Räume. Köln.

Rau, Petra 1987: Stadtplaner sind autofahrende Männer. Die Gewalt der Stadt gegen Frauen am Beispiel Verkehr. In: Steg/Jesinghaus (Hg.): a.a.O.: 116-121.

Rau, Petra 1989: Männerdenken contra Frauenalltag. Gewalt gegen Frauen in Freiräumen. In: FOPA e.V.: Frei-Räume Heft 3: 3-7.

Rau, Petra 1990: Männerdenken contra Frauenalltag – Gewalt gegen Frauen im Freiraum. In: Gesamthochschule Kassel: Platz nehmen oder Raum greifen – Standorte und Perspektiven feministischer Planung. Arbeitsbericht des Fachbereichs Stadtplanung und Landschaftsplanung, H. 86, Kassel: 74-82.

Rau, Petra (Hg.) 1989: Die alltägliche Gewalt der Stadt – Frauen im Außenraum Kreuzbergs. Arbeitsberichte des Verkehrsseminars: Bd. 2. Berlin.

Rauschenbach, Brigitte 1993: Jungen und Mädchen im öffentlichen Raum. Das Geschlechterverhältnis und sein gesellschaftlicher Ort. In: Frei-Räume: Sonderheft 1992/93: Raum greifen und Platz nehmen: Dokumentation der 1. Europäischen Planerinnentagung. Zürich; Dortmund: 148-162.

Rauschenbach, Brigitte/Wehland, Gerhard 1989: Zeitraum Kindheit. Zum Erfahrungsraum von Kindern in unterschiedlichen Wohngebieten. Heidelberg.

Rebentisch, Dieter 1980: Industrialisierung, Bevölkerungswachstum und Eingemeindungen. Das Beispiel Frankfurt am Main 1870-1914. In: Reulecke (Hg.): a.a.O.: 90-113.

Rehberg, Karl-Siegbert (Hg.) 1996: Norbert Elias und die Menschenwissenschaften. Studien zur Entstehung und Wirkungsgeschichte seines Werkes. Frankfurt/M.

Reich, Doris 1989: Kommunale Frauenbeauftragte. Die Stadtplanung als Handlungsfeld – Eine Zwischenbilanz. In: Raumplanung 44: 11-16.

Reich, Doris 1999: Rückblicke auf zwanzig Jahre Kritik an der Planung im Bereich Stadtplanung und Verkehr. In: Andres-Müller u.a. (Hg.): a.a.O.: 160-166.

Reinhold, Gerd (Hg.) 2000: Soziologie-Lexikon. München.

Reuband, Karl-Heinz 1989: Die Kriminalitätsfurcht der Bundesbürger von 1965-1987. Veränderungen unter dem Einfluß sich wandelnder Geschlechterrollen. Zeitschrift für Soziologie, 18: 470-476.

Reuband, Karl-Heinz 1992: Objektive und subjektive Bedrohung durch Kriminalität. Ein Vergleich der Kriminalitätsfurcht in der Bundesrepublik Deutschland und den USA 1965-1990. Kölner Zeitschrift für Soziologie und Sozialpsychologie, 44: 341-353.

Reulecke, Jürgen (Hg.) 1978/1980: Die deutsche Stadt im Industriezeitalter. Beiträge zur modernen deutschen Stadtgeschichte. Wuppertal.

Reulecke, Jürgen 1985: Geschichte der Urbanisierung in Deutschland. Frankfurt/M.

Rivera Garretas, Maria-Milagros 1990: Orte und Worte von Frauen. Eine feministische Spurensuche im europäischen Mittelalter. Wien.

Rodenstein, Marianne 1990: Feministische Stadt- und Regionalforschung – Ein Überblick über Stand, aktuelle Probleme und Entwicklungsmöglichkeiten. In: Dörhöfer (Hg.): a.a.O.: 199-225.

Rodenstein, Marianne 1994: Mehr als ein Dach über dem Kopf. Feministinnen wollen „Raum greifen und Platz nehmen". In: Brückner/Meyer (Hg.) a.a.O.: 234-299.

Rodenstein, Marianne 1994a: Wege zur nicht-sexistischen Stadt: Architektinnen und Planerinnen in den USA. Freiburg.

Rodenstein, Marianne 1998: Von der frauengerechten zur nicht-sexistischen Stadt. Ein Plädoyer für eine neue Perspektive in der feministischen Stadt- und Regionalplanung. In: FOPA e.V. (Hg.): a.a.O.: 142-150.

Rödig, Andrea 1992: Geschlecht als Kategorie. In: Feministische Studien, 10. Jg., H. 1: 105-112.

Röttger-Rössler, Birgit 1997: Männer, Frauen und andere Geschlechter. Zur Relativierung der Zweigeschlechtlichkeit in außereuropäischen Kulturen. In: Völger (Hg.).: a.a.O. Bd. 2: 101-108.

Roller, Franziska 1998: Ein Freigehege gegen die Angst in der Stadt? In: StadtRat (Hg.): a.a.O.: 23-29.

Roper, Lyndal 1992: Männlichkeit und männliche Ehre. In: Hausen/Wunder (Hg.): a.a.O.: 154-172.

Rose, Gillian 1993: Feminism and Geography. The Limits of Geographical Knowledge. Minneapolis.

Rose, Gillian 1995: Place and identity: a sense of place. In: Massey, Doreen /Jess, Pat (ed.): A Place in the World? Places, Cultures and Globalisation. Oxford: 87-118.

Rose, Lotte 1992: Körper ohne Raum. Zur Vernachlässigung weiblicher Bewegungs- und Sportwelten in der feministischen Körper-Debatte. In: Feministische Studien, 10. Jg., Nr.1: 113-120.

Rose, Lotte 1997: Körperästhetik im Wandel. Versportung und Entmütterlichung des Körpers in den Weiblichkeitsidealen der Risikogesellschaft. In: Dölling/Krais (Hg.): a.a.O.: 125-149.

Ruhne, Renate 1991: Ein Jahr Frauen-Nacht-Auto Bergedorf. Hamburg (verf. Ms.).

Ruhne, Renate 2002: RaumMachtGeschlecht. Annäherungen an ein machtvolles Wirkungsgefüge zwischen Raum und Geschlecht am Beispiel von (Un)Sicherheiten im öffentlichen Raum. In: Nachrichtenblatt zur Stadt- und Regionalsoziologie; 16. Jg. Nr. 1: 107-121.

Ruhne, Renate 2003: ‚Sicherheit' ist nicht die Abwesenheit von ‚Unsicherheit' – Die soziale Konstruktion geschlechtsspezifischer (Un)Sicherheiten im öffentlichen Raum. In: Gestring u.a. (Hg.): a.a.O.: 55-73.

Ruhne, Renate 2007: „Doch, ich geh' da hin." Unsicherheiten als Herausforderungen des öffentlichstädtischen Raums. In: cfd-Dossier: security check. Sicherheitsdebatten feministisch durchleuchtet. Nr. 422, 60. Jg.: 87-95.

Sachse, Dagmar/Bergmann, Annegret (o.J.): Frauennachtfahrten. Auswertung des Kieler Modells für den Zeitraum 6. Juni 1989 - 31. August 1992. Kiel: Die Frauenbeauftragte.

Sack, Robert David 1980: Conceptions of Space in Social Thought. Minneapolis.

Saunders, Peter 1987: Soziologie der Stadt. Frankfurt; New York.

Schäfers, Bernhard (Hg.) 1998: Grundbegriffe der Soziologie. Opladen.

Schäfers, Bernhard 1998: ‚Öffentlichkeit'. In ders. (Hg.): a.a.O.: 259-261.

Scheich, Elvira 1996: Vermittelte Weiblichkeit. Feministische Wissenschafts- und Gesellschaftstheorie. Hamburg.

Scheller, Andrea 1997: Frau Macht Raum. Geschlechtsspezifische Regionalisierungen der Alltagswelt als Ausdruck von Machtstrukturen. Zürich.

Scherr, Albert 1998: Individuum/Person. In: Schäfers (Hg): a.a.O.: 134-140.

Scherr, Albert 2000: Sozialisation, Person, Individuum. In: Korte/Schäfers (Hg.): a.a.O.: 45-64.

Schicha, Ralf 1982: Angst vor Freiheit und Risiko. Über den Zusammenhang von Persönlichkeit, Kognition und Autorität. Frankfurt/M.

Schimank, Uwe 2000: Handeln und Strukturen. Einführung in die akteurtheoretische Soziologie. Weinheim; München.

Schlör, Joachim 1991: Nachts in der großen Stadt. Paris, Berlin, London 1840-1930. München; Zürich.

Schmals, Klaus M. (Hg.) 1983: Stadt und Gesellschaft. Reihe Stadt- und Regionalsoziologie, Bd. 1/2, München.

Schneider, Ulrike 1992: Neues Wohnen – alte Rollen? Pfaffenweiler.

Schreyögg, Friedel 1989: Tatorte. Orte der Gewalt im öffentlichen Raum. In: Bauwelt, Heft 6: 196-209.

Schreyögg, Friedel 1995: Grußwort. In: Arbeitskreis „Frauen unterwegs in Neuperlach – auch nachts!?" (Hg.): a.a.O.: o.S.

Schreyögg, Friedel 1998: Gewalt gegen Frauen – Möglichkeiten kommunaler Prävention. In: Gleichstellungsstelle für Frauen der Landeshauptstadt München (Hg.): a.a.O.: 29-40.

Schroer, Markus 2005: Räume, Orte Grenzen. Auf dem Weg zu einer Soziologie des Raums. Frankfurt/M.

Schröter, Michael 1997: Erfahrungen mit Norbert Elias. Gesammelte Aufsätze. Frankfurt/M.

Schröter, Michael 1997a: Staatsbildung und Triebkontrolle. Zur gesellschaftlichen Regulierung des Sexualverhaltens vom 13. bis 16. Jahrhundert. In: ders. 1997: a.a.O.: 11-48 [Aufsatz auch in: Gleichmann u.a. (Hg.) 1984: a.a.O.: 148-192].

Schröter, Michael 1997b: Wildheit und Zähmung des erotischen Blicks bei deutschen Adelsgruppen im 13. Jahrhundert. In: ders.: a.a.O.: 49-70.

Schubert, Herbert 2000: Städtischer Raum und Verhalten. Zu einer integrierten Theorie des öffentlichen Raums. Opladen.

Schulte Regina 1992: Bevor das Gerede zum Tratsch wird. In: Hausen/Wunder (Hg.): a.a.O.: 67-73.

Schultz, Irmgardt 1998: Veränderungen im Denken von Raum und Zeit. Nachhaltige Entwicklung als neue Form der Politisierung des Raumes. In: FOPA e.V. (Hg.): a.a.O.: 123-132.

Schulz-Erker, Gisela 1995: Frauen, Öffentlichkeit und das Problem der Macht. Pfaffenweiler.

Schweer, Martin K.W. 1997: Vertrauen und soziales Handeln. Facetten eines alltäglichen Phänomens. Neuwied; Kriftel; Berlin.

Schwing, Richard C./Albers, Walter A. jr. (ed.) 1980: Societal Risk Assessment: How Safe is Safe Enough? New York.

Scott, Joan W. 1994: Gender: Eine nützliche Kategorie der historischen Analyse. In Kaiser, Nancy (Hg.): Selbst Bewusst. Frauen in den USA. Leipzig: 27-75.

Scott, Joan W. 2001: Millenium Fantasies. The Future of ‚Gender' in the 21st Century/Die Zukunft von gender. Fantasien zur Jahrtausendwende. In: Honegger/Arni (Hg.): a.a.O.: 19-63.

Sennett, Richard 1991: Civitas. Die Großstadt und die Kultur des Unterschieds. Frankfurt/M.

Sennett, Richard 1992: New York – „Im Angesicht des Unterschieds". In: Petz, Ursula von/Schmals, Klaus (Hg.): Metropole, Weltstadt, Global City: neue Formen der Urbanisierung. Dortmunder Beiträge zur Raumplanung 60. Dortmund: 91-100.

Sennett, Richard 1995: Fleisch und Stein. Der Körper und die Stadt in der westlichen Zivilisation. Berlin.

Sennett, Richard 1995a/1983: Tyrannei der Intimität. Verfall und Ende des öffentlichen Lebens. Frankfurt/M.

Shields, Rob 1997: Spatial Stress and Resistance: Social Meanings of Spatialization. In: Benko/Strohmayer a.a.O.: 186-202.

Siemonsen, Kerstin/Zauke, Gabriele 1991: Sicherheit im öffentlichen Raum. Städtebauliche und planerische Maßnahmen zur Verminderung von Gewalt. (Hg.: FOPA e.V.) Zürich; Dortmund.

Simmel, Georg 1903. Soziologie des Raumes. In: ders.: Schriften zur Soziologie. (Hg.: Dahme, Heinz-Jürgen/Rammstedt, Ottheim 1989; 1983) Frankfurt/M.: 221-242.

Simmel, Georg 1908: Der Raum und die räumliche Ordnung der Gesellschaft. In: ders.: Soziologie. Untersuchungen über die Formen der Vergesellschaftung. Frankfurt/M.: 614-708.

Soeffner, Hans-Georg 1991: Zur Soziologie des Symbols und des Rituals. In: Oelkers/ Wegenast (Hg.): a.a.O.: 63-81.

Sofsky, Wolfgang/Paris, Rainer 1994: Figurationen sozialer Macht. Autorität – Stellvertretung – Koalition. Frankfurt/M.

Spain, Daphne 1992: Gendered Spaces. Chapel Hill; London.

Spanner, Elke 1999: Streetball-Sicherheit. Innensenator Hartmuth Wrocklage steht für „Sichere Nachbarschaften". Die Tageszeitung. Hamburg (5.3.1999).

SPIEGEL special Nr.8/1998: Deutschland bei Nacht.

Spitthöfer, Maria 1987: Dem alltäglichen Geschehen seine Alltäglichkeit nehmen. Zur Beanspruchung öffentlich städtischer Freiflächen durch Frauen. In: Steg/ Jesinghaus (Hg.): a.a.O.: 105-115.

Spitthöfer, Maria 1989: Frauen in städtischen Freiräumen. (Hochschulschriften 271) Köln.

Spitthöfer, Maria 1990: Frauen und Freiraum. In: Dörhöfer (Hg.): a.a.O.: 81-103.

Spitthöfer, Maria 1993: Macht und Raum – Über die Verfügbarkeit des öffentlichen Raums für Männer und Frauen. In: Mettler-Meibom/Bauhardt (Hg.) a.a.O.: 69-78.

Spitthöfer, Maria 1999: Ansprüche an die Planung aus Frauensicht – Das Beispiel Freiraumplanung. In: Andres-Müller u.a. (Hg.): a.a.O.: 180-192.

Spitzner, Meike 1993: Bewegungsfreiheit für Frauen. Aspekte integrierter kommunaler Verkehrsplanung. In: Apel, D. u.a. (Hg.): Handbuch der kommunalen Verkehrsplanung. Bonn.

Stadt Dortmund (Hg.) (o.J.): Stadt zum Leben. Ein Beitrag zur Verbesserung von Mobilitätschancen von Frauen in öffentlichen Räumen. Dortmund.

Stadt Heidelberg, Amt für Frauenfragen (Hg.) 1994: Angsträume in Heidelberg. Das Sicherheitsempfinden von Frauen in ihrer Stadt. Heidelberg.

StadtRat (Hg.) 1998: Umkämpfte Räume. Hamburg; Berlin; Göttingen.

Steg, Elke/Jesinghaus, Inga (Hg.) 1987: Die Zukunft der Stadt ist weiblich. Frauenpolitik in der Kommune. Bielefeld.

Stete, Gisela 1995: Forderungen an die Stadtplanung. Frauen unterwegs. In: Internationales Verkehrswesen. Fachzeitschrift für Wissenschaft und Praxis. Heft 1+2/95.

Stolk, Bram van/Wouters, Cas 1987: Frauen im Zwiespalt. Beziehungsprobleme im Wohlfahrtsstaat. Eine Modellstudie. Frankfurt/M.

Strahern, Marilyn 1996: Gender: Division or Comparision? In: Charles, Nick/Hughes-Freeland, Felicia (ed.): Practising Feminism: Identity, Difference, Power. London: 38-60.

Strauven, Claudia 1987: Selbstbewußtsein aus dem Körper? In: Psychologie heute special: Frauen, war das wirklich alles?: 98-103.

Striefler, Katja/Kommunalverband Grossraum Hannover 1992: Frauen abends unterwegs. Dokumentation eines Beteiligungsexperiments. Hannover.

Studiengesellschaft Nahverkehr mbH Berlin/Hamburg/Nordrhein-Westfalen 1990: Situation der Frau-
en im Öffentlichen Personennahverkehr. Bergisch Gladbach.
Sturm, Gabriele 1997: Öffentlichkeit als Raum von Frauen. In: Bauhardt/Becker (Hg.): a.a.O.: 53-70.
Sturm, Gabriele 1999: Raum und Identität als Konfliktkategorien. In: Thabe (Hg.): a.a.O.: 26-37.
Sturm, Gabriele 2000: Wege zum Raum. Methodologische Annäherungen an ein Basiskonzept raum-
bezogener Wissenschaften. Opladen.
Sturm, Gabriele 2001: Schöner neuer Raum: Über Virtualisierung und Geschlechterordnung. In: dies./
Schachtner, Christine/Rausch, Renate/Maltry, Karola (Hg.): Zukunfts(t)räume. Geschlechterver-
hältnisse im Globalisierungsprozess. Königstein/Taunus: 57-79.
Susek, Anika 2006: Räumen und Gendern. In: an.schläge. Das feministische Magazin. [http://www.
anschlaege.at/2006/0603text2.html; letzter Zugriff 5.5.2011]
Swaan, Abram de 1982: Vom Ausgehverbot zur Angst auf der Straße. In: päd. extra 2/82: 48-55.
Swaan, Abram de 1991: Vom Befehlsprinzip zum Verhandlungsprinzip. Über neuere Verschiebungen
im Gefühlshaushalt der Menschen. In: Kuzmics/Mörth (Hg.): a.a.O.: 173-198.
Terlinden, Ulla 2002: Räumliche Definitionsmacht und weibliche Überschreitungen. Öffentlichkeit,
Privatheit und Geschlechterdifferenzierung im städtischen Raum. In: Löw (Hg.): a.a.O.: 141-156.
Thabe, Sabine (Hg.) 1999: Räume der Identität – Identität der Räume. Dortmund.
Thrift, Nigel 1996: Spatial Formations. London; Thousand Oaks; New Delhi.
Thürmer-Rohr, Christina 1989: Frauen in Gewaltverhältnissen. Zur Generalisierung des Opferbegriffs.
In: Studienschwerpunkt ‚Frauenforschung' am Institut für Sozialpädagogik der TU Berlin (Hg.):
Mittäterschaft und Entdeckungslust. Berlin: 22-36.
Tomes, Nancy 1978: A 'Torrent of Abuse': Crimes of Violence between Working Class Men and Wo-
men in London, 1840-1875, Journal of Social History 11: 238-345.
Treibel, Annette 1990: Engagierte Frauen, distanzierte Männer? Anmerkungen zum Wissenschaftsbe-
trieb. In: Korte (Hg.): a.a.O.: 179-196.
Treibel, Annette 1993: Geschlecht als soziale Konstruktion. Ethnomethodologie und Feminismus. In:
dies.: Einführung in soziologische Theorien der Gegenwart. Opladen: 131-152.
Treibel, Annette 1997: Das Geschlechterverhältnis als Machtbalance. Figurationssoziologie im Kontext
von Gleichheitspolitik und Gleichheitsforderungen. In: Klein/Liebsch (Hg.): a.a.O.: 306-336.
Treiber, Hubert 1988: Kontrolle, soziale. In: Fuchs u.a. (Hg.): a.a.O.: 425.
Trotha, Trutz von 1995: Ordnungsformen der Gewalt oder Aussichten auf das Ende des staatlichen Ge-
waltmonopols. In: Nedelmann, Birgitta (Hg.): Politische Institutionen im Wandel, Kölner Zeit-
schrift für Soziologie und Sozialpsychologie, Sonderheft 35. Opladen: 129-166.
Trotha, Trutz von (Hg.) 1997: Soziologie der Gewalt. Kölner Zeitschrift für Soziologie und Sozialpsy-
chologie: Sonderheft 37. Opladen; Wiesbaden.
Trotha, Trutz von 1997a: Zur Soziologie der Gewalt. Einleitung In: ders. (Hg.): a.a.O.: 9-56.
Universität Bielefeld 2008: Alles unter einem Dach. Studieren an der Universität Bielefeld. Universi-
tät Bielefeld (Informationsbroschüre).
Völger, Gisela (Hg.) 1997: Sie und Er. Frauenmacht und Männerherrschaft im Kulturvergleich. Band
1 und 2. Köln.
Wartenpfuhl, Birgit 1996: Dekonstruktion-Konstruktion-Dekonstruktion. Perspektiven für die femi-
nistische Theoriebildung. In: Fischer u.a. (Hg.): a.a.O.: 191-209.
Weber, Max 1985: Wirtschaft und Gesellschaft. Tübingen.
Weckel, Ulrike/Opitz, Claudia/Hochstrasser, Olivia/Tolkemitt, Brigitte (Hg.) 1998: Ordnung, Politik
und Geselligkeit der Geschlechter im 18. Jahrhundert. Göttingen.

Weigel, Sigrid 1987: Die Städte sind weiblich und nur dem Sieger hold. Zur Funktion des Weiblichen in Gründungsmythen und Städtedarstellungen. In: Anselm, Sigrun/Beck, Barbara (Hg.): Triumph und Scheitern in der Metropole. Berlin.

Weigel, Sigrid 1988: Traum – Stadt – Frau. Zur Weiblichkeit der Städte in der Schrift. In: Scherpe, Klaus R. (Hg.): Die Unwirklichkeit der Städte. Großdarstellungen zwischen Moderne und Postmoderne. Reinbek b. Hamburg.

Weigel, Sigrid 1990: Wildnis und Stadt. In: dies.: Topographien der Geschlechter. Hamburg: 115-229.

Weis, Kurt 1982: Die Vergewaltigung und ihre Opfer. Eine viktimologische Untersuchung zur gesellschaftlichen Bewertung und individuellen Betroffenheit. Stuttgart.

Welz, Gisela 1991: Sozial interpretierte Räume, räumlich definierte Gruppen. Die Abgrenzung von Untersuchungseinheiten in der amerikanischen Stadtforschung. In: Kokot/Bommer (Hg.): a.a.O.: 29-43.

Wentz, Martin (Hg.) 1991: Stadt-Räume. Die Zukunft des Städtischen; Frankfurter Beiträge Bd. 2. Frankfurt; New York.

Werlen, Benno 1988: Gesellschaft, Handlung und Raum: Grundlagen handlungstheoretischer Sozialgeographie. Stuttgart.

Wetterer, Angelika 1995: Dekonstruktion und Alltagshandeln. Die (möglichen) Grenzen der Vergeschlechtlichung von Berufarbeit. In: dies. (Hg.): Die soziale Konstruktion von Geschlecht in Professionalisierungsprozessen. Frankfurt/M; New York: 223-246.

Wetzels, Peter/Greve, Werner/Mecklenburg, Eberhard/Bilsky, Wolfgang/Pfeiffer, Christian 1995: Kriminalität im Leben alter Menschen. Eine altersvergleichende Untersuchung von Opfererfahrungen, persönlichem Sicherheitsgefühl und Kriminalitätsfurcht. Ergebnisse der KFN-Opferbefragung 1992. Stuttgart; Berlin; Köln.

Wetzels, Peter/ Pfeiffer, Christian 1995: Sexuelle Gewalt gegen Frauen im öffentlichen und privaten Raum. Ergebnisse der KFN-Opferbefragung 1992. Kriminologisches Forschungsinstitut Niedersachsen, Forschungsberichte Nr. 37. Hannover.

Wex, Marianne 1979: „Weibliche" und „männliche" Körpersprache als Folge patriarchalischer Machtverhältnisse. Hamburg.

Wilson, Elizabeth 1993: Begegnungen mit der Sphinx: Stadtleben, Chaos und Frauen. Basel; Berlin; Boston.

Wobbe, Theresa/Lindemann, Gesa (Hg.) 1994: Denkachsen. Zur theoretischen und institutionellen Rede vom Geschlecht. Frankfurt/M.

Woesler-de Panafieu, Christine 1983: Außen- und Innenaspekte weiblicher Körper. In: Klein (Hg.): a.a.O.: 60-74.

Woolf, Virginia 1926/1986: Ein Zimmer für sich allein. Frankfurt/M.

Wouters, Cas 1982: Informalisierung und der Prozeß der Zivilisation. In: Gleichmann u.a. (Hg.): a.a.O.: 279-298.

Wouters, Cas 1995: Etiquette Books and Emotion Management in the 20th Century: Part Two – The Integration of the Sexes. In: journal of social history. Volume 29, Nr. 2: 325-339.

Wouters, Cas 1999: Informalisierung. Norbert Elias' Zivilisationstheorie und Zivilisationsprozesse im 20. Jahrhundert. Hagener Studientexte zur Soziologie, Bd.3. Opladen; Wiesbaden.

Wuggenik, Ulf 1993: Öffentlichkeit und öffentliche Meinung. Die soziologische Perspektive. In: Faulstich (Hg.): a.a.O.: 16-28.

Wunder, Heide 1992a: Der gesellschaftliche Ort von Frauen der gehobenen Stände im 17. Jahrhundert. In: Hausen/Wunder (Hg.): a.a.O.: 50-56.

Wunder, Heide 1992b: Geschlechtsidentitäten. Frauen und Männer im späten Mittelalter und am Beginn der Neuzeit. In: Hausen/Wunder (Hg.): a.a.O.: 131-136.

Wunder, Heide/Vanja, Christina (Hg.) 1991: Wandel der Geschlechterbeziehungen zu Beginn der Neuzeit. Frankfurt/M.

Zeiher, Helga 1994: Kindheitsräume. Zwischen Eigenständigkeit und Abhängigkeit. In: Beck/Beck-Gernsheim (Hg.): a.a.O.: 353-375.

Zieher, Anita 1999: Auf Frauen Bauen. Architektur aus weiblicher Sicht. Salzburg; München.

Zinnecker, Jürgen 1979: Straßensozialisation. In: Zeitschrift für Pädagogik. Nr. 25: 727-747.

Zürn, Sabine 1988: Gewalt gegen Frauen in Karlsruhe. Situationsbericht, Analysen, Maßnahmen. Karlsruhe: Büro der Frauenbeauftragten.

Zwaan, Ton 1984: Öffentliche Gewaltanwendung, gesellschaftliche Struktur und bürgerliche Zivilisation. Ein Exkurs über die innerstaatliche Gewaltanwendung in der Entwicklung der niederländischen Gesellschaft (1648-1965). In: Gleichmann u.a. (Hg.): a.a.O.: 193-216.

MIX
Papier aus verantwortungsvollen Quellen
Paper from responsible sources
FSC® C105338

If you have any concerns about our products,
you can contact us on
ProductSafety@springernature.com

In case Publisher is established outside the EU,
the EU authorized representative is:
**Springer Nature Customer Service Center GmbH
Europaplatz 3, 69115 Heidelberg, Germany**

Printed by Libri Plureos GmbH
in Hamburg, Germany